葉程義著

文史哲學集成

西方神哲學家之上帝觀研究（上）

文史哲出版社印行

國家圖書館出版品預行編目資料

西方神哲學家之上帝觀研究 / 葉程義著. --
初版. --臺北市：文史哲，民 94
頁：公分.（文史哲學集成；507）
參考書目：頁
ISBN 978-957-549-629-6（全套：平裝）

1.神學 2.上帝

242.1

文史哲學集成 507

西方神哲學家之上帝觀研究

著　者：葉　程　義
出版者：文　史　哲　出　版　社
http://www.lapen.com.tw
登記證字號：行政院新聞局版臺業字五三三七號
發行人：彭　正　雄
發行所：文　史　哲　出　版　社
印刷者：文　史　哲　出　版　社
臺北市羅斯福路一段七十二巷四號
郵政劃撥帳號：一六一八〇一七五
電話886-2-23511028・傳真886-2-23965656

全二冊平裝新臺幣九九〇元

二〇〇五年（民九十四）十月初版

ISBN 978-957-549-629-6

西方神哲學家之上帝觀研究　目錄

頁碼

上編　緒論

第一章　弁言

孔子曰：「未知生，焉知死。」人從何而來？又從何而去？可見代表中華文化主流的儒家孔老夫子亦有此困惑。而進化論的學者達爾文，說人是從猴子進化而來的，更是荒唐到了極點，如果此說可以成立的話，那麼，試問今天在世界上還有那麼多的猴子，爲什麼不進化而成爲人呢？

記得有一則笑話：有位科學家問牧師：「你相信人是從猴子進化而來的嗎？」牧師回答說：「我相信。」科學家又問牧師：「那麼，你相信人是上帝創造的嗎？」牧師回答說：「我相信。」科學家訝異地問：「這是怎麼回事呢？」牧師慢條斯理地說：「因爲，我相信你的祖先是從猴子進化而來的；但是，我相信我的祖先是從上帝創造的。」科學家默然。雖是笑話，可見觀念不同，結論亦異。

就現代科學基因工程而言，人與猴子兩者的基因根本不同，是絕對不可能蛻變進化爲人的，已否定其謬矣！從神學的觀點而言，神學重視信仰，所謂「因信稱義」「重生得救」，當然很容易解答，「人是上帝創造的」（創一7），死後回到天國安息。可是從哲學的觀點而論，哲學重分析、講證據，必須使人信服，尤其是要說服高級知識分子，比駱駝穿過鍼的眼還要難，更必須要有深奧的學術理論，充分的證據。余雖不敏，然心嚮往之，故有「上帝觀」的探研，而擬從中西神哲思想中切入也。

然以中華文化博大精深，西方文化源遠流長，非短時間所能完成者也。而且不合論文寫作方法「小題大做」的原則，故不得已先就「西方神哲學家之上帝觀」著手，至於華夏部分，唯有俟諸來日矣。

第二章　研究動機

上帝是「自有永有」（I am that I AM.）的，超越時空的，自起初直到永遠是亙古不變的，從上天到地極，在整個宇宙太空中，是無所不在的，因爲上帝是靈。

有人說：「上帝是以色列的上帝，與中華民族的始祖黃帝無關，你們信的是洋教，眞是數典忘祖。」此言似是而非，可謂謬誤到了極點，迂腐冬烘之說，誠爲有識者所譏笑也。

上帝二字並非舶來品，是中國所固有的，見之於中國文獻，最早是甲骨文字：

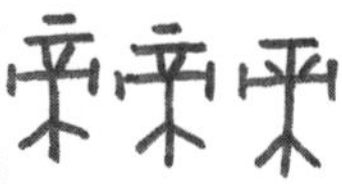

一期　乙六四〇六

三期　甲一一六四

周甲川大　一一：一二二　頁七

以上三種「帝」字，均象架木、燔以祭天之形，爲「禘」之初文，後又祭天，引申爲上帝之帝，天帝之帝，以及商王之稱號。

帝爲殷人觀念中之神明，亦稱上帝，主宰風雨災祥及人間禍福。

今　二　月　帝　令　雨　鐵一二三・一

五　鼓　……上帝　若　王　冬　有祐甲一一六四

……卜　夬　……上帝……降……熯：存一・一六八

按「禘」，卜辭「禘」，不從示，象架木或束木以燔，並於其上加橫畫一或二以表示祭天，禘祭初爲殷人祭天及自然神，四方之祭，其後亦禘祭先公先王。禘由祭天而引伸爲天帝之帝，又引伸爲商王之稱號。帝字多從一作，禘則多從口作，但亦通用。（《甲骨文字典》卷一頁二五）

燔以祭天，《禮記・祭義》：「建設朝事，燔燎羶、薌，見以蕭光，以報氣也，此教衆反始也。」其大意是說：設定日出時祭祀的禮儀，燒烤羊和牛腹中的脂肪，加進蒿艾一道燒烤，煙氣上騰，煙上並有映照之光，這是報答神之盛所成的氣，教導人們回溯到自己的始祖。

「燔祭」之說，見諸於聖經者甚夥，茲舉隅如下：

創世記八章20節：「挪亞爲耶和華築了一座壇，拿各類潔淨的牲畜、飛鳥，獻在壇上爲燔祭。」

又廿二章7節：「以撒說：請看！火與柴都有了，但燔祭的羊羔在那裏呢？」

利未記一章三節：「他的供物若以牛爲燔祭，就要在會幕門口獻一隻沒有殘疾的公羊，可以在耶和華面前蒙悅納。」

又12—13節：「要把燔祭牲切成塊子，連頭和脂油，祭司就要擺在壇上火的柴上。但臟腑與腿，要用水洗，祭司就要奉獻燒在壇上，這是燔祭，是獻與耶和華爲馨香的火祭。」

從燔祭上言，中外何其相似，尤其是中國祭祀用的犧牲，亦經特別挑選。《禮記・祭義》篇說：「古者天子、諸侯必有養獸之官，及歲時，齋戒沐浴而躬朝之，犧、牲、祭牲必於是取之，敬之至也。」其意是說：古者天子、諸侯都必須有專門豢養牲畜的官員，每年在確定的時間，天子、諸侯都要齋戒、沐浴而親自去豢養牲畜處巡視，見是純色的牛、毛色純而體完具沒有殘疾的牲畜，祭祀所用的牛羊豕都必從這裡選取，這是最高的敬意。

從燔祭上來看，兩者完全相同。故胡院長鴻文在本院博士班上課時說：「中華民族可能是『閃』的後裔。」不無道理。

按閃是挪亞的兒子，挪亞是個義人，在當時的世代是個完全人。挪亞與神同行。挪亞生了三個兒子，就是閃、含、雅弗。（見創六8—9）神命挪亞造方舟，都進入了方舟，洪水泛濫四十日，洪水之後，他們在地上分爲邦國。由此可證也。

上帝二字，除見於甲骨文獻外，見諸於中國典籍者，如周易、尙書、毛詩、周禮、禮記、左傳、孝經、孟子、國語、墨子、素問、史記、漢書、後漢書、三國志、晉書、唐書、宋史、資治通鑑、路史、明會典、大清會典等著作，不勝枚舉，容另文論述。

胡院長鴻文謂「中國文化爲最接近《聖經》文化體系」，《聖經》倫理，以神爲主軸，神就是愛（約壹四8、16）；儒家倫理，以仁爲中心，仁者愛人（孟子離婁下）；兩者極爲相似。

胡院長鴻文在〈中國文化基督化原則與方式之研究〉一文中說：「在世界文化體系中，如埃及文化、印度文化、羅馬文化和希臘文化，其中較爲接近《聖經》的爲希臘文化，而希臘文化和中國文化相比較，中國文化更爲接近《聖經》。希臘自色諾芬尼（Xenophanes Ca. 570 — 475 B.C.）有了一神的觀念，柏拉圖和亞里斯多德對於最高神的觀念，前者認爲至善，後者認爲神是第一因，是不動的動者，並未顯明的說到神的位格和權能。中國的典籍說明上帝是有位格的，是天地的主宰，赫然大有權能。如《詩經・皇矣篇》說：『皇矣上帝，臨下有赫，監視四方，求民之莫。』《聖經》上講到上帝的慈愛、公義，中國的儒家亦談到『仁』與『義』。《聖經》上講究孝道，十條誡命明載人要孝順父母；主耶穌吩咐約翰孝養他的母親馬利亞，約翰也就遵照主吩咐奉養主的母親馬利亞。中國是一個講究孝道的國家，《孝經》對孝道的教導甚爲周到。中國的道德講究忠信、謙和，《易經》講卦象、卦六爻，無往而不利。《聖經》以謙卑爲基督徒良好的德性，在神的面前應該謙卑虔敬，在人的面前也應謙和相處。《聖經》上所講的道德比人間道德標準爲高，而其原則有些是很相近的。」誠哉斯言！筆者寫作本論文之動機，可謂受此啓發也。

第三章　研究方法

鑑於基督眞理與中西文化的關係至爲密切，故擬先從西方神哲學家之「上帝觀」切入，探討研究也。耶穌說：「我就是道路、眞理、生命。」（約十四：16）因爲「恩典和眞理都是由耶穌基督來的。」（約一：17）關於基督的眞理，都記載在新舊約聖經中，彰神眞理，開卷有益；因爲，聖經都是神所默示，由使徒寫成的。提摩太後書三章15—16節說：「這聖經能使你因信基督耶穌有得救的智慧。聖經都是神所默示的，於教訓、督責、使人歸正、教導人學義，都是有益的，叫屬神的人得以完全，預備行各樣的善事。」

至於其與中西文化的關係，先就西方文化論：胡院長鴻文在〈中國文化基督化原則與方式之研究〉一文中說：「舊約時期雖曾接觸了埃及、米所波大米、巴比倫、亞述、瑪代、波斯和希臘多種文化，但是其對猶太社會影響較爲顯著的，則爲希臘文化。亞歷山大的猶太人菲蘿（Philo）曾擬使希臘哲學和舊約相溝通，特別是就柏拉圖觀念與聖經相似之處表示其意見，但未能眞正發揚舊約的眞理。耶穌基督降世傳道、受死、流血、復活、升天之後，基督教中對希臘哲學深有研究的，除保羅外，有殉道者游斯丁、尤西比烏、俄利根等。中古時期的基督學者，也有很多對於希臘哲學家致力研究，如安瑟倫、奧古斯丁、波那文裘拉、多瑪斯・阿奎納斯、鄧斯・斯高特斯等。前一時期較著重於柏拉圖哲學的研究，多瑪斯以後則著重於亞里斯多德哲學的研究，多氏並致力於亞里斯多德基督化。他們不但研究希臘哲學，而且亦研究羅馬的學術思想，乃至於整個西方文化問題，一直延至現代，繼續綿延發展；我們可以說：兩千年來西方文化的進展，即是西方文化基督化的過程，在這方面他們已有了相當可觀的成果了。」所以，我們也可以說：「西方文明，也就是基督文明。」

再就中國文化言，中國文化是倫理的，一切以倫理爲基礎；西方文化是宗教的，一切依宗教爲依歸。宗教雖有多種，而與西方文化關係最爲密切，影響西方文化達兩千年，現在仍爲西方文化精神支柱的，就是基督教。中國文化以儒家爲中心，儒家門徒以信奉十三經爲宗旨；西方文化以基督教爲主軸，耶穌信徒是以基督的眞理爲信仰目標；基督道理與儒家思想，不但並無違背，而且相得益彰。先總統蔣公說：「我們中華民族，有五千年悠久的歷史，崇高的倫理，和以仁愛爲中心的文化，尊重人類自由的權利，依據社會服務的精神，以助人發展更良好、更豐富生活方式爲天職，與許多西方基督教國家，立國的主旨，並無二致。」（四十一年耶穌受難節證道詞）胡院長鴻文也說：「中國文化爲最接近聖經文化體系。」誠哉斯言！

綜上所述，西方文化基督化，已有相當可觀的成果；然而中國文化基督化，尚在萌芽發展的階段；身爲基督徒的我們，應當夙夜匪懈，竭心盡力，以中國文化基督化爲職志，根據基督的眞理來弘揚中國文化，將中國文化與之相近的加以發揚光大，其不合於聖經的即予以揚棄改正，使中國文化的優點得以發揮，其缺點得以淨化，如是，中國文化將趨於高尙止於至善之美境，融合中西神哲思想於一爐。

第四章　研究範圍

上帝是創造的神，是盟約的神，是救恩的神，萬有的神，是至高全能天地的主宰，卻也是與人親密交通至契的朋友。人是神創造的，絕不是從猴子進化的。上帝是人類的主宰，也是人類始祖的創造者。創世記二章7節：「耶和華神用地上的塵土造人，將生氣吹在他鼻孔裏，他就成了有靈的活人，名叫亞當。」又爲亞當造配偶，創世記二章21節：「耶和華神使他沈睡，他就睡了，於是取下他的一條肋骨，又把肉合起來。耶和華神就用那人身上所取的肋骨，造成一個女人，領她到那人跟前，那人說，這是我骨中的骨，肉中的肉，可以稱他爲女人。因爲他是從男人身上取出來的，因此人要離開父母，與妻子連合，二人成爲一體。」

上帝創造人類，是照自己之像造人。創世記一章26—28節：「神說：我們要照著我們的形像，按著我們的樣式造人，使他們管理海裏的魚，空中的鳥，地上的牲畜、和全地，並地上所爬的昆蟲。神就照著自己的形像造人，乃是照著他的形像造男造女。神就賜福給他們，又對他們說：要生養衆多，遍滿地面，治理這地，也要管理海裡的魚，空中的鳥，和地上各樣活動的活物。」由此可證，上帝是人類共同的主宰，也是宇宙人類萬物的創造者。

按亞當（Adam）此人就是「紅土」的意思。化學有九十六種元素，人身體是由十五種元素構成的。這十五種元素都在塵土之中。世界上所有的東西都是由一萬多種元素構成的，經科學家化驗分析，人體是由氧六五・〇〇%，碳一八・〇〇%，氫一〇・〇〇%，氮三・〇〇%，鈣二・〇〇%，磷一・〇〇%，鉀〇・三五%，硫〇・二五%，氯〇・一五%，鈉〇・一五%，鎂〇・〇五%，鐵〇・〇四%，碘是微跡，銅是微跡，錳是微跡，這些元素均包含在塵土中。由此可證，上帝用塵土造人，確是眞理，而非神話。所以說，上帝不僅是以色列人的上帝，而是全人類的上帝。但是，上帝誰也沒有見過，包括摩西在內。因此，始有上帝觀的探討，而先從西方神哲學家中切入也。

本論文研究主題爲「上帝觀」，故凡涉及上帝神哲思想理論之觀念，均爲研究討論之範圍。所謂「上帝觀」者，無論「明示」上帝，或「暗喩」上帝，其觀念符合神學者，均包含在內。如中華文史哲學思想中，甲骨文中有「上帝降熯」，鐘鼎文中有「惟皇上帝百神」，周易中有「殷荐之上帝」，尙書中有「肆類於上帝」，毛詩中有「有皇上帝」，周禮中有「以禋祀昊天上帝」，禮記中有「類乎上帝」，左傳中有「昭告昊天上帝」，論語中有「昭告於皇皇后帝」。（案：后帝，上帝也。）孝經中有「以配上帝」，孟子中有「其助上帝」等，此皆「明示」上帝者也。

此外，上帝一稱「天」「上天」「昊天」「皇天」「天皇」「天帝」「天神」「帝」「道」「天道」「天命」「造物者」（或稱「造化者」）等天道觀，皆指具有位格有意志者，雖未明言上帝，此皆暗喩者也。原擬將「天道論」與「上帝觀」分述，惟二者本質相同，前者「暗喩」，後者「明示」，深感分而不妥，故合而言之，以「上帝觀」統稱之也。不過，本篇論文，僅先就西方神哲學家言之，至於中國思想家部分，則另行專文論述也。

第五章　研究體例

本論文分爲上中下三編，上編爲緒論，凡分九章：一爲弁言，二爲研究動機，三爲研究方法，四爲研究範圍，五爲研究體例，六爲哲學簡說，七爲神學略述，八爲上帝觀概論，九爲結語。

中編爲本論，凡分四章：

一爲古代希臘羅馬神哲學家的上帝觀，復分廿五節：（一）色諾芬尼、（二）赫拉克利圖斯、（三）蘇格拉底、（四）柏拉圖、（五）亞里士多德、（六）西諾、（七）西塞祿、（八）斐羅、（九）辛尼加、（一〇）伊格那丟、（一一）游斯丁、（一二）馬吉安、（一三）孟他努斯、（一四）愛任紐、（一五）革利免、（一六）特土良、（一七）希坡律陀、（一八）俄利根、（一九）居普良、（二〇）柏羅提挪、（二一）麥托丟、（二二）拉克單丟、（二三）亞流、（二四）那哥拉、（二五）提阿非羅。

二爲中古神哲學家的上帝觀，復分五六節：（一）亞他那修、（二）希拉流、（三）耶京主教區利羅、（四）伊皮法紐、（五）貴格利、（六）巴西流、（七）安波羅修、（八）哲羅姆、（九）魯芬納、（一〇）奧古斯丁、（一一）伯拉糾、（一二）佩提利恩、（一三）亞歷山太區利羅、（一四）萬桑、（一五）涅斯多留、（一六）大利奧、（一七）哲諾、（一八）富爾根狄、（一九）大貴鉤利、（二〇）大馬色約翰、（二一）坎迪達、（二二）拉得伯土、（二三）拉特蘭努、（二四）伊烈基那、（二五）西面、（二六）朗法蘭克、（二七）安瑟倫、（二八）亞伯拉德、（二九）聖伯那德、（三〇）釁俄、（三一）維克多理查、（三二）高尼婁、（三三）倫巴都、（三四）法蘭西斯、（三五）朗登、（三六）亞歷山大、（三七）大亞勒伯特、（三八）根特亨利、（三九）波拿文裘、（四〇）阿奎那、（四一）厄克哈、（四二）司各脫史、（四三）本篤十二世、（四四）奧坎威廉、（四五）蘇索、（四六）帕拉馬、（四七）陶雷、（四八）猶利安、（四九）胡司、（五〇）金碧士、（五一）凱瑟琳、（五二）和恩、（五三）賴非甫爾、（五四）愛那斯摩、（五五）賈依堂、（五六）佛蘭克。

三為近代神哲學家的上帝觀，復分六八節：（一）馬丁路德、（二）慈運理、（三）布塞珥、（四）墨蘭頓、（五）加爾文、（六）蘇西尼、（七）伯撒、（八）蘇亞萊、（九）胡克爾、（一〇）亞米紐斯、（一一）培根、（一二）多恩、（一三）烏社爾、（一四）霍布斯、（一五）赫伯特、（一六）笛卡兒、（一七）歐文、（一八）巴斯噶、（一九）杜仁田、（二十）格林克斯、（二一）斯賓諾莎、（二二）陸克、（二三）施本爾、（二四）馬萊布郎、（二五）萊布尼茲、（二六）柏克萊、（二七）蒲脫勒、（二八）親岑多夫、（二九）埃亭爾、（三〇）愛德華滋、（三一）約翰衛斯理、（三二）查理衛斯理、（三三）休謨、（三四）康德、（三五）勒新、（三六）施萊馬赫、（三七）黑格爾、（三八）墨拉、（三九）紐曼、（四〇）費爾巴哈、（四一）祁克果、（四二）立敕爾、（四三）賀得治、（四四）客勒爾、（四五）詹姆士、（四六）富希士、（四七）哥爾、（四八）拉施德、（四九）柏格森、（五〇）杜威、（五一）赫士博士、（五二）提勒爾、（五三）懷特海、（五四）特爾慈、（五五）羅素、（五六）史懷哲、（五七）奧連、（五八）德日進、（五九）雅士培、（六〇）布特曼、（六一）田立克、（六二）巴特、（六三）維根斯坦、（六四）布仁爾、（六五）馬賽爾、（六六）尼布爾、（六七）潘霍華、（六八）塞爾姿。

四為現代神哲學家的上帝觀，復分四四節：（一）洛斯基、（二）拉納、（三）巴爾塔塞、（四）紐畢真、（五）依路、（六）卡爾亨利、（七）遊甦、（八）蘭姆、（九）杜耳思、（一〇）羅賓遜、（一一）希克、（一二）柯布、（一三）法克利、（一四）巴刻、（一五）莫特曼、（一六）奧提哲、（一七）潘寧博、（一八）畢樓奇、（一九）龔漢斯、（二〇）顧萊特、（二一）齊洛拉斯、（二二）翁高、（二三）波夫、（二四）韓米頓、（二五）柯和維、（二六）龔雅各、（二七）葛特烈茲、（二八）波寧諾、（二九）茀蘿倫莎、（三〇）蕾亞、（三一）盧瑟、（三二）史卓普、（三三）安尼卡爾、（三四）蓋瑞胥、（三五）甘騰、（三六）漢普森、（三七）海特、（三八）詹遜、（三九）積維、（四〇）林貝克、（四一）麥法格、（四二）畢克羅、（四三）托倫斯、（四四）崔保。

以上合計一九三家，各家之中，復分爲三：首爲傳略，次爲學說，末爲結語，略加評述。每家均按其生卒年代先後順序排列，凡年代不詳者，則附於各代之末。凡所引文，各於文中或段末括號註明，以免前後翻閱不便之苦而利查考，并明出處，示非掠美；不另行加列附註，以資簡便。

下編爲結論，凡分三章：一爲上帝之存有，復分兩節：（一）上帝存在的辨證，（二）上帝存有的論證。二爲上帝之本質，復分兩節：（一）上帝是個靈，（二）上帝是三位一體的位格。三爲上帝之屬性，復分兩節：（一）上帝之形像，（二）上帝之主權。歸納諸家之說，並略作評論焉。末附主要參考文獻目錄，以明論文之所據也。

第六章　哲學簡說

哲學（Philosophy），在一切學問中，定義之紛且難，莫逾於此，蓋性質使然也。人性之所要求，不一而足，其由知性而來者，有學理的要求；由情意而來者，有理想的審美的要求。故科學、倫理、宗教、藝術種種要素，其實可統攝於同一體系之下。故說者曰，以廣義解哲學，則斯學不獨包一切科學在內，又人間一切精神活動，即如科學、倫理、宗教、藝術等等要求，皆當由斯學以解決之。惟因時代之風尚，民俗之氣質，個人之性情，而其要求方面不同。有一要素，較占重心，則其哲學之中心點以異。而斯學之與他科學，及一切精神活動，其境界自不得不隨之而殊。姑即時代言之，其在希臘，蘇格拉底以前之哲學，純在考察自然界，故宇宙論及物理天文諸學，實居重要部分。蘇格拉底而還，則移其重心於考察人事，故人性論，及倫理、心理、論理、政治諸學，恆掛學人齒頰間。希臘之季，則又以解脫及安心立命之說，爲其主腦，是時學者，趨重於倫理宗教上之考察。中世哲學之興味，則又集中於宗教問題，所論究者，無非神論，基督論，罪業論，救濟論之屬。此其例也。更即民族言之，則古印度人之哲學爲實踐的，傾心於個人之解脫，而古希臘人之哲學，爲學理的，致力於宇宙之解釋。又如希臘人之哲學，可云主知；而羅馬人之哲學，可云主意。徵諸近代，則英國哲學，偏重經驗；德國哲學，偏重思辨。亦其一例也。若夫學者之人格，尤與所指學說，恆有密邇關係。是故哲學一概念，寧多決諸主觀。甲主乙駁，此仆彼興，從來未有定論。凡讀哲學史者，灼然共睹，無俟贅論焉矣。

由前所說，哲學之爲異也如此，今欲作一定義，求其包攝無遺，勢不免失諸空泛。苟失諸空泛，則哲學之與其他藝術宗教等精神活動，又奚足以明畫疆界者。雖然，概括古今哲學，而從大體上，示其中心點所在，由是以略定斯學與他學之界線，亦非必不可能之舉也。茲姑取形式、方法、對象三端，以觀察所謂哲學之性質。

（一）形式：哲學既爲人性一切要求之焦點，而兼有宗教的藝術的動機，潛伏其間。故其雜入感情信仰想像等要素，固性之所必然，勢之所不免。雖然，其昭著於外之精神能力，畢竟爲知性的。哲學表面之形式，思考也，認識也。其所以別於藝術宗教者存乎此。宗教成於信仰，哲學則不問其內潛之動機何若，終是由認識以立。藝術產諸想像，哲學則不問其雜入想像與否，畢竟由思考而出。縱令不然，亦必哲學者本身，自信其說爲思考之結果。苟無此信，而自謂其思想來自信仰或得自想像者，則已不成爲哲學，教訓而矣，詩歌耳矣。譬如柏拉圖之哲學，平心論之，決非純然學理上產物，其所含宗教的想像的之色彩，實甚濃厚。而人之列入哲學，不以與藝術宗教等觀者，以柏氏實用思考之形式，表示其思想故也。又如中世之煩瑣哲學，本與舊教會之教理無殊，而一則謂之哲學，一則不然者，斯亦以其形式，而非以其內容。曰教理者，但傳承聖經之言，而信奉之，謂之煩瑣哲學，則又以思考之形式，憑知性而論證之者也。故哲學與藝術宗教之間，縱不能嚴畫疆界，而姑以其形式爲區別之準，以明定哲學之中心點，則固無不可者。

（二）方法：僅言思考，言認識，其義尚泛。孺子之睹火而知其熱，農人之覘風雲而卜其晴雨，是亦一思考，一認識也。然如是者，無秩序，無統一，無體系，不得稱爲科學的認識。哲學，則有須乎科學的認識者也。申言之，哲學的認識，所以異乎其他認識者，正以其研究方法爲系統的全體的之故。且雖謂其一爲有方法，其一爲無方法者，亦宜。故可云哲學者，對人性種種要求，而用方法的認識之形式，以使之體系化者也。

（三）對象：哲學即科學之一，顧所以別於他科學者何在？曰在對象。但其對象，非異厥質而異厥量者。他科學之對象，皆部分的，此則普遍的。譬如生物學，僅以動植物界爲對象；礦物學，僅以礦物界爲對象；心理學，僅以精神現象爲對象；而哲學，則以宇宙全體，爲其論究之範圍者也。或爲之說曰：「哲學與特殊科學之關係，不獨以對象之量不同，實兼以其質不同故。譬云，科學乃研究現象之形而下學，哲學乃研究實在之形而上學。或云，科學乃因果的機械的說明事物爲主，哲學以究竟的價値的說明事物爲主。斯即以對象之質，區別哲學與科學者也。」或又爲之說曰：「兩者之別，非但以其對象之量，若質不同，又以其研究法不同故。科學本自經驗，哲學本自思辨者也。」然苟從此諸說，以嚴定哲學與科學之區別，則古來著名之哲學說，或大半見屏於哲學界之外。譬云，哲學乃論究超經驗界之實在，與科學之僅考察現象者殊，則是不可知論實證論諸家，將不得以哲學稱。又如云，哲學乃說明萬有之究竟目的，與科學僅事因果的說明者殊。則器械的惟物論，亦不得以哲學數。豈的論邪？

約上述三項，而以下一最簡單之定義，可云：「哲學者，爲滿足人性中各方面之要求，而以萬有全體爲其對象之普遍的科學也。」以其形式存乎認識，故足別於藝術宗教等。以其認識爲方法的，故爲科學之一，而別於普通知識。又以其對象爲普遍的，故足別於特殊科學。雖然，此言乎大體耳。從歷史上以察哲學之形式及其方法對象之關係，又決非如是簡單者也。

哲學一語，本由希臘之「愛」與「智」二字合併而成。故斐錄所費亞（Philosophy）（此音譯見艾儒略西學凡）者，即愛慕知識之謂。其始之稱哲學，意極茫漠，但指純然窮理之事，以別於商工政治等之實際的知識而已。史載呂底亞（Lydia）王克羅瑣斯（Croesos）頌揚梭倫（Solon）之詞曰：「卿爲哲學的考察故，足跡遍世界者泰半。」其意謂梭倫之遊歷，志在蒐見聞，廣智識也。至蘇格拉底作，攻擊詭辨學派之以智者賢者自居，而自呼哲學者。蓋言吾非知識之所有者，第慕而求之。哲學之名，由斯始著。（或據提奧奇尼斯 Diogenes 之語，則畢達哥拉斯 Pythagoras 既以謙抑之語，自稱愛知者，而不稱知者，因謂此名，實始畢達哥拉斯。二說未知孰是。）柏拉圖之言曰：「詭辨學徒，巡行里閭，傳授學藝，以博束脩，其行無殊於稗販知識，其從而學之者，第藉爲名利之資耳。若哲學者不然，以深思窮理爲業，以闢邪祛妄爲任。其所志者，即在知識其物，而無關於實利。蘇格拉底其人，最良之型範也。」觀柏氏此說，可知當時於哲學一語，明指純粹窮理之知識。蓋反乎實利的實用的知識而言。從此誼，則雖幾何學，亦不失爲哲學的性質，以研究斯學者，亦純由窮理之興味以起也。然由事實上之自然結果，而所謂哲學的考察，其間不得不生殊別。於是哲學漸有廣狹兩義。或指一切科學的知識之總和而言，是爲廣義之哲學。或以爲論及根本的實在之學，是爲狹義之哲學。自有茲兩義，而哲學一概念中，不啻新加內容。從前義，則哲學不止爲純粹窮理之知識，其知識，又必互遍全體。從後義，此知識又必關乎萬有之本質。此兩義者，柏拉圖已明言之，故曰：「哲學者，務在獲得知識。」又曰：「對常住不變者之認識，即哲學之所希求。」暨乎亞里士多德，茲旨彌顯。何則？柏拉圖之學，不作系統的分類，但取萬端事物，若愛，若快樂，若國家，若靈魂，若宇宙形態，若物體本質，認識問題等等，而漫然考察之，總名之曰哲學。其考察之中心點，則在彼之所謂「觀念」。即以觀念爲本體之眞相，而思所以闡證之者也。至亞里士多德，則更區分一切知識而討究之。若論理、物理、心理、倫理諸學，若宇宙論及形而上學，若動植物學、政治、經濟學，又若修辭學、詩學，皆分門別類，各立統系。凡所論究者，俱命之以哲學。彼亦謂哲學職分，不外探求事物之眞因及原理。而獨稱其形而上學爲第一哲學，以別於物理學。明予之以重要之位置也。自茲以還，凡言哲學，大半兼用廣狹兩義。而或目此兩義爲對立者，或以爲相輔助者，或重此輕彼，又或淆合用之，則人各不同。希臘季世，斯學中之要素，獨以倫理宗教事項爲重，而哲學一語，殆似專指關乎人生究竟目的之知識，甚且用爲狀寫學者性格及其生活方法之語。然即抱此見地，而其視哲學中有不可闕略者二事，要無殊於前人。二事者何？即曠觀萬事萬物，以求普遍的知識，又進而求達於形上學的之實在觀，是也。故或如伊壁鳩魯派，主唯物的原子論，或如斯多舊派，主具體的心靈論；又或祖昔人之形而上學說，以爲其倫理觀宗教觀之基址，而更於物理、論理、天文諸學，旁事探求，要言之，斯時學者之於哲學一概念，大抵如前文所述，有二重目的存在者也。中世之學問，專注神學問題，然其於哲學之概念，則依然不變。彼皆取神性論及罪業救濟問題等爲中心，以建立其形上學的之實在觀，又思用此實在觀，以統一各知識。降至近世初期，大體之趨向猶然。一面則視哲學爲一切知識之總和，他面則側重本體問題，而以之爲斯學中主腦。經驗學派之培根（Bacon）嘗謂：「爲悟性之對象者，有三：曰神，曰自然，曰人間。當因應此三事，而別哲學爲神學、人性學、自然哲學三門。舉一切科學的知識，賅括於此三門中。其曰人性學者又有二：（甲）物質的人性論，此論究肉體方面者，賅醫學而言。（乙）精神的人性論，則論一切心意現象者。」笛卡兒（Descartes）倡導合理學派，與經驗派反對，特於所撰哲學原理之卷首，標哲學之定義，曰：「此人間知識之總和也。大而別之，當分為形而上學、物理學、技術的科學三綱。」及入本論，則於第一篇，題為認識論及形而上問題。於第二篇，題為機械的物理學之原理。於第三篇，題為宇宙論。於第四篇，題為理化、生物諸學之說明。其意之重在形而上學，灼然也。又後經驗派之霍布斯（Hobbes），陸克（Locke）二家，合理派之斯賓挪莎（Spinoza）萊布尼茲（Leibniz）華爾富（Wolff）諸家，其以哲學為各科學之總和，大致從同。自霍布斯而外，又莫不以形而上學為中堅。萊布尼茲呼哲學為普遍學，又謂此為對知識之研究，而比諸樹木，以形而上學為根幹，而特殊之研究，不啻其枝，正斯意也。入十九世紀，如是思想，尚相承弗變。特其說哲學與特殊科學之關係，見解少殊。別有一種傾向，不以哲學為科學之根本或其預想，而寧視科學為哲學之預備或其材料。孔德（Comte）之實證哲學，不外包括數理、天文、物理、化學、生物學、社會學等等，而更規定其間之相互關係者。彼故呼哲學為人間概念之一般體系。斯賓塞（Spencer）之解哲學也，以為科學的知識之最終統一，又其最上焉者。曰：「知識之至下級者，毫無統一。科學，則部分的而有統一者。進至哲學，始為完全統一之知識。」意與孔德相同。又赫爾巴特（Herbart）之解哲學，則以改造概念一語括之。意謂日常生活及特殊科學中，所使用諸概念，恆有矛盾。去此矛盾，即哲學之職分。是亦目科學為哲學之準備者。約言之，由前一說，哲學是根本學。由後一說，哲學是總和學也。十九世紀中，此二種傾向，隱隱并存。其以哲學為根本學者，或且嚴設哲學與科學之別。以為兩者之間，正相反對。如斯見解，一時盛行於德國。如斐希德（Fichte）謝林（Schelling）黑智爾（Hegel）三家，所稱思辨哲學者即是。斐希德以為人得從知識之性質，推衍一切，故蔑視經驗，而純用先天研究法，從事於歷史的演繹。謂如是考察萬有，乃哲學者特有之責任。此學之所以異乎科學者繫此。謝林采取其意，而不獨用歷史，更推諸自然界。至於黑智爾，則思辨哲學之發達，尤臻其極。下至物質界諸事象，進至人事界，如政法、道德、藝術、宗教諸端，胥欲從概念的思辨的之一途，以闡明之。曰：「哲學之於形式，不外關於對象之思惟的考察。至其內容，則絕對之學也。」嘗謂波爾（Boyle）牛頓（Newton）之徒，妄思以其物理學研究法，染指哲學，爲兩敗俱傷，不知自量者。其輕視科學，一至於斯。當是時也，哲學之與科學，幾相絕緣。風靡於黑智爾旗幟之下者，皆信研究哲學之事，全與科學殊途。謂吾人即不假借經驗，固不難純恃思辨，以建設絕對的認識之體系也。黑智爾卒後，此風一旦衰頹。學者之間，殆已無人公然唾棄經驗。然解以普遍的概念之學問，而目爲一切科學之根柢者，猶不免有之。如宇伯威希（Meberweg）稱哲學爲原理之學，即足示茲傾向。然他一方面，主張哲學爲科學的知識之總和者，正復不少。陸宰（Lotze）、費希奈爾（Fechner）、哈特曼（Hartmann）、朗格（Lange）諸家，大抵謂哲學之爲學，當以經驗材料爲基礎，以自然科學爲泉源。所異乎科學者，祇以其對象乃普遍的而非部分的之一點。馮德（Wundt）曰：「哲學之本分，乃以得自特殊科學之知識，統一之於無矛盾之一體系中。」包爾生（Paulsen）曰：「哲學是科學的認識之總體。」二家之言，即明揭茲旨者也。但此二者，不必絕對相反。以哲學爲科學之總和，而同時自爲科學之根柢，原無不可。康德以哲學爲一切哲學的認識之體系，其辭雖若重複，其意則謂科學知識之總和者，但爲哲學的認識，而哲學之職，尚有出乎此者，即使之體系化是。是亦承認其爲根本之學，原理之學也。二者外，尚有一傾向，乃目哲學爲特殊學，而欲限制其問題之範圍者。前如陸克、休謨（Hume）排斥形而上學研究，以爲哲學之所致力，宜專在認識論及倫理學，固已開其先聲。逮乎最近，尤有以哲學與自然科學，寘諸對立之地位者。或如伯勒克（Beneke）呼哲學爲心理學，謂自然科學所從事者，是外的經驗，哲學，則爲內的經驗。或如斐西耶（Fischer）。珂很（Cohen）、黎邇（Riche）一派，謂哲學乃認識之學及其批判，而與形上學對立。或如杜林氏（Duhring）以之爲善論。或如文得爾班（Windelband）以之爲普遍妥當的評價之學。或如倭鏗（Eucken）柏格森（Bergson）主由知的直觀，以發見精神生活，以擢取創造原理，而謂哲學方法，與夫自然科學之用分析綜合者，顯然相殊。此諸家之立足地，無論不同，然謂其皆以特殊學視哲學，無不合也。

以上所述，皆哲學與特殊科學之關係，至其與生活之關係密邇，正不下其於科學。前既言之，哲學不獨屬於知識體系，以滿足理性的要求爲止境，又須建設世界觀人生觀，爲吾人求慰藉心情之地。故哲學上完全統一之要求，固屬理論的，抑亦實踐的也。使斯學之於科學，又於宗教藝術等，既相結合而又有區別者，實存乎斯。無論歐洲哲學之特色，全由窮理興味，與宗教道德的需要，分離爲二，而得遂獨立之發展。然亟謂實踐要求，即永與理論範圍相別者，殊亦不爾。即如蘇格拉底明謂哲學之修業，存乎實用的動機以外，然又以「知德一致」教人，則彼之所謂眞知，終是含有道德的意義。而希臘末年之以道德生活問題，居哲學之主要地位者，更無論已。近世哲學之興，其動機根於脫離宗教，故理性的知識的要素，自然顯現於外表，而較佔優勢。然主情意說之哲學，因不絕起於他方。叔本華（Schopenhauer）、尼采（Nietzsche）陸宰之說，大抵同然。殊如最近趨勢，殆舉哲學全體，歸結於解決人生之一點。或說善，或說價值，或說人格，或說精神生活，或取實用主義，或取直觀主義，諸說之體系，雖相殊甚或相反，而其不欲以純然窮理之本領，待遇哲學，則一揆也。（樊氏《哲學辭典》頁460—469）

第七章　神學略述

神學theology一詞，源自希臘之theologia；theos神、Logos論述。廣義而言，神學係論述神，或「研究神及神與宇宙之關係；研究宗教教理及有關神明之事物」（根據韋伯Webster字典）。狹義而言，神學係指該項研究之特別方式或體系，由某一特定宗教或宗派所發展者，如佛教、印度教、伊斯蘭教、猶太教，及基督宗教。最狹義而言，本文把神學應用在基督徒神學上，而關於基督徒神學所談的，在某些方面也適用於非基督宗教的神學。

有關神學已甚多描述性之定義。所有定義都依其作者的觀點及目的而有其特定之焦點。整體而言，它們均以足夠之明晰度描述神學所涵蓋之領域。例如：神學係「信仰尋求理解」（fides quaerens intellectum）（安瑟莫Anselm of Canterbury, 1033-1109）。「神學係上帝在耶穌基督內啓示上帝的科學」（潘伯南W. Pannenberg, 1928-）。「神學是一種啓示神學，啓示目標是在上帝身上，上帝又因其全能啓示，事實上即是神學之主體」（巴特K. Barth, 1886-1968）。「神學是信仰之科學。係將在信仰上所接受及所掌握之神聖啓示作有意識及有條理之說明與解釋」（拉內

K. Rahner, 1904-1984）。「神學係就信仰上所遭遇之神聖啓示事實作科學的，亦即有條理、有系統的詳細說明，目標在盡量使該項啓示就人類理性言，成爲可信」（貝內 W. Beinert, 1933-）。「神學係救贖之科學」（拉脫雷 R. Latourelle, 1918-）。下面的描述定義說明神學工作的程序：「神學係一種思考方式，在這種思考方式中，我們使用模型公式將我們隱喩性的宗教語言轉化爲簡明清晰的理論觀念，因而即設法把我們臨時性但很肯定的有關上帝的知識，作一個暫時的清楚說明」（胡斯登 W. Van Huyssteen）。綜合言之，神學是以啓示及信仰爲出發點，以救恩史中三位一體的上帝爲對象，是學術性而有本身處理方法的學問。（神學辭典頁三八五）

亞里士多德嘗以此名其「第一哲學」，義即「形而上學」之謂。中世初期，則有以辨證基督神性之論議，稱爲神學者。洎煩瑣哲學之興，乃用爲基督教一切教理之總稱。故當時目宗義學（Dogmaties）爲神學中主要之科目。二語殆無分別。近代學者，雖縮小宗義學之範圍，然其大體，猶從中世之解釋也。凡言神學，大致可區爲四綱：其一歷史的(Historische)，其二解釋的（Exegetische），其三系統的（Systematische），其四實踐的（Praktische）。

（一）歷史的神學：所以研究基督教之起源及發達。以教會史、宗義史爲主，而信條學、教會考古學、教會制度沿革論，以及傳道史(Missionageschichte)，異端史等，俱在其內。并有就現代各地之教會內外狀況，而論述之者。

（二）解釋的神學：則以解釋研究新舊兩約爲主。聖經學（Bibelwissenschaft），聖經神學（Biblische Theologie），聖經註疏法（Hermeoeutik）等屬之。或但以此爲歷史的神學之一分科，而不以之對舉。

（三）系統的神學：則以組織的學術的研究教理者。就中以宗義學爲主。以狹義解神學，則神學不外宗義學之別名。又從廣義解宗義學，則含歷史的解釋的神學之外，本亦無宗義學可言。或於宗義學之外，加入辨證學（Apologetik），教旨爭論（Polemik），基督教倫理學（Christliche Ethik ed. Sittenlehre）等，合稱之爲系統的神學。

（四）實踐的神學：其無關學理，而第以儀式及教會行政等項，爲其研究題目者，謂之實踐的神學也。

更以是學之變遷而言，其始，自解釋聖經外，固無所謂神學，中世之學者，以宗義信條，既經明白規定，其所研究，自有限制。大率摘取一言一義，而詮索之。而尤以用哲學的基礎，辨護宗義，爲其要務。以知詮信一語，即其不二法門。洎新教起，以剷除教會權威爲職志。謂代此權威者，惟有聖經一物。於是研究新舊約原文，遂爲神學之中心點。歷百餘年，新教漸又停滯，遂亦有泥守章句之弊。世復病其不自由，以新教之煩瑣哲學譏之。十八世紀，因哲學史學之進步，更有反對超自然主義（Supranaturalism），而倡導合理主義（Rationalism）者。其極端派，頗蔑視天啓，排斥傳說，而謂即理即神。每思捨棄歷史的宗教，別立所謂理性的宗教以代之。自茲以往，復有從哲學之立足地，以闡明宗教本質者。康德倡之於前，謝林、黑智爾和之於後。至詩萊爾馬哈，所造益深。彼以爲虔信之情，純由有限者對無限者以起。而教會之宗義，不外人間情操之反映者耳。以諸哲學家研究宗教之故，而宗教哲學（philosophyof religion）之名稱，由斯成立。此外尚有從歷史的批評的方面，以研究基督教之起源及發達者，亦與哲學的潮流，併起而俱盛。（樊氏《哲學辭典》頁 503 — 504）

就目前世界而言，神學必須包括以下重要因素：

（一）神學與其他科學：

1、宗教科學一如哲學，均係獨立於神學之外，但爲係神學之一種重要輔助科學。哲學一方面曾經對神學有重大影響；但反過來說，在另一方面，西方哲學（在現代世界文明中以多種方式出現）如無啓示及基督宗教之歷史，則其發展實不可想像。神學並非哲學之固有規範，但在歷史之實際過程中，卻主要是神學給哲學開啓了其可能性。按梵一大公會議（一八六九—一八七〇）的主張，神學與哲學在其「原則」及「目標」上是不同的。神學乃基於啓示信仰之恩寵，並尊敬上帝啓示之奧秘；而哲學則出自自然理性，且關切可以接受此理性之諸事物。如就更深一層言，哲學與神學間之關係屬於「自然與恩寵」間的關係這一道神學問題。對此問題，一切更爲統合之解釋設法同時顯示哲學與神學間之相互解釋及其顯著差異。

2、尤其「科學哲學」（Philosophy of Science）已使神學在自我反省上的瞭解及能更爲敏銳，也幫助它察知邏輯實證主義（維也納集團）、極端理性主義（如頗普 K. R. Popper, 1902-1994、亞爾培 H. Albert, 1921-）、歷史相對主義及心理主觀主義（如士來馬赫 F. Schleiermacher, 1768-1834）、極權的、定理的、實證主義的、及非環境性的基本主義（例如目前在某些基督徒教派及某些主流教會之保守與過度保護趨勢）等等之正反兩面。科學哲學協助神學建立理性模式的「三種標準」（胡斯登）：

(1)藉著解說神學述說中各組成因素，以作成神學敘述（Theological Statements）之寫實描述；其主要因素爲：被召的及負責任、投身的個人經驗；在隱喻及思想模型上之知識及語言表達；信仰社會所處之環境等。

(2)在實際生活及觀念瞭解層面上，神學敘述之批判及解決問題的能力；此一能力係根據聖經、傳統及訓導權及現代科學（在理論及應用實用方面皆然）。

(3)神學敘述之建設及進步性，此中有關上帝之未來方面包括上帝永遠更大（Deus Semper Major），上帝提升人類（包括神學家在內）至新而未知之境界，並打開發現新事物之可能機會。

現代科學（自然科學、社會科學、人文科學）在與基督徒思想對話時係夥伴，亦是它須接受之夥伴。對話之目的並非僅爲關切調和現代科學主張之差異。其最重要者乃神學與現代科學心態之相遇；此一工作神學至今一直未能掌握。

(二)神學面對許多權威：這些權威是一種整體性的結構。一方面不同的權威互相貫穿，在另一方面則具有不同程度的確實性及可信度。

1、聖經與其靈感權威爲最高標準。

2、但此一權威係存在於信仰之生活團體中。此一團體係靈感啓發聖經作者的三位一體所創造之團體。此一團體在歷史過程中，創造了大量的訓導（主要經由訓導權）和禮儀經文（祈禱的規律是信仰的標準）。

3、最後爲基督徒一般生活中之見證權威。在一般生活中，已列品及未列品之聖徒給人「在他們內充滿希望」的可信記述。

(三)天主教神學及訓導權：神學史顯示一種一再發生之現象，即在神學作爲一科學（由於學術自由基本範圍之要求）與訓導權作爲啓示「眞理」的保護者間之非常敏感的緊張。當雙方面或至少一方面不認識其在生活之天主教團體（全世界範圍）內應該執掌之功能時，則此緊張乃成爲公然衝突。瞭解與判斷間之差異有助於澄清神學與訓導權間之不同處，及其互相補足之功能。神學之主要角色在於瞭解方面，而訓導權之主要角色則在於對信仰事項之判斷方面。在理念上，雙方均有其適當及有意義之地位，不應有法理上之衝突。但事實上之衝突則難免，此項衝突係因人性之限制與弱點所激起。由正義及公開結構所支持之成熟對話，似爲唯一合理且爲基督徒方式解決實際衝突之方法。

(四)神學與文化之多元化：在神學派別之間永遠會擁護相反意見，以不同之假定爲起點，發展不同之思想型態。但神學在今日展現一種不同型態之多元化方式，已無法將之歸納統一(One theology)。主要係由於兩種理由：

1、神學在今日係處於多元化之學術及社會環境中，已非昔日之一言堂。研究方法即不同，而神學在今日之意義則爲「諸神學」（theologies）。哲學亦有多種表達。知識之大量累積，遠超過單一個人之瞭解能力，每人均發現其個人係工作於有限之知識範圍內，而愈益依賴其他學術部門之專業人員。

2、由於梵二大公會議（一九六二－一九六五）之鼓勵，神學已開始面對非洲、亞洲及大洋洲之新文化。各該宗教文化才能愈益影響神學，上帝啓示豐富內容之榮光愈益光耀。然後一種新的努力形象：相互容忍、相互影響及相互批評使顯得更爲需要。迄目前爲止，訓導權好像過於由某種羅馬式神學所培養，將來它須覓求新方法以管理及培養此多元主義。

(五)神學與婦女：無疑神學已進入歡迎人類另一半靈能及觀點之時，如果女性神學一直朝平衡地方向發展其能力，不久以後，神學工作將邁進更整體性的學術領域。

(六)神學與未來：除上述之新多元主義外，就篩濾浩瀚之神學知識及察知基督宗教之基礎要素，經由創造廣泛之信仰公式，以及有意識的保持所謂眞理層次等意義言，未來之神學須一再設法成爲「還原劑」(化學術語 reducer)。

未來之神學如不欲脫離人群，不得不成爲一種進化世界觀神學及場合神學，就社會內之立場言，此亦將成爲社會上的一種批判性力量。

由於無法管制之浩瀚知識及推理思想，未來之神學就更須寄賴寓言、比喻，及故事之意義，一方面更接近實證主義者，成爲一種敘述式神學，但在另一方面，釋經學問題及科學哲學將繼續向神學挑戰。

最後，如果現代之基督徒，已被導入各種不受限制的愛與美之藝術中發現上帝，將具創造性的能力徹底掌握此一日益複雜之現代世界。爲服務此等基督徒，有人期望神學可以轉移爲冥思及美之神學，導入神秘經驗之神學。

（神學辭典頁 507 — 509）

第八章　上帝觀概論

「上帝觀」者，就是世人在不同時空中，對上帝所產生的觀念。從宗教信仰上說，上帝是信仰的對象，永遠地存在著，不會有所改變。但就世人對上帝的了解來說，則不同時代地區的人，對上帝有不同的了解；故不同時代地域的上帝觀，即因人對上帝不同的了解而不同。無論其正確性如何，爲研究起見，必須作客觀的評述。玆分論於後。

第一節　上帝存在的證明

神學要旨，必須證明神之存在，否則一切都將落空。關於上帝（神）存在的證明，爲說殊多，舉其最著於史者，約有五說：

一爲本體論的證明（Qntologieal Proof or argument）。是乃分析神之觀念，而從三段論法，以證明其存在者。安瑟倫（Anselmus）首倡之，其說曰：「神也者，至高之存在也。假謂有更高於神而存在者，此人心中不可得而思維。故一切存在者中，惟神爲完全，故神爲絕對完全者。凡謂之絕對完全，必其具備性質，一無所闕。故神不可不具有存在性。神而無存在性，是不得謂之完全也。」試即上說，而以簡明之三段論法疏之，則可云：「神，至完全者也。至完全者，不可不存在，故神存在。」安瑟倫以後之神學者，及近世哲學家，大率採取斯說。至康德，始於所著純理性批判中力斥之。安瑟倫在日，既有喬尼洛（Ganuilo）者，曾以康德之論法，攻安瑟倫，顧未足以損其勢力也。

二爲宇宙論的證明（Cosmological Proof or argument）。則以宇宙之存在爲根據，而應用因果律，證明神之存在者。其說若曰：「宇宙之存在，灼然一事實，不可以否拒者也。然而凡物之起，必有當起之因，故宇宙之存在，亦必有其存在之因。假若溯因中之因，遞焉而上，其竟也，必有一至上因。此因既云至上，必其外更無可以制約之者，此無制約之因，不屬之神而誰屬。故曰：神，存在也。」如是論法，亞里士多德、西塞祿（Cicero）實開厥端。中世之神學的哲學，大都從之。康德以前之哲學者，猶往往而然。然方希臘之季，伊壁鳩魯派及懷疑派，已詆諆茲說。中世學人，亦非無訾議之者。康德而後，無復主是說者矣。

三爲究竟論的或物理神學的證明（Teleological or Physico-theological Proof or argument）。是可云，宇宙論的證明之變形者。蓋前說，從宇宙全體立論，而以神爲其第一原因，此則但以宇宙之部分事實，爲其根據，而歸厥因於神，由是以證明神之存在者也。其說若曰：「宇宙之體制，有秩序，有統一，有調和，又有合目的性。日月星辰之運行，釐然而不紊也。四時之循環，晝夜之更迭，整然而無忒也。自然之美，燦乎其可共睹，則如彼，生物之構造，善全厥生，其精妙巧合，又如此，此豈偶然之果，又詎得以物質之無端聚合及無意運動釋之。是必有一『睿智』存焉。先乎萬物，而具定旨，特運匠心，以創造生成之。此睿智，是一切善一切美之根原，至高至大至完至上，是即神也。」是說，由宇宙之合目的性，而推原因之存在。其在上世，蘇格拉底唱之，在其中世，奧古斯丁和之。衡諸論理，非必有確不可拔之根據，然僅以宗教的詩歌的情緒對之，己頗感爲滿足。且亦莫能自其反而破其說也。故是說多行於詩人及宗教之間，降至近世，更有費希奈爾（Fechner）一派，稍變其論法，而主張之。

四爲生活的之目的論證明（Vitalistico-teleological or argument）。是即前項目的論證明之一種，但更側重生活現象，以證明營造的睿智之存在。其說曰：「無機物之合部分以成全體，猶可云機械的集合，其運動也，猶可云盲目的運動。然施諸有機物，則義不能通。試觀其各部分之結合，克保統一。其結合之方，又足以遂本來之目的。且非集部分以成全體，而從全體之發展以得部分者。凡茲事實，烏得以機械的結合，盲目的運動爲解，其間必有豫具一定目的，而以意匠造作之者，如工師之治宮室然。是謂之營造的睿智，是謂之神。」蓋近世以來，學者之於自然界現象，多用機械的說明。其純從目的論的，證明神之存在者，根據自不免於薄弱。獨至生活現象，尚有不能盡用機械的說明之勢，是以說者有取乎此。方近世初，頗流行於宗教家之間，近則哲學者亦頗襲用。如特倫對倫布（Trendelenburg），即其代表者。

五爲道德的（或倫理宗教的）證明（Moral proof or ethicoreligious proof）。是說創自康德。康德於所著純粹理性批判中力詆一二三項之證明法，以爲薄弱無足取。而於實踐理性批判中，則云：「從人間之道德上要求，得以神爲存在者，且不可不以之爲存在者。夫道德云云，乃爲道德而行道德，別無其他目的之謂。人有常以道德與意志之完全一致，爲其理想者，斯之謂至善。而人之實踐理性中，皆各有現實此至善之要求。顧吾人居此現實世，常爲感性所妨害，縱令戮力精進，而卒不能達此理想之域。故若人類之存在，以現世爲限者，則至善之現實，竟不可能。惟以人格的存在而論，姑目此存在爲無限者，乃能現實如是理想。故吾人不得不承認靈魂爲不滅者。此『靈魂不滅』一語之道德的證明也。」又云：「人惟爲道德而行道德，道德的意志以外，不許更有目的。故其行爲之結果，或有幸，或不幸，自道德上觀之，毫無關係。然目睹善人衰而惡人盛，定亦非理性之所能饜。人於是乃更要求最終之勝利，期有完美之福，克與完美之德相應，是曰完善。人之實踐理性中，又有現實此完善之要求。是亦不可期諸現世者，以善行而召惡報，以惡業而食善果，世間往往而然。故欲現實其完善之理想，未望諸未來世，必設想有賞罰公明之一日。而授人以最末之勝利，俾之福德相應者，舍至聖至上全智全能之神，孰足當之。」康德自謂此種證明法，本屬一種基準（或要求假定 Postulat）。嚴而繩之，仍不得曰證明，以其立足地，固不越乎理想的之外也。然若謂此至善完善之理想，止於爲一觀念，而終不能現實，則於吾人之實踐理性，畢竟有所不滿足。故其以此理性爲能實現者，出自必然，因而「神在」云云，「靈魂不滅」云云，遂爲不可避免之假定耳。康德而還，如陸宰（Lotze）、包爾生（Paulsen）諸家，雖未嘗直探其形式，實陰襲其意義者也。（樊氏《哲學辭典》頁 496—500）

第二節　神學意義中的上帝觀

第一目　無所不在的上帝

上帝不但充滿大地，並且超越大地，因爲祂是純精神的神體，所以不受任何限制。上帝超越任何界限，因爲祂是絕對的無限，祂對一切的受造物擁有完完全全的自由。（出十三14；詩一三九；王上八27；耶廿三24）

第二目　全能的上帝

上帝是萬物的創造者，更是萬物的根源。萬物所有的，上帝不但全有，而且達到無限，尤其是耶穌死亡復活的過程中，祂所彰顯的大能、愛的力量，足以使萬物無一不在祂愛的氛圍中。（創卅五11；耶卅二27；太十九26；路一37）

第三目　全知的上帝

上帝在無限的光明中，對自己完全的透明。祂更主動完全地滲透到萬物中，因爲上帝的愛是無限的愛。所以祂的全知，就成了祂參與照顧人類歷史的基礎，不但沒有限制人的自由，反而更擴展了人的自由。（伯卅四21—22；詩七9；一三九；耶十一20；羅十一33—36）

第四目　仁慈的上帝

上帝的仁慈廣施大地萬物，祂的一舉一動都是出自祂對人類的慈愛。上帝的愛，不斷地滋潤蒼生，特別是對軟弱無助，犯罪墮落人的愛，更是無微不至。愛比死亡更有力量，愛比罪更有力量。耶穌的逾越奧蹟，是上帝愛人類最高峰的表現。（出卅四6；申卅一6；詩一四四8—9；一四五9；路一76—78；五35—36；十五7；羅九—十一；弗二4；來二17；約壹四16）

第五目　永恆的上帝

上帝是自有者，祂的自有就是祂的本質，祂的本質就是祂的自有。因此祂絕對超越一切有限的過程，上帝是永遠自有的，絕對的自有。祂是昔有、今有、將來永有的無始無終的上帝。（出三14；詩九〇；一〇二；太十六16；提前一17；彼後三8；啓四8）

第六目　正義的上帝

上帝千方百計流露祂的愛，爲使人類受益，使萬物蒙恩。是善必賞，有罪必罰。祂一切向外的行動及內在的旨意，無非要使人人成義。上帝對人類關懷最高的表現，就是藉著耶穌基督被釘在十字架上，使得整個人類得以成義。（出九27；詩八九15；一四七6；賽九6；十一31；四五8；六十13；六一3、10；六二2；耶廿三6；太五6；羅一—十一）

第七目　神聖的上帝

上帝是最完全的，是有限的受造物所無法接近的。但祂絕非只是隔離和超越了一切，祂實在擁有一切富裕的生命。祂具有絕對不可侵犯的尊威，但是祂又是吸引人一切的根源。（詩九九3、5、9；賽五16；六3；約十七11，19—24；彼前一15—16；二9—10；提前六16；啓四8）

第八目　榮耀的上帝

上帝是一切眞善美的根源，上帝的榮耀也是一切受造物光輝的泉源。上帝的榮耀是顯示祂的尊嚴、能力、聖德的光輝。祂吸引自由的受造物歸向祂的光榮。新約的啓示便是將上帝的榮耀和耶穌的人性連結在一起。上帝的榮耀完全在耶穌的身上，尤其是耶穌復活的奧蹟，將上帝的榮耀發揮致極致。（出十九12；卅三21—22；約十二32；林後三4—四6；羅六4；帖後一8—10；多二13）

第九目　忠信的上帝

上帝在愛中實踐祂的諾言，祂忠實的履行祂與以色列和人類的盟約。在全部救贖史中，上帝的忠信永恆不變，而人類卻常常不忠。耶穌基督爲忠信堅持到死，信友必須依靠祂的忠信，才能與祂同生同王。（出卅四6；詩卅六6；林後一19—20；帖前五23—24；帖後三3；來十23）

第十目　無限的上帝

這是類比的、否定的說法。要表達的是最後卓絕的、積極的、不可言喻的、不可操縱的、不可計劃的、豐富的、圓滿的、愛的奧蹟。整個舊約、新約啓示中，所含蓋的奧蹟，均能表達此一上帝的屬性，恕不贅述。

第十一目　不可見的上帝

表示上帝不是人的五官內的有限客體，祂是和可見的萬物完全不一樣的實有。但是信徒在耶穌基督的身上，藉著信仰清楚地體會到上帝眞正的面貌。（出卅三18—23；約十四9；提前六11）

第十二目　永不變的上帝

上帝在自己絕對的奧蹟中，是不可能有所謂受造物的變化的。祂絕不受任何外在的影響，使自己得到本身所沒有的。但在絕對的、自由的、愛的行動中，上帝能參與人軟弱、需要支持的生活。（民廿三18—23；可十三3；雅一17）

第十三目　隱而不現的上帝

人們常問：「上帝！你究竟在那裏？」有時上帝所包含的面目，好像是根本不存在似的。事實上，祂是在主動地、默默地邀請自由的受造物去尋找祂的玄妙。祂也曾經藉著古今中外聖賢偉人們美好的生活見證，顯示祂的存在和大能。耶穌被釘死並埋葬以後，好像祂已經不存在了，但是最後信徒終於明白，祂的愛是永遠支持天下蒼生的。（保廿二2—3；賽四五15；五五8，太十一25；羅十一33）

第十四目　智慧的上帝

基於上帝圓滿的自我透明，和祂在萬物中愛的參與行動，祂一方面能夠體察宇宙和人類的整體性，另一方面祂也能細心的注意宇宙人類歷史個別的具體面。上帝智慧表現的最高峰，就是耶穌基督降世爲人，保羅稱基督爲「上帝的智慧」，就是這個道理。因爲上帝把自己的智慧，藉著基督的死亡，復活給人全然啓示了。（箴八；林前一－二；林後三18；西一15；來一3）

第十五目　憤怒的上帝

憤怒不是愛的對立，反而是上帝愛的熱忱和激烈的表達。換句話說：憤怒是上帝面對受造物的自由行爲，內在反應和關懷。中國人所謂「愛之深，責之切。」是也。耶穌基督，是使人類免忿怒的最大保障，使人類眞正成爲得救的人。（箴十四29；十五18；賽卅27－33；太五22；羅五9；林前十三5；西三8；提前二8；多一7）

第三節　舊約聖經中的上帝觀

第一目　舊約啓示中的上帝觀

一、上帝試驗亞伯拉罕以子獻祭

以色列民的歷史，和上帝的救恩史是齊頭並進的。上帝藉著以色列民歷史中的人物、史實和啓示，實踐了祂拯救人類偉大的計劃。以色列的救恩歷史，是從上帝主動召喚以色列之父亞伯拉罕而揭開序幕的。（創十二：一－二）在亞伯拉罕的信仰體驗中，上帝是既許必踐的大神，是要求絕對信服的上帝。亞伯拉罕甚至遵從上帝的命令，將自己獨生子以撒，作爲獻祭的禮品。（創廿二：一－二）。他完全聽從上帝的旨意，而上帝大大地降福給他。（創廿二：16－18）

二、上帝命摩西救民脫離奴役

摩西是以色列最偉大的民族英雄，他出生在一個被壓迫的民族中（出一：8—22）。上帝顯現給他，將自己的名字和救贖的計劃啓示給他，讓他知道他的使命，就是救自己的同胞，脫離埃及法老的奴隸統治。摩西接受上帝召喚後，勇敢地站在法老的面前，述說上帝的偉大，和自己的堅定信仰。他藉著上帝大能的手臂，克服了埃及法老的百般刁難（出五—十二）。上帝是解救的上帝，以色列人藉著上帝的大恩及摩西的領導，終於擺脫了奴隸的束縛，走上自己的光明大道。

三、撒烏耳成爲以色列第一位君王

以色列子民離開埃及，越過沙漠，在約書亞的領導下征服客納罕，進入福地。十二支派並在舍根舉行會師，重新訂立與上帝所立的盟約（書廿四：二—七）。約書亞死後，以色列進入民長時期。民長不是民選的，而是上帝的召喚。撒慕爾是最後一位民長。爲了適應變局，延續命脈，以色列民需要成立一個國家，推選一位新的領袖。在祈求上帝與人民的堅持下，撒烏耳終於成爲以色列的第一位君王，這是以色列民歷史的重大轉捩點。

四、以色列民的神是全世界的上帝

撒烏耳與撒慕耳的衝突，以及日後的妒恨達味，導致撒烏耳悲劇的收場。達味才是以色列王國眞正的建立者。他逝世以後，撒羅滿繼位，由於他善於利用國際情勢，所以造成撒羅滿王國極爲輝煌的時代。他建立了聖殿，對於以色列敬拜上帝的貢獻功不可沒。撒羅滿死後，國家分裂，就是歷史上有名的南北分裂，隨後又遭巴比倫充軍。就在這個危機四伏的關鍵時刻，偉大的先知——上帝發言人——的時代來臨了。以色列子民藉著先知不斷的激勵，培養了純正的信仰，堅決反對多神的異端，也使以色列子民進而體驗出他們所信的上帝，不但是以色列民的神，也是整個世界的上帝。

五、上帝的特殊屬性和作爲

（一）走向未來的上帝

在舊約聖經中，「上帝的日子」一概念的產生，充分表達了以色列子民對上帝的期盼。上帝不僅僅是現在臨在，將來亦必臨在。祂是現在的上帝，又是未來的上帝。上帝的日子，是上帝顯示自己的威嚴和公義的日子。以色列子民雖然多次叛離了上帝，但是他們從歷史的體驗中，仍然相信上帝會寬恕他們，會重新救援他們。上帝即使在義怒中，仍然慈悲爲懷。以色列罪惡深重，內心外表都破壞了上帝的誡命。而上帝是正義的，選民仍一樣要接受懲罰，要毀滅敗亡。但是事實指出，以色列即使到了山窮水盡的時刻，上帝仍然賜給他們新生的希望。（結卅六：24—27）

走向未來的上帝，是給以色列子民偉大的許諾的神。未來的日子，只要上帝的選民恪遵祂的誡命，未來的一切都是美好的。（賽二：一—五；彌四：一—三；賽六十：3；六六：22；亞八3；22—23；十四16—17）上帝是走向未來，繼續創造的大神。（賽四五4—8；18；21—24）上帝更藉著先知以賽亞，莊嚴隆重的宣佈：有一個嬰孩爲我們誕生了，有一個兒子賜給了我們：他的名字要稱爲永在的父，和平的君，從今時直到永遠。（賽九：5—6）偉大的上帝，因著祂的熱忱，必要完成這偉大的許諾。在以賽亞書第二部份中有四首歌詠「上帝僕人」的詩歌（賽四二：一—九；四九：一—六；五十：4—9；五二：13—五三12）中，也同樣涵蓋著耶和華上帝走向未來的向度。這不但是以色列子民的福氣，更是人類最大的盼望和寄託。

(二)重建熙雍的上帝

綜觀以色列的歷史，從亞伯拉罕蒙受上帝召喚，離開烏耳開始，到摩西領導出埃及，約書亞佔領福地，達味建立王國，南北分裂，巴比倫充軍，一直到劫後餘生，重返故土……爲止，這弱小的民族，竟能歷經數千年而流傳不已，實在讓人讚歎上帝的奇妙大能。以色列子民雖然作惡多端，違背天意，但是他們仍然相信，體驗上帝是生存力量最大的泉源（賽四十28—29）。表面來看，以色列民族似乎陷入萬劫不復的絕境。但是事實上，大慈大悲的上帝，並未棄之不顧，祂仍然用祂的大能，庇護著祂的子民，祂一直在開展新的場合，新的生命。

選民犯罪作惡，遭上帝譴責，敬拜邪神，更遭上帝嚴懲。以色列民的許多朝代興盛又衰落，唯有宗教屹立不搖。由於先知們的預言，以色列人對於彌賽亞即將來臨的希望，日漸加深穩固；許多人竟因而重振他們對上帝的熱心。領導以色列難民最偉大的先知以西結感靈見枯骨復生的神蹟（結卅七1—14；卅九21—29），以及舊約最後的先知但以理的預言（但七13—14），都能顯示上帝的王權是永遠的王權，永存不替；祂的國度永不滅亡。藉著以色列子民的歷史發展史實，使信徒能夠肯定地相信，唯有耶和華上帝，才是人類永恆的希望，祂是昔日的上帝，也是今日的上帝，更是明日的上帝，從亙古到永遠的上帝。

（三）唯一超越的上帝

舊約的上帝論是一種一神論。所謂的一神論，意謂著他們信仰的內容是唯一的眞神。除了上帝以外，沒有別的神。這是舊約、新約共同的基本信仰。但是，這種信仰是由經驗而形成的，由模糊到肯定，卻經歷了一段相當長的宗教反省過程。以色列在唯一上帝的信仰中，體認到耶和華與其他那些神明在本質上有極大的差異；「萬神盡屬虛幻」（摩一—二；九7；何二2—5；賽二8—18；六；十10；十九3；詩九六5），「外邦人的神都是虛無」（耶二5；十8，15；十四22；十六19），「別的神是非神」（耶二11；五7）。因為耶和華的是唯一的，由此可見，無論那種宗教和文化中的汎神論和多神論，都與基督宗教的信仰無法相容。

以色列人在生活中，發覺耶和華不只是以色列的祖先的保護神，祂也不限於某些地域、人民和國家。於是他們領會到耶和華本身是超越一切界限的神；沒有一個國家的神能和耶和華比較，祂完全超越空間。祂是如此地寬廣高深，不能為人世間所完全包容和限定（摩九3；詩一三九；王上八26—27；伯十一7—9）。除此以外，以民也體會到上帝更超越時間。祂是永遠的、有充沛力的上帝。祂沒有開始，也沒有終結（哈一12；賽廿六4；卅三14；四十28；四四6；四八12；耶十10；申卅三27；但十二7；詩九8；十16；十九10；九十2—4，9；九三2）。世界始於上帝的創造（創一1；賽四十23），但是創造者上帝的生命，但不屬於宇宙內的這些限制；祂本身是生活的上帝，是永遠生活著的。（耶十10）

（四）促進正義的上帝

以色列眞正完美的宗教生活，是讓耶和華上帝在盟約中，藉著法律，做唯一的神、唯一的上帝。耶和華的誡命如果能成爲以色列子民言行思慮的準則，那以色列的生活才能眞正走向安康、和平的境界。正義的眞諦包含著兩個層面：第一是基本正義：就是以色列的上帝，祂能影響人類每個層面的每一種生活（申七12—13）。第二則是基本正義的具體表達。基本正義必須要徹底、具體地落實在重要的社會問題上，方能發展人類互助、合作、服務、犧牲的道德力量。事實上，正義對以色列上帝的選民，具有救恩、幸福、和平的多種含意。上帝要求的是：「你要追求至公、至義，好叫你存活，承受耶和華你上帝所賜你的地」（申十六20）。「因爲耶和華是公平的上帝，凡等候祂的都是有福的。」（賽卅18）

（五）照顧貧窮困苦的上帝

「我知道耶和華必爲困苦人伸冤，必爲窮乏人辨屈。」（詩一四〇12）在舊約聖經中一致顯示，耶和華上帝對貧窮困苦的人特別關注（申十五1—11；伯廿九12—17；詩六九34；七二2、4、12—24；箴十四21—31）。這是耶和華行動上的主要特質：祂喜歡走近貧苦的人，站在窮困人群的中間，與他們同行。讀者會發現，上帝實在願意作人類中每一個人的上帝。祂渴望人們都生活在祂的正義保護中。既然上帝愛世上所有的人，祂願意和每一個人同行。雖然每個人都需要，但是因爲貧窮的人「首先」承認自己需要祂的協助，自然而然的，上帝也「首先」去幫助那些表達自己需要祂幫助的人。

（六）創造和保存的上帝

耶和華不只是爲以色列而創造，祂的創造是包含整個世界和宇宙的；故天下萬有，是統屬於耶和華的，是祂所創造及保存的，而這是以色列在其信仰過程中，經歷了漫長的曠野路途後領悟出來的。上帝是一切民族、一切目標、任何時代的創造者和保存者。以色列創造論裡的耶和華，絕不是一個受造的神，也沒有自發論的色彩。

上帝是以言語來創造的，上帝「說」：有光，就有了光（創一3）。上帝的言語在歷史過程中不斷地啓發民長，領導先知，批判以色列的行爲，這現象顯出了這言語的創造性（摩五8；九6；賽十七13）。爲描寫耶和華的創造動作，舊約作者特別運用了一個特殊的動詞 bara。這個動詞專屬於描述耶和華的創造動作，不能運用在其他存有物上。因爲在希伯來人的思想裏，耶和華的創造是非常特殊的一樁事。這動詞在舊約裡出現四十八次之多，通通是指有關上帝的創造工程。

又上帝的創造是從虛無中的創造。事實上也除非如此，上帝就不是眞的上帝，受造物也不是非必然的受造物。創世紀一開始就提到上帝創造的工程，「起初上帝創造天地」（創一1）。這個工程標明一種絕對的開始，由此爲起點，一切時間都歸於受造物的範圍中。人生活在物性時間、想像時間，甚或宗教時間內，但上帝卻生活在永恆內，絕對的現在，絕對的臨在中。

上帝創造天地萬物，絕不是爲了增加自己的幸福，更不是爲了爭取自己的私利。上帝是大公無私的。祂願意把自己的完善通傳給祂要創造的萬物。而從絕對虛無中被創造出來的萬物，常常是需要創造者上帝的支持的，否則萬物就只能又歸於虛無。故上帝的創造行動和保存、治理、照顧世界的行動，是無法分割的。這是同一個行動的幾面。上帝的照顧是普遍的，是一種直接及實際的支持，可稱之爲「上帝的參與。」

第四節　新約聖經中的上帝觀

第一目　新約啓示中的上帝觀

在基督宗教教會思想中，有一句名言：「新約涵蓋在舊約中，舊約卻在新約中彰顯。」舊約啓示中的上帝觀，奠定了根深柢固的基礎，但是新約啓示中的上帝觀，卻是現代基督徒最高的信仰準則。耶穌是在祂的塵世生活中，啓示著上帝。若是要更認識基督徒相信的上帝，是怎樣的一位上帝，只有先進到耶穌的生活裏去探討。耶穌並未運用一套神學語言來啓示天父上帝，祂運用的是祂一生的事蹟：祂的言語、祂的行爲、祂的生活態度、祂的苦難、祂的復活等等，這一切都是宣揚上帝奧蹟的行動：

一、福音包含不少的比喻

亡羊的比喻（路十五4—7），失錢的比喻（路十五8—10），債戶的比喻（路七41—43），浪子的比喻（路十五11－32），家主的比喻（太廿1－13），法利賽人和稅吏的比喻（路十八9－14）。這些比喻都能令那些聆聽耶穌宣講的人，體會到上帝是一位尋求喪亡者的上帝。在這些比喻裡，耶穌要顯示的，是上帝充滿愛的一面。祂向喪亡的人、在困苦裡的人、犯過罪的人，懷著無限的慈愛。總而言之，祂是站在窮人中間的上帝，這與當時法利賽人法律主義中，所顯示的上帝面貌截然不同。每一個人都需要上帝的慈愛，上帝也無條件的要廣施祂的慈愛。

二、耶穌啓示了一位嶄新的上帝

耶穌在世生活的時候，藉著祂與貧窮人、與被驅逐的人、與當代社會所輕視的人的來往，啓示了一位嶄新的上帝：一位在人群中生活著和工作著的上帝。山中聖訓的部份，論及上帝對人類的照顧（太六25－33）。在這一段言論中，能領會耶穌所宣揚的天國，是一個天地人合一的境界；是因著上帝主動的愛和支持，使得人能克服惡勢力，獲得日日新的精神境界。這是人心最深的渴望和需求，也更是人類所追求的圓滿所在。

三、耶穌的苦難與復活

耶穌的苦難與復活，是了解上帝奧蹟的主要關鍵。在新約的記載裏，通常以兩種文字類型傳達耶穌的喜訊：一是福音，一是書信。這兩種文字類型所宣傳的喜訊，都擁有一個共同的核心：耶穌受難－復活－升天。這逾越的過程是初期教會一提及基督時，必定包含的原型。無論人們用什麼名號來稱呼祂：或彌賽亞、或人子、或天父子……在最深處都是願意表達拿撒勒的耶穌雖然死了，但是祂卻復活了，而且坐在上帝的右邊。

第二目　新約啓示中的「上帝就是愛」

新約中的上帝論有一個鮮明的特色，就是：「上帝是愛」（約壹四8）；這是新舊約啓示的最高峰。聖言之所以降生成人，爲的就是要給人類啓示這意想不到的奧祕。新約中啓示的上帝是一位寬恕人的上帝，祂是慈悲的，是至善的、慈愛的，是充滿愛情的上帝；祂是恩寵的上帝，給與人希望與平安；祂安慰人，祂是救主，祂願意一切的人得救。這幾乎是超乎人所能想像的一位上帝。新約能如此的描繪，實在是基於信徒們對於耶穌基督的認識。在這

認識中，相信上帝對人的愛。（約壹四16a）

第五節　歷史中的上帝觀

第一目　古代的上帝觀

一、希臘思想歷史中的上帝觀

綜合而言，希臘思想歷史中的上帝觀，從早期濃厚的位格性宗教情操，逐漸走向比較哲學性、位格性不明確的統合觀念中。而在中國的思想發展中，也有類似的歷程：早期的中國人對神的觀念，相當清楚的肯定有位際性的面目。孔子也接受周代對天的信仰，相信天是人間的主宰，雖然他對天的詳細性質，並未詳細的討論。後期的中國思想家，也如同希臘人一樣，把祂歸併在一個統合的觀念中。但一般民間的百姓，仍然生活在多「神」的、位格化的現實裡。

二、諾斯主義思想中最高的神

諾斯主義（Gnosticism）：希臘思想非常強調「知識」（Gnosis），人人渴望藉知識得救，唯有通曉此知識的人方能得救。諾斯主義最基本的思想是最高的神，完全和宇宙萬物隔絕；祂和物質世界毫無關係，是絕對的唯一的神。祂與萬物的中界是「言語」，這中介是來自唯一神的存有物。在這樣的思想影響下，教會在第三及第四世紀之間，產生了摩尼派。摩尼派的教主是摩尼（Mani, 約215-275）。摩尼派極力主張極端的二元論，認爲宇宙萬物是由二元組成，這二元他們稱之爲神，人類歷史就是善神和惡神鬥爭的歷史。

三、多神論

當時社會所處的環境中，有種種自然宗教的多神論，就如同中國人社會上民間的宗教一樣。這些所謂的「神」，多半是人而神化的。很容易將三位一體的上帝視爲三個上帝。

四、猶太教

在猶太教中，耶和華是一位一體的上帝。耶和華是一位，只有一個上帝。這對教會的影響是不可忽略的。

五、信仰準則

教宗克雷孟一世（Clement I, 92-101）在他的格林多人書中，就曾說過：「我們信仰的不是只有一個上帝……嗎？」又在當時教會生活裡，有所謂的宗徒書信，這可說是最古老的信仰準則了，上面提到：「我信父，管理宇宙者，耶穌及聖神。」聖依雷內（Irenaeus, 約 140-202）在駁斥異教人書信中提到：「有一個上帝，全能的父，祂造了天地海洋，以及海中的一切………。」而無論是聖經的記載，或是初期教會的信條和信仰準則，均是用擬人法的文學方式來表達的。這一類的言語適用於希伯來人的生活背景，但對希臘人來說卻是不夠的，因爲它並不能夠解答哲學和形上學的難題。在這樣的情況下，教會的神學家嘗試著以客觀的概念，用當代的形上用語來講解、保護啓示的奧蹟。而基督信徒團體肯定地宣信，耶穌基督是眞上帝也是眞人。而在猶太人的一神論，和希臘宗教所強調「一」的背景下，開始有了一些錯誤的學說。如上帝一位一體論，就是將上帝本身內在的聖三奧蹟錯誤的理解。其它又如附屬學說及亞略派異端。

第二目　中古時代的上帝觀

一、兩個問題的爭論

一般而論，中古時代的教會和社會中，對上帝本身的存在和屬性，少有爭論。眞正爭論的問題有兩個：一個是比較無限創造者和有限創造物之間的問題，二是上帝內在生命的描繪與了解的問題。

二、異端與澄清

在十一世紀與十三世紀時，古老的諾斯派和摩尼派的二元論，又死灰復燃成廣義的二元論，指實在界存著許多對立。諾斯派和摩尼派的二元論，認爲在宇宙間有兩個非被造的永久起源：以善來自善的起源，惡來自惡的起源；物質則是魔鬼從虛無中所創造的。有關上帝內在的生活，若亞敬（Ioachim de Fiore, 約 1130-1202）主張在上帝內，除了聖父、聖子、聖神三位以外，還有一個第四實體，就是上帝的性體。

三、拉特朗第四屆大公會議

拉特朗第四屆大公會議則特別強調，上帝從虛無中創造，以及上帝三位一體的信理。「我們堅決相信並坦白承認：只有一個眞上帝，全能的、無限偉大而無可變更的……雖有三位，卻共有一個質、一個性體、或一個完全單純的本性。……一個萬有之原：一切有形與無形的，以及神體與形體的創造者，祂以自己的完全德能，同時在時間的開始時，從無中創造了神體與形體……。」

第三目　近代的上帝觀

一、以人爲宇宙的中心

近代的上帝觀，產生在一個多元思想的背景裡。在中古末葉興起的人文主義，文藝復興運動以及俗化運動，到近代還沒有結束。他們以人爲整個宇宙的中心，產生了理性主義、科學主義、主觀主義。一元論也以兩種方式在近代的思想裡呈現，即唯心和唯物。

二、唯心論的動靜態學說

今日的唯心論又分兩種：一種是靜態的唯心論，一種是動態的唯心論。靜態的唯心論主張唯有精神是存在的；原則上這種主張和王陽明（1472-1528）的學說相同。動態的唯心論以黑格爾（G. W. F. Hegel, 1770-1831）爲代表，他把萬物視爲精神絕對化的過程媒介。他們認爲精神在個人內，在社會、藝術、宗教和哲學中漸成爲自己，變化爲神。唯物論和唯心論持相反的主張，前者認爲只有物質是絕對的，後者認爲只有精神是絕對的。

三、「進化主義」謬誤的上帝觀

最後，「進化主義」是黑格爾辯證法、達爾文的進化論，以及唯物論的混合。他們主張有一個不是來自創造的永恆物質，一切生物，包括植物、動物、人的身體、靈魂，都是從這永恆物質純機械性的演化出來的。因此有一些不正確的上帝觀出現：如汎神論，主張神人萬物都是絕對的一體。而唯心主義的動態汎神論，如謝林（F. W. J. Von Schelling, 1775-1854），則以絕對精神的自我認識爲出發點向下推論，認爲絕對精神本身，必定視自己爲客體，使自己在宇宙中完全實現，因此上帝自身需要宇宙。

四、黑格爾的上帝觀

黑格爾主張上帝是一個生活的、生生不已的自我實現的本體。通常有生命的本體，一定會衍生他的生命力，他需要向外表現，於是產生了有限的存有物。在此情況下，有限的存有物，是精神本體的過程因素。在此過程中，有限的上帝漸漸變成了無限的，此即上帝。

第四目　荒謬理論的糾正

教會訓導當局對於上述荒謬的理論加以糾正，有關的地方會議有：

一、科倫地區會議（Council of cologne）（1860）斥泛神論。

二、教宗碧岳九世（Pius IX, 1846-1878）：

1、《你傑出的》簡詔（1857）斥袞德（A. Guenther, 1783-1863）的理性主義及上帝聖三論。

2、《在最嚴重錯誤中》公函（1862）斥慕尼黑大學教授夫洛夏每（J. Frohschammer, 1821-1893）的理性主義，及當代普遍的一些錯誤命題。

三、梵一大公會議（1869-1870）：根據此次大公會議的宣告，可以下列幾點說明：

1、上帝是不能變的精神體：基於多瑪斯的理論，上帝是絕對不能變的精神體，因爲上帝本身是純粹實現、絕對的單純、無限的完善，不能存有任何改變。但這只是消極的不變性；至於積極的上帝不變性，則是上帝的救恩在歷史中的顯現，所表達出愛的絕對與圓滿無缺。

2、上帝事實上、本質上和宇宙有別：

上帝	宇宙
自有存有（物）	分享存有物
無限存有（物）	有限存有物
絕對存有（物）	相對存有物
必然存有（物）	可能存有物
存有與本質一致	存有與本質有形上的區別

第五目　梵二前後的上帝觀

一、梵二的上帝觀

梵二大公會議（1962-1965）前後的環境，是在面對工商業發達，多數群衆與教會的遠離、神學復興、聖經學的發展，自由民主思潮的衝擊下而形成的。梵二以聖經的啓示，來覺醒和復興整個教會的生活，不再用純理性方面的哲學論證來表達，而應向上帝子民直接宣布福音，這福音就是上帝如此愛護這個世界；上帝竟這樣愛了世界，甚至賜下了自己的獨生子，使凡信祂的人不至滅亡，反而獲得永生（約三16）。以下由梵二文獻中的幾個憲章，來看梵二的上帝觀：

1、《教會憲章》：在此憲章的緒言中，有如此的宣告：「聖父委託聖子在世間應完成的工作結束之後（約十七4），五旬節日聖神被遣來，永久聖化教會……聖神以福音的效能使教會保持著青春的活力，不斷地使她革新。領她去和淨配（耶穌）作完美的結合。……所以普世教會就好像『一個在父及子及聖神的統一之下，集合起來的民族』。基督徒的一部份正在現世旅途中，另一部份已經度過此世而在淨煉中，另一部份則在光榮中，面見『三位一體的上帝眞像。』……。」以後憲章繼續指出，每一個基督徒都有祂的聖神，基督徒通過與聖神的關係，和祂在一起，在祂內祈求天父上帝。

2、《現代憲章》：此憲章特別關心基督徒的合一、人類的統一，自然把這「一」歸納到上帝聖三，一個愛的奧蹟內：「……每人都是依照上帝的肖像而受造的。上帝曾『由一個人造了整個人類，使他們住在全地面上』（徒十七26），並召叫他們趨向一個宗旨，就是上帝。……主耶穌曾祈求聖父說：『好使他們合而爲一……就如我們原是一體一樣。』（約十七21－22）因著這些話，主耶穌爲人類開拓了一個理智無從透視的境界，在上帝聖三的互相契合與上帝義子們在眞理及愛德內的互相契合之間，暗似某種類似點。源於永生聖父之愛，爲救主基督創建於時間內，並在聖靈內團結爲一的教會，其宗旨是人類來世的得救，故這宗旨唯有來世始能圓滿達成。

3、《啓示憲章》：在討論啓示的本質時，自然就提到聖經上帝聖三的本有面目：「上帝因祂的慈善和智慧，樂意把自己啓示給人，並使人認識祂旨意的奧秘（弗一9）。因此人類藉成爲血肉的聖言基督，在聖靈內接近父，並成爲參與上帝性體的人（弗二18；彼後一4）

4、《禮儀憲章》：在提到禮儀與教會奧蹟時，同樣重申禮儀是信友表達基督奧蹟最隆重的方式：「……禮儀既能使教內的人，每日建設成以吾主爲基礎的聖殿，成爲在聖靈內的上帝的住所，而達到基督圓滿年齡的程度。」。

二、教宗保祿六世

1、保祿六世（Paul VI, 1963-1978）最大的責任，就是領導教會實踐梵二的革新精神和具體計劃。他於1968年六月30日信德年閉幕典禮中宣佈了《上帝子民的信經》，其中重新肯定教會對三位一體奧蹟的信仰，「在三位中欽崇唯一的上帝，在上帝唯一的性體中，欽崇上帝的三位。」

2、保祿六世於《在新世界中傳福音》的勸諭中（1975年2月8日），在論到宣講福音的內容時，指出簡單而直接的方式，是「在聖靈內向耶穌基督所啓示的上帝作證，證明上帝在祂的聖子內愛世界，祂在降生的聖言內使萬物生存，召叫他們進入永生。」

而論及宣講福音的精神時重申：「沒有聖靈的行動，宣傳福音是不可能的。」

三、教宗保祿二世

教宗保祿二世（John Paul II, 1978-）：

1、《人類救主》通諭（一九七九）：這是教宗保祿二世思想的基本藍圖，在其中提到：「那父性自起初就表達在創造世界、給予人創造的一切富裕，並使人成爲『稍遜於上帝』、在人『照上帝的肖像和模樣』被造之中。祂，且唯有祂，滿足了上帝的父性，滿全了人因廢除第一次盟約以及上帝以後『多次與人訂立盟約』，而所捨棄的愛。

教宗靈活運用聖經的話語，和歷史中救恩神學補償論的一些概念，來表達他對上帝的基本認知和解說。強調基督的愛和仁慈，是人類歷史的轉捩點和重大轉機。

2、《富於仁慈的上帝》通諭（一九八〇）：教宗在描寫他的思想基本藍圖之後，繼續發揮上帝仁慈的面目：「雖然『上帝住在不可接近的光明中』，祂卻藉著整個宇宙對人說話：『自從上帝創世以來，祂那看不見的美善，即祂永遠的大能和祂爲神的本性，都可憑祂所造的萬物，辨認審察出來』。這種用人的理智，藉著有形世界裡的生物作媒介，所得到有關上帝間接而不完整的知識，遠非『面見上帝』的境界可比。」

3、《人的工作》通諭（一九八一）：「因工作，人參與造物主上帝自己的行動的眞理。」

4、《家庭團體》勸諭（一九八一）：「上帝依照自己的肖像造了人：『藉著愛』而使人存在，同時『爲了愛』而召叫人。上帝是愛，而在祂內過著一種位際相愛共融的奧蹟。依祂自己的肖像造了人類，並繼續使之生存。」

第六節　地區種族性別差異中的上帝觀

第一目　非洲不同種族的上帝觀

非洲：綜合非洲不同種族的上帝觀：上帝一方面是唯一的，最高全能的，起初就有的，永存不亡的、不可測量的，偉大的精神。另一方面祂是與人同在的上帝，祖先的祖先，愛非洲人的上帝。大抵而言，上帝完全臨在生命奧蹟中，是人類生活團體中最高慈愛的力量和精神。

第二目　黑人的上帝觀

黑人：黑人的上帝觀，有其痛苦的內涵，滿佈被奴役壓迫的慘痛體驗。他們心目中的上帝，是屬於社會邊緣人的上帝。

第三目　拉丁美洲人的上帝觀

拉丁美洲：拉丁美洲對上帝面目的體驗，是從事實出發，他們認爲：上帝是站在窮人身邊的上帝，是以窮人爲優先的上帝。

第四目　印度宗教的神學觀

亞洲地區對天地萬物的體認，豐富多元而又悠久，此處僅就印度作一概略性的說明。早期吠陀的宗教，他們相信在多神之中，有一位最高的眞神。由於他們敬拜自然，又稱爲自然神。趨向一神教，甚至是一元論者，也含有宇宙一體的觀念。雖然神的名字很多，但神卻是唯一的。到了印度教時期，他們進而歸納宇宙的力量爲：創造生命、破壞生命、和保護生命三類；各類有一神掌管主宰，要以神爲人格神，爲活生生的救世主。由此，發現印度宗教主要的特色：一方面神是絕對超越的，但另一方面神也是助人解脫遠離幻象世界的。

第五目　陰陽神學的上帝觀

婦女：過去傳統走向重男輕女的思想，強調上帝是父，耶穌是男性，導致整個上帝觀是陽性的。結果以父、子爲主要的思想範疇。如今藉著婦女神學家的努力，亦有男性神學家如鮑夫（L. Boff, 1938-），將上帝的面目擴大範疇，使其多元化、多樣化，有父、子、聖靈傳統的範疇，也有母、女、聖靈的新體認。也有互相流通的上帝，如陰陽神學的嘗試。（《神學辭典》頁三〇一—五七）

第九章　結語

孔子曰：「名不正，則言不順；言不順，則事不成。」（《論語・子路篇》）故首先必須從正名著手切入也。羅光《中國哲學史》云：「上帝不稱爲神。古代爲稱至尊之神，稱帝、稱天、稱上帝，但不稱爲神，可見神是指在天以下的神明。」（羅書頁六二）故爲求切題起見，凡和合本譯文稱「神」，一律用「上帝」稱之。蓋以主宰宇宙之造物者，稱之爲「上帝」，較符合中國文化之思想，且較爲妥貼也。職是之故，本論文之研究，以「上帝觀」（神）爲主軸，原擬以中西文化切入，然鑑於時間迫促，精力有限，僅先就西方文化切入，顏之曰「西方神哲學家之上帝觀研究」，至於中國部分，則容俟諸來日，敬請見諒，謹此陳明。

中編　本論

第一章　古代希臘羅馬神哲學家的上帝觀

第一節　色諾芬尼的上帝觀

一、傳略

色諾芬尼 (Xenophanes, 577-485 B.C.)，或譯爲「色諾範尼斯」，「芝諾芬尼」，希臘哲學家。埃里亞學派之祖，巴邁尼德斯之師。大約西紀前五七〇年，至前四七〇年時人。生於小亞細亞之哥羅芬。中年，去鄉里，周遊四方，相傳其嘗自作詩，引歌於市以乞食。蓋避兵亂也。晚歲，卜居南義之埃里亞殖民地，學派之名，由此起。享壽蓋九十餘。又傳其嘗師亞諾芝曼德，眞僞難定，惟其學說，頗受亞諾芝曼德之影響甚明。其著作傳世者，僅有殘詩。（樊氏《哲學辭典》頁二〇六）

二、學說

（一）神的統一性和不變性

色諾範尼斯從小亞細亞的柯羅豐 (Colophon) 遷居於義大利南部，是一個漫遊各地，唱詩度生的人；專以背誦他的倫理的、宗教的詩歌爲事。他的著作留存於今的，祇有些許殘篇斷句。他是一個思辯的神學家，而不是哲學家。他與畢達哥拉斯一樣，受有第六世紀通俗宗教運動的影響。他攻擊流行的「天人同類說」（或譯擬人論，Anthropomorphism) 及「多神論」(Ppolytheism)，主張神的統一性和不變性。「但是世人總以爲神的產生與他們相似，而且有像他們一樣的知覺，並且有聲音和形狀。」「是的，若是牛或獅都有了兩手，能用他們的手去描畫，產生同乎人類所能作的藝術品，那嗎，馬就要畫神象以象馬，牛就要畫神象以象牛了，各依其形以畫其神。」「所以亞非利加之黑人 (Ethiopians) 把他們的神弄成黑的，並把神的鼻子弄成偏的；色雷斯人 (Thracians) 也把他們的神弄成紅髮藍眼。」其實，神只有一個，其身體與心理都不像人類。他以他心裏的思想去駕馭萬事萬物，並不費什麼勞苦。他住在一個地方全不移動。他是無所不見，無所不思，無所不聞，即無所不包。神是一個；無始無終。由神之無所不包言之，神是無限的，但由神不是一個無形式的無窮，而是一個有完全的形體言之，神是有限的。他是一個不動的全體——因爲移動便和統一性不相符合——但祇他的部分裡面，卻是有運動或變化。（梯利《西洋哲學史》頁二八—二九）

（二）一神論的眞正創造者

芝諾芬尼極堅決地反對希臘民族的神話，他於神話所持的態度，正像希伯來的先知的態度揚起強有力的聲音，反對多神論以及多神論的謬誤概念。他的語言和著作，使他成爲哲學的一神論的眞正創造者，他把此哲學的一神論，完全看爲與泛神論相同。他所著的諷刺詩，有一部分，我們還保留著，在它當中，他用一種飽含著嘲弄的雄辯，攻擊人類的謬誤，因爲人類誤認神之數目爲無限，並說他的形狀像人（神人同形論），他的情緒也像人（神人同情論）。他說，只有一位神，只有一位唯一的神，無論他的形體和智慧，都不能和荷馬的諸神及人類相比。這神是一切的眼睛，一切的耳朵，並一切的思想。只因他是不變的，是不動的，故不必左右周流，即能實行他的意志；他只須運用思想，即可以毫無困難地治理一切。人類盲信荷馬與希西阿 (Hesiod) 的權威，臆想神們也像他們一樣的誕生一樣的有感情，一樣的有聲音和形體，且把人類一切可恥的與墮落的行爲，例如偷盜，不潔和欺詐等，一併給付予神。如果牛或獅子，也能繪畫，那它們一定要把它們的神，畫成獅子和牛的樣子；人類所做的，正像它們一樣。我們現在應當崇拜那位唯一的和無限的實體，以替代那些想像中的實體，這位唯一的實體，包含著我們，他自身，既無所謂蕃殖，亦無所謂腐敗，既無所謂變易，亦無所謂生成。（威柏爾《西洋哲學史》頁一五—一六）

（三）神是唯一不變者

埃里亞學派（愛利亞、伊利亞學派 Eleatics，西元前六—五世紀）的色諾分尼（色諾芬尼、宰諾法尼、愛克色諾梵尼 Xenophanes of Kolophon, 約 580-490 B.C.）——主張：神是唯一、不變，且渾然與世界爲一體，以及存有者不

能變化。（陳俊輝《新哲學概論》頁二六八）

（四）神是眞善美的化身

色諾芬尼論到神的唯一性，以改掉當時代的神話中多神論，同是指出太始是神，他反對神話中的擬人觀，即反對把神看作人，而主張一神論，這一神是眞善美的化身，祂是全能，全知，全善的，因而說出神是全身，全目，全靈，在同一的地方，永不移動，可是卻推動萬物。且提出了「一即全體」的理論，把多神的宇宙解釋，轉變爲至上神的理解，這宇宙間一切的存在，都在神之中。他把多神改變成爲一神，這些論點和主張，從基督教的信仰上說，是有助於聖經眞理的辯明，破除人對僞神偶像的崇拜，遏止多神主義及泛神論等思想之擴張。聖經啓示上帝是至高至上獨一無二的上帝，祂是個靈，是無所不知，無所不在，全知全能，從太初、從亙古，自有永有的上帝，祂是至公至義美善的，祂創造了宇宙萬物，統管宇宙萬物，宇宙萬有一切都在祂的權下；天下人間，除祂以外，沒有別神，因此，祂是忌邪的上帝，並且禁止崇拜人、物一切假神偶像，因此可知，色氏的學說思想，他的主張一神觀，反對多神說，而強調神性的唯一性，超越在多神之上，實在是能合乎聖經上的啓示，爲基督教所能接受的，而且在辯道護教學上，以及消除多種崇拜的惡習上，是很有幫助的。（李道生《世界神哲學家思想》頁一一二—一一三）

三、結語

綜上所述，色諾芬尼的一神觀念，可謂上帝觀的初因。胡院長鴻文《本體論新探》云：「色諾芬尼反對荷馬和赫西奧的主張，而提出了神的唯一性，可見在希臘哲學家中很早便有一神的觀念。他在《論自然》一書中，說明了「一神」的觀念，神是全耳、全目、全靈，在同一地方永不搖動，卻在推動萬物。這不但啓發了巴門尼底斯「一」的觀念，亞里斯多德的第一原因，不動的動者的觀念也與此有關。（胡書頁二六）洵爲的論。

第二節　赫拉克利圖斯的上帝觀

一、傳略

赫拉克利圖斯 (Herakleitos, Ca. 544-488 B.C.)，或譯爲「赫拉頡利圖斯」，希臘之哲學家。其生卒年月不詳，大抵爲前五〇〇年時人，後於色諾芬尼 (Xenophanes)，而與巴邁尼德斯 (Parmenides) 同時。今據胡院長鴻文《本體論新探》之說，定爲主前五四四—四八八年。（見其書頁廿五）本以弗所 (Ephesus) 之貴家子。生平屏謝世務，顓志學問。有貺以地者，辭不受。遺著有《自然論》，已佚。所爲書，多出以比喻，或作反詞，艱晦難解，故古稱「黑暗之哲人」。其說，蓋以「變化」「生成」二語爲之根本。以爲「無變化生成，即無世界，見諸表者然，存諸奧者亦然。米利都學派，但知經驗界之底裏，更有『無變化生成』之本質，而不知萬有之變化生成，正是其本質之所發現，有出諸必然者。萬有雖流動不息，而理性的認識，亦非終不可能，如變化生成之法則，自是恆常不易者。」彼呼此法則曰「邏各斯」，即「神之理性」之義也。變化生成之方式雖有反抗，有壓服，若不相調和而要皆唯一之神的理性，有以宰之，故其根柢終於保有調和云。（樊氏《哲學辭典》頁八六六）

二、學說

（一）邏各斯（道）之義

按希臘語之邏各斯，其意義，既有種種變化。（甲）本謂言語也。（乙）幷指其言語之內容，與曰「思想」或曰「道理」同。由此誼一轉，而爲（丙）理性。至此理性之用法，（丁）或以指宇宙原理，有「神之理性」之意。（戊）或以指認識能力及其主體，故亦有譯以「理論」者。又其曰理性或理體，或與努斯 (Nous) 一語通用，或別於努斯而言之，亦不一定。

基督教經典中之 Logos，多有用作「言論」「教訓」「故話」之義者。或自神言之，則猶云「天啓」或「神語」。此即（甲）項用法也。Logos 之語，一轉而爲邏輯，Logic（即論理學）之名所由出，是即（乙）項。其用作理性或理體之義者，雖有哲學上神學上分別，而溯其淵源，則仍一也。

哲學上之用 Logos 一語者，第一當推赫拉頡利圖 (Heraclitus)，彼以爲變化無間生成無息之法則，即是恆常不易者，此法則可爲理性的認識之對象，以 Logos 命之。是即用「宇宙原理」或「神之理性」之義，所謂理體也。第二斯多噶派 (Stoics) 之用此語，則不外蹈襲赫拉頡利圖之意，而以之爲世界之原力，理性之泉源，殆與「神」作同一解。由其說，則 Logos 者，既爲原始精神，亦爲原始物質，宇宙之有目的與秩序調和者，皆出自 Logos 之作用。惟更賦 Logos 以物性，則由此學派之唯物的思想而來，其持義較爲獨特。第三至亞歷山大里亞之斐倫 (Philon)，祖述斯多噶派，而以 Logos 爲神與萬有之間之媒介的原力。由其說，則 Logos 者，神之第一子也。第二神也。一方則爲世界元型之總體，他方則爲造化萬有之原力。新柏拉圖派，即徇守斯義者。近代如黑智爾，以 Logos 爲絕對者，則亦理性或理體之義也。

自斐倫以 Logos 爲神與萬有之媒介，而用之神學，乃成一重要之概念。基督教神學中，除如前文所述，以神言或天啓之意，使用此語外，其用爲特殊之義者，自使徒約翰始。約翰所謂 Logos 以指化身前後之神子。而歷史的耶穌，即此 Logos 之化身。譯之曰「道」。約翰傳曰：「太初有道，道與神偕，道即神也。」曰「太初有道」者，明 Logos 之永劫存在而無際涯。曰「道與神偕」者，明其有別於神，而永與神明密邇。曰「道即神也」者，則謂 Logos 之性質，與神相均，而不可貳。約翰又說「道」與宇宙之關係，而謂萬物爲 Logos 所造。世界之有生命，人類之有知識，皆由 Logos，以其所充滿之生命及光明賦予之。至 Logos 取肉體，而顯於人間，斯即神之啓示之至完全者。或謂約翰此言，明得自斐倫之影響，然學者間尚有異議。其反對之者，以爲二者表面雖相似，而根本則全殊也。後之神學家，解釋此語義者甚衆，譬如奧古斯丁 (Augustinus) 謂爲有世界以前，神所造之第二神，一切眞理，皆爲 Logos 之所啓示，惟於耶穌基督，始得啓示之全。婀利振 (Origen) 曰：「神唯一而不變，故其創世也，非物物而自造之。造萬物者，神子 (Logos) 也。神子之於其本體，雖與父同，然從父神之意志而出，故於神爲從屬。謂之子者，所發現之神，謂之父者，其潛在之神也。若聖靈之於神子，其關係恰與神子之於父相同。」要之，神學上之 Logos，

不外「神與世界間之媒介者」之意。至其詳細之解說，多有異同，可勿備論。（樊氏《哲學辭典》頁九九〇—九九二）

（二）宇宙爲熱烈如火之原素形成

迨至以弗所的赫拉頡利圖（Heraclitus）之世（約當主前四九〇），雖說一切觀點還是從物質方面出發，宇宙卻被視爲一種無時或已的流動體，爲一種熱烈如火的原素所形成，這種原素就是貫乎萬有之中的理性，人的靈魂也是這個原素的一部分。道（洛各思）的概念大約以此爲胚胎，這種概念在後期希臘哲學中，在基督教神學中，均居重要地位。然而這種形成萬有的原素，與物質界的熱或火，還未分別。（華爾克《基督教會史》頁五）

（三）宇宙運行的法則是萬物理性之道

宇宙的程序，不是偶然的或呆板的，卻是依照規定的；我們可以說是依照法則的。「這個法則既不是神造的，也不是人造的，古往今來，永是一種炎炎的火，按著定規而燃，按著定規而熄。」赫拉克利塔斯有時說這法則是命數的使然，或天公的使然，是必然的觀念之表示。在一切變化和矛盾之中，唯一始終如一的東西，即是暗藏於一切運動、變化和矛盾中之法則；這種法則是萬物裡面的理性是「大道」（Logos）。故第一源本是合理的源本；他是活的，賦有理性。赫拉克利塔斯說：「了解萬有所用以運行於萬有中之智慧，爲唯一的聰明。」他是不是把這種智慧看作有意識的智慧，我們不能絕對的確定，但假定他是如此，則不失爲公平。」（梯利《西洋哲學史》頁二六）

（四）事物永遠變易而神的法則不變

赫拉頡利圖主張永遠的變易，事物的絕對流動，一切個體的存在的虛幻，又主張無惡的善，無痛苦的快樂，無死的生，都是不可能的，這一切，均使他在古代的哲學家中和樂觀的德謨頡利圖相反，樹立之悲觀派的型範。其次，他對於實體的否定又引起懷疑主義，只因眞理無論在今天，昨天，或永遠，都是一樣的；所以假如感官所覺的一切事物，接續地變換著，那就沒有確定的和終極的知識之足言了。不錯，感官並非我們的知識的唯一方法，除感官外，我們還有理性。感官所表示的，是過而不留的事物；只在感覺上建立的科學，是虛僞的；唯能理性方能把固定的事物，顯示給我們；此所謂固定的事物，即是神的法則，是永久變易著的事物中的唯一固定點。但是最明白的人的理性，仍和神的理性，相距極遠，就如猴子與人類間的距離一樣。在赫拉頡圖利的學說裡，這樣區分了感覺的現象和本體，足證埃里亞派的哲學，已經出了幼稚期了；它開始對於它的方法，不加信用，並疑惑到它自身；它要查問，究竟本體論的問題，是否能解決的呢？簡言之，它已預見了批評的問題了。（威柏爾《西洋哲學史》頁二三—二四）

（五）萬物流轉說

赫拉克利圖斯即著重萬有變化的內在因素——即重視原素之性質的差異——面對事物的生成變化，提出了動力的解釋：萬有都在不息的變化中，用「萬物流轉」(panta rhei) 一語來形容最是恰當不過；「火」是宇宙的太初或基本原質，它的性質高於氣、水、土；而事物乃是經由矛盾、對立才產生，只是，一切都由世間規律、或世界理性（或作：精神、道、語言、思想……；Logos）來統攝。（陳俊輝《新哲學概論》頁二六九）

（六）道是心靈的主宰

希臘文的 Logos，它所包的意義甚多，尤其是亞底米丟斯的女神所啓示的意義，更在形而上的領域，增加了不少的奧秘，因此，赫拉克利圖斯對它的看法，亦日漸離開感觀，而逐步走向形而上的思考，在赫氏的斷片中曾經說過：「人類的耳目是最壞的證人，如果他們的靈魂是愚蠢的話。」這話明白指出，心靈認知的能力，勝過感觀的認識作用，心靈最後的主宰，那就是「道」，這「道」是千變萬化中不動不變的原理原則，是統一宇宙間所有對立的和諧原理，統一心靈中各種矛盾的動力，「道」統一著日和夜、冬和夏、戰爭與和平、飽和餓、生與死、醒與睡、老與幼、善與惡、美與醜，就在這統一的原理中，一切的生成變化，萬物流轉，都找到了根源，同時尋得了原動力，找到了變化的原因，又找到了不變的理由。

「道」除了統一矛盾和對立的作用之外，它亦有本身的特性，赫氏在斷片中指出：「道」不但是語言、思想、理性，是原理原則，是太始，而且亦是宇宙與人心的最終實在，它是永恆的，不死不滅的，在相對於一切存在物來說，「道」是在每一件事物當中，在每一個人身上，事物的變化，人的思想，都是「道」的工作表現，因此，赫氏在觀察宇宙萬物的變化時，不但說出了「投足入水，已非前水」的「萬物流轉」命題，而更清楚地喊出「來看，這裡也充滿了神明！」「道」內存於事物之中，猶如莊子所謂「道無所不在」，這是精神內存於物質的眞理，「來看，這裏也充滿了神明！」這話所表明的，固然很有泛神論的思想，但在古希臘神話氣氛濃厚的情況下，精神降凡於物質，原是件極平常的事。「道」充滿了整個物質宇宙，使物質分享著精神的光榮，從另一方面說，「道」的最主要任務，不是要降凡物質世界，而是要超度人類，赫氏稱有「道」之人爲「智者」，而「智者」的意義又是那能超乎感觀，能夠回歸內心，與心靈內的「道」神交密契，找到自身存在的根本，以及自身發展和進步之原動力的人，那「一切都充滿神明」的宇宙，以及人生的「智者」就是道的最終目標，一切從「道」開始運動變化，一切都又歸回到「道」中，而成爲無限和永恆。（李道生《世界神哲學家思想》頁三一五）

三、結語

赫拉克利圖斯所謂的洛各斯，與老子所說的「道生萬物」「象帝之先」，頗有相似之處。胡院長鴻文對赫拉克利圖斯學說，有精闢獨到的見解，其《本體論新探》云：赫拉克利圖斯以火爲萬物「太初」，他以爲萬物流轉，生生滅滅，川流不息，一切皆在動，沒有不變的東西。但在另一方面，他又提出了Logos，Logos有「言語」、「精神」、「原則」、「力量」之意，也是思維的主體，Logos在萬物的川流不息中是不變的，是變中不變，動中不動的中心。

Logos照中文的意思可以稱之爲「道」，而照赫拉克利圖斯之說含有「智慧」和「力量」之意，Logos在萬物流轉中不變不動，由於其有智慧和力量，可以在萬物流轉中不變不動，也可以說Logos以其智慧和力量而使萬物流轉變動。赫氏所說的Logos，有絕對之意，由於其爲絕對的不變不動，且說其爲思維的主份，含有位格之意。這和老子之所說的道有相似之處，道可道非常道，名可名非常名，自會有絕對之意，老子在其他地方，也似談道有位格之意。但赫氏和老子之所說，均不夠明顯。

如果從Logos之爲思維的主體而言，宇宙應有一主宰，有極大的權能和智慧，聖經上說明耶穌就是上帝的智慧和力量，更值得我們注意的，就是約翰福音所說，「太初有道，道與神同在，道就是神。」這道是指著耶穌，而是以Logos來說明的。約翰福音既以Logos表示耶穌，其含義較諸赫拉克利圖斯所有的含義更有增進和提升，這是講神的道，這也就是宇宙萬物的大主宰，因爲主耶穌說「我與父原爲一」，宇宙萬物的大主宰乃是三位一體的眞神。從赫拉克利圖斯所說的Logos可以引伸提升而至於約翰福音所說的Logos，就是指著主耶穌，可見赫拉克利圖斯所說的Logos，直到認識主耶穌，道的意義才能臻於圓滿，這有如中國的「道」字表現於約翰福音第一章第一節一樣。（胡書頁二五—二六）誠爲允當。

第三節　蘇格拉底的上帝觀

一、傳略

蘇格拉底（Socrates, 470-399 B.C.），希臘之哲學大家。雅典人。其生年傳者不一，其父名蘇佛郎尼斯克斯（Sophreniseus），以雕刻爲業，或云，蘇氏幼少時，嘗從其父習業也。壯歲，三度從軍，居行伍間，能耐甘苦，尤耽思索，多有軼事美談，傳播人口。是時希臘風格凋蔽，人情侈惰，詭辯學者，徒逞口舌，蔑德義而弗顧，蘇氏憂之，慨然以啓世牖民爲己任。日往來於街市之間，覓少年而與語。其教人也，故設詰難，待其人詞窮自悟，然後因勢利導之。嘗曰：「予非智者，不能授人以知識，但能助人產知識耳。」其母名費娜麗底（Phaenarete），業產婆，因自謂其教人之術，曰產婆術。妻名燦底帕（Zanthippe），傳說是爲悍婦，蘇氏常受羞辱難堪委屈。嗣得一富商之助，拜在普魯迪格斯（Prodirus）與達門（Damon）的門下，達到求學的願望。蘇氏之學，中正切實，謂「凡人苟求有進，須求眞知。求眞知之道，即在一切事物，察見其普遍不易性。人莫不欲爲善，其有不善，以不知何者爲善也。既知之，自必行之，故知與德合於一。而有德者，遂厥性天，心安意得，故德與福合於一」云。一時從爲弟子者甚盛，皆各因材施教。前三九九年，有譖之者，控其不崇國教，以邪說蠱青年。逮訊之，抗辯不少屈。有司卒罪之。

會有祭典，繫獄一月以待刑。弟子或諷之逃，氏不從，曰：「法不可干也。」至期，從容仰毒死。臨死，猶以曾購一雞負值未償，屬人償之，其不苟如此。西塞祿 (Cicero) 贊之曰：「取天上之哲學，降諸人間，而導吾儕入此中游者，蘇格拉底其人也。」色諾芬 (Xenophen) 撰師門記念錄，頗傳其言行。柏拉圖之對話篇，雖皆作蘇氏與人問答之詞，而多出寓意，不必出自蘇氏者。後世之尊仰之，非盡以其學，而寧以其德行也。（樊氏《哲學辭典》頁九七五—九七六）

蘇格拉底的形狀醜陋，身短而胖，爛眼塌鼻，嘴大唇厚，衣服襤褸，面不修飾。他雖有此等醜陋之點，但一到說話之時，皆令人忘卻，可見其人格之偉大，談話之魔力。

蘇氏倡靈魂不滅的學說，進一步使精神和物質的分化更加明朗起來。蘇格拉底以前的哲學家，早已有靈魂不滅的說法，已經有唯心主義和唯物主義對立的萌芽。但在他以前的哲學家對於靈魂的看法還比較模糊，有的還將靈魂看成是最精細的物質，因而，唯心主義和唯物主義的界限還不明確。到蘇格拉底才明確地將靈魂看成是與物質有本質不同的精神實體。在蘇格拉底看來，事物的產生與滅亡，不過是某種東西的聚合和分散。肉體是「多」，它是可以聚合和分解的，而靈魂是「一」，是單一的東西，沒有部分，它不能分散，因而也無所謂聚合，所以靈魂不會生滅，它永恆存在。這種單一性的東西，不是物質性的「原子」，而是精神性的實體。蘇格拉底將精神和物質這樣明確對立起來，成爲西方哲學史上唯心主義哲學的奠基人。（《中國大百科全書》哲學Ⅱ頁八四七）

二、學說

(一) 靈敏勇敢自治正義爲自然美德

蘇格拉底不以宇宙的解釋，而以人自身的解釋，爲思想的主要對象。他以人之道德行爲，爲思想研究最主要的課題。正當的行動基於知識，而以四德爲果實——靈敏、勇敢、自治、正義。這四種稱爲「自然的美德」，在中世紀基督教神學中佔顯著地位。這種以德行爲知識的斷定，以知識包括行爲的教理，在希臘思想上實係不祥之物，對後來基督教的許多思想都有影響，而以第二世紀的諾斯底主義 (Gnosticism) 最爲顯著。（華爾克《基督教會史》頁

六）

（二）知識是至善

什麼是善？什麼是至善呢？蘇格拉底說，知識是至善。正當的思想，是正當行爲之根本。想駕船，必須知道船之構造與作用；想治國，必須知道國家之目的與性質。同樣的道理，除非人知道什麼是道德，什麼是克己，什麼是公道，什麼是勇敢，什麼是虔誠，他不能成爲有道德的人。但是如果知道什麼是道德，必定會成爲一個道德的人。「世上無人有意爲惡，無意爲善。」「無人願去爲惡或去作他所認以爲惡的事。趨惡避善，非人之本性；如果遇著不可免的兩種罪惡，如能避重就輕，無人不願避重就輕。」反對者說，「世上原有了解善、並贊成善，反而作惡的。」蘇格拉底則說沒有這樣的事；沒有眞知善而不擇善而行者。他以爲是非之知識，不祇是理論的意見，乃是躬行實踐的確信，不僅是理智之事實，並是意志之事情。而且道德原是人類的利益。誠實而有用的行爲，足以使生活快樂而不痛苦；故誠實的行爲，是有益的、善的。道德與眞幸福是一致的；無論何人，若非克己、勇敢、聰明、公道，決無幸福。蘇格拉底在他的辯護篇(Apology)中說：「我別的不做，但我要勸你們老的少的不要祇想子孫及財產，首先要注意你們的心靈最大的進步。我告訴你們，道德不是由財富而生，財富是由道德而生，公私財富無不由道德而生。」他被判決死刑時，他說：「我還要求你們——原告及裁判官——一件事。我的兒子長大了，我要請你們責罰他們，如果他們祇顧及財富而不顧及道德，我請你們責備他們，如我責備你們；如果他們實在是空虛，而假充飽學，請你們譴斥他們，如我譴斥你們。你們如允我的請求，我們父子就食德不淺了。」（梯利《西洋哲學史》頁六六—六七）

（三）神是統制世界的唯一的不可分的神智

蘇格拉底的功績，就在從特殊裡面，找出普通；就在從個物升到共名；就在再度發現，在諸人的無限變形下面，繫著不變的人。他於複雜的各種意見下面，找出一切人的眞正的和不變的意見，那就是人類的天良，和心靈的定律。這種天良和定律，在當時，已被虛僞的詭辯家弄混了。這樣，蘇格拉底不僅於倫理學上，完成極大貢獻，且於形上學，有了極大裨益。在知識界的無治狀態下面，他引導思想，如何去推論，如何去下定義，他給每家以一個清楚的意義，使思想的混亂，受了一種限制。比方說，當神的觀念，尚未下以定義時，大家可用同一理由，既主張有神論，又主張無神論：如所謂神，是說統制世界的唯一的不可分的神智 (providence)，那就可以擁護有神論；如所謂神，乃指希臘人所擬想的住於奧林帕斯山的與人相類的東西，那就要擁護無神論了。（威柏爾《西洋哲學史》頁四八）

在「三十暴君」(Thirty Tyrants) 滅亡後，人家控他「不信國家的神，宣布有其他的神，並誘壞了青年。」他在公元前三九九年，被判飲酖而死。（同上頁四六）

（四）絕對眞理的存在

蘇格拉底對西洋「哲學」的貢獻，是在於：他不滿意於當時詭辯學派之否認眞理的客觀性，而以自我存在的思考方法，論辯出絕對眞理的存在；甚而，躬親以自己寶貴的生命，驗證確切至高的眞、善、美諸價值的存在。

蘇格拉底一生篤定：除卻萬象可供人們研究以外，更高貴的研究對象，卻是人生、人性與人心。他畢生述而不作，唯喜好在街坊談論哲學；所獨倡的「諷刺法」、或「對話術」(dia-Logos)——即通過人自己理性的思辯與探索、或討論，以逐步獲知眞確的知識概念與界說的方法——或「助產術」(maieutike) 的方法論，則被他的弟子亞里斯多德推許爲「歸納論證」與「普遍定義」的創始者，更被十九世紀德國的絕對觀念論者黑格爾 (Hegel) 允稱爲西洋「辯證法」(dialectic) 的肇建者。

至於蘇格拉底，他在知識論上強調「理性」(Logos) 或思維，以及摒棄感覺就是知識唯一的來源的見解，目的乃促使人們反躬自省並關懷自己靈魂的救恩；終而使得後世人們公推蘇氏即是倡導「知即德」的開山祖師；這在倫理學史上，也當是「倫理主知主義」(ethical intellectualism) 的首倡。

蘇格拉底終生蟄居雅典，在七十歲時，也就是第九十五屆奧林匹克運動會的第一年，被控以「不敬神明」、「僭立新神」、「蠱惑青年作亂」而判處死刑。（陳俊輝《新哲學概論》頁二七二）

（五）深信上帝必會悅納此生的努力

蘇格拉底以人生正鵠，或人生之至善爲幸福，但非若一般人所仰慕之名利權威爲幸福，乃是指上主之旨意，而行善所致之幸福，他相信有一位至尊之神，爲造化宇宙及治理萬國之元首，其聰明與良善正直，是無與倫比的，雖然人的肉眼看不見神，但神是一位使人有美德的創始者，他以爲眞善美三者，根本上實爲一事，凡適當而利人的事皆屬之，至於神如何管理自然界，神也照樣引導人類各方面的生活，只要人享有神的智慧，人的靈魂便享有神的部分性情，人的靈魂脫離身軀之後，其靈魂是永生不朽的，是永遠不滅的。

在當時的希臘，多神主義盛行，流毒無所不至，蘇氏猶未能免俗，但亦信有階級之神祇，惟與所見土木偶像輒拜者而遠離之，蘇氏相信祈禱之有效，自以爲受有天降之大任，並得神靈之指導，每遇隕越，則以示警戒，又悟覺自己的知能薄弱，必須賴以神的力量爲護助，認爲世人每以一意孤行，不欲引在天上爲指南，自足自滿，良可憫惻，是以時常祈求上主之引導，不是欲得富貴權力，乃是欲得有益於己身的事，所以他相信上主知道什麼於他爲至善，他堅持靈魂不滅之理，人離開這個不公道，無正義的世界以後，會有一個完美的，有公道正義的來世生命，與後起之柏拉圖如出一轍，然柏氏則主張有輪迴之說，不免爲白璧之玷，此輪迴原爲佛家之迷信，但古來賢哲亦多信之，難免是遺憾之事，蘇氏亦未能超乎此例之外，而與基督倫比，盧騷 (Rousseau, 1712-1778 A.D.) 素以無神論著稱，但對於基督上主一論，彼亦承認無疑，嘗喟然歎曰：「以蘇格拉底比基督者，何其偏哉，蘇氏之生死，爲聖賢之生死，基督之生死，實爲上帝之生死」，其言至堪玩味，而發人深思矣。

關於基督教會，對蘇氏之評價甚高，如殉道者游斯丁 (Justin Martyr, 100-167 A.D.) 在其所著《基督徒所景仰的哲學家》一書中，論及蘇格拉底，他實際上是一個基督徒，在初代的基督徒們，皆尊仰蘇氏爲一位道德的模範者，許多教父所傳的基督教，都帶有道德上的特色，是因參考蘇氏著作的緣故，蘇氏將知識與良善視爲同一，此乃影響以後諾斯底派 (Gnosticism, 200-300 A.D.)，與亞力山大革利免 (Clement of Alexandria, 150-215 A.D.) 的看法，希臘教會諸教父，亦以強調知識爲基督教的本質。（李道生《世界神哲學家思想》頁一八―二一）

三、結語

綜上所述，蘇格拉底深信至高的存有。蘇氏在他慷慨殉難之前，且很坦然自若的說：「我一生的作爲，在求上帝的喜悅，我深信上帝必會悅納此生的努力。」可謂「蓋棺論定」。胡院長鴻文《本體論新探》云：蘇格拉底在哲學上的重要貢獻，即是指出了共相的意義，並由而產生概念，概念的提出，不僅對於知識論的發展具有關鍵性，而且對於形上學的探研亦甚感重要，柏拉圖的至善稱爲最高的形式，即是由概念上溯推演而達到的。但我們得知，最高的存有並非僅是概念，如從具體的事物上溯，便會認識上帝是最高的存有。（胡書頁二七—二八）誠爲至理。

第四節　柏拉圖的上帝觀

一、傳略

柏拉圖 (Platon, 427-347 B.C.)，希臘哲學大家，生於埃及納 (Aegina)，長於雅典。其父曰亞利斯屯，世爲華冑。柏拉圖幼時事，不能詳。或曰：嘗從克拉提勒 (Cratylus) 治赫拉頡利圖之學。又性耽美術，習詩歌音樂皆通，後皆屛棄弗爲，又有傳其從軍者。年二十，始入蘇格拉底 (Socrates, 470-399 B.C.) 之門，專攻哲學。直至蘇氏之歿，皆相依不暫離。後借其學友歐幾里得 (Eucleides) 赴墨加拉 (Megaia)，方是時，始修辨論術。尋漫遊諸方，至施勒尼 (Cyrene)、埃及、南義大利、西西里 (Sicily) 諸處，因研究畢達哥拉斯之學，大有所得。居西西里之日，敘拉古薩 (Syracusa) 之狄奧尼索一世 (Dionysius I) 召詢政事，直陳無諱。觸王怒，以之授斯巴達使者，使攜之歸，鬻於奴市。爲一施勒尼人所得，其故友也。既知之，偕以歸雅典。至是去國者十歲矣。其父有別業，在郊外，曰阿加的米 (Academy)。爰即其間，闢校舍授徒。榜其門曰：「不通幾何學者弗入。」一時從者甚衆。或云：敘拉古薩之嗣王，慕其名，厚禮聘之，故柏拉圖晚歲，嘗再至西西里。顧所建白，卒不見用，始歸雅典，以著書講學終。顧是事信否，莫能徵焉。所著書，往往托爲蘇格拉底與客問答之詞，以自攄己見。名曰對話篇 (Dialogues)。其全書，篇帙浩瀚，而「Phaldrus」「Protagoras」「Symposimu」「Phaedo」「Republica」諸篇，尤膾炙人口（其全集以一五一三年，亞爾圖斯 Aldus 刊行於威尼斯者爲最早。）後之學者，或謂其已羼入僞作，而理玄詞奧，又多作譬喻，孰眞孰贋，究難辨定之也。柏拉圖學說之根本，不外由眞知識，以達於德行，實承蘇格拉底之思想而來。惟蘇氏所云眞知，祇囿於實用，至柏拉圖更賦以形而上學之意義，遂令體系益精，而根基益固。且其說不獨專宗蘇格拉底，寧集古來諸家之思想，取精棄粕，配合而融貫之。其文章又閎深壯麗，多變化而有溫情，前此哲家，莫之能逮也。

（樊氏《哲學辭典》頁四〇五—四〇六）

二、學說

（一）回憶說和靈魂不朽說

柏拉圖認爲理念世界與感覺世界是對立的，因而它是超越經驗的、超越時空的永恆的存在，關於理念世界的知識也同樣是先驗的。在柏拉圖看來，人既然不能以感官求眞理，就只能憑借與感官和物質實體相區別的靈魂來認識眞理。靈魂是精神實體，它不生不滅，是永恆的。按照古代希臘「相似者相近」的觀念，只有不朽的靈魂才能認知和掌握同樣不朽的理念。在柏拉圖看來，靈魂與身體是絕對對立的，身體是認識理念的障礙，因此，靈魂要認識眞理，必須排除身體的干擾。

柏拉圖認識論的回憶說是和靈魂不朽說聯繫在一起的。靈魂與身體有原則的區別，身體是多，是物質性的，因而是要分解消散的；靈魂則是「一」，是精神性的，不會消散毀滅。不朽的靈魂在輪迴轉世時，受到身體的窒息，忘掉生前對於理念的認識，這時候就需要擺脫身體的羈絆，受到一定的啓發，才能回憶起眞正的知識。這樣，柏拉圖就將「回憶說」、「靈魂不朽說」和「靈魂輪迴說」結合成爲一個神秘的、帶有原始性的唯心主義體系。然而，這個體系，又是建立在他的理念論的基礎上的，與單純的原始宗教信仰，以及在這種信仰籠罩下的畢達哥拉學派的靈魂不朽和靈魂輪迴說又有一定的區別。所以大多數研究者認爲柏拉圖的回憶說，是一種原始的先驗論，即認爲科學知識，特別是數學知識，是不依賴於經驗的、必然的推理知識。（《中國大百科全書》哲學1頁七〇）

（二）認識不可見的靈性世界的「觀念」

到了蘇格拉底的高足柏拉圖 (Plato, 427-347 B.C.) 出世講學，希臘思想達到了靈性造詣的最高峰。柏氏思想含有神祕的敬虔成分，而又富於靈性的辨識力。依他看來，在這有形體的世界中，一切流動無常的事物，並不告訴人什麼眞知識。人要實在得著那永久的眞正知識，須從認識「觀念」而來。所謂「觀念」就是那不可見的靈性世界，（也可稱之爲「可知的」世界，因爲不是用感官所能知道的，乃要用理性才能知道）常住不變的，主型的規範。它所能給與我們的實在知識，還是由我們用感覺官能，與變動無常的現象發生接觸而得來。人的靈魂在前世就認識這些「觀念」。等到人降生在這有形體的世界中，這世界的種種現象，就叫人想起他在前世所認識的「觀念」。靈魂既在身體尚未出生之前即已存在，所以它必是獨立自主的，不依賴身體，又不受身體朽壞的影響。這種在身體以外靈魂不滅的概念，在希臘思想中很佔優勢，與希伯來人復活的教理迥然不同。一切「觀念」不都有同等的價值。其中最高的要算眞、美、善——尤以善爲最高。柏拉圖的理解或者尚未達到藉著善的觀念，明顯地倡一位有位的上帝之說，但是他的思想卻與此頗有類似之處。依他看來，統治人世間的是善，不是偶然的際遇，或盲然的命運。善是一切小善的來源，總想在人之行動中表現它的形象。「觀念」的世界是人靈魂眞正的家鄉，而人的靈魂，又因與這些「觀念」交通，得到最高的滿足。人生的得救就是把那永遠善和美的遠象恢復。（華爾克《基督教會史》頁六——七）

(三) 神即是善或絕對的公道

人是自然的目的，理念是人的目的。柏拉圖和安地善及犬儒學派相似，覺得最高的善，不在快樂裡面，卻在人與神完全相似的狀態裏面。我們既知神即是善，或絕對的公道，所以我們只能在公道方面，和他相似。蘇格拉底式的柏拉圖說：想叫惡消滅是不可能的（因爲善必須有一反對物，與之共存。）惡在天上諸神之中，既無其地位，所以只能在有死的衆生和屬地的領域內，找尋它的住處。所以我們應該盡力所能，飛出地球，飛到天上去，而且飛得愈快愈好；這種飛奔，即是儘可能地，與神聖同化，與神聖相似。我們知道，在神裡面，沒有非公道，祂是完全的公道；所以我們當中，最公道的人，即最與人相似。公道是根本的德性，它是屬於三個靈魂的三種特殊德性的母親。對於智慧，它成了思想的正確；對於意志，它成了勇敢；對於感覺，它成了節制。正確的思想，是心靈的公道；勇敢是心臟的公道；節制是感官的公道。虔誠是我們與神發生關係時的公道，它與一般的公道，有同樣的意義。（威柏爾《西洋哲學史》頁七四）

（四）造物主按照善的觀念構成完美的世界

柏拉圖在他的 Timoeus 篇中，努力於說明自然之起源；這可以促起我們回憶此乃早期的蘇格拉底以前的哲學的任務。他指出宇宙中有很多神秘的成分，常與他們別的學說相反。在這個宇宙論中說，有一個類似藝術家的「德米爾」(Demiurge) 或造物主，按照理想世界之模型，製造世界；他按照善的觀念，用物質的原本，以構成完美的世界。「德米爾」並不是眞實的創造者，不過是一個技術士而已；因爲物質與精神兩種原本，是已有的東西，僅待一個造物者將二者合併製成東西而已。爲實現他的目的起見，乃給水、火、土、氣四種原素構成之世界以靈魂與生命。這種世界靈魂，是由精神與物質構成，以便知道觀念世界與感覺世界。世界靈魂有其原來的運動，爲一切運動之因；當其自動時，也移動別的物體；他散佈於世界各處，爲世界上調和、秩序及美之根源；換言之，他是神之影像，是一種可見的神。世界靈魂又是觀念世界與現象世界之媒介物。他是一切法則、調和、秩序、齊一、生活、精神、知識及數學關係之根源；他根據他的本性之固定法則以運動，使物質散佈於宇宙中。「德米爾」創造了世界靈魂之外，又創造諸行星之靈魂，與合理的人類之靈魂。而動物及沒有理智的人類的靈魂則是下級的神所創造。萬物皆是爲人而造的；植物是爲人的營養而造的；動物的身體是爲墮落的靈魂之住所而造的。（梯利《西洋哲學史》頁七七—七八）

柏氏其中「乃給水、火、金、土、氣四種原素構成之世界，以靈魂與生命。」此與中國陰陽家哲學「陰陽五行—金木水火土」相生相勝之學說類似。所謂陰陽者，天地也。五行者，金木水火土，宇宙間五種物質原素是也。相生者：如木生火，火生土，土生金，金生水，水生木是也。相勝者：如水勝火，火勝金，金勝木，木勝土，土勝水是也。此五種原素，相生相勝，循環不已，構成宇宙萬物之生生不息是也。

（五）造化神使世界井然有序

在宇宙論的建構裏，我們從《底邁奧斯》（弟邁奧斯、弟邁阿斯 Timaeus ）該對話錄裏，當可知悉，柏氏的這種自然哲學，可揉合不少古希臘的神話傳說。

誠如先前提及其觀念論時所陳述過的，世界既分成感官界與觀念界，而既擁有物質與精神（二分）的人，就當不斷以自我的超脫手法，極力追憶自己曾在觀念界中的種種。這顯示了柏拉圖早年因接觸過畢達哥拉斯的宗教團體（篤信輪迴觀），而欲以記取靈魂在觀念界的事跡，以證得人性的眞理。至對於分受了觀念界而才得存在的感官界，柏氏指明，人唯有對它「驚奇」(Thaumazein) 即可；因爲，人雖住過觀念界，卻未曾參與宇宙創化的起源。何況這物質世界本不存在，如要說它存在，它也只不過是觀念界的「影像」而已。

至於爲對這宇宙創化的過程，有所闡明，柏氏便求助古代神話中的造化神 (Demiurgo)：

宇宙洪荒原是一片渾沌 (Chaos)，但由於造化神的整理，遂使世界井然有序 (Kosmos)；而人的靈魂，便是觀念界「善神」應造化神的請求，所給予的觀念。緣於靈魂的賜給，且與世上的肉體結合，人類便出現在地面上。這種論調，更強化了前述畢達哥拉斯學派「肉體即靈魂監獄。」(Soma-Sema) 的宗教性觀點。（陳俊輝《新哲學概論》頁二七七—二七八）

在中國古代的神話裏，亦有類似造化神之說，如盤古氏開天闢地，女媧煉石補天，摶黃土爲人等神話故事是也。相傳爲天地初闢，首出御世者爲盤古氏。《御覽》引徐整《三五歷議》：「謂天地混沌如雞子，一日九變，神於天，聖於地，天日高一丈，地日厚一丈，盤古日長一丈，如此萬八千歲。天數極高，地數極深，盤古極長。」《述異記》「盤古氏天地萬物之祖也，然則生物始於盤古。」《路史》天地之初，有渾敦氏者，出爲之治。」〈注〉「即盤古氏，神靈一日九變。」至於宗教方面的神，以宇宙萬物，由神身變生而出。任昉《述異記》云：昔盤古氏之死也，頭爲四岳，目爲日月，脂膏爲江海，毛髮爲草木。秦漢間俗說：盤古頭爲東岳，腹爲中岳，左臂爲南岳，右臂爲北岳，足爲西岳。先儒說：盤古泣爲江河，氣爲風，目瞳爲電。古說：盤古氏喜爲晴，怒爲陰。羅光士林哲學評云：「按理去說，誰也不能以盤古爲神，神而死，則不神了。」（羅書頁八三）蓋神爲自有永有，豈有生滅之現象乎？

（六）神是萬物的尺度

柏拉圖的宇宙論，在希臘文中，「宇宙」(Kosmos) 一字就是「次序」或「秩序」，其意義與「混沌」(Chaos) 概念相對，他認爲在宇宙太始時期，一切都是混沌狀態，要使混沌變爲有秩序的存在，就必須有「造化神」出來整理，造化神有鑒於物質世界的凌亂無序，就開始化混沌爲次序，他主張有一個二元的世界，即觀念世界和感觀世界，唯一眞正的世界就是觀念世界，感觀的世界是會經常改變的，本來就不存在，只有在它享有觀念世界時，才能獲得眞正的形質，唯有觀念世界才是良善的世界，這個良善的、觀念的絕頂即爲「善自體」，那就是神，神是一切良善、有益之事的根源，柏氏在反對普羅達哥拉斯 (Protagoras) 的書中，反對詭辯學派以「人爲萬物之尺度」時，提出「神是萬物的尺度」，我們人的靈魂最肖似神，因而是不死不滅的，神不可能是邪惡之因，人遇困苦，須從人的方面尋找困苦原因，神是永不改變的完全良善、榮美、特優的，神不會變成低劣的神，柏氏他所寫迪邁阿斯 (Timaios) 書中，稱呼神爲「創造者」，「父」和「造物主」，神是依照一種永遠的型態，創造這個宇宙，使其成爲井然有序的模式。柏拉圖論人性有原屬於觀念世界的靈魂，又有塵世間的肉體，於是在宇宙二元體系中，挿入了人性的二元，使人性介於神性和物性之間，人的靈魂早就存在於觀念世界中，是永恆不滅的，本來是良善的，祇是心爲形役，以致墮落犯罪，惟須超然物外，擺脫肉體情慾，仍回復到純靈的世界去，其完成自我救贖的方法，是要以神爲中心，默念觀念世界，實行一種禁慾主義爲是，柏氏曾引用其師蘇格拉底臨死之前的遺言說：「我深信有一件眞正會復活的事，死人的靈魂是存在的，良善的靈魂比邪惡的靈魂得到更好的結局……你們抓住我，可以把我活埋……但我是勇敢的，並且很放心，我要再說，你們只能埋我的身體而已。」蘇氏對死亡處之泰然，因他表明了自己的信仰，相信死後的生命，而且在來世的彼岸，必有公平的善惡報應，凡救贖自己靈魂的，就永遠良善和永遠榮美的後果，惡人將受未來的刑罰，這些也是柏氏所有的看法與信仰。

柏拉圖認為完善的道德生活，乃是遵行上帝旨意的生活，因為唯有上帝的旨意，乃是眞理唯一的準則，故人類的至善，乃在認識上帝、想望上帝，上帝是三位一體的，第一位是自有的，獨一的本體 (Being)。祂有良善，稱為至善 (Good)。第二位是道 (Logos)，仍是第一位的智慧 (Wisdom)，亦是這世界的創造者 (Maker)。第三位是宇宙的靈 (Soul)。柏氏認為第二位是從第一位發生的，第三位是從第二位，或是從第一、二位而來的，好像光和熱，是從太陽發出來的一樣。柏氏曾經痛斥無神論者，乃是一些外強中乾，言不由衷之徒，因為他們雖然高唱無神論，但是到了危險關頭，鮮有不是低下頭來，承認上帝的大能。在柏氏老年期的著作中，對於宗教情操的表現最為深刻，他在「費特羅斯」(Phaidros) 這篇最後結束思想大綱時，作了一篇向神的禱告文，說明自己對神的仰慕和倚靠，他說出了自己心中對於「成聖」的願望。

基督教思想家們對柏氏之神學思想深為讚賞，並且影響基督教思想家所構成的神學問題，但我們須知柏氏在神學觀點上，頗多可議之處，如他的三位一體論，從聖經啓示神學眞理來看，實屬似是而非，不值一辯。他在西西里島之後學得了畢達哥拉斯的輪迴學說，人的靈魂可以完全擺脫肉體而超渡，相信輪迴方式，它原有觀念的淵源，仍是終久要回到觀念界去，即認為生命的過程是輪迴。他論理想國中，實行分配婚姻，公妻制度，蔑視婚媾，殊屬非是。他認為惡人連續遭受幾個年代刑罰之後，就可免去刑罰，這種觀念，造成以後中世紀天主教煉獄教理的根源。以上略舉大端，都是不合聖經眞理啓示，凡基督信徒，都當有所分辨，而不能混為一談。（李道生《世界神哲學家思想》頁二六—二八）

(七）理型說所呈現的上帝觀

依柏氏的理型說，世間上各類存在的事物，皆有與它的類相應的理型，並且所有存在的事物，皆本於它們所在類的理型而存在。從經驗上我們見到世間上各多類存在的事物為無數多，理型既與各類存在的事物相應，故理型亦為無數多。理型既與存在的事物類同為無數多，則此無數多的理型，即應彼此有關係而不是個別地獨立自存。

依辨士篇 (Sophist) 的記述，柏氏對有關理型與理型間的關係問題，是試圖由類的相涵關係以別理型為不同的類而加以解答。因理型既有類別而類與類可以彼此相涵，則理型與理型亦可以彼此相涵。由類的推演可以出現一類的層系而有一涵攝衆類的最高類，理型亦可相應而成層系而有涵攝衆理型的最高理型。此最高理型在柏氏的理型論中即爲上帝，亦即柏拉圖由理型說所呈現的上帝觀。（李杜《中西哲學思想中的天道與上帝》頁二〇七－二〇八）

三、結語

綜上所述，柏拉圖以神是創造主，是萬物的尺度，神是永不改變的完全良善、榮美、特優的，所言甚是。胡院長鴻文《本體論新探》云：

柏拉圖提出了至善，他又區分觀念界與現象界，他認爲觀念界是眞實的，而現象界則是變化多端，不克長住的，影響西洋哲學思想兩千餘年。在中世紀時，基督教的哲學家將柏拉圖的思想基督化，以爲柏拉圖所說觀念界中的型式是存在於上帝的心目中。（《本體論新探》頁廿八）言簡意賅，切中肯綮。

第五節　亞里士多德的上帝觀

一、傳略

亞里士多德 (Aristotle, 384-322 B.C.)，希臘哲學大家。生於答拉西之斯達噶拉 (Stagira of Thrace)。其父曾爲馬斯頓王之侍醫，故亞里士多德，自幼即留心實驗之學。父歿，其父執某，教養之。年十七，始至雅典，入柏拉圖之門，潛心向學者二十年。柏拉圖數獎重之。家故饒於財，故得廣購異書誦讀，益以博洽。柏拉圖既卒，同學中有嫉讒之者，乃偕芝諾克拉底斯離去雅典，而至小亞細亞。前三二四年，馬其頓王腓力 (Philip) 聘之，使傳其世子亞歷山大，敬禮甚至。由是留馬其頓者七年。迨亞歷山大即王位，遠征波斯，始歸雅典。即郊外之路加恩 (Lykeion) 爲校舍，講學授徒。從游者甚盛。亞歷山大王，屢餽鉅金，皆以之蒐羅書籍標本，供研討之用。三二三年，亞歷山大薨，雅典人不悅王者，遷怒及焉。爰避居加爾西斯 (Chalcis)。翌年，卒於其地。亞里士多德繼承蘇柏二氏之正統，集上世學人之大成。其爲學，包羅萬象，難以一端盡之。氏嘗區學問爲三大綱。一曰窮理學，乃以眞爲對象者，賅形而上學、數學、物理學在內。其曰物理，實兼有宇宙論，及天文、氣象、動植物、生理、心理諸學者也。二曰實踐學，即以善或有用爲對象者。三曰詩學或曰美學，即以美爲對象者。又以論理學爲論究科學方法之事，呼爲Organon，譬之器官，不與於此數焉。其所著述，博涉各方面如此。後來註疏其書者，不一其人，雖有竄增及散佚，而傳至今茲，猶褎然巨帙（十五世紀印行於委尼斯之五卷本爲最早）。丹弟之詩，呼亞里士多德爲知識界之主人，萬流瞻仰，洵無忝哉。（樊氏《哲學辭典》頁二八四—二八五）

二、學說

（一）四因說

亞里士多德的第一哲學或神學，即形而上學。亞里士多德指出，哲學的研究對象是「作爲存在的存在」，即普遍存在，其他分門別類的學科，是從這個全體上割取一部分而進行專門的研究。研究普遍存在也就是研究那些「其自身就是屬於作爲存在的東西。」這就是本原和最初的原因。

亞里士多德認爲，最初的原因共有四種：（一）質料因。一切事物構成和存在所不可缺少的條件，如銅之於雕像，銀之於銀碗；（二）形式因。決定一個事物之所以是那個事物的原因，因此被看作事物的本質，事物的定義，而不是事物的外表；（三）動力因。一切運動和變化的來源，如父母之於兒女，製造者之於產品；（四）目的因。也就是爲了什麼，如爲了健康而散步，爲了治病而服藥。人們了解了「四因」，就會了解事物的產生、消失和自然的變化。

四因說是從以前哲學發展的歷史中總結出來的，具有明顯的調和性。亞里士多德一方面著重批判柏拉圖唯心主義的理念論，同時也指出德謨克利特唯物主義原子論的缺點。他指出，柏拉圖派的理念論，在論證上沒有充分根據，不但不能解釋事物的存在和運動，反而會引起種種困難。那些認爲有一類具體事物就有一個獨立存在的理念的論證，是站不住腳的。如果這樣，那麼人工製造的東西、不存在的東西、偶性和關係也都有自己的理念了。理念論是無用的，甚至是不可能的。說它無用，因爲它僅僅是把可感覺的事物增加了一倍，既不能成爲它們運動和變化的原因，也無助於它們的存在以及我們對它們的認識。理念的前題甚至是不可能的，因爲它一方面斷定理念是有關對象的本質，另一方面卻又斷定它存在於那些對象之外，本質是不可能存在於事物以外的。在談到個別對象和理念的關係時，柏拉圖說對象分享（公有）或模仿理念，而所謂「分享」或模仿不過是一種說不清楚的詩的比喻。最後，理念論把理念看作是實體性的東西。如果這樣，在個別對象和理念之間還須有個兩者共有的模式，那在個別的人和人的理念之間還須有「第三個人」。在批判理念論時，亞里士多德把這理論概括成一個著名的公式，那就是「多外之一」。這非常準確地擊中了理念論的唯心主義要害。唯心主義一般總是用自然之外的精神，存在之外的思想來作爲自然和存在的本質、原因和本原的。

在批判理念論的同時，亞理士多德也指出古希臘唯物主義的缺陷。他認爲，德謨克利特和他的先驅發現了質料因，對哲學發展作出了貢獻。然而卻忽略了事物運動的原因，沒有說明從哪裡開始運動以及爲何運動的問題。同時，德謨克利特也忽視了形式和本質，他沒有探究事物運動的內部源泉，更不了解人們的概念更深刻地反映了事物的本質。（《中國大百科全書》哲學II頁一〇五六）

（二）上帝是原動者

亞里斯多德 (Aristotle) 遠不及柏拉圖的神秘精神。依他看來，這個有形的世界是實在有的。他棄掉柏拉圖嚴格劃分「觀念」與現象之說。觀念與現象是相依爲命，不能分離而存在。每一存在物，都是一種實體，是由造成形象力量的「觀念」所遺留在那作爲內容之「物質」上的印蹟。惟上帝是例外，因爲他是純然屬靈的。物質本身不過是潛在的實體。它是常存的，但從未離開過「形象」。這樣說來，世界是永遠的，因爲在一切現象尚未表現之前，並沒有各種「觀念」的存在。世界是知識的主要對象，所以實在說來，亞里斯多德是一位科學家。世界每一變動必須有一位「原動者」開啓其端，而這位「原動者」自己是不受推動的。亞氏用這種受人歡迎的辯論法證明上帝的存在。但這位「原動者」工作是有理解目的的，所以上帝不但是世界發展過程的起源，也是它的歸宿。人屬實體的世界；但人不僅有動物的身體和能感覺的「魂」，在人表面還有一點屬於上帝的氣，就是與上帝共有的道 (Logos)；這道是永遠的，但不像柏拉圖所講的心靈概念，是非人格的。就道德方面言，亞氏以快樂和幸福爲人生的目的，這種幸福，只有小心遵守那最寶貴的「中庸之道」，方能獲致。（華爾克《基督教會史》頁七－八）

（三）神爲宇宙統合之原理

據亞里斯多德之意，物質方面，這種永久的運動，在理論上可以假定有一個永久自身不動而發生運動者。如果他自身運動，必有使之運動者，而使之運動者，必更有其使之運動者，如是追根溯源，運動便不能解釋了。然無論如何，運動之始，必不賴別的運動的東西使之運動。所以宇宙間有一個永久自身不動的第一發動者，爲自然界一切動作之究竟原因。這個第一發動者既不動，他必是一個離開物質的法式，純粹法式、絕對的精神，因爲如有物質，便有運動與變化。

這種第一原因是絕對的完善，是世界之最高目的，爲世界之至善，是神。神之影響世界，不是運動世界，是用美觀或理想以影響靈魂。世界上之萬物，如植物、動物、人類想實現他們的本質，皆是爲此至善或神；神之生存，其萬物之慾望之因。所以神爲宇宙之統合的原理，是萬物爭欲向往之中心點，是宇宙中一切秩序美觀生命之原理。神之活動在思想，在探求萬物之本質，在洞察美的形式。他是一切實現性，一切可能性，皆由他實現。他無印象、無感覺、無嗜好、無慾望、無性緒，是一個純粹的智慧。吾人之智慧是論理的知識，是零碎的運動，是一步一步的；神之思想是直覺的，一剎那之間，看見萬物，看見萬物之全體。他超脫痛苦情感之束縛，是最快樂的。他是哲學家所希望的東西。（梯利《西洋哲學史》頁九七）

（四）神是宇宙的目的因

在這裡，發生一困難問題：存在和永遠不動的東西，怎能發生動作呢？動的原因，怎能發出動，而於同時之間，它的自身，卻不運動呢？爲欲解答此問題，我們應該承認，神的動作，就像美麗和可欲的動作。例如藝術作品或自然界的美麗，可以使我們感動，並能吸引我們，但它自身，卻全在休止狀態。同樣的，我們所要實現的理想，或我們所要達到的目的，同樣的使我們動作，但它自身，卻不來參加動作。推此以言，物質爲永久的理念所推動，但在絕對的實體方面，卻毫無一些運動。物質渴望著神，但神卻是這渴望的最初因。

因爲最高的實體，是非物質的，故它不具印象，不起感覺，不生慾望，亦不生意志與感情——假如所謂意志，是慾望的意思，所謂感情，是熱情的意思。所有這一切，全屬於物質，它是被動與陰性的原則，又是形式的接受者。神是純粹的智慧。人類理解力，從儲能的狀態開端，以後經歷感覺，知覺，及比較，漸次發展。神聖的理性，由於一種立時的直覺，認識事物的可理解的常德，人類推演的思想，當其找尋一件與它自身不同的對象時，必得按部就班，漸漸達到，至於絕對的思想卻和它的對象，互爲同一。只因沒有一物，比神最高，又因神的思想，具有可能中最高的對象，所以他的思想對象即是他自身。在神的生活中，全無一些痛苦，全無一些不完滿，因而超越一切的慾望並一切的悔恨，故爲最有幸福的生活；而人類的生活，含有情緒在內，那只是它的一種極微弱的表像而已。神所享受的，只不過是少數得天惠的人於很短的期間所享受著的；他的生活，只不過是對於可理解的眞理所作的純思考而已。

只因神是宇宙的目的因，又是最高的善，故於同時之間，既在事物裡面，爲事物的內在常德，又在事物上面，超出世界，與世界有別；個中情形，正像在統帥的心靈中，紀律既在軍隊裡面，又在軍隊上面。同樣的，神於同時之間，既是法律，又是立法人，既是事物的秩序，又是維持秩序的人。一切的事物，均由於他，而且均對著他，整理起來，排列起來，並諧和起來。又因他是單一（只有物質是多），所以只能有一個宇宙，一個永久的宇宙。反過來說，宇宙間的單一性，就證明了神的單一性。（威柏爾《西洋哲學史》頁八八—八九）

（五）第一不動原動者就是上帝

在形上學（第一哲學）的間架裡，亞氏是從知識論著手起，一來要指出人有歸類的天生能力，即如蘇格拉底之提出「概念」，而產生了哲學性的探討；一來則表明人有創造的能力，即如：宗教（神學）上的神在論證，能由果溯因，以探知存在（有）的眞相。

在形上學裡，亞氏指出：第一哲學是討論存有者（物）與其最高形式（存有本身）的學問。在這變動不羈的宇宙內，能夠發生變化（如：生滅現象……）的一切存有者（物），都具有潛能（性）與實現（性）兩種組成部分，也就是質料 (Hyle; matter) 與形式 (morphe; form)。

所有的存在事物（具體事物），便是混合了形式與質料的存在物。在宇宙整個存在的架構裡，最底的一層就是潛能的存在，亦即沒有實現性潛能的存在；如果從另一個角度衡之，它也是純粹的質料，即沒有任何形式的質料。是以，存在事物從原先的「無」到「有」，即完全表現在從潛能 (dynamis; potentiality) 至現實 (energeia; actulity) 的歷程中；而且，其中也涵蘊極多層次的潛能與現實。

總之，在亞氏的形上學體系裡，最高的存在，便是純現實 (pure matter) 與純形式；可稱之爲「第一不動原動者」(proton Kinoun akineton; the First Unmoved Mover)；也可呼之爲純現實、純形式的精神體 (nous)；它即是一切運動變化的總原因。它不但像柏拉圖的「善自體」，能賜予萬有存在，而且，也吸引萬有對它作眞、善、美的追求。

在此論點之下，亞氏提出了內在目的性 (entelecheia) 以及四因說——質料因 (eausa materialis)、形式因 (causa formalis)、動力因 (causa efficiens) 與目的因 (causa finalis)——的理論；宇宙本具和諧性，緣於其內在目的係往完美的本身發展，在此四因的運作下，即發生了一切事物的生成變化之諸般現象。

如前所述，就宇宙的運動變化而言，亞氏的純形式、純現實乃是第一不動原動者；但就四因說而論，它又是最終的目的因。（陳俊輝《新哲學概論》頁二八二—二八三）

亞里斯多德所謂「存在的事物，從原先的『無』到『有』」，此與老子學說類似。老子說：「『無』，名天地之始；『有』名萬物之母。」（一章）又云：「天下萬物生於『有』，『有』生於『無』。」（四十章）由此可證也。

（六）神是最純粹的活動

亞里斯多德的形上學，亦稱爲第一哲學，爲討論事物存在之基礎，討論存在之終極原因，存在之所以爲存在的這門學問，同時亦稱爲神學，他認爲神是最純粹的活動，及天體的第一主動者，他所說的神是否具有位格性，這是一個尚待澄清的問題，這神也並非爲世界的創造者，在他所親擬之國憲中，其推理是主二元說，即以物質與形體，上主與世界相對待，二者互相維繫，但界限頗清，亞氏固欲調和此二元性，故不能不併上主與世界爲一談，而陷於泛神主義，唯他所倡之泛神說，終指一神，與任何方式之多神主義，是迥然不同的，其立意雖甚偉大，然而究竟乃爲智者千慮一失之確證，可知人類的聰明極爲有限，眞理非賴上主之啓迪不能認識與明白，世人憑著自己的智慧不知道上主，由此足以見之。

在亞里斯多德一些著作中，亦曾論到靈魂之先天性，以及不死性，論到生命體之本質，本身就是靈魂，論到善與惡，論到禱告等等問題，但對於人的信仰與救贖問題未見論及，惟他的學說思想，對於中古時期盛行的教父哲學(patristic philosophy)，以至經院哲學派 (Schoolmen) 影響是很深遠的。（李道生《世界神哲學家思想》頁三三—三四）

（七）形式與質料相對顯所呈現的上帝觀

依亞氏，在感覺經驗上所見到的質料雖皆具有的形式，然而此非確定不可變的。即它可以由它所具的某一形式改變爲另一形式。故就一質料之可改變它的形式上說，它與它所具有當下被經驗感覺所認知的形式爲現實。此現實相對於可能改變它的形式而爲另一現實說時則爲潛能。即依亞氏，任何一個爲經驗感覺所認知的質料與形式相結合的現實皆可轉化爲另一現實。此可轉化的現實相對於將要轉化成的現實說，則前者爲潛能而後者則爲現實。此處所說的「後者」的現實亦可看作一潛能而轉化爲另一現實。由此一點上說，從原則上，世上沒有任何事物可被目爲一定的潛能，亦不可被目爲一定的現實。但此是就經驗界說。在純思想上，我們可以有純潛能與純現實。所謂純潛能即上面所說不具有任何形式的質料，即純質料。至於純現實，即上面所說的純形式。由此我們可見亞氏的形式與質料說與他的現實與潛能說的意義亦得以匯通。所謂純形式爲上帝，亦可以說純現實爲上帝。（李杜《中西哲學思想中的天道與上帝》頁二一一）

三、結語

綜上所述，亞里斯多德所謂「第一不動原動者」就是上帝。胡院長鴻文《本體論新探》云：

亞里斯多德以為形式是在於個體事物中，人對於同類的個體事物抽象而獲得共相，由是而產生概念，是即為形式，形式與質料合而成為個體。亞里斯多德又應用因果律而獲得形上學的觀念，他以為日常所見偶性之物必有其原因，層層相因，依次上溯而至於絕對性的不動的動者，此即是第一因。此亦即是亞里斯多德的形上學。亞里斯多德所說不動的動者就是上帝。（本體論新探頁廿八）

由此可見，亞里士多德的上帝觀，或謂「不動的動者就是上帝」，或謂「純形式或純現實為上帝」，二說皆然也。胡院長鴻文《本體論新探》云：

蘇格拉底在哲學上的重要貢獻，即是指出了共相的意義，並由是而產生概念，概念的提出，不僅對於知識論的發展具有關鍵性，而且對於形上學的探研亦甚感重要，柏拉圖的至善稱為最高的形式，即是由概念上溯推演而達到的。但我們得知，最高的存有並非僅是概念，如從具體的事物上溯，便會認識上帝是最高的存有。（胡書頁廿七—廿八）

又云：

希臘三哲（按指蘇格拉底、柏拉圖、亞里士多德）所建形上學的體系，雖在二千多年來的哲學史中居於重要的地位，然而仔細加以探討，仍然有許多問題，如概念或形式究竟如何形成？內容為何？如謂一物有一物形式，一類有一類的形式，種類甚多，如何區分亦甚感困難。又此一形式和彼一形式之間是否有所關聯？或有其共同點？最高存有和諸般事物之間如何分際？研究事物之構成在哲學上亦為一重要的課題。

這一連串的問題，頗值深思，亦可謂持平之論。

第六節　西諾的上帝觀

一、傳略

西諾 (Zeno, 336-264 B.C.)，或譯爲「哲諾」、「芝諾」、「齊諾」、「西挪」、「載諾」等名，希臘哲學家，居伯羅島之芝諾，即斯多噶派 (Stoic) 之創始人。或譯爲「斯多亞派」(Stoia)。其父，商賈也。以販物至雅典，盡散其財，買蘇格拉底之書而歸。故芝諾自幼好學，耽思哲理。已而其家估舶，遭風覆溺，遂棄商弗爲。芝諾年廿二，遊雅典。先學於昔尼克派之克雷提 (Crates)，不悅，去而學於墨加拉派之施迪頗 (Stilpo)。又不悅，去而學於阿加的米派之芝諾克拉斯底 (Xenocrates) 及玻勒蒙 (Polemon)。聞見既博，乃折衷諸說，以自成一家言。由是講學於雅典之誠闔，從者麕至。謂之斯多噶者，蓋希臘語謂城闔爲 Stoa，或曰 Stoa，乃彩色廊之義。芝諾常坐廊上講學，故名（有譯稱畫廊學派者）。芝諾主克己節欲之說，而持躬謹嚴，立意貞固。其授徒歷五十八年，矻矻弗倦。自決以死。其後雅典人以安提阿王之提倡，樹石旌之。銘曰：「斯人有道，行不負言。」（樊氏《哲學辭典》頁三六六）

二、學說

（一）上帝攝理之愛

斯多噶學派，其於形而上學，則取具體的心靈論。一面與柏拉圖、亞里士多德等之唯心論相反，一面又與德謨頡利圖、伊璧鳩魯派之唯物論相反。以爲「精神與肉體云者，唯一實在體之兩方面也，精神者，寓乎萬有間之能動的要素，而物質則其受動的要素，故無可謂爲純粹之心靈。彼亞里士多德之說純形相，不異承認純粹心靈之存在，而以神爲無肉體者。其實神有肉體，即世界是。宇宙乃一生物，神則其靈魂也。」故謂是派之形而上學，乃從亞里士多德思想中，棄去其唯心論傾向，而師實在論要素者亦宜。雖排斥其純形相之觀念，實陰取其說而變易之。亞氏曰：「無『無形』之質，亦無『無質』之形。」是派則曰：「無『無心』之物體，無『無體』之心靈。」

是派之於神學，意在調和泛神論與人格神論，故主張神之內在，而以爲神即宇宙。其心目中之神，儼然具有人格，乃能認知世間事物，并主宰人間運命，又愛人而欲人爲善者。所謂「上帝攝理之愛」(providential Love of God)，此一語，在斯多噶派學說中，最爲一重要之觀念。顧所云「神」，亦與希臘、羅馬之通俗所信仰者不同。不必謂諸神之行動情欲，悉如人類，故既與泛神論併行不悖，而兼得主張單純化之人格神論也。又是派亦尊重固有之宗教形式。頗援其泛神論的之旨趣與希臘古來之多神教調和。因言日月星辰諸天體，及種種天然力，皆各有人格，皆是心靈的存在，與夫心靈的宇宙之有人格而主宰人間運命者無以異。惟是等諸神，居乎至上神之下，不似至上神之具不滅性。故即以其置重宗教一事而觀，斯派亦恰與伊璧鳩魯派相反。（同上頁六八五—六八六）

（二）上帝是萬有的生命和智慧

雖說斯多亞主義主要的是一派倫理思想，卻也有些地方自命爲宗教。它的宇宙觀是極其唯物的，凡眞實的都是有形有體的。但在物體之中卻有精粗之別，精的瀰漫於粗的全部。這樣說來，所謂精與粗，與普通之所謂靈與物相似。斯多亞主義雖說修改了許多赫拉頡利圖的觀點，卻與他很相接近。萬有的來源乃是有生命的熱氣，這熱氣使宇宙萬有形成，也使萬有調和融合，萬有均藉這熱氣，在弛張不等情勢之下而發展，這熱氣貫通萬有之中，也爲萬有之最後歸宿。所以這種思想很像赫拉頡利圖之以火爲萬有來源一樣，卻比他所說的火，包含更多的意義。斯多亞主義所講的熱氣，也是有理解力的，是能自覺的世界魂，是一種居住於萬有裡面的理性——洛各思——人的理性是它的一部分。這就是上帝，是萬有的生命和智慧。它實在也住在我們人類裏面。我們能「隨從這在人裡面的上帝」；因這緣故，人也能說，正如克良特對丟斯 (Zeus) 所說的：「我們也是你所生的」。通俗之所謂神，無非是由上帝裏面流露出來的各種能力。

既然是一種智慧充滿在一切世界中，所以只有一個自然律，只有一個統治人生行爲的準則。人在道德上都是自由的。既然都是出於上帝，所以人都是弟兄。人的各種身份之差別，都是偶然的。隨時隨地順從理性，是人生最高的本分，無論貴爲天子，或賤爲奴役，這種行爲是一樣可欽敬的。所以順從理性，即順從洛各思，是人生所當追求的唯一目標。雖說完成本分自然產生快樂，但快樂並非人生目的。放縱情慾，是完全順服的最大仇敵。因爲它能毀壞人之判斷力。所以要竭力排除情慾的事。一切的好的行爲，都是由上帝的靈感而來，雖說這種上帝的觀念，是極富於泛神論色彩。

斯多亞主義具強烈厭世態度；它所講的洛各思，一種貫通萬有而又統治萬有之屬神的智慧。它所堅持凡行善的，不給身份地位，一樣配得獎賞；它所主張的，天下萬人都是兄弟姊妹；這些思想都深深的影響了基督教神學。它所表現的最高信念和行爲都是很有價值的。但它的精神往往是刻苦的，狹隘的，並且缺乏同情而冷酷，只有少數的人可以信從。它也承認，大多數人趕不上它的標準。它的精神近於驕矜傲慢，而基督教的精神則是謙虛。不過它所產生的效力還是驚人的。羅馬許多有道明君，許多清廉官吏，都是斯多亞主義的信徒。雖說它的信條並未大衆化，但爲當時羅馬許多上流社會人士所服膺，連羅馬法律亦因以改善不少。它在當時法理學中，引入了一種屬乎自然界的法律，由理性，更由人類強制的法規申述出來。因爲它主張一切人類生來是平等的，於是逐漸地改革了當時最壞的奴隸制度，羅馬公民的權利亦因以推廣。（華爾克《基督教會史》頁一〇—一二）

（三）神是萬物之主宰具有先見與意志

宇宙間之一切勢力，組成一個無處不有的力或火（赫拉克利塔斯之主張），而此原理爲合理的，爲宇宙之活動的靈魂。這種原理必祇有一個，因爲宇宙是一個統一體，多部分皆調和；又必爲火，因爲熱產生萬事萬物，運動萬事萬物，而爲生命之主宰。他必是理性——是智慧的、有目的的、善的——因爲宇宙是美觀的，有秩序的，完善的而無缺的（目的論）。他是一切生命與運動之本源；他是神靈。他與世界之關係，有如人類之靈魂與其肉體之關係；世界是神之肉體，神之活的有機體。他又是宇宙之靈魂，含有一切生命的種子；宇宙是其中之潛伏的勢力，猶如種子中之植物。這就是泛神論。普遍的理性或靈魂，瀰漫於全宇宙中，正如人之靈魂，瀰漫於人之全體中。人之靈魂之主管的部分，既居於中心，則世界靈魂之主管部分——神——必居於世界之遼遠邊際，以便散佈於全世界。然世界靈魂有兩部分：一部分規定世界之法式，一部分保存世界之原形。爲萬物之主宰之神——完美而有福的東西——具有先見與意志，愛人惠物，賞善罰惡。就此等方面觀之，斯托亞派的神是汎神論的神。但是亦有差異。他們所說的神，畢竟不是一個整個，一個自由的人格，一個世界之創造者，不過是萬事萬物依自然之必然的程序所從生之實質。他們認神有意志與先見，但是又把神與必然法則視同一體。實際上他們的思想未曾劃分明白，泛神論與一神論混同一起。（梯利《西洋哲學史》頁一二四）

（四）神是宇宙的靈魂

斯多噶派的形上學，和他們的認識論相似，比亞里斯多德的體系，更為實在論式的。它是具體的精神論，是純粹與單純的具體精神論。心與物，是同一實體的兩方面。在眞實的存在裡面，心是主動的原質，物是被動的原質。沒有純精神的東西，即如神——無論亞里斯多德怎樣想他，也有一個身體，而我們的世界，即是他的身體。我們的宇宙，是一活的實體，神是它的靈魂，它那統治的智慧，它那最高的法則，它那驅動的原則，與賜給生命的熱氣；斯多亞派的神學，乃是泛神論與有神論間的一種調和。神與宇宙同一，但此宇宙，乃是眞實的實體，是一個活著的神，熟知一切事物，統攝我們的命運，愛護我們，並要教人進善，但於同時之間，並無如人類的熱情。斯多噶派將神性的愛(providential Love)，歸之無限的實體(Infinite Being)，因此，他們的教言，和逍遙學派及伊比鳩魯派的教言，比較起來，大不相同。他們的汎神論，並不排斥神的意念，全然是宗教式的。他們對於異教的宗教方式，表示虔誠的尊敬；他們承認有諸神之存在，位居朱匹忒之下，或於星體中顯示，或於自然力中顯示。但他們說，這許多神，都是要死的，只有最高的實體，不至滅亡。（威柏爾《西洋哲學史》頁一一一——一一二）

（五）原始的火就是神

在宇宙論方面，係主張「一元的唯物論」(monistic materialism)：宇宙的一切，都屬於有形的物質；包括柏拉圖的觀念（理念）與亞里斯多德的形式（型式）、靈魂與神明……等在內，全無例外。

此派在自然哲學方面，接納赫拉克利圖斯視「火」是世界的基本原質的自然理論：原始的火，就是神（明），就是統攝一切的內在理性(Logos)。一切的存在，要不是原始的火，便是神分化的結果；由而，漸次出生空氣（氣pneuma，呼吸）、水與地，終於才形成整個的宇宙。

宇宙生成之後，神和宇宙的關係，便形成有如靈魂與肉體的關係；宇宙的生成變化過程，也誠如赫拉克利圖斯的「萬物流轉」，乃是周而復始的。

此派還認爲，宇宙既由理性所統攝，其間必呈顯出宇宙的因果法則、自然秩序、和諧與美等。一切靈魂的歸宿，都趨往原始的火；又，仍有人認爲，善人的靈魂，死後仍可存在。（陳俊輝《新哲學概論》頁二九〇—二九一）

（六）神是一位仁慈的神

斯多亞派的教訓，是以質與力爲宇宙內至極的原理，稱之爲理性，爲天意，爲上主，具以其爲有意識、能思想，然不能獨存，且無人格性，即宇宙間之氣與火或運行不息，萬物或藉以生存，或因而毀滅，天地末日宇宙即大遭回祿，後復演成新世界，如是循環往復，無有已時，人類之靈魂，乃由此有意識無人格性之神發射而出之星火，其生存期較肉體稍久，然終必歸於其所從所出之淵源。此派認爲這個世界是由靈與物質所構成，是出自兩個原則的結果，靈爲主動原則，是主動者。物質爲被動原則，是被動者。且認爲抽象之質也是有形的，甚至連神也可以依這種意義加以思考。實際上這世界就是神的身體。

斯多亞派亦是一種有神論，認爲靈魂與身體之關係，猶如神與世界之關係一般，神是最大世界魂，是引導宇宙萬物的主力，神與有生命的宇宙合而爲一，他們將神與有生命的宇宙視爲同一，這種看法便是泛神論 (pantheism)。同時對於神的性格與觀念，且是認爲神是一位仁慈的神，祂有目的地統管世界萬物，祂是萬物之善王與眞父，是完全的，仁慈、良善、愛護全人類的神，祂報賞善人，懲罰惡人，認爲最高的善就是美德。

這派主張有一個神智瀰漫於全世界，全人類都該是這神智的一部份。因此，人類便是一個共同體，神爲普世之父，我們人類都是祂的子女，這是一種世界大同主義思想。亞拉突 (Aratus) 說：「我們都是神家裡的人。」克利安提 (Cleanthes) 說：「我們也都是神的子孫。」辛尼加 (Seneca) 說：「我們都是一大身體的肢體。」上述思想的不少概念爲教父們所能接受，影響了後來基督教預備普世性的進展。聖徒保羅在雅典傳道時，曾與此派及以彼古羅派之

學者相遇，彼此詰難而爲眞神聖道辯論。（徒七18—32）（李達生《世界神哲學家思想》頁三八—三九）

三、結語

綜上所述，斯多亞派以爲「原始的火就是神」，此說非是，因爲「神是靈」，是「精神」而非「物質」，火是「物質」而非「精神」。

胡院長鴻文《本體論新探》云：

斯多亞派(Stoics)認爲形式與質料，精神與肉體都是統一的。他們以爲凡是眞實的，必有物質，且以爲柏拉圖的神明，亞里斯多德所說的第一不動者，都是有身體的。在這些物質裡面卻有一個理性的Logos，這才是一切存在的最後保證。Logos在物質之中，與之混爲一體。他們又提出一種「氣」(pneuma)，來說明宇宙的活動不息，也是生命的象徵。

他又以爲Logos就是世界魂，人的靈魂是世界魂的複印。世界靈魂不死，人的靈魂與肉體一齊死亡。善人的靈魂在肉體死後留在一定的地點，等候第二次的來臨。

斯多亞派在道德倫理上主張節制私慾，促成個體與宇宙整體的統一。自己要選擇與自然合一，會同大自然，走向目標，與萬物混然一體。

斯多亞派說神有物質的身體，這是不合理的，也是不可能的，神是絕對的，如何能帶有相對性物質的身體呢？如果說Logos是一切存在最後的保證，則Logos必然是超乎物質，也不是在物質之內的。宇宙萬物必由最高的主宰所造成，而非自行存在的。靈魂非由物質所成，心和物的屬性不同，笛卡爾在這方面所說是對的，靈魂是從神而來，絕不因物質的離散而泯滅。斯多亞派的此種觀念顯然錯誤。至於萬物如何形成和變化，斯多亞派也無明確的說法。（胡書頁二九）此論甚是。

第七節　西塞祿的上帝觀

一、傳略

阿帕米亞的坡息多尼阿 (posidonius of Apamea)，即西塞祿 (Ciceron, Marcus Tullius, 106-143 B.C.)，羅馬之哲學家。亞爾披盧 (Arpinum) 人。博學而擅長辨論，且通達政治。早歲，能文章。從詩家亞基雅斯 (Archias) 習希臘語，因深通希臘之哲學文學諸書。年十六，就法家斯加伊華羅 (Saaevalo) 治法律。爲辨護士。歷游雅典及小亞細亞諸地，學識益進。歸而入仕途，才望大顯。嘗共安陀尼秉國政，前五一年，爲敘里亞兼比稚尼 (Bithynia) 知事。爲兵士所刺死。著作浩瀚，其關於哲學者，有至善論、神性論、老歲問答篇、友誼問答篇等。雖罕創特之說，而持說穩健，行文又流麗，故後人多嗜讀其書。西塞祿嘗師事比羅，以新阿加的米派見稱，然不盡從其懷疑主義，並因問業於第奧德提 (Diodotus)，多採取斯多噶派之學，以調和之云。（樊氏《哲學辭典》頁二一〇—二一一）

二、學說

(一)靈魂不死說

西塞羅試圖折衷各種哲學派別，把柏拉圖主義、斯多阿學派和懷疑論拼湊在一起，予以通俗化，供以宣揚「靈魂不死」等觀點。他認爲，靈魂能記憶過去，推測未來，其本質是不死的，靈魂是永久活動的，並且是自動的，它永遠沒有終止，既不會分散，也不會消滅。他由此出發，宣稱人有「天賦觀念」，認爲小孩的學習是喚起過去的記憶，許多知識在生前就具備了。他反對伊壁鳩魯的「快樂論」，認爲這是縱欲主義。他說：「耽於娛樂便要撲滅心靈的光明，所以娛樂是最可惡最有害的」，人們的德行和幸福不在於利益，而在於愛人。（《中國大百科全書》哲學Ⅱ頁九七三）

(二)上帝是創造萬物的主宰

西塞祿的神學思想，雖然有些多神論的謬見，但仍然堅信是一位至高的上帝存在，祂是創造天地萬物的主宰，在他的一些言論中，可以概見一斑，如說：

「人爲萬物之靈，只有人類才認識上帝，萬國萬民，沒有不知道上帝、不敬拜上帝的，關於上帝的存在，既然人同此心，心同此理，可證上帝的存在，乃是一個無可否認的眞理。」「如若人非愚妄，誰不仰望蒼天，而覺得眞神的存在呢？」「自然世界的偉大美麗，天象的井然有序，日月行星的流轉不息，凡此種種，俱足證明，絕非偶然存在，此乃不待智者而自明之理。」

「宇宙間的萬象萬物，莊嚴偉大，井然有序，而且千秋萬世，運轉流行，自強不息，豈不更應有一位大智大能者，在那裡掌管運行呢？這樣偉大的宇宙，既非人的智慧能力，所能創造管理，則除了上帝，誰配做這位造物主和大主宰呢？」「我們所呼吸的空氣，我們所享受的亮光，我們一切生活的需要，都是上帝所賜的。」「倘使摧毀了宗教，則人生的一切平安快樂，便歸消滅，大混亂和大災難必隨之而來，如果人類沒有敬畏上帝的心，如果人類失去了對神的信仰，則人類的愛，以及人類最高的德性、公義，亦將完全的喪盡。」

西氏論到靈魂不滅時說：「當我想到人類心靈的秉賦與才能，及其神妙的敏感，它有追憶過去的奇能，有推測將來的智慧，此外復對科學、藝術有無數的發明，凡此種種，使我覺得而且深信，人類的靈魂是不會滅亡的。」又說：「我們到世界來，絕非毫無目的的，尤其不是偶然的機會，而在人類之上，必有一位大能者在運行督導，這一位大能者，既使我們來到世上，既使我們存留人間，又使我們建功立業，斷然萬無忽然使我們永遠消逝滅亡之理，而必然使我們有一個安息之所。」並說：「人類的靈魂，雖眼不能見，但藉靈魂的作爲，能回憶往事，能創造發明，有神妙敏感，且有各種高尚的德行，終全我們無法否認靈魂的存在，正如上帝一樣，雖目不能見，但藉上帝大能的作爲，亦使我們無法推諉。」（李道生《世界神哲學家思想》頁四三—四四）

三、結語

綜上所述，西塞祿創造萬物的上帝觀，是符合聖經眞理的，至於多神論之說，則謬誤矣。所謂多神主義，指一神教及二元教而言。謂凡向諸神朝拜，或不必每一個神都拜，但信有多神存在者。如唯尊一神論，敬拜一最上之神，而謂此主神之下，有其他神爲之從屬；或自稱一種族，一部落，各有其特殊之守護神，位在諸神之上，至於他種族他部落之神，雖不崇拜他，但亦不否認他；又如「交代神論」(Kathenotheism)，其所拜的主神，無定名，無定相，因時而易。凡此之類，自認一神教，實質多稱爲多神教。

第八節　斐羅的上帝觀

一、傳略

斐羅 (Philo Judaeus, 約 30 B.C.-45 A.D.)，或譯爲「斐倫」「斐諾」「費婁」「菲戀」等名。古猶太神秘主義哲學家，亞歷山大里亞學派猶太人宗教哲學的主要代表。其著作有《論世界的創造》、《論賞罰》、《論犧牲獻祭》、《論夢》等。斐洛企圖融貫猶太神學和柏拉圖以及斯多阿學派的哲學。他認爲宗教的啓示是最高的權威，希臘哲學中的精華都源出於它。他以寓言來解釋聖經，認爲宗教信條有字面的（表面的）意義和象徵的（精神的）意義，宗教的啓示以象徵來表示，而哲學則用概念來表示，希臘哲學只是舊約中的完全眞理的蒙昧的啓示。他認爲，神是超出世界之上的，神對世界的作用須通過中介，而「邏各斯」即柏拉圖的理念或猶太教的天使，就是神和人之間的中介；神對邏各斯和邏各斯對世界的關係都是一種遞減的流溢，如同火光從火堆中放射時越來越暗一樣；人的靈魂是由上帝流溢的，因此它必定與上帝相像。斐洛關於「原罪」、「棄世」、「禁欲」、「靈魂得救」、「在神面前人人平等」的思想，成爲基督教的基本道德原則。（《中國大百科全書》哲學1頁二〇八）

二、學說

（一）上帝藉著洛各斯創造理想的人

依斐羅看來，舊約乃人間最智慧的一本書，乃眞正由上帝而來的啓示，摩西乃人類最大的教師；但他寓意解釋，看柏拉圖主義與斯多亞主義之精華，是與舊約和諧的。這種相信舊約與希臘哲學在根本上協調的見解，後來在基督教神學發展上關係甚爲遠大。這種寓意解釋聖經的方法，後來大大的影響了基督教對於聖經的研究。依斐羅看來，上帝創造世界，爲要表彰祂的善良；但在上帝與世界之間，有各種屬靈的能力，作爲兩下交接的居間體，這些能力視爲上帝的屬性，又可視爲有位格的存在。在這些能力之中，最高的一個稱爲洛各斯（道），是由上帝本體中流出來的，他不但是上帝藉以創造世界的代理者，一切其他能力也是由祂而出。上帝藉著洛各斯創造了理想的人；現實的人是殘缺不全的理想人，是由洛各思及其他低等靈性能力創作而成的。洛各斯既是上帝啓示的代理者，人藉著洛各斯，可以從墮落的境地，能上升到與上帝交通來往的地步。雖然如此，斐羅所講的洛各思，較之箴言中所講的「智慧」包涵更多的哲學意味；而新約中洛各思的教理，與其說出自斐羅思想，不如說出自希伯來人「智慧」的概念。不過斐羅仍不失爲對希利尼觀念與希伯來觀念怎樣結合的示範者，這兩者在後來的基督教神學中，果然實際的結合起來了。在當時羅馬世界中，這種在斐羅思想中所見的過程，其最盛的地方，自當首推亞力山大。（華爾克《基督教會史》頁二六）

（二）神爲萬物之根源

斐諾思想中之根本觀念，爲神之觀念。神是一個絕對的、超越的東西，不能了解亦不能解釋，高出於知識及道德之上，而爲至善。吾人由吾人之最高理性或純粹智慧知其爲實有，但不知其是什麼樣。其爲實有，可以證明。神爲萬物之根源，萬物俱包涵於其中。神是絕對的權力、完善、幸福，又是純粹的心智或理性，他過於高超，不能與不純潔的物質接觸。斐諾爲解釋神對於世界之動作起見，乃插入許多權力，這些權力，皆是備用猶太的天使、幽鬼及希臘之世界靈魂與觀念等概念。有時候，他認這些權力爲神之屬性，神之觀念，或思想理性，或普通權力之部分；有時又認之爲神之奴僕；有時用希臘哲學上之術語表之；有時用猶太宗教上之術語表之。他把這些權力合而爲一，而稱之「邏各斯」(Logos)，稱之爲神性的理性、或智慧。（吾人由吾人本身中之「邏各斯」，以認識此「邏各斯」；吾人本身中之「邏各斯」是第二等的知識官能，與純粹智慧不同。）

宇宙的「邏各斯」是一切觀念之總匯（如建築家之心靈，包涵建築城市之計劃），包括諸權力之權力、最高之天使、神之初生子、神之印象、第二神、神人等。實際上，斐諾所謂之「邏各斯」，是斯托亞派所謂之宇宙靈魂、宇宙之原型、柏拉圖之觀念世界、神與世界交通之媒介。有時候，他把這個原理認作神光之流露，隱然成爲柏羅提挪(Plotinus)之放射論(Enmanation-theory)之先聲。他是否把「邏各斯」認作人，尚不能確定。

「邏各斯」是神之「智慧、權力與完善」之實質化。爲說明神可以有所動作起見，乃說神是無性質的物質之根源。神以「邏各斯」爲機關，由這亂雜無章的物質造成可感覺的萬物之世界，而這些可感覺的萬物，皆是觀念之模本。吾人由感官知覺以認識「邏各斯」之感覺印象、或感覺世界。這感官知覺，即人類知識之第三種官能。這種感覺世界，在時間上是有始的，但無終止（這是猶太教之創造論）。宇宙創造成功了，就有了時間空間。因爲「邏各斯」是完美的，所以世上的缺陷與罪惡必發生於物質。

人體如同宇宙，是靈魂與物質構成的；人可爲一小宇宙，是萬物中最重要的東西。但是純粹思想，則是其最重要的本質。其肉體靈魂之不合理的部分，是屬於物質方面；其主管的部分，則爲欲望、勇敢與理性所構成的。無形體的精神或純粹的智慧，是由神加給靈魂的；由是而使人爲神之影像。肉體爲人之罪惡之源；靈魂與肉體結合即行墮落，而有發生罪惡之傾向。如果墮落了的靈魂不能脫離感官之束縛，便要沈淪於別界有情的動物中。據斐諾說，雖然人類的智慧常與神心接聯，但他向背神是自由的，他沈淪於感覺性中或超越於其上，是自由的；不過這如何可能，則未明白言之。人須依沈思熟慮以脫離肉體之束縛，剷除情感與感覺（禁慾主義）。但人想如此，力頗單薄，必須神之援助。神必定光照吾人，透入吾人之靈魂中「覺悟之光必定降臨」。此即謂之馳心冥漠，而入於無我之狀態中。在此狀態中，吾人能攢入神中，而直接認識神。（神秘主義）（梯利《西洋哲學史》頁一四〇—一四二）

（三）神的道就是觀念世界之所在

斐羅(Philo Alexandria, 20/25 B.C. ~ 40 A.D.)是一個學者，一生極力要統合希臘哲學與猶太教義；有人甚至因此認爲，斐氏也是一個文獻詮釋學家。因爲，他企想藉重古希臘哲學家柏拉圖、畢達奇拉斯(Pythagoras, 570-469 B.C.)……等人的哲學觀念，來詮明希伯萊的神觀：神的道(the Logos of God; divine Logos)，就是觀念世界(Word of Ideas)的所在；這個世界，也可稱作知性世界(intelligible world; Kosmos noetos)。斐氏又說，「神的道」之在人心中動工，而成爲人德性昇華的唯一可能性；爲此，人應追求棄絕自我的個性，出離自己(Ekstasis)，並在密契中使個人和這「至高至尊的存有」合而爲一，這始是理性思想最終極的目的。斐氏的這種具「新柏拉圖主義」取向的哲學觀，對爾後西洋中世紀的「密契主義」（神秘主義）的出現，當有積極性的導引作用。（陳俊輝《新哲學概論》頁七六七—七六八）

斐羅（斐倫、菲戀(Philon Alexandria 25 B.C. - 40 A.D.)）努力調和猶太教、斯多亞以及柏拉圖主義，並且主張：神具有難測的超越性，物質也永恆不滅；神像靠祂的力量，即具位格性以從屬於神之道(Logos)，而在世界施展作爲；觀念在神的心中，靈魂即觀念之一；人應經由苦行以達成「出神」、「忘我」（ekstasis）的工夫，俾得神的眷祐，從世俗獲致解脫，並和神合一。（同上頁二九八—二九九）

（四）觀念界中善自體的存在即是上帝

斐羅的哲學重點思想，也可以說是他的神觀思想，是融猶太教、斯多亞，及柏拉圖主義於一爐，對不可把握的神之超越性，物質的永恆，以及神對世界的行動，是爲透過從屬的精神事物，尤其是透過精神的力量——道(Logos)，這道是具有位格，卻從屬於神，觀念在其內，靈魂即觀念之一，人應從事吾行，以期由世界及物質獲得解脫，由神的恩寵，使人能與神合一。至於上帝的存在，他用柏拉圖的辯證，說明觀念界中善自體的存在，即是上帝，祂是存在系列的最高峰，也是信仰和崇拜對象的最高峰。這世界的存在，原就是上帝所創造，這創造的方式，完全是分享，就是上帝的榮耀顯示在外，而創造了天地萬物。這創造的表出，無論是舊約創世記，或是柏拉圖所著的第邁阿斯（Timaios，係柏氏宇宙論對話錄），都是指出從混沌到次序，世界是有次序的，也因次序本身不可能自己存在，因而可以辯證出上帝的存在，並且領悟到上帝與世界的關係，亦就是造物之主與受造物的關係。

關於人的認識能力，斐倫認爲在世界次序中，人性能藉理知，而觀察出各種自然律，同時亦知道例外的奇蹟的可能性。這種關係指出上帝與人之間的交往，人性靠著天賦的自由，可以行善避惡或作惡，而世間一切人爲的災禍，可能就是人性有罪的證據。

再者，談到人的永恆性，人性因爲一方面有認識能力，他方面又能分辨善惡，因而其與禽獸不同，則是非常顯明的事實，亦即在此相異之處，看出人「肖似神」的特性（創世記一26—27），這特性最先要求的，是靈魂不死不滅，由於靈魂不死，才能解釋倫理學上行善避惡的基礎，並且對於善惡的報應，亦有最終的解釋，總之，斐羅的神學思想，是以上帝爲中心的思想，這世界一切的事物，都與上帝的關係是非常密切的。（李道生《世界神哲學家思想》頁四七—四八）

三、結語

斐羅所謂的洛各斯就是上帝之道，也就是萬物之根源，與我國道家的老子思想類似。老子說：「道沖，而用之或不盈。淵兮似萬物之宗。挫其銳，解其紛，和其光，同其塵，湛兮似或存。吾不知誰之子，象帝之先。」（第四章）其意謂：「無」爲道體，所以道體是虛無的；但道的作用卻無窮無盡，永不止息。道體微妙玄通，深不可識，又能創生萬物，所以可以說是萬物的本源。它不露鋒芒，消除紛擾，隱藏光芒，混同塵俗。它雖隱沒無形，卻能生化萬物，則是眞實而不虛，似乎自由而存在。我不知道它是從那裏產生的，但是它能創生天地，當然該在天帝之前就有的了。約翰福音說得好：「太初有道，道與上帝同在，道就是上帝。」（約一1）

第九節　辛尼加的上帝觀

一、傳略

辛尼加 (Lucius Annaeus Seneca, 4 B.C. — 65 A.D.)，或譯爲「塞內加」、「塞奈爾」、「塞涅卡 L.A.」，羅馬之斯多噶派哲學家。生於西班牙之哥都華 (cordova)，後隨父至羅馬求學。游歷希臘、埃及諸邦，治修辭學及雄辯術法律等。遭讒得罪，放居西西里島。居島上凡八年，潛攻哲理。四九年，擢爲太子多米提 (Domitius) 傅。太子即後之尼祿 (Nero) 帝也。尼祿初政，最倚信之。五六年，拜相國之命。帝無道，塞奈爾數進諫諍，由是漸見疏遠，後有誣以叛逆者，六五年，詔賜自盡死。生平著作頗富，思理精闢，文采斐然，至易動衆。其持躬謹嚴，言動不苟，蓋

所行能副所學者。（樊氏《哲學辭典》頁七四八）

二、學說

（一）美德與幸福在於心靈的寧靜

塞涅卡爲羅馬帝國晚期斯多阿學派的奠基者、政治家和作家。他的現存哲學著作有十二篇關於道德的談話和論文，一二四篇《道德通信》和《自然問題》，另有九種悲劇等文學作品。塞內卡所開創的晚期斯多阿派不重視科學知識和理論上的論證，把哲學化爲從天命的道德說教；強調道德的內向性，認爲外在的善惡無關重要，美德與幸福只在於個人的心靈安靜；塞涅卡強調原因（即理性）與質料的對立，理性與身體的對立，悲觀主義地渲染情感和罪惡以及人的軟弱，鼓吹理性擺脫身體的束縛。他對人們達到斯多阿學派的智慧沒有信心，但他肯定人有取得道德進步的能力和爭取道德進步的積極意義，從而緩和了早期斯多阿學派關於智慧的人和一般人之間的對立。（《中國大百科全書》哲學Ⅱ頁七三八－七三九）

（二）上帝是宇宙中至高的主宰

辛尼加對於上帝的認識，要比一般世俗學者較爲深刻，他認爲宇宙的和諧，井然的秩序，而相信有一位至高的上帝的存在，上帝的意旨，是爲人類倫理規範的最終基礎，有德之人，知道敬天愛人，能夠分辨是非，他說：「你想把做的事隱瞞起來，那有什麼用處呢？在上帝面前，沒有一樣的事可以隱瞞的，因爲上帝鑒察人心，祂就在你的心靈深處，你一念一思，祂早已知道。」「上帝乃在你之旁，與你同在，在你裡面，祂的聖靈住在你裡面，你爲善爲惡，祂都在引導鑒察，離開了上帝，人無法爲善。」「你要想超拔庸俗，進入屬天的境界，成爲上帝的形像，這不能靠金銀或任何物質。」「人當追求上帝認爲良善的事，所謂良善，乃是效法上帝，超拔庸俗，使心意更新，日趨聖潔。」

辛氏在他的書翰中，寫出以上這些話語，又知他是相信上帝乃是宇宙中一位至高的主宰，是一位無所不知，無所不在的上帝，上帝是個靈，人當效法上帝，脫離世俗，使自己心意更新而變化，成爲一個聖潔的人。相傳使徒保羅被囚禁於羅馬時，辛氏與保羅時有過從，他的宗教思想，頗受保羅的影響，這種傳說雖未必可靠，但從他的哲學與神觀思想中，表明接受聖經啓示，注重倫理道德，修德成聖，敬天愛人，來世來生，分辨善惡，追求眞理，認識相信上帝存在，效法上帝等等這些內在的流露，誠然可知無不合乎上帝的旨意，聖經的啓示，其對宗教思想信仰領受之深，概可想見矣。（李道生《世界神哲學家思想》頁五二—五三）

三、結語

綜上所述，辛尼加以爲宇宙間有一位至高主宰的上帝觀，而且祂是無所不在的，見解非常正確，不僅符合聖經眞理，而且與我國莊子所謂的「道無所不在」不謀而合，且有異曲同工之妙。按莊子所謂之道，雖非造物主上帝，而是宇宙事物之原理，不受時空之限制，故道無所不在也。但探源索本，究其原委，事物原理最高因之推動者，則非上帝而何？

第十節　伊格那丢的上帝觀

一、傳略

安提阿的伊格那丢 (Ignatius of Antioch, 約 35-107 A.D.)，重要的早期基督教殉道士；以寫給小亞細亞衆教會的書信（伊格那丢書信）聞名於世。他致力於爲基督的人性及受苦的眞實性作辯護，反對有關那些只是表象的聲稱。

伊格那修是安提阿主教。在羅馬被擲於野獸之場而殉道。爲使徒約翰門人，當其被押解赴羅馬時，經過小亞細亞，曾寫七封信達以弗所、馬內夏、他拉勒、羅馬、非拉鐵非，及士每拿等處教會。該書信內滿有懇摯之忠告與警戒，於羅馬皇帝特羅基安治下，警告他們要拒絕幻影說，勸勉他們要聽從主教，更向羅馬人表現了不怕死亡、熱愛天堂的偉大情操。

二、學說

（一）基督從死裏復活的上帝觀

安提阿的伊格那丟〈論幻影說〉：伊格那丟約於一〇七年殉道，本文寫於之前數年，是有關早期幻影說異端的重要見證。幻影說指基督並非眞正受苦，只是有受苦的外在形式，因此祂並不是眞正的人。

若有任何人跟你如此說，你不要理睬，就是說某人──除耶穌基督以外 (Choris) ──是大衛家的後裔，馬利亞所生，祂的出生是眞實的，祂的吃喝也是眞實的，祂眞的在本丟彼拉多手下受害，眞的被釘十字架，就是天上、地下及地底下的也可以見證祂是眞的死亡，並且眞的從死裡復活。使祂從死裡復活的，是天父。對於相信耶穌基督的人，天父都將同樣地藉著耶穌基督使我們復活。除了祂以外，沒有眞正的生命。但有些不敬虔的人 (atheoi)，亦即不信者，他們本身徒具外表，認爲耶穌基督只不過在外表形式上受苦 (to dokein peponthenai)，既然只是表象，爲何我要爲此被囚禁呢？（麥葛福《基督教神學原典菁華》頁一七六──一七七）

（二）基督就是上帝

在教理方面，伊格那修認爲：「未有時間與空間之先，基督就是上帝，祂高舉衆天使，但祂與聖父不同；藉著祂成就創造之功。祂後來肉身顯現，爲被救贖者打開天窗之門。」他亦有很濃厚之教會觀念，曾寫道：「監督就是教會的中心，當跟隨你的監督，猶如耶穌跟隨聖父一般。」他並無意創設教階制度，但後來天主教卻利用他的言論創設了教階制度。伊氏並認爲：「聖餐就是主基督的身體，爲我們的罪受苦。聖父在祂美意中，叫祂從死裡復活。」

三、結語

綜上所述，伊格那丟基督從死裏復活的上帝觀，基督就是上帝，見解正確。其拒絕幻影說亦是。幻影說基督僅有神性，而祂來到今世只是一個幻覺，或是更正確地說，是顯現 (Theophany)。根據此說，基督並沒有一個眞正的身體，因此並不能有一眞正屬人的生活。更進一步說，祂並沒有受眞正的痛苦，並非死於眞正的死。

聖經反駁幻影說的記載，是在約翰的聲明中：「道成肉身……充充滿滿的有恩典，有眞理，我們也見過祂的榮光，正如父獨生子的榮光。」（約一14）又在希伯來書清晰的記述中說：「兒女既同有血肉之體，他也照樣成了血肉之體。」（來二14）聖經的眞理是絕無錯誤的，是可信的，幻影說是站不住腳的了。

第十一節 游斯丁的上帝觀

一、傳略

游斯丁 (Justin, Martyr, 100-167 A.D.) 雖生於撒瑪利亞古城示劍，他的先世卻是外邦人。因爲他英勇爲道作證，約當一六五年，在羅馬市長汝斯堤古 (Rusticus) 手下爲道捐軀，是以史家稱爲殉道家 (Martyr)。至少有一時期他是住在以弗所，也就是在該處附近他悔改歸正了，對於這樁事跡，他後來作了一番生動的描寫。他是一位精治哲學的學者，由斯多亞主義，而亞里斯多德主義，而畢達哥拉斯主義，而柏拉圖主義，無不有所涉獵。當其研究柏拉圖主義時，他注意到希伯來先知們，認爲「這些人較之一切號稱爲哲學家者還要古老」，這些人解釋了「萬物之始，萬物之終，以及那些哲學家所當知道的問題」；因爲他們「滿有聖靈的感動」，所以他們所解釋的是最古的，也是最正確的，「他們將榮耀歸與創造主，萬有的父上帝，又傳揚上帝的兒子基督。」游斯丁研究古先知著作，對於他們所講的眞理得到了一種新的信念，他寫著說：「立時有一團火焰，又有衆先知的愛，以及那些與基督作朋友的人的愛，在我心靈中燃燒著……祇有這種哲學我認爲是安全的，是有益的」。這寥寥數語，即可以表明游斯丁宗教經驗的性質。他的經驗不像保羅，不是一種與復活主所發生的神秘交往，不是罪得赦免的感覺；他所有的即是一種信念，確實知道基督教乃是一切哲學當中最古、最正確、最屬神的。即在歸正之後，游斯丁仍以哲學家自居。以後他遷居羅馬，約當一五三年，他在那裏寫了他的名著辯護文 (Apology)，這篇論文是對羅馬皇帝安多尼努庇烏及其諸嗣子而寫，說明基督教不當遭受政府反對及教會人士之批評。不久，大約在他訪問以弗所的時候，他又寫了一篇對話文，題爲與特立弗對話 (Dialogus With Trypho)。此文亦抱爲基督教辯護立場，對付由猶太人而來的攻擊。待至二次遷居於羅馬時，即於該處爲道殉難。

游斯丁的辯護文（常稱辯護文二篇，惟第二篇僅是附錄）寫得剛毅莊嚴，使人感動，內容大致謂：假如基督徒有罪，當公開審訊，確實證明之後方可定案，不可祇因他們是基督徒，而不加究詰犯罪之實據。人說基督徒是無神派，祇因爲他們以普通的神道爲不足崇拜，不是因他們不拜眞神上帝。基督徒追求天國，而那些不識天國爲何物的人，便以爲他們是無政府主義者，游斯丁特別拿舊約先知預言之應驗來辯明基督教的眞理，又將基督教聖禮和崇拜略加解明。

基督教乃一切哲學中最正確的一種，這是游斯丁的中心信念。爲什麼呢？因爲傳講基督教的不但是舊約的先知，也是上帝的洛各思。這洛各思是「我們的師尊，是父上帝的兒子，又是他的使徒。」他用斯多亞哲學眼光，把這些上帝的道看爲是隨時隨地在工作著的。上帝的道教導希臘人，他引蘇格拉底和赫拉頡利圖來證明。上帝的道也教導「化外人」，像亞伯拉罕即爲一例。在他看來，無論何方何國一切時代的人，祇要他們行事順服上帝的道，便可算爲基督徒。這種思想與斯多亞主義大致相同，其不同之處，即游氏認爲這普照人類的道，確已在基督裏成爲人身，所以上帝的道在別處不如在基督裏面顯示得光耀輝煌，因基督是上帝的完全啓示。對於基督教義的內容，游斯丁採用當時哲學思想的精華，對上帝的知識，道德問題，永生的盼望，以及來世的賞罰加以闡釋。正如一般不明保羅所講基督教的人一樣，游斯丁拿基督的福音看爲一種新的律法，以一種禁慾的道德生活教導人。他思想中主要點：就是屬神的道（洛各思），這道雖在父上帝之下，卻是祂的兒子，祂的代表，有些同體同權之意。因爲他這樣注重這一點，所以他把那歷史的耶穌忽略了。雖說他也講上帝的道與在世爲人的耶穌是二而一的不可分開，可是他對於耶穌在世的人生，不大感覺興趣。因爲在他看來，耶穌不過是道成肉身一個最大的事例，藉以將上帝的思想最圓滿地顯露出來。他也講及基督「用他的血洗淨相信祂的人」：但這樣的思想在他不算重要。所以游斯丁雖說是一位忠烈的殉道者，可是他的神學思想卻偏重理性，很少像保羅的思想和約翰的著作那樣富於深邃的宗教性，連伊格那丟的靈性造詣，也要比他高深。雖然如此，他的著述卻將基督教的思想與外邦哲學連成了一氣，由此造成了「科學的神學」開端。還有，游斯丁及其他護教士的目的是爲基督教答辯，要求能和其他宗教的哲學同受寬容，故他們致力說明基督教與外邦思想的精華有類似之處，我們不必推想這些護教著作代表他們的全部信仰。（華爾克《基督教會史》頁八〇—八三）

二、學說

（一）主張萬物全由上帝分施而來

「希臘護教派」係以雅典爲中心，較著名的學者爲儒斯丁（或譯游斯丁、猶斯丁、猶斯定 Justin Martyr，約150年）。儒氏努力將希臘哲學中最高的觀念，如柏拉圖的「善自體」、亞里斯多德的「第一原動不動者」，以及希伯萊舊約中的「自有永有者」雅威 (Jahweh) 相結合，而以羅馬的「神」（Deus，希臘文中的「神」是 Ho Theos，意指有獨立位格的上帝）來表示；這顯示哲學的「理性」，銜接上了宗教（神學）的「信仰」。

儒氏並且認爲，一切眞的、符合理性的，即屬於基督教，因爲都是由道 (Logos) 而來——有如四散的種子一般，但完整的道，只在基督身上出現。對宇宙萬物生成的觀點是：結合柏拉圖〔萬物的來源，係分享 (participate) 自最高善〕、新畢達哥拉斯與新柏拉圖主義（萬有係由上帝流溢出來的：emanation），以及猶太古經（萬有由造物主從無中創造：Creation）的見解，主張萬物全是從上主分施 (methexis) 而來的。

它的程序是：上主先分施出道，道再分施出萬有；萬有中以「人」分受得最多（他的精神分受自道，而肉體則得自物質）；至於物質則是永恆的。人因生來就有神的觀念（爲此，儒氏要人研究哲學與神學，因爲此二者，都分享了神的語言），所以靈魂就要靠恩眷，才得以永存。

儒氏的這項主張，主要是想糾正當時正泛濫的諾斯替主義（知識主義 Gnosticism）之過度強調知識重於信仰——此派係揉合舊約、基督教、東方神秘主義與希臘羅馬文化的要素等，而主張：神與物質二元，中間形態由神流出，最後則經救贖而返歸元始，其代表人物有：采爾東 (Cerdon)、采林都士 (Cerinthus, 約 115 年)、沙都爾尼魯斯 (Saturnilus)、馬奇翁 (Marcion)、巴西里德斯 (Basilides, 約 130 年）及華倫狄奴斯 (Valentinus,2 世紀）——以及走入摩尼 (Mani 或 Manes, 約 216 教善惡二元之對立的異端；它也是初期基督教徒對哲學的初次運用〔儘管基督教外邦的大使徒保羅 (Paul; 保祿）的書信裡，顯示出他受過希臘哲學教師（斯多亞學派）的影響，以及使徒約翰 (John; 若望）曾運用赫拉克利圖斯和斐羅的道 (Logos) 概念，而賦予它完全不同的內涵；這兩者，似乎已把「哲學」對神學方面，作初步的應用。」

至於他同時期的人物有：使徒的門生括得拉都斯 (Quadratus of Athens)，以及亞里思底德思 (Aristides of Athens)；之後，繼起的則有：達底安（他提安 (Tatian, 約 160 年）、亞德那哥斯 (Athenagoras of Athens)、德奥斐洛斯（德阿斐祿 Theophilus of Antiochia)、赫米亞斯 (Hermias)、美里多 (Melito of Sardes) 以及諾斯替派的敵對者——依雷內（依例內 Irenaeus, 約 140-202 年）、與希波利都斯 (Hippolytus, 約死於 236 年）等人。（陳俊輝《新哲學概論》頁三〇五—三〇六）

（二）基督是神的道

游斯丁於一四八—六一年間，在羅馬用希臘文寫成兩本爲基督教信仰辯白的著述，尋求將福音與世俗的智慧相關聯，不遺餘力地護衛基督教。他護教的重點是：神已經在基督來臨以前，在整個世界中散播了「神的道的種子」(The Seeds [Spermata] of his Logos)，因此世俗的智慧及眞理，無論多麼的不完全，都能夠指向基督。

我們知道基督是神的首生，我們也宣告祂是神的道，是各個種族的人共同擁有的。就算是被人視爲無神論者，凡按照「道」生活的，都是基督徒，例如蘇格拉底、赫拉克利特 (Heracleitus)，及希臘人中像他們一樣的人。律法師或哲學家不論有什麼精闢的言論，都是因爲對道的某些層面有所領悟而得到的洞見。然而，因爲他們並未完全認識道，亦即基督，因此常常自相矛盾。無論何人有警世良言 (Kalos)，都是屬於我們基督徒的。因爲我們的敬拜及愛首先歸於神，其次歸於道。道來自神，神是自有永有、無法形容的，爲了我們的緣故變成人類，爲要分擔我們的苦難，爲我們帶來醫治。所有的作者都能夠隱約見到眞理，因爲眞理的種子已扎根在他們心裡。這個種子及其翻版 (Mimema) 乃是按照人所能理解及容納的賜給各人，與道本身不同。我們按照神的恩典，領受道的翻版。（麥葛福《基督教原典菁華》頁一六）

（三）聖經是上帝啓示的眞理

在中世紀教父哲學時期，游斯丁於主後一四〇年，是第一位寫了一本《基督教辯護書》(Apologies)，係爲教義之辯護。書中曾提及啓示錄，也表示對於行傳與其他八封書信的認識。其主要是針對當時的一些學派，指出他們的錯誤，並且特別以聖經爲背景，去探討上帝啓示的眞理，以及上帝啓示與人類理知，不會互相矛盾和衝突的情形。他是站在本身信仰的立場，內心有了宗教情操之後，設法去做哲學的工作，他的哲學方法，是希望把希伯來的「至上神」，作爲希臘哲學中的「存在」本身，把希伯來神學中的最高觀念，與希臘哲學中的最高觀念來作比較。他利用柏拉圖的「善自體」概念，與亞里斯多德的「第一原動不動者」的概念，設法以理知的方式，解釋希伯來宗教中「至上神」的意義，把這兩者觀念融會貫通以後，用當時羅馬人稱呼至上神的名詞，來稱呼上帝。

在柏拉圖和亞里斯多德的著作中，提到神或上帝的名詞，都是含糊不清，游斯丁在這些名詞上加上冠詞，表示獨立位格的存在，希伯來和希臘哲學開始的結合，是由游氏開始的，因爲游氏處理整個宇宙的根本是上帝，就是與希伯來信仰中的「創造者」的意念相聯結，同時提出柏拉圖的「善」觀念，做爲哲學追求的最後目標，亦即希伯來民族所求上帝的至善，也是耶穌所見證的上帝是我們的父親。有了這種宇宙論最高的架構，及世界天地萬物最後的原因之後，游氏再解釋天地萬物創造的可能性，從人自身生活感受，再解釋原罪的可能性，講明人如何墮落，上帝的憐愛，人的可憐，而提出上帝差遣祂的兒子，道成肉身成爲耶穌基督，從耶穌是人，是神的觀點，看天人之間的關係，人要走上天庭的一條通路，唯有通過耶穌基督。

游斯丁認爲人是有神性的，有倫理道德規範的確立，人應該在此生能夠做好人，做個好信徒，把自己的仁愛擴展到全人類，人在開始時，其本性是分受上帝的性格，後來又墮落了，所以人性是站在善惡之間，但藉著信仰耶穌基督，才可以去惡向善，使人性在自己的生活中，提昇到神性的地步。在他的人性論中，特別提出人的能力，除了理性之外，還有信仰，理性是相信自己的能力和判斷，信仰是認清自己的極限，認爲許多事情人是無法明白，只有藉著神性，是耶穌基督透過人性化而告訴人，那是基督教裡面所有的教義。

在神人之間的耶穌基督，游斯丁認爲祂本身就是智慧，如果希臘人講哲學或愛智，他必須過耶穌基督，而整個希臘哲學，針對基督信仰而言，只是一種準備的工作，因爲他們愛智慧是抽象的，基督既是一個具體的存在，是生活在歷史中的一個人，同時也是上帝，祂這樣具體又抽象的智慧，才是我們人性在追求知識之時，所應該全力追求的目標。如此，游氏能將希伯來信仰的中心思想，希臘哲學追求的智慧，羅馬人表出的語言，對神的名詞，完全的表現出來，他的目的是以哲學探討的方式，來闡明基督的神性，上帝的存在，保護自己的信仰立場，其貢獻之大，是概可見知的。

游斯丁的整體哲學思想，可以說就是他的全部神學思想，因爲他談哲學，無不處處談到神學與信仰的問題，就如前面所述，他是以聖經爲背景，去探討上帝啓示的眞理，以哲學的方法，去認識上帝的存在，獨立的位格，肯定上帝的名詞，追求上帝的至善，上帝是宇宙之根本，爲天地萬物的創造者，祂憐愛世人，特別差遣獨生子道成肉身，成爲耶穌基督，他解釋人有原罪，人會墮落，唯有通過耶穌基督，才能走上天堂之路，並且他認爲人性是站在善惡之間，除了對神信仰之外，否則是站在惡的一面，人有了信仰之後，他就可以藉著神在這個世界上的存在，即藉著耶穌基督的臨在，藉著信仰耶穌基督，才可以除惡向善，他的悔改歸主，爲基督教撰文辯護，對於讀經禱告生活的注重，足以見證他的神學思想純眞，信仰上帝的堅定，他在當時代乃是一個難能可貴的人物，所以能被稱爲教父者，誠非虛名也。（李道生《世界神哲學家思想》頁五五—五八）

三、結語

綜上所述，游斯丁主張萬物全由上帝分施而來，基督是神的道，聖經是上帝啓示的眞理，均非常正確。聖經教導說，神在自然界、在歷史中、在人良心裡把祂自己啓示給人（詩一九篇；羅一章）。但是這些普遍的啓示因罪的緣故失去效能。如是神用救贖的方式來特別啓示祂自己，祂的特別啓示（不是向所有的人）是對祂自己所揀選的人，那是彰顯祂的永遠計劃和祂的榮耀，爲悖逆的受造者豫備了救贖。

第十二節　馬吉安的上帝觀

一、傳略

馬吉安(Marcion, 110-165 A.D.)或譯爲「馬爾康」，爲第二世紀中一宗教改革運動之創始人，是本都基督徒，反對羅馬教會，除路加福音大部，及保羅書信十封以外，拒絕一切新約作者。於主後一四〇年至羅馬，其理想不爲羅馬教會所歡迎，乃提倡一分離運動，此運動展開後，於馬吉安教會即建立於東西多處，馬吉安顯著之特點，即反對基督徒承認舊約聖經，他以爲猶太人之上帝，乃一較低之神，眞正善美之神，乃在耶穌身上顯示自己，他收集一組基督徒之著作代替舊約，該著即前面所列路加福音改訂本，及保羅書信十封而已。（李道生《世界神哲學家思想》注 27 頁三七二）

二、學說

(一)尖銳的二元論

馬吉安(Marcion)是第一個教會改革者，所以人對他的生平特感興趣。他生在小亞細亞的西哪坡(Sinope)地方，是當地一位富有的船主。一三九年他到了羅馬，加入了該地教會，對於該處教會的慈善事業，慷慨解囊，捐獻萬元巨款。入教不久，他爲罪惡及苦難問題所纏擾，乃提出一種尖銳的二元論，即世界之神與耶穌所啓示的慈愛上帝是相對立的。他因受羅馬的克爾多(Cerdo)所講諾斯底派理論所影響，而修正其立場，認爲舊約所講那創造者上帝並非是全然邪惡，不過是軟弱而已。他極力反對各種形式的律法主義與猶太教。在他看來，只有保羅眞正瞭解福音，其餘的人都走入了猶太教的迷途。舊約所講的上帝乃一位公義的上帝，「以眼還眼，以牙還牙。」這位上帝創造了世界，頒佈了猶太教的律法。但基督藉著幻影來到世界，將人從未認識的那位善良慈悲的上帝表明出來了。舊約的上帝雖反對他，但這位善良的上帝，卻藉著基督廢除了猶太人律法的威權，使那公義的上帝變成了不公義的，因爲他仇視這位代表「善良的上帝」的基督。因此基督徒應該棄絕舊約以及舊約的上帝。基督所宣揚的乃是一種仁愛憐憫的福音，藉著基督才認識上帝。講到基督徒生活，馬吉安是遵照諾斯底派的觀念，既然物質世界是邪惡，故應禁慾。吃肉以及性交只使人落入那創造者上帝之手。馬吉安努力宣揚他的主張，期使當時羅馬的教會回到他所認爲是基督和保羅的福音中去，但結果反使他自己在一四四年被教會革除。他被開除了教籍之後，便糾集同志另立教會。爲求適合他們自己的主張起見，他編輯了一部正典，包括保羅的十封書信（會牧書信除外）和路加福音，不過在這些書中，凡有說到舊約的上帝爲基督的父，或與祂發生任何關係的地方，均被刪除。根據我們現在所知道的，人想把新約各卷編成一種全體公認的經典，這要算是第一次的嘗試。

在那些與諾斯底主義有關的運動中，馬吉安的企圖要算是最危險的一種。馬吉安運動也如同諾斯底派的臆測理論一樣，足以搖動基督教的基礎，使它脫離歷史的背景。因爲他否認道成肉體的實在性，他又拒斥舊約及舊約的上帝。這種運動假反抗律法主義之名以相號召，更足以取信於人，因爲當時律法主義正在進展。單就反抗律法主義而言，它的理由是很充足的。他所創設的教會甚爲普遍，尤以東方各地爲多，而且歷代相傳，至第五世紀依然存在。但他自己後半生的事蹟，則全無可考。（華爾克《基督教會史》頁九二—九三）

三、結語

綜上所述，馬吉安所提出尖銳二元論的上帝觀，謂世界之神與耶穌所啓示的慈愛上帝是相對立的，而是不符合聖經眞理的。他反對舊約，並自己寫新約，認爲舊約中的創造者與耶穌基督的父神毫無關聯，主張耶穌實際上並未道成肉身。屬二元論，反對某些諾斯底派，但接受其他各派。馬吉安派於一四四年在羅馬創立，爲小亞細亞的基督教異端者，贊成苦修及二元論者，於七世紀時就消滅了。按二元論(Dualism)，神學上謂宇宙間有二相敵對之力，在性質上，或在道德上，乃衆善之源，乃衆惡之源。據哲學理論，謂宇宙乃兩種不同元素所構成。例如笛卡爾以人爲肉體與精神所組成，二元論乃欲結合唯心論與唯物論。

第十三節　孟他努斯的上帝觀

一、傳略

孟他努斯(Montanus)，或譯爲「孟他努」，(活動時期二世紀)，二一九世紀活動於小亞細亞和北非的基督教異端孟他努斯派的創始人。該派起先預言世界即將轉變，後來則宣稱獲得上帝的新啓示。孟他努斯在信奉基督教之前，顯然是崇拜聖母西比里的東方狂熱宗教的祭司。據四世紀教會史學家優西比烏記述，孟他努斯約在一七二一一七三年進入通神狀態，在弗里基亞一帶(今土耳其中部)宣講預言。該派領袖往往在狂喜狀態下，口吐奇怪的預言，門徒則釋爲聖靈的啓示。(大英百科全書十册頁二九八)

二、學說

(一)孟他努斯主義

孟他努斯主義(Montanism)，二世紀出現於小亞細亞境內弗里吉亞地區基督教會中的異端。創立人是先知孟他努斯。有關孟他努斯派的主要史料是優西比烏的《教會史》、特爾圖利安和埃皮法尼烏斯的著作，以及弗里吉亞中部及其他地區發現的銘文。據史料載，孟他努斯信奉基督教以後不久，約在一五六年出現於弗里吉亞境內阿爾達波村，他突然昏迷，「爲聖靈所附，口吐預言」。兩名青年婦女普里斯卡(一說普里西拉)和馬克西米拉來依附他，也說預言。運動傳遍小亞細亞。孟他努斯派的基本道理是：《約翰福音》載耶穌所許諾的眞理之靈保惠師，正在通過孟他努斯和依附他的男女先知向世人顯現。孟他努斯派的又一重要特點是期待基督馬上重臨。孟他努斯派強調嚴格修身、恪守教規，該派延長齋期，主張堅貞守道，勇於殉教，提倡獨身，禁止再婚。孟他努斯的蔓延顯然已不利於基督教，於是小亞細亞境內各主教在一七七年前後開會，判處孟他努斯派分子以絕罰。此後該派成爲分立的教派，指揮中心後於白布扎。孟他努斯派繼續在東方活動，皇帝查士丁尼一世(五二七—五六五在位)基本上將他消滅，但殘餘勢力延續到九世紀。(大英百科全書十册頁二九八)

（二）孟他努的上帝觀

孟他努 (Montanus) 原籍阿爾大堡 (Ardabau)，與小亞細亞有名之地弗里家相近——有一種久已名震當時的狂熱派宗教發源於此。據耶柔米的記載，相傳當孟他努尚未悔改信道之前，他曾作過區伯利 (Cybele) 女神的祭司。約當一五六年，孟他努宣布他自己受了聖靈大大的感動，完全爲聖靈所用，把上帝的啓示宣講出來。孟他努說，因著這種新的啓示，基督的應許應驗了，聖靈的統治時期開始了。不久又有兩位先知：一名百斯卡 (Prisca) 一名馬克西米拉 (Maximilla)，與他合作。他們都以作爲聖靈的舌人自居，斷言世界末日將到，新耶路撒冷行將建立在弗呂家地方，信徒最好事先移居該地。爲準備等候將要完成的事，信徒當竭誠苦修，禁慾；如守獨身、禁食、茹素等類。因爲當時教會大部分世俗化，所以這種努力苦修的態度很能引起人的同情，而且許多人以爲這種行爲是孟他努主義最能動人之處。

孟他努主義 (Montanism) 不像諾斯底主義，因爲他完全是一種起源於基督教的運動。到了第二世紀，在多數教會中，那早期以爲基督快要復臨的盼望已經暗淡了；使徒時代的教會所常意識到的聖靈感動，是當時教會的特點；但到了第二世紀，這種意識也大都消失。由於不大感覺聖靈在人心裏工作，因而把注重點轉移到聖靈啓示的一方面。舊約中的先知預言均出自聖靈的感動。聖靈也感動了新約各卷的作者。時至二世紀初葉，基督教思想即已將聖靈與基督分開，把聖靈看爲像基督一樣，是與上帝平等。這種思想見之於施洗時所用的三位一體的信條公式。在較早的時期，施洗只奉基督的名。三位一體的信條公式，在一世紀之末與二世紀之初，常見沿用。約翰福音記載基督應許門徒聖靈降臨有話說：「我要從父那裏差保惠師來，就是從父出來眞理的聖靈；他來了，就要爲我作見證。」（一五26）所以第二世紀的教會，確實相信聖靈，不但與父上帝和基督有特別的關聯，而且相信基督已經應許，聖靈將來要格外的臨到教會中。正是這種聖靈要格外臨到教會的思想，加上一層渴慕古代先知預言的熱情，又相信世界末日爲期已近，造成了孟他努主義。當孟他努主義興起之日，世俗思想已在教會中取得相當勢力，就大體言之，孟他努主義即爲針對這種思想的反動。

這運動進展頗速，嚮應的人甚多。小亞細亞的主教們感覺他們的威權因此受到威脅，於一六〇年後，曾公開一次或多次會議，譴責孟他努主義。這是教會歷史上最早召開的議會。但這種運動的進展一時難於制止。馬克希米拉卒於一七九年，她是這運動創始人中最後去世的一位。在她死後，這運動依然進展如故。一七〇年之後不久，便傳到了羅馬，以後許多年間羅馬教會受其騷擾。約當二〇〇年，在加大果 (Carthage) 城有特土良 (Tertullian) 大爲這運動的禁慾思想所激動，加入了這運動，後來作了孟他派的中堅人物。雖說在當時的主要教會中，這一派漸趨衰微，但在東方各地，到了基督教被立爲國教之後若干年代，猶有孟他努主義的地位。就加大果而言，特土良一派人的勢力延續至於奧古斯丁之世。爲孟他努主義所堅持的禁慾思想傳播甚廣，後來這種思想在修道主義中大顯身手。（基督教會史頁九五—九六）

三、結語

綜上所述，孟他努主義的上帝觀，根本就是叫人預備迎接基督再來，留意聽聖靈保惠師藉著祂預言的代言人說話（往往是以第一人稱）的聲音。他們聲稱是站在小亞細亞經過試驗的預言（即爲啓示錄中的約翰所試驗爲眞實），但是他們說話的口氣是假僞的，與以色列的傳統與基督徒的預言相衝突。他們也遭到教會領袖的反對。反對的根據是因他們高舉婦女，勇於殉道的大膽，過於自信宣稱世界終局馬上來到（說主何時要來，結果未應驗）；將偏僻小村弗呂家聖化爲新耶路撒冷，他們嚴酷的苦修主義禁止婚嫁，延長的禁食，只容吃一點點乾糧。但是倒沒有什麼嚴格反對孟他努派爲異端的，說它與神格唯一論有牽聯也只不過是意外事件。

第十四節　愛任紐的上帝觀

一、傳略

愛任紐 (Iranaeus, 130-202 A.D.) 或譯爲「愛里尼阿斯」，在古大公教會之興起中，是首負盛名的神學家。他爲傳統的基督教辯護，反對諾斯底主義。愛氏生在小亞細亞，長在士每拿，曾親自見過坡旅甲。近代學者對於他出生的年代問題，意見不大一致，其間相差有自一一五年至一四二年之久，這與第四福音著作人為誰的傳述大有關係。但主張較晚年代者的意見，大概較為正確。後來他由小亞西亞搬到里昂（在現在的法國）去了，在那裏作長老。一七七年，里昂大遭逼迫，但幸其時他已奉派往羅馬去了；等到他公畢完來，里昂的教會選立他繼坡提諾 (Pothinus) 為主教，因坡氏已於逼迫中為道殉難。他在那裏作主教直到逝世。（約在二〇〇年）他的主要著述反異端 (Against Heresies)，大約寫於一八五年，專為反對諾斯底各派異端而寫，但也間有表示他自己的神學觀點。

愛氏是在小亞細亞遺傳中長大的，後半生又住在高盧 (Gaul)，他不但在地理上構通了當代的東西，而且在神學思想上，也可以說是學貫當時之東西舊新二派：一派講約翰與伊格那丟的神學，一派為護教士及「大公」教會運動所代表的思想。愛氏富於宗教熱情，喜歡研究得救問題。他根據保羅與伊格那丟所講基督為第二亞當，為新人類之創始者一種思想，進而闡釋之。他確證創造的善，說上帝創造了第一亞當，他原來是善的，永生不死的；但因亞當背逆上帝，他的良善與永生均已失去。人在亞當裏面所失落的，在基督裏裡恢復了，那成了人身的洛各思，完成了那一件未竟之功。基督在祂自己裏面以相反的程序「重演」了亞當墮落的各階級，正如亞當降下的梯級，他一步一步走上去。「我已說明，上帝的兒子並非在耶穌降生時方始存在，祂自始即與父同在；不過，在祂屈身成人時，祂便開始了一個人類的新體系，用一種顯而易見的方法，賜給我們得救之恩；所以凡我們在亞當裡所失落的——即上帝的形像——我們可以在基督耶穌裏恢復過來。」愛氏將基督所作成的這種工作，總括在一句名貴的話中：我們跟隨「那惟一眞實可靠的師傅，上帝的道，我們的主耶穌基督，因著祂的大愛，成了我們的樣子，好使我們成為祂自己的樣子。」基督也是上帝的完全啓示。照愛氏的見解，我們藉著聖餐與基督聯合，甚至在肉體上也是如此。這種觀點是隨小亞細亞與游斯丁一派的思想而來。愛氏以基督為人類新的首領，為第二亞當，隨著這學說而來的是基督的母親為第二夏娃。「夏娃背逆的結果，為馬利亞的順服所消除了。因為凡為童女夏娃的不信服所緊緊束縛的，都為童女馬利亞的信心所解放了。」這種希奇的說法，實開崇拜童貞女馬利亞之先河，在後來基督教歷史上佔最重要的一頁。在有些問題上，愛氏也是個守舊派。相信基督快要復臨的觀念，在他的時代已漸趨消沈，加以由孟他努主義所引起的爭辯，致使這觀念幾乎完全消滅。但在愛氏思想中，這種觀念依然光芒萬丈，他依然在想望著世界會奇異地更新。愛氏也把新約與舊約等量齊觀，看為均有聖經地位。（華爾克《基督教會史》頁一〇六—一〇八）

二、學說

（一）三位一體的上帝觀

愛任紐論三位一體：這一段有關三位一體的重要論述是以信經的格式寫成，讓讀者將之與當時通行的信經相關聯。本文的重要性在於清楚指出三位一體每一位格的獨特功能，將三位相聯，成為「信仰的準則」(rule of faith)，表達出基督徒對神本性特有的理解。

這是信仰的準則，是整座建築的基礎，也是我們行為的支架。

父神是自存的，不被包含的、不可見的，獨一的神，宇宙的創造者，這是我們信仰的第一條準則。第二條準則是：神的道，亦即神的兒子，我們的主耶穌基督，按照先知預言的方法，按照父神所定下的時間，向先知顯現。萬物都是藉著子而被造。當時候滿足之時，為了要使萬物都歸於自己，祂成為一個人，住在人類之中，能夠被人見到、摸到，並且摧毀了死亡，帶來生命，使神和人之間重新建立相交。第三條準則是：

先知藉著聖靈，發出預言，先祖學習有關神的事，義人被引導行在正義的道路中，當時候滿足之時，聖靈以一種嶄新的方式被澆灌在人的本性之中，為了要在神面前更新普世的人。（麥葛福《基督教神學原典菁華》頁一二三—一二四）

（二）基督為救贖主的上帝觀

愛任紐是要把希伯來的信仰，介紹到希臘思想的體系中，把希臘的哲學體系用來組織希伯來的信仰，因耶穌基督的信仰不用去推理，祂在新約中所講的話都是眞理，然當這種權威思想，接觸到希臘哲學的辯證，及羅馬以口才學說出衆的時候，是必須提出理解信仰的眞理予以辯論，愛氏是以他所接受的希伯來的信仰，傳播到希臘與羅馬的文化社會中，發揮舊約創造的概念，與新約救贖的內容，兩約是一貫連續的，在神學上認為舊約創世紀的原罪(Original Sin)，是由人類第一位原祖所犯下來的罪，人得罪上帝，要得到上帝的寬恕，必須人來補償，做救贖的工作，他必須是人又是神，因此，愛氏認爲耶穌基督既是救世者，祂必然有神性和人性，人跟隨祂，才能使人性像神，恢復到犯罪以前的地步，在基督裡消除了罪惡，以基督爲救贖之主。愛任紐在神學上有了貢獻，在哲學上提到宇宙的來源，他主張「創造」，亦即「從無創造天地」，是由上帝本身的美善，這美善是存在的模型，也是祂的自由意志，在神創造這個世界之時，主要是創造了人，因爲人的靈魂是上帝的形像，是上帝在這個世界的代表，人要承受上帝的責任，治理世界，替天行道。人的肉體來自世界，靈魂是上帝的形像，靈魂與肉體乃爲愛氏對於人性的二元學說，雖然如此，但在統一的人身上，仍然可以成爲統一的單元，當靈魂戰勝肉體時，肉體不會毀滅，也會得到幸福，愛氏最主要的貢獻，乃是連貫西洋哲學，及希伯來信仰的二元宇宙，神與人的對立，是由耶穌基督來調解，使人神在基督裡的合一，基督是成爲人性在現世的生活榜樣與代表。

愛任紐的哲學思想，也就是他的神學思想，在神學上，他爲小亞細亞學派的代表，這學派徹底了解聖經，並有堅固信仰，對於教會內部，能協調多種問題，對於教會之外，具有堅強而明確的教訓，以抵抗異端。愛氏神學的起源，雖來自於約翰，但具有保羅的精神與思想，他在世時，對於新約已經有了一個人所共知的書名「福音與使徒行傳」，他在宗教上，反對哲學的推理方式，他的神學很實際，依他看來，神學就是聖經事實的神學，上帝不是藉著推理向我們顯示，乃是藉著啓示，基督就是上帝的啓示，祂是先存在的，並活到永遠，祂是永遠和聖父合而爲一，愛氏說，聖父生聖子的方法，是不可理解的，所以我們應守住聖經的語文，並且不可偏離信仰的標準，愛氏以史實是基督爲神學的出發點，他的思想以基督爲中心，而不是以羅格斯(Logos)爲中心，他強調基督爲神人，爲我們救恩的中保。愛任紐的救世論，爲他整個神學的主要原則。他說創造神就是救贖神，基督是神人，將自我彰顯永遠的上帝加以人格化，基督亦是人類救恩的中保。首先的第一亞當，濫用自由意志，不順服神，結果墮落，全人類亦與他一同墮落，因墮落了，人類便喪失神的形像，並遭受死亡的厄運，原來上帝要人類逐漸達到像祂那個計劃，竟然被破壞了。上帝曾在四個時期與人類聯盟，其過程如下：

第一，是從亞當到洪水時期與人類聯盟。第二，是在洪水之後與挪亞聯盟。第三，是在摩西時代賜給律法。第四，是藉著福音，使人類得以更新，萬物得以成全的時期。就在這第四時期的聯盟，上帝在基督裡成爲人，基督乃成爲末後的第二亞當，與我們人類聯合在一起，祂受試探時，證實其聖潔，並勝過人類的公敵——撒但。祂又爲人類再獲得能像神的可能性，靠著這種方法，他恢復了那曾被切斷的發展，並指引這種發展在基督裡得以完成。這也就是愛任紐同歸於一的思想，這「同歸於一」之詞，可以從以弗所書一章十節看出，基督以第二亞當出現，在基督裡的新人成爲永生不朽，基督因爲順服，就能做到那亞當所不能做到的事，祂消滅了罪惡與撒但，人從嬰兒開始的各種生活，都能藉賴祂的生活得以成聖。愛氏認爲基督爲救贖之主，因基督是成爲肉身的上帝，基督是神人，這正是他的中心思想。（李道生《世界神哲學家思想》頁六〇——六三）

三、結語

綜上所述，愛任紐以三位一體，基督爲中心救贖的上帝觀，符合聖經眞理的。愛氏主張聖父、聖子在啓示與救贖上是合作的。他的神學很實際，反對哲學的推理；他認爲上帝不是藉著推理向我們顯示，乃是藉著啓示，而基督就是上帝的啓示。

他的名言是：「神成爲人，爲要使我們成爲神，就是像神一樣。」(God becomes man, in order that we might become God that is, Godlike.) 他是使徒後期的第一位神學家，他的神學在教理史上佔很重要之地位，他的主要思想都被教會使用，並被用爲發展教會眞理體系的基礎。

第十五節　革利免的上帝觀

一、傳略

革利免 (Clement of Alexandria, 約 150-215 A.D.) 是潘代諾的門人。潘代諾 (Pantaenus) 是斯多亞派的哲學家，約於一八五年時信道歸主，在亞力山太主持一個有名的聖道學校。這學校是否是他創辦，他自己神學立場究竟怎樣？都無從考究。但從亞力山太的革利免的言行看來，這些問題都有了答案。因爲革氏不僅是潘氏的學生，也是繼承其後主持這學校的。神學思想在亞力山太發展的進程，無疑的不同於小亞細亞與西方各處。因爲在小亞細亞與西方各地，教會因與諾斯底主義發生爭執，以致對於哲學心存歧視，甚至特土良能夠說，哲學與基督教之間無聯繫。那種爭執也極度的加強了使徒遺傳的地位，堅固了教會的組織。在亞力山太，這些「古大公」教會的特點都沒有充分發展，哲學也沒有被視爲與基督教勢成水火，反以它爲基督教的僕役。在這裏，基督教與古代精華——即柏拉圖主義與斯多亞主義——結合了，產生了一種所謂基督諾斯底主義(Christian Gnosticism)，這種結合是任何正統的基督所在之地所未有的。代表這種運動的中心人物，就是亞力山太的革利免。同時，他又是亞力山太教會的長老，所以他成了當時教會與學術之間的連繫。

二、學說

(一)上帝耶穌道是人類的導師

在革氏著作中，存留下來有比較重要的有如下三種：(一)對異教徒的勸勉(Exhortation to the Heathen)是一種護教文字，其中包含不少關乎當時神秘宗教的材料；(二)導師基督(Instructor)，乃第一部討論基督行爲的作品，其中敘述當時習俗風尚，極有價值；(三)雜記(Stromata or Miscellanies)，乃一種宗教與神學思想的隨意紀錄，拉雜無章之作。在這一切著作中，革氏無在不表示他是個曾受過高深訓練，學博識廣的思想家。他用哲學解釋基督教，使之成爲有系統的教理，好像斐羅解釋猶太教一樣。他也像游斯丁一樣，將那屬神的洛各思看爲人類一切心智道德的來源，普世人類的導師。不過他的思想清明睿哲，遠超游斯丁，他說：「我們的訓導者，乃是聖潔的上帝、耶穌、道，他是全人類的導師。」他是一切眞正哲學的源頭。「凡是好的東西都從上帝而來，但有些是直接由上帝來的，如新約舊約；有的是間接來的，如哲學。但偶然也有例外，例如希臘人的哲學也是直接由上帝來的，直到主選召希臘人的時候爲止。哲學對於希利尼人，好像律法對於希伯來人，都是訓蒙的師傅，爲要引導他們歸向基督。所以這種藉著洛各思訓練人類的教育，是逐漸進展發達的，在教會中也是如此。「信仰」，就是那簡單的傳統的基督教，足以救人；但那些在信仰上加上「知識」的人，是達到了更高境地。他是那眞正的基督徒諾斯底派。「有的，還要加給他；有了信仰，還要加上知識；有了知識，加上仁愛；有了仁愛，加上遺產。」知識是最高的造詣，即是領人達到認識上帝的地步——認識上帝比得救更高尚，因爲其中即已包涵得救。「假如我們就認識上帝的知識和永遠的救恩，擺在一個諾斯底派的面前，說他二者擇一，雖說這兩樣是不可分的，但假定它們可以分的話，他將作何取捨呢？那末，他必無躊躇地選擇認識上帝的知識。」達到的最高造詣的人，就像斯多亞派所說是無所感覺的，苦樂均無動於衷的。革利免以爲這就是基督所達到了的福樂境地，後來使徒們藉著基督的教訓也達到了這種境地。我們很容易領會，革氏也像游斯丁一樣，不大關心耶穌在世爲人的生活。雖說洛各思其成了肉身，但革氏對於基督的生平，幾全由幻影的觀點去著想，他的這種色彩，較之當時任何正統的神學家更濃厚。（華爾克《基督教會史》頁一二五—一二八）

（二）基督的死是愛的榜樣

亞力山太的革利免 (Clement of Alexandria) 對馬可福音十17—31的注釋深受讀者的讚嘆，他將該段經文延伸，記載使徒約翰帶領那位「希望得救」的年輕人歸主。他的注釋可能寫於第三世紀的頭十年，革利免在其中解釋基督的話，指出神可用哪些方式向人彰顯祂的愛。思考到愛這奧祕時，你會見到父的胸懷，是惟有神的獨生子曾經將之宣揚出來。神本身便是愛，爲了這個愛的緣故，祂將祂自己彰顯出來。神按祂無可言喻的本性而言，是我們的父；按祂對我們的憐憫而言，是我們的母。在祂的愛中，父有了源於婦人的本性，祂由祂自己生出子，這便是最大的證明，是由祂的愛中生出來的結果。祂因爲愛的緣故降世爲人，祂因爲愛的緣故穿上人性，祂因爲愛的緣故甘願忍受人的苦楚，降卑成爲我們的軟弱，以致祂可以按照祂的能力將我們提昇。就在祂將祂自己傾倒成爲供物，捨己身成爲贖金以前，祂留下一個新約給我們：「我賜下我的愛給你們。」（約十三34）這個愛的本性和範圍如何？祂爲了我們每一個人而捨命，祂所捨的命是値得整個宇宙的價値的，而祂要求我們作出的回報，便是我們應當彼此捨命。（麥葛福《基督教神學原典菁華》頁二二九—二三一）

三、結語

綜上所述，革利免的上帝觀，上帝耶穌道是人類的導師，基督的死是愛的榜樣，應都無問題，問題在於他是基督諾斯底主義運動的中心人物代表。主張諾斯底派的人士是一群隨從多樣宗教運動的人士，強調救恩可經由「神祕的眞覺」(Gnosis) 或「知識」而獲得，特別是有關人的起源。宇宙論的二元論是諾斯底派一項很重要的特徵——認爲屬靈的世界與邪惡屬物質的世界是相對立的。但諾斯底派卻在教會教父的著作中遭到攻擊，他們認爲各種諾斯底派的團體都是歪曲基督教的異端。可是許多現代學者卻相信諾斯底派是一種宗教現象，只是在某些情況中不依從基督教罷了。

第十六節　特土良的上帝觀

一、傳略

特土良 (Tertullian)，或譯爲「德爾圖良」Q.S.F.(Quintus Septimius Florens Tertullianus, 約 160-230 A.D.)，羅馬基督教拉丁教會最早的教父，第一個神學家，西方哲學史上反理性的蒙昧主義代表人物。生於北非迦太基城（今突尼斯附近），是羅馬帝國駐北非軍隊的一個百夫長的兒子，原是異教徒，約於一九五年皈依基督教。他曾受希臘和拉丁文化雙重教育，對哲學、文學、醫學頗有研究，尤爲擅長法律訴訟。信基督教後，呼籲羅馬皇帝容納基督教，幷號召信徒忠於羅馬皇帝。他的護教論著有：《護教篇》、《致各國書》、《取締異教徒》、《論基督的肉體》等。倫理方面的著作有：《論戲劇》、《論一夫一妻制》等。

二、學說

(一)推崇絕對信仰貶低理性思維

德爾圖良把哲學看成是異端邪說的根源。他推崇絕對信仰，貶低理性思維。在《基督的肉體》一書中，借《聖經》中耶穌死而復活的故事論證說：「神之子死了，雖然是不合理的，但卻是可相信的，埋葬後又復活了，雖然是不可能的，但卻是可肯定的。」意思是說，這件事看起來是荒謬的，實際上卻是眞實的。可見人的理性不可能認識眞理，眞理不能爲理性所理解，只能爲信仰所相信。由此，人們把他這種言論概括爲：正因爲荒謬，所以才相信。

德爾圖良所處的年代，基督教教義尚未完全定型。他首先提出了羅馬教會「三位一體」的重要信條。德爾圖良一方面反對基督教利用哲學，另一方面卻又常常發表自己的獨特哲學觀點爲教義辯護。他曾論述每一個存在者，包括神，都有形體，這與《聖經》中所說的神是無形的精神體相矛盾。他還說靈魂也是有形體的，否則惡人的靈魂不會受苦。此外，他又自詡爲倫理學家，主張獨身主義，甚至把再婚再嫁也稱之爲淫亂。最後，他因贊同羅馬教會所反對的孟泰尼教派的千年王國論，約於二一五年與羅馬教會決裂，參加孟泰尼教。從此以後，深居荒山，不知去向。（《中國大百科全書》哲學Ⅰ一三八頁）

（二）洛各斯基督論

特土良(Tertullian)，在古教會歷史中，可說是一位個性最強的人物。約當一五〇—一五五年左右，特氏生於加大果，他的先世乃富有之外邦人。他專門研究法律，學成後，在羅馬執業律師。除本身執業之外，他又精治哲學史學，精通希臘文。他悔改歸依基督約在一九〇—一九五年之間，也許就是在羅馬。歸正之後，他以從前同樣毅力精神來研究基督教著作，不論其爲正道抑爲異端。在他歸正後不久，他回到了加大果，作了當地教會長老，直到逝世（約二二二—二二五）。當其與羅馬教會發生關係之初，皇帝瑟皮提母瑟維如斯(Septimius Severus, 193-211 A.D.)於二〇二年正在北非一帶地方發動逼迫教會的運動，這種運動激起了他清教徒的本性，使他對於孟他奴主義深表同情。這種主義的禁慾思想和出世態度使他深受感動。二〇〇年，他離開了當時的「大公」教會。自是以後，終其一生，他嚴峻的批評那個教會，向它提出抗議，顯然的他已另起爐灶，創設他自己的教派。

自一九七年起，特土良從事著述，以護衛基督教要道爲己任，直至二二〇年。在教會名作家中，用拉丁文寫作的，他要算第一人。在他的時代，甚至羅馬教會的領袖也用希臘文寫作。他的作品，文體流暢，思想活潑而包含諷刺。他的寫作態度很像辯護士出席公庭。他對於反對他的人，常常作不允的表示，而他自己的主張亦非全無矛盾。但他爲人熱情，因此他的作品往往感人甚深。他眞當得起拉丁神學鼻祖之尊稱。

特士良的著述影響後世神學思想最大的，要算他爲洛各思基督論 (Logos Christology) 所作的定義，不過他不大用洛各思這名詞，很喜歡用一個「子」字來代替。他把這個名詞的含義擴大，越出小亞細亞一派神學家所講，更越出一般護教士所講範圍以外，但以他注重法治的頭腦，對這名詞講解之清晰，是前所未有的。在這問題上，他的主要作品爲《駁帕克西亞》(Against praxeas)，是作於他崇奉孟他努主義時期。他講解上帝的神格，所用術語甚至與一百餘年之後《尼西亞信經》所講相去不遠。「藉著實質的合一，均歸於一；雖說這種分配的奧妙依舊存在，可是我們能說它將一分爲三；依次而論則爲：父、子、聖靈；這三位卻不是就實質言，乃就形式言；不是就能力言，乃是就表現言，因他們乃同一實質，同一要素，同一能力，正如在一位上帝之下，算爲有這些等第，這些形式，這些狀況，藉父、子、聖靈的名目說明出來。」他用位格一名詞，說明神格中之分別，然而這名詞沒有我們現在「人格」的意思，而有形式表顯的意思。這個實質的合一，在特土良思想中是屬物質的，因爲他的思想飽受了斯多亞學派的洗禮，以爲「上帝是個體……因爲靈也有它自成一類的身體實質。」用同樣的精確講解，特土良把基督爲人與神的兩方面加以區分。「我們在耶穌一生可以看見神人二境，並非混合一起，乃是神與人聯合在一人身上。」既然子與靈均由父分出，所以子與靈乃屬於父。這種從屬的教理，前已見之於教護士著述中，今在特氏洛各思基督論中更爲顯著，直到奧古斯丁之世。這樣的定義，不是全憑哲學的探討所能產生的，必得要出自一位律師的頭腦，司法的眼界。所謂三位一體 (Trinitas)、實質 (Substantia)、聖禮 (Sacramentum)、補償 (Satisfacere)、功德 (Meritum) 等類專門的術語，在神學的運用上已成慣例，特氏實爲首創。因爲這緣故，他在拉丁神學中留下了永久的紀念。（華爾克《基督教會史》頁一〇九—一一三）

（三）哲學與異端之關係

特士良最出名的地方，在於他對哲學闖入神學範疇的強烈反對。他認爲哲學是異教徒的產物，在教會內使用哲學，只會導致異端。特士良的書《異端準則》(De Praescriptione haereticorum, on the Rule of the Heretics)，寫於第三世紀初，他在其中就雅典和耶路撒冷作出精闢的對比，象徵異教的哲學及基督教信仰的啓示之間的對立。他提及

「學院」，並非指學術世界通稱，乃是專指在雅典的柏拉圖學院。哲學所提供的是世俗智慧的資料，大膽地聲明它便是神聖自然及神作爲的詮釋者。異端人士將哲學當作他們的武器。柏拉圖的一位弟子華倫提努(Valentinus)便是哲學中得到靈感，產生有關「分神體」(aeons)及「三一人性論」(trinity of Humanity)等理論。馬吉安(Marcion)也是由哲學中找到他的神（因爲祂的寧靜），因馬吉安乃斯多亞學派哲學家（禁慾主義者）。凡是說靈魂會死亡的，是受到伊壁鳩魯(Epicurus)的影響。否定身體會復活的理論，則出現於所有哲學家的著作中。凡認爲物質等於神的，是受到哲諾(Zeno)的影響。若相信火神，是源自赫魯克利特。這些都是異端及哲學家們共同的論題。罪惡來自何處？爲何如此？人性來自何處？如何而來？雅典和耶路撒冷之間有何相通之處？學院和教會之間有何相通之處？我們信仰的體系(institutio)源自所羅門的廊下(the porch of solomon)，所羅門教導說人必須用單純的心尋求神。那些追求「斯多亞化」(Stotic 禁慾主義)、「柏拉圖化」(platonic)，或是「辯證法的」(Dialectic)基督教的人，更是等而下之。我們只要有耶穌基督，便已無需好奇地探求其他。我們除福音以外，也別無所需(inquisitio 探求)。當我們相信的時候，便不需要其他的信念。因爲除了「沒有其他必須相信的」以外，我們已無須相信其他事物。（麥葛福《基督教神學原典菁華》頁一七－一八）

（四）論先存物質的創造

本文極富爭議性，特土良寫成此文，爲要反駁他的對手赫莫金斯(Hermogenes)的論點。赫莫金斯認爲，神使用先存的物質創造世界，他問道：除非有些東西一直都存在，例如先存的物質，否則神怎可能是主？特土良則辯稱「神」與「主」應當有所區分。神一向是神，但當有某些東西可以被他管理時，換言之，當創造完成之時，祂才變成「主」。特土良的觀點應當與俄利根就此主題的立論加以對照。

〔赫莫金斯〕認爲，神的創造可能是用祂自己來創造，或是由無有中創造，或是由某物中創造萬有。他此說的用意是駁斥頭兩個可能性，和證實第三個可能性，亦即證明神藉著某物創造萬有，而此「某物」便是物質(materia)。他認爲神不可能用祂自己來創造，否則被造物將會是祂本身的一部分。但神不可能這樣被分解，因爲祂是不能分割、不能改變、永遠不變的，因爲祂是主。此外，任何東西若是由神的本身被造而成，將會是祂自己的某些部分；如此祂的創造物及創造之工必然是不會全的，只是部分的創造物及部分的創造之工。若神完完全全地創造了完全的被造萬物，則神必然曾經同時是完全及不完全的；因爲祂必須是完全的，才能夠造成祂自己；祂必然是不完全的，才能夠用自己造成萬物。還有進一步的困難：若祂是存在的，則祂不可能被造；若祂是不存在的，則祂不能夠創造。同理，祂是永遠存在者，故祂不可能變成存在，而是永恆的。因此祂不可能是用祂自己本身創造萬物，因此舉是與祂的本性不一致的。同理，祂也不可能從無有創造萬物，赫莫金斯指出神是美好的，是全然美好的，因此祂希望創造萬物成爲美好，正如祂自己是全然美好一樣……但在被造之物中發現有罪惡，這顯然並非按照祂的旨意……因此我們必須假設是因爲某物出現毛病，導致罪惡產生；而這某物無疑是指物質。

他另外還有一個論點：神一向是神，也一向是主。若沒有某物是已經存在，使祂能夠因而被稱之爲主，則祂不能夠被視爲一向是主，有如祂一向是神一樣。若說祂永遠是主，那物質就是永遠存在……我們認爲祂一向擁有神的名稱，但並非一向都擁有主的名稱，因爲這兩個名稱的特性是不同的。神這個名稱乃指本質，神性。主這個名稱則是指能力……當有事物變爲存在，祂開始運用祂的能力凌駕其上時，祂成爲主，得到這個名稱；因著祂擁有能力而得到此一地位及名稱。神是父，也是審判官，但我們不能因爲祂一向是神，便推論祂一向是父，一向是審判官。在祂沒有兒子以前，祂不能被稱爲父；在沒有犯罪以前，祂不能被稱爲審判官。（麥葛福《基督教神學原典菁華》頁一二四—一二五）

（五）凡存在都是有形體的實體論

特土良是一位勇敢宣揚教會眞理的人物，他說：「在絕對順服之境地中，意志之贊同就是信心。」又說：「信條愈不合理，就更有機會使信心發展信心原有的力量。」因此，他的神學，是建立於權威，與那似非而或是的信心上，然而他又說：「證明基督教眞理，須合乎基督教的理性。」他是反對俄利根與革利免的推理，認爲哲學爲導致錯誤之路的路標，而強調信仰的標準，是按照使徒的教訓，且須有聖潔的生活，在他的基督教中，這是一件很實際的特性，他稱柏拉圖爲一個異端者，曾說：「雅典與耶路撒冷沒有共同的關係，基督徒與異教徒亦無共通的關係。我們的教理，是來自所羅門的廊下，所羅門吩咐我們須用單純之心尋找耶和華，凡教導柏拉圖派的，斯多亞派的，辯證法的基督教的人，都應負其惡果的責任。」

特土良常用「願上帝賜與」，「若上帝肯」，「願上帝報答」，「願上帝在我們當中鑒察」等這些話語來表達他的願求，他雖然對哲學沒有興趣，但卻離不了哲學的思想，如在他的著作中，顯示他早年所研究斯多亞主義的影響，他認爲凡存在的都有形體，甚至連上帝的靈與人都有形體，他大部分的神學思想，都根據在這種原則上，即是凡屬靈的事都有形體的，實體論是其根本的原則。如自然之實在，可見的世界，五官之可靠性，有形之體的意義，及靈的實體等，這些都是他的思想基礎。他以敏銳的眼光，從創造中看出上帝，從創造的秩序上，看到上帝理性之運行。他愛好研究自然，要從自然界追溯到創造主，從靈魂裡發現上帝存在的證據，而分析靈魂，這種實體論爲特氏的神學基礎。他用實體論來反對諾斯底派，從這個出發點爲上帝之實體伸辯，並爲人類之合一、人類的歷史、人的靈魂裡罪之起源，啓示之歷史性、基督神人位格的眞理，救贖的事實、身體的復活等事項，作了多方面的辯護。

特土良的神學思想，能以贊同愛任紐的，如：救贖的教理，是藉著神人基督而來的。並強調道成肉體的重要性。採納新舊約聖經爲眞理的根源。承認信仰的標準等是。不過，愛氏全部神學，都以基督爲中心之原則而構成。但特氏神學，僅是討論多樣題目之綜合性質。這兩者都教導說，三位一體是僅爲著啓示的目的而有的。特氏說到聖子在三位一體當中，需要存在爲一個個別的位格，是出乎創造世界的緣故，其亦有以子置於次位於父的觀念。

特土良爲西方神學的創始人，他所使用的字眼很有效用，最先使用「三位一體」這個用詞，並與俄利根一同啓用本體與位格等名詞，以描述三位一體當中三個位格的關係，以後，亞他那修 (Athanasius, 296-373 A.D.) 即爲三位一體觀念作準備的工作，可是特氏亦不能避免置於次位說。也爲要抵抗馬吉安派 (Marcion, 約 110-165 A.D.) 所興的幻影說暨諾斯底派 (Gnosticism) 靠知識的得救，便先使用「基督之兩性」這個名詞，爲了反對幻影說，強調基督是眞人，具有一個理性人的魂與靈，基督在其位格中屬乎人之實體裡受苦，不過，由於神性與人性聯合的緣故，他就說

「上帝受苦」，「上帝眞正被釘十字架」。他在某些方面爲一位開拓的神學家，在他的思想上多少成爲西方教會的標準，他強調意志之自由，說到人在墮落之後，也能在善惡相對下任作選擇，基督之死爲人類救恩的根基，恩典是改變人心的一種創造原則。

特土良認爲人是藉著悔改而受洗，可以賺得救恩，這洗禮能賜予人成聖恩典之力量，成聖的能力是歸於水本身，藉著水獲得聖靈。爲要符合其實體論的觀念，特氏且認爲聖靈是有形體的，若有人在洗禮後犯罪，還可以加以補償，這補償的方法就是悔改，悔改必須包括深切的憂傷，以認罪表示謙卑、嘆氣、發哭和禁食等。因此，人能賺自己的罪過，能滿足上帝，能爲自己賺得赦罪，人藉著自我刑罰，便能脫離那永遠的刑罰。人付給上帝是有價値的滿足就是殉道，這洗禮與悔改是被認爲持有拯救的因素。特氏對於上帝的誡命，認爲我們理應恪守遵行，他教導說：「人是藉著信稱義。」藉著信的意思，就是認識基督爲救主，並要履行上帝的誡命」。（李道生《世界神哲學家思想》頁六六—六九）

三、結語

綜上所述，特土良的上帝觀，推崇絕對信仰貶低理性思維，洛各斯基督論，哲學與異端，先存物質的創造，凡存在都是有形體的實體論，包括神與靈魂都是有形體，這一點是與聖經眞理不合的，因爲神是個靈，是無形的精神體。特土良擔心於孟他努派運動，並任一小孟他努派團之領袖，著書甚多，對居普良及奧古斯丁二人影響頗深，間接地也影響西方之基督教。於主後二〇六年離開天主教，又放棄孟他努神學，自成一派，很受殉道者所影響。其名言爲：「殉道者的死，乃教會之種子。」這與聖經耶穌所說的：「一粒麥子不落在地裡死了，仍舊是一粒，若是死了，就結出許多子粒來。」（約十二24）疑即特土良之所本也。

第十七節　希坡律陀的上帝觀

一、傳略

希坡律陀(Hippolytus, 約 170-236 A.D.)，被公認爲第三世紀最重要的羅馬神學家，以希臘文著書，致力於研究道(Logos，洛格斯)的神學角色，以及哲學與神學之間的關係。

二、學說

(一)基督爲舵手的上帝觀

希坡律陀的預表釋經法：預表釋經法，致力於在舊約所提及的人物、事件或物品與新約所提及的人物、事件或物品中間找出關聯。希坡律陀在此文中的預表釋經似乎已過了火。以賽亞書十八2提及「船」，希坡律陀用船的每一個結構鉅細靡遺地列出，解釋其預表上的重要性。

船上的槳是教會。海是這個宇宙(Kosmos)，教會在其中像是船在寬廣的海中一樣，受到振動，卻不下沈，因爲有基督這位經驗豐富的航海家在船上。在船的中心，有基督受難的獎賞——祂的十字架。船首向東，船尾向西，兩個掌舵的槳是兩個聖約。帆拉得緊緊的，好像基督的愛支持著教會。船上載有水，好像重生的洗禮。白色的帆吃風，如同接受聖靈的氣息，使相信的人得到印記。船員堅守崗位掌握方向，如同我們聖潔的保護天使。（麥葛福《基督教神學原典菁華》頁六五—六六）

三、結語

綜上所述，希坡律陀以基督爲舵手的上帝觀，用預表釋經法，引喻生動，予人印象深刻。他是大有學問的教會作家、神學家與殉道者。非難教皇哲斐理努與加里斯，都在教規與教義方面的鬆弛。明顯他在死前曾回歸羅馬教會。希氏著述幾本聖經注釋：《闢斥異端》與《基督與敵基督》。他似乎主張 Logos （道）是藉著道成肉身而來的，並且說聖靈沒有位格，頗值商確。

第十八節　俄利根的上帝觀

一、傳略

俄利根(Origenes, 約 185-254 A.D.)，或譯爲「奧里根」、「奧利金」、「奧利眞」等。埃及哲學家兼神學家，早期基督教希臘派教父的主要代表之一。他生於埃及亞歷山大里亞城的顯貴家庭，自幼信教，推崇聖經，同普羅提諾一起受教於薩卡斯，接受新柏拉圖主義思想。他曾在希臘、巴勒斯坦、羅馬等地研究哲學，二〇三年任亞歷山大里亞基督教教理學校校長。他的著作有《原理論》、《駁凱爾斯》。

在基督教史上，他最早明確主張運用古希臘哲學，特別是新柏拉圖主義和後期斯多阿學說，來論證基督教教義。在他的理論基礎上形成的基督教亞力山大里亞學派，同世俗的亞歷山大里亞學派相媲美。他的學說在當時吸引了東西方羅馬教內外學者。

他相信聖經具有無可辨駁的絕對權威性，認爲聖經不僅能證明神和靈魂，而且還可運用於一切事物上。這個論斷顯然是盲目信仰的宣傳，但一直爲基督教哲學家和神學家所援引。

他忠於基督教，論述基督教教義，但又常常提出一些與傳統教義相反的獨特見解。例如，他不同意傳統教義關於上帝直接創造物質世界的論述，卻按照新柏拉圖學派流溢說的四個層次，斷言神是絕對精神，神生邏各斯，邏各斯生靈魂，多種形式的具體事物是由靈魂演變而成的。

他還提出除人以外，魔鬼也能得救的論斷。他甚至採用當時流行的隱喻方法解釋聖經，並且主張對於神學，人人都可以自由討論。這些論點顯然觸犯了教會的權限，成爲教會當局批判的對象。奧里根本人及其學說多次受到宗教會議和教皇通論的譴責。後來教會與被稱爲異端的奧里根主義的鬥爭，一直持續了三個多世紀。（《中國大百科全書》哲學Ⅰ頁一六—一七）

奧利金(Origen)生於埃及，爲亞歷山大城著名之基督教教師，並爲偉大的基督教教父之一。十八歲時即繼承亞歷山大之革利免爲神學校之校長，不久即爲當代之神學教師領袖。主後二三〇年，奧氏自亞歷山大被逐，居留該撒利亞，於該處興建一著名學校。死於皇帝德修迫害教會時。生平乃一博學之士，與奧古斯丁在哲學上享同等地位，著書甚多，多以靈修書、評解聖經爲主，爲基督教思想家。

奧利金曾將希臘思想與聖經注釋融和起來，他可以說是一位早期希臘教會中偉大的神學家。因奧利金的領導，當時亞歷山大著名的教導學院，達到了最旺盛的時期。奧利金的父親曾爲主殉道；他自己爲了要在他教導女學生時不發生醜聞，又以字面解釋馬太福音十九章十二節所說而自閹。當時的教會受到許多偏激異端教訓的騷擾，因此鼓勵奧利金來爲眞道辯護；他曾旅行各方，以純正信仰來反駁各處的異端、邪教，以及靠行律法的猶太教派；他所著的《反色勒俗》一書，就是鞭斥異教評擊基督教而寫的護教學巨著。

他的《基要教義》一書，使基督教神學達到了另一高峰。他雖然很重視「隱喻法」和「預表學」的解經法，認爲比字面的解經法更有效；但他在《基要教義》一書中，特別有效地指出：聖經的權威和神的默示。因爲他特別重視聖經的研究，他又完成了另一巨著，稱爲《六經合璧》(Hexapla)，即以舊約希伯來文與希臘文的幾種譯文平行排列的聖經版本；他認爲並列的方式能舉出聖經中有些主要原則是我們必須遵行的；然而其他基督徒當遵守的教訓，可以有不同的解釋。奧利金自己曾如此揣測，有些人的靈魂在前世曾犯罪，因之被置於今世活人的肉體之中，經過一種潔淨的過程；包括犯罪的天使，最後也要恢復以前蒙神恩典的狀態中。

奧利金相信父神是舊有的創造之主，基督是神永恆之子，也就是「道」，他也相信聖靈；三位各有分別的位格，但也是合一的靈，同有一個本質。這「三一眞神」的信仰，後來也是其他純正的信仰的神學家們，如阿他那修、耶柔米，以及加帕多加等所相信的教義。然而，有時奧利金似乎也認爲聖子與聖靈是低於聖父；這個觀點也導引出後來的「次位論」一派的教義，最後也引出了異端「亞利安派」。

奧利金最後受到逼迫而死亡。他在主後五五三年時，即約三世紀之後，被定爲異端；但是我們必須記得，奧利金曾以他有力的辯護，並清楚地了解神的眞道；而且因他如何發展、闡明，並辯護聖經重要眞理的功績上，值得被我們紀念。（趙中輝《英漢神學名詞辭典》頁五〇二—五〇三）

二、學說

(一)以寓意方式解釋聖經

俄利根 (Origines, 185-254 A.D.) 生於基督教家庭，大約就是在亞力山太地方。俄氏在這種環境中長大，自幼即熟習聖經，後來又加以研究，在一切初期教會作者中他是最熟悉聖經的。他開始研究哲學，也一定爲期很早。他是個滿懷熱情的青年，又富於好奇心；就其學業言，在少年時代即已老成練達，到了成年之後，更有深造。二〇二年瑟皮提母瑟維如斯 (Septimius Severus) 逼迫教會，俄氏之父因此犧牲，當時若非他的母親設計營救，他也很想追隨他的父親，完成爲道捐軀的志願。這一次逼迫也逼使俄氏的老師革離免離開了亞力山太。二〇三年，俄氏雖年事尚輕，他卻糾集當地學道人士，重開聖道學校，自己身任校長。他任此職後，蜚著成績，連當地主教底米丟 (Demetrius) 也深爲嘉許，直到二一五年皇帝迦喇加拉 (Caracalla) 將所有哲學教師逐出了亞力山太，他也不得不停止此項活動。他的教學，也有幾次因外出而中斷，一次往羅馬（約當二一一—二一二），在那裏會見了希坡律陀，又有一次往亞拉伯（約當二一三—二一四）。在生活上他抱極端的禁慾主義。因爲他要與許多學道者接談，爲避免物議，依照馬太十九章十二節的教訓將自己閹了，以期「止於至善」。二一五年俄利根住在巴勒斯丁的該撒利亞，他在這裏所交結的朋友，與以後事業極有裨益。他獲准重返亞力山太，大約是在二一六年。他一回到那裏，即恢復教授工作，在這期中，他著述的成就，實屬驚人。

俄氏這一次在亞力山太工作，其間亦曾出外旅行，大約是在二三〇年或二三一年，他到過希臘和巴勒斯丁。當時他還是個平信徒；但與他交游的巴勒斯丁的主教們，爲使他便於講道起見，在該撒利亞地方，按立他爲長老（牧師）。對於這件事，亞力山太的主教底米丟 (Demetrius) 自然以爲是侵犯了他的權限，或者又因對於他事業之成功，也有幾分嫉妒，於是提出反對。後來底氏幾次召集會議，將俄氏逐出亞力山太，且在教會權力所及的地方，革除了他的聖職。於是俄氏祇得投奔一個住在該撒利亞的朋友家中。在這裡，他依然孜孜不倦的繼續他教學與研究的工作，此外，又常講道。他間或外出旅行。與他訂交的人極多，都一致推崇他的道德學問。他這樣安靜的生活工作下去，直到二五〇年，羅馬皇帝德修 (Decius, 249-251 A.D.) 對教會大興逼迫的時候。在這次逼迫中，他被監禁，慘受酷刑，終於因受創過甚，於二五一年（二五四？），卒於撒利亞或推羅。在古代教會中，信徒之品德優美，心志高潔，未有出乎俄氏之上者。

他採用了寓意的方式來解釋聖經，好像與他同城的希伯來大思想家斐羅一樣，爲要把這一類的哲學原理，引入基督教中，與聖經的思想調和。照他的主張，聖經通常有三層意義：「普通人，可因聖經的『肉』受教養，——這是就顯然的意義說的——；程度較高一等的人，可因聖經的『魂』受教養；但那完全人……可從屬靈的律法——預示將來的好事——受教養。正如一個人有身、有魂，又有靈，聖經也是如此。」假手於這種寓意的方式，俄氏不難將任何他所要說的話，放在聖經裡面。

俄氏爲其神學建立基礎而假定「凡不與教會和使徒的傳統相異的」都是基本要道。傳統的基督教中所有基本要道包含有相信：

1、「祇有一位上帝……即我們的主耶穌基督的父，祂賜給了我們律法、先知，和福音，祂是使徒們的上帝，也是舊約和新約的上帝。」

2、「耶穌基督……是在萬物受造之先爲父所生……成了人身，雖然是上帝，還是成了肉身，即在祂在世爲人的時候，祂依然如未降世以前一樣是上帝……爲童女所生……眞正降生爲人，眞正受苦……眞正受死……眞正由死復生。」

3、「聖靈與父子同受尊貴榮耀。」

4、復活，來世的賞罰。

5、自由意志。

6、魔鬼及其使者之存在與叛逆。

7、世界是在時間中被造的，將「因爲它的邪惡而被毀滅。」

8、「聖經都是上帝的靈所寫成的。」

9、「有些天使是屬乎上帝的，有些善的感化力爲上帝所使用以完成人類的救法。」

以上這些基本道理就是教會用以教導一切基督徒的，無分受過教育與未受過教育的，俄氏用這些道理，建立了他那崇高偉大的系統神學—就是基督教信仰的解釋，要在信仰上加上知識。

俄氏的宇宙觀與柏拉圖的思想最爲接近。這暫時的、現象的、有形的世界，不是那實在的世界，那實在的世界是屬靈的，隱藏在這形質世界的背後。一切事變都是由那實在的世界發動的。我們的心靈就住在那個世界裡面，這與柏拉圖所主張的相合。罪是最初進入了那個世界。我們是在那屬靈的世界中墮落的，凡被救贖的人，都要歸回到那裏去。上帝是完全的靈，不是被造的，乃是萬有的源頭。聖子是由上帝自永遠而生的。「祂之永遠由上帝而生，有如光明出自太陽。」然而基督不過是「一位次等上帝」。一個「受造之物」。正如羅弗斯所言，在俄氏的思想中，基督的地位正如 Nous —心思、思想—在新柏拉圖主義中的地位一樣。基督是上帝與受造萬有中之「居間者」（中保），萬有乃是藉著祂被造的。在一切受造物中，聖靈居最高地位，但因教會傳統將聖靈看爲與上帝同等，所以俄氏也不持異議；但在他的系統中，聖靈並不實在需要。（華爾克《基督教會史》頁一二八—一三二）

（二）基督神性與人性的結合

一切屬靈之物，連人的心靈在內，都是上帝藉著聖子造的，安置在眞正屬靈的世界中。「上帝創造他們，並無別的緣故，祇是出於祂的善良。」一切屬靈之物，原來是善的，但他們的善卻不同於上帝的善，因爲他們的善具「偶然性和滅亡性。」他們都有自由意志。所以有的在那無形的靈性世界中墮落了。上帝創造了這有形的宇宙。爲要把它作成一個降罰與磨煉的場所，按著他們犯罪的大小，把那些墮落了的靈安放其中。天使犯罪最少，他們以星辰作身體。犯罪較大的降落塵世，有獸類的靈魂，也有必死的身體。這就是人類。罪大惡極的是污鬼，以魔鬼爲首領。

洛各斯聖子降世爲人，與一個前生沒有犯過罪的魂和一個清潔的身體聯合起來，人類得救之功於此作成。當基督降世時，祂是上帝，又是人；但到了祂復活升天的時候，基督的人性都變成了神性的榮耀，不再是人，乃是神。但這種變化，不但在基督身上有效，即在基督一切門徒身上亦有效。「自祂開始了神性與人性的結合，使人藉著與神結合得以升到屬神的境地，不但在耶穌生活中如此，即在別人生活中亦能如此，祇要人相信耶穌所指教的人生，且住在這種人生裡面。」自保羅以後，沒有神學家像俄氏這樣注重基督受死獻身爲祭的意義；但他用各種方法解釋這意義，這些方法也有互相矛盾的地方。基督受苦，作爲「人類善良人」的代表，爲人類作楷模。基督受苦，從另一方面說，也是獻給上帝的挽回祭。祂又是付與邪惡勢力的贖價。基督勝過了魔鬼。魔鬼希望用死亡的束縛來阻止基督，但基督打消魔鬼這種希望，消滅魔鬼的國。凡作基督門徒的人，到了臨終的時候進入樂園；惡人下到地獄。不過到了最後，不但是一切人類，連魔鬼及一切隨從他的邪靈，都要得救。這就是萬有之復興，使一切都回到上帝那裏去。（同上頁一二八—一三三）

（三）宇宙的太初是神

奧里眞(Origen)的思想，包括一些與當時教會普遍接受的觀念有所分歧，而後即被排斥的理論，如：無開始時的創造、靈魂先在說（靈魂是因過去的罪愆而與肉體有關……）、一切事物都要透過全部復興(apokatastasis)才能得救。其中，頗具有新柏拉圖主義的成份。他甚至主張：宇宙的太初是神，神是宇宙萬物的根源與基礎，神並且是世界秩序的安排者與萬有生化的推動力；道是由純形式(pure form)生出，純形式藉著道而造生了萬物；所以，宇宙是純形式的具體表現，萬物更是形式與物質的結合。如此，哲學與神學應該相提並論，理性與信仰也可合而爲一。
（陳俊輝《新哲學概論》頁三〇七—三〇八）

（四）「恢復觀」的救贖論

俄利根(Origen)是公元三世紀護衛基督教的大將之一，爲東方基督教思想發展，奠定重要的基礎。對於基督教神學的發展，他的貢獻大致分兩方面。在聖經解釋上，他提出寓意釋經法，主張聖經除了字面的意思外，亦含有較深的屬靈意義。在基督的位格方面，他是以完全神和非完全神來區分神和聖子的傳統之先驅。一些學者認爲，此一區分導致了後來亞流派(Arianism)的興起。俄利根亦熱中於「萬物復原」(apocatastasis)之說，相信世界萬物，包括人類和撒但終將得救。

蓋以普救論 (Universalism) 認爲，所有的人，無論有沒有聽過基督徒所傳在基督裡得贖的福音，或有沒有回應，都會得救，這個看法在基督教傳統中有相當大的力量。它有力地肯定神拯救世人之旨意，並認爲普世所有人最終必然得救。最早提倡這種看法的是俄利根，他在《論第一原理》(De principiis) 中大力維護這種觀念。俄利根極度不信賴任何形式的二元論的信仰體系，亦即，承認有善惡兩個最高的對立權勢存在。諾斯底派許多形式都以此爲特色，在第二世紀的東地中海世界非常風行。

俄利根認爲，二元論有致命的缺失，並指出它對基督教的救贖論含義重大。拒絕二元論，就是拒絕神和撒但在永恆中一直各自統治自己的疆界。最後，神必會勝過邪惡，將受造的世界恢復原狀。在恢復原狀後，受造物就會順服神的旨意。所以，根據這種「恢復觀」的救贖論，最後蒙贖的受造物不能包括類似「地獄」或「撒但國度」之類的東西；而一切「都會回復原來快樂的狀況。……使人類……回到主耶穌基督所應許的合一中。」（麥葛福《基督教神學手冊》頁四二六）

（五）論先存物質的創造

俄利根論先存物質的創造，此文寫於第三世紀前葉，指出神乃按先存的物質來創造。此物質乃是沒有定形的，因此神創造必須先將此材料塑成適當的形狀。此材料十分可觀，按其本性，足夠用以創造世界上所有神希望使之存在的物體，也適於創造者用任何方式來造成任何形狀、任何種類的被造物，使它們能夠擁有創造者希望加於其上的品質。我不明白爲什麼有這麼多出色的人，會以爲這材料並非被造的，並非由創世的神所創造的。我也不明白，爲什麼他們能夠以爲，這材料的本性和作用都是機遇巧合的結果。我十分驚訝這些人責備那些否認神是創造萬有，托住萬有者，指控他們爲不敬虔，因爲他們聲稱世界這個成品 (opus)，是在沒有創造者或任何其他人照顧的情況下持續存在。我驚訝的原因是，這些人其實是一樣的不敬虔，因爲他們說物質是自存的 (ingenitus)，與自存的神是一樣共享永恆的。若按此思路，神將沒有任何東西可以著手，沒有任何物質可以供祂開始祂的工作，因爲他們聲稱神不可能由無有創造出任何東西，而物質乃因機緣巧合而存在，並非神的設計。如此推論，他們相信出於機緣巧合而存在的某種東西，足以承擔創造大工……這對我而言，似乎是荒謬不合理的，是人們低估了非創造物的本質力量和智力的結果。爲了要充分考慮這個論點，讓我們暫時假定物質從未存在過，而神在全無一物存在的時候，使祂所喜悅的東西存在。結論是什麼？神所創造、藉著祂的能力及智慧而使之存在的物質，比起人所謂的「未經創造」的東西，是比較好的，更優越的，也是十分不同的。或者相反來說，有可能是較次等的，更惡劣的，甚至是相似或完全相同的？我相信顯而易見的，不論是較好的材料，或是較惡劣的材料，都不能成爲世界上已有的形狀和種類：必定是實際上成爲「現存」物質的那種物質。因此，若任何人稱任何東西是「未經創造的」，便是不敬虔的，因爲他們「實際上」是相信，那些被神所創造的東西，無疑會與被稱爲「未經創造的」東西屬於相同的種類。（麥葛福《基督教神學原典菁華》頁一二五—一二六）

俄利根的這種物質觀，可與特士良的物質觀加以比較。特士良 (Tertullian, 150-225 A.D.) 論先存物質的創造，極富爭議性，特士良寫成此文爲要反駁他的對手赫莫金斯 (Hermogenes) 的論點。赫莫金斯認爲：「神使用先存的物質創造世界。他問道：除非一些東西一直都存在，例如先存的物質，否則神怎可能是主？」特士良則辯稱：「『神』與『主』應有所區分。神一向是神，但當有些東西可以被祂管理時，換言之，當創造完成之時，祂才變成『主』。」俄利根指出神乃按先存的物質來創造。此物質乃是沒有定形的，因此神創造時必須先將此材料塑成適當的形狀。

（六）上帝是光是靈

俄利根爲革利免 (Clement) 的學生，亦是亞力山太學派最有力的代表人物，主後二〇三年成爲該學派的教師，他與革利免兩人，和愛任紐、特土良的神學都不相同，革氏認爲哲學對希臘人有教訓的價值。他說，哲學對希臘人的價值，正如律法對猶太人的價值一樣，哲學就是羅格斯 (Logos) 所賦給人類理性的亮光，就是爲獲得更大的亮光而預備，亦就是爲獲得那照耀在福音中的亮光而預備。藉著哲學，人的靈魂能先準備好，而接受信心，信心爲眞理與知識的根基，哲學是一種媒介，藉此，基督教眞理的本質就能向人類顯明。革氏相信基督教爲一種更高等的哲學，基督高過西諾與柏拉圖，因爲基督征服了多神論，基督教是爲一般平民及知識分子而預備的。

俄利根與革利免兩者的特異神學，其重點是放在信心對信心內容的更深知識之關係，革氏說，認識比相信更深一層，信心就是按字義，在表面上接納上帝和基督的教理。但是基督徒智者，持有一種原先的異象，並在內心了解，體會救恩，這種經歷，給予基督徒智者有一種更好的動機，去完成其在倫理上的基能，他從事基督教的聖工，並非爲著報償，乃是爲著工作與愛上帝的緣故，故信心裏，已含有那種知識的因素，因此，信心是足夠得救的。單純的信徒在受洗時，已經領受到所要求的完全，以及那救恩的確據。但單純的信心，必須被提引到更高的境界，那就是到有一種上帝神秘的異象境界，就在這種過程的開端，哲學進來協助之。

俄利根注重聖經譬喻式的一種解釋，爲要建立他的教理特殊體系，按他看來宇宙是上帝的第一啓示，具有「靈性的、心的、物質的」三方面，照樣，聖經爲上帝的第二啓示，亦具有「按字義的意思，心的或道德的意思，一種屬靈或推理的意思」三方面，他作有系統的發揮那譬喻、解釋，說到那些似乎矛盾的經文，卻蘊藏著更深的思想。說到字義的意思，有時用以矇蔽屬靈的意義，以免珍珠被丟在豬前反遭踐踏。說到上帝的羅格斯 (Logos) 受派來做罪人的醫生，亦要來做門徒的師傅，以教導上帝奧秘之事。

俄利根論到上帝，在抽象的上帝觀念上，是屬於柏拉圖的看法，他開始使用「上帝是光」、「上帝是個靈」這些字眼，以研討上帝的教理，指出上帝爲一位存在者，亦是一位超越存在者，上帝是一位智者，不受任何物質的、時間與空間的限制，他認爲上帝是有位格的，爲創造之主，托住萬有者，世界的統制者，聖子在上帝所管制當中，上帝是公義良善的上帝。俄氏論到聖子，將聖父啓示給我們，他隨從新柏拉圖主義教導說，從神生出靈智，聖子從聖父生出，多少像意志從人而生出一般，又說，我們在聖子裡認識聖父，聖子是聖父的形像，智慧及羅各斯，聖父生聖子同是永恆的，在關係上是合一的，在聖子裡，我們看見上帝的榮耀顯現與照耀，具有同一同等的本性，但他說到聖子是第二等的神，基督爲聖父的行政者，爲要實行聖父的訓示，並不贊同向耶穌禱告，應當向聖父禱告，因爲基督是依賴上帝的，似乎將聖子有些置於次位的觀念。俄氏對於聖靈的教理，認爲唯有從啓示方能獲得，聖靈是活動的，但不像羅格斯 (Logos) 在一切有意識之人當中活動，聖靈僅在聖徒的靈魂裡活動，其活動範圍最小，他說：

「聖子小於聖父，因祂次於聖父，但聖靈更低，僅伸延在聖徒當中而已。」不過，聖靈並非被造者，聖靈是出自於聖子，在本性上是上帝，聖父管治存在的領域，賜與生命，聖子管制理性的領域，賜與理性，聖靈管理基督徒靈魂的領域，賜與聖潔與特殊恩賜。

俄利根論到基督的重要性時，認爲有些經造就的初信者，若無外在的事實，就不能相信，針對這群人，基督替他們付出贖價，拯救他們脫離魔鬼，至於有些基督徒智者，亦是眞基督徒，他們明察上帝的奧秘，針對這群人，基督就做爲他們的祭司，替他們啓開知識的深奧，使他們能分享到上帝的生命。俄氏論到基督的工作時，認爲單純的基督徒，針對這群人，基督以神人與醫生出現。那具有高等知識的基督徒，基督成爲他們的師傅及神的原則，他們又被稱爲基督徒智者，不需要基督作他們的醫生，只需要基督教導他們更深的奧秘。因此，基督最高的工作，在於祂有上帝奧秘最高的教理，在這種工作上，羅各斯使用爲人的耶穌，來做爲祂的器皿。俄氏採納聖經所記基督之受苦與受死，基督受死的目的，爲要拯救人脫離惡魔的權勢，他說人的靈魂因著犯罪，被魔鬼所轄制，因此，耶穌就付出祂的靈魂，以致於死，以救贖人脫離魔鬼的權勢，他亦承認在上帝面前需有挽回祭，基督承擔人該受的刑，藉此，上帝便與人和好，而人便與上帝和好了。

俄利根說，基督具有人的魂，這魂連結了羅各斯與耶穌的身體，這魂是純靈，沒有參與史前的墮落，就是這魂與屬人的身體受苦，並非羅各斯受苦。這人基督耶穌是眞正受苦而且死了，但他還是堅持基督兩性的眞正聯合，這是一種屬靈的，神秘的聯合，這羅各斯(Logos)對這人耶穌有一種支配的影響力，使基督的人性更加神化。他說：因基督由童女出生的緣故，祂的身體從道成肉身的舉動開始，便此我們人的身體更加神聖了，羅各斯、基督的魂、與身體等三方面的聯合很密切，以致聖經交替使用人性神性這兩個用詞，基督釘十字架之後，羅各斯逐漸吸收耶穌的身體，直到祂最後轉變爲靈，並被接納與神性聯合爲止。（李道生《世界神哲學家思想》頁七三—七七）

三、結語

綜上所述，俄立根的上帝觀的神學思想，並不完全合乎基督教的聖經眞理。奧利金的神學理論，部分可能是別人用他的名字寫的，這些信條包括靈魂先存說，復活身體改變論，寓意解經法等，曾在後來引起極大的辯論。支持和反對的人數都很多，擁護他觀點的，如阿他那修、巴西流、拿先斯的貴格利諸人；反對的，如伊皮法紐、西首坡利的區利羅。耶柔米先是贊同，後來強烈反對。此種爭端直到第二次康士坦丁堡大會（五五三）才解決，奧利金主義被定爲異端。

胡院長鴻文評云：

> 俄立根認爲宇宙由神而來，神是萬物的根本。神是全知、全能、全善，神是永恆的，不變的。他把基督教所信仰的神，用亞里斯多德的「純形式」表達之。他表示因爲是「純形式」，故充滿了能力，經由 Logos 萬物因之造化，這 Logos 就是耶穌。
>
> 俄立根的神學思想並不完全合乎基督教的聖經，因爲他還有將耶穌置於次位的觀念，而基督教的正統信仰則認爲聖父、聖子、聖靈是三位一體，同質、同等、同榮、同尊。他在哲學上硬拿希臘哲學穿插於基督教的基本信仰，也與基督教的正統信仰不合。他把耶穌基督降世爲人道成肉身，用哲學的方式寫出，這是不需要的，基督教的正統信仰以爲耶穌的道成肉身是神的大能，俄立根不必硬要使之哲學化，明白耶穌道成肉身的眞理要根據神的啓示，聖經的話語。從使徒以後以至於中古前期，神學和哲學尚未清楚劃分，不但俄立根時期如此，即是到了奧古斯丁仍然是如此。多瑪斯．阿奎納斯，關於神學和哲學已有清楚的劃分，對於神學和哲學的研究較爲顯明方便。（《本體論新探》頁三一一—三一二）

胡院長的評論，可謂鞭辟入裏，切中肯綮之言矣。

第十九節　居普良的上帝觀

一、傳略

居普良（Cyprian, 約 200-258 A.D.）奉特土良爲師，從許多方面說來，他都得了特氏思想的眞傳。居普良大約以二〇〇年生於加大果，終其一生都是住在那個城裡。他的家境富裕，受過高深教育，後來成了修辭學的名師。約在二四六年時，他決志崇奉基督教，僅二、三年後即膺選爲加大果主教，他執行主教職權的才幹是很大的，雖沒有他的老師特土良那樣的天才，卻是在待人接物上富於恩情厚意。他逃避了二五〇年教會所遭的逼迫，但到了二五八年逼迫又來時，他卻挺身而起，毫不退縮，卒至爲道捐軀，身首異處。後世教會對於古代教會領袖之推崇，出乎居氏之上者，實不多見。

二、學說

(一)一位上帝一位基督一個教會

在居普良的思想中，我們可以找到一些說法，爲後來「大公」教會之發展作張本。例如他說，教會是由基督徒組合的，一個有形的正統社團。「只有一位上帝，一位基督和一個教會，由主的話設立於磐石上的一個權位(即主教制)。」「無論是誰，也無論他是什麼人，他如果不屬基督的教會，便不是基督徒。」「凡沒有教會爲母的，也不再有上帝爲父。」「在教會以外，沒有救法。」教會之合一，基於主教之合一，「所以你們應當知道，主教在教會裡，教會又在主教裡；假如有人不與主教同在一處，他就不在教會以內了。」「主教制是完整不可分的，它的每一部分又有它自成一體的管治。」這末後的引語所惹起的辯論，至今猶未解決；問題是：居普良說這句話的意思到底是什麼？他是否說，一切主教都可同等分享主教制的威權，好像說主教制的威權是每一主教所有，也是一切主教所共有？還是主張羅馬的主教權在其他主教之上？他確實引用了太十六章18—19節。他把彼得看作標準主教，也將羅馬看作「首屈一指的教會，一切聖職的合一，都須以它爲源頭。」在他看來，羅馬的教會實有最高的尊嚴；雖說他以羅馬的主教爲首席主教，卻未承認他的權柄高過其他有同等職位的主教，他也並未承認羅馬的主教有判斷其他主教的威權。

(二)爲道殉難結百倍果子

居普良的言論思想，對於聖餐教理之發展，極關重要，因爲在他的思想中，已有一點，指明聖餐裡是教會祭司

（神甫、牧師）對上帝所獻上的祭物。居氏對於基督徒生活的看法，也如同特土良一樣，抱禁慾思想。他看爲道殉難的人是結百倍的果子；自願守獨身的人，結六十倍的果子。（華爾克《基督教會史》頁一一三—一一四）

三、結語

綜上所述，居普良的上帝觀認爲只有「一位上帝，一位基督，一個教會。」他是迦太基主教與非洲第一位殉道的主教。他力主教會合一，某次教會想將一些在逼迫時期信仰變節者除教，是他主張要寬容這些人，但是這些人必須先悔罪。他堅持，凡異端者想再進教會，必須再受洗，他強調悔罪與受洗乃蒙恩之道。他留給教會許多重要著作。他爲反對羅馬主教專擅而奮鬥，終在二五八年，瓦勒連的迫害下，被斬首於迦太基。何其悲哉！豈應驗其爲道殉難結百倍果子者乎？亦可謂「求仁而得仁」者矣！其後被稱爲聖徒，紀念日爲九月十六日。

第二十節　柏羅提挪的上帝觀

一、傳略

柏羅提挪 (Plotinus, 205-270 A.D.) 或譯爲「普羅提諾」、「蒲魯太納斯」。新柏拉圖派之創始者，埃及人。年廿七，始遊學於亞歷山大里亞。師事亞侔聶者歷十年。嗣遊於雅典，與朗吉那講貫學術。已而從羅馬帝哥爾地亞耨 (Gordianus) 東遊，將考求波斯印度之哲學。帝中途遇弒，遂返羅馬，下帷講學。年既五十，始執筆著書，故後，其弟子玻斯菲利厄 (porhyry, 232-304 A.D.)，編集其遺稿以傳世。（樊氏《哲學辭典》頁四〇七）

二、學說

（一）神爲宇宙大原

按新柏拉圖派，於第三世紀中，起自亞歷山大里亞之一學派。相傳導始於亞侔聶，而其說弗傳，故普通以柏羅提挪爲創始者。其說不外運用柏拉圖之學，以推闡宗教思想。謂神爲宇宙大原，是無限者，絕對者。超越一切存在，一切思惟。其本體充溢，則流爲萬有，而於本體無變化增減焉。其流出也有次第，始爲精神，繼爲靈魂，又後為物質。物質去神遠，又陽光之所弗及，斯成晦闇。故物質者，世俗以為有之始，實則是「非有」，是消極，故惡，故不完成，故人生以解脫為歸，宜去物質而求靈魂，期與神接近。所謂液出說是也。故後，其弟子玻斯菲利厄(Porphyrios)繼之，仍講學於亞歷山大里亞，而占布利克(Jamblichos)傳其思想於敘利亞，別稱敘利亞派。是派，略變化柏羅提挪之意義，且思綜合古來宗教，緯以儀式，顯與基督教樹敵，均為民衆所不容，卒致失敗。又後，蒲洛克魯(Prochus)移之雅典，稱雅典派。鑒於前車，但務講學，而屏去宗教性質。後為東帝國所禁阻，希臘哲學因之以斬。（樊氏《哲學辭典》頁七七三）

（二）上帝就是絕對的存在

新柏拉圖主義(Neo-Platonism)創始於亞歷山太城的安摩紐撒迦(Ammonius Saccas——約在二四五），但實在把這主義發揚光大要算普羅提諾(plotinus)。普氏約於二四四年移居羅馬，繼普氏而領導這主義的有坡菲留(Porphyry, 233-304 A.D.)。新柏拉圖主義無非將柏拉圖思想作成泛神和神秘的解釋。上帝就是絕對的存在，完全無缺的，是一切低級存在的源頭。上帝是獨一，超乎思想上的二元性。好像俄利根神學中所講的洛各思一樣，這主義所講的「諾儒斯」亦自上帝流出（「諾儒斯」意謂精神或靈智）。

由「諾儒斯」生出世界靈魂，由世界靈魂生出個人靈魂，物質也是出自世界靈魂。由此自上而下，每下一層，則遜一等，在每下一層，則佔實在較少的一份——由那最上而完全無缺的上帝，一直降下來，到了物質的階層，就離上帝越遠。把物質比上帝，簡直是無可比擬的。新柏拉圖主義也如同一般後起的希臘哲學一樣，在道德上說，都是主張禁慾的。所謂靈魂得救，就是用神秘的默想，使靈魂上升到上帝那裏，直到它與上帝合為一體為目的。新柏拉圖主義影響於基督教神學者甚大，尤以奧古斯丁的神學為最顯著。然而創建這主義的人，並非善於組織，所以它終於是一派少數人的思想學理，與普通大多數人不發生關係。（華爾克《基督教會史》頁一七三—一七四）

（三）神是產生一切的能力

神——一切實體，全由於物質與形式造成：神（即一，形式）和物質，乃是組成的原則，恰如世界的兩極。神是能力，是產生一切的能力，是主動的能力；物質是接受一切，並生成一切的能力，變化無窮，和絕對的現實，恰巧相反。可是，據柏羅提拿說，物質雖具備形式，但非絕對的反對者；分析到底，只有一種最高的原則，那就是形式，單一性，或神。

（四）神的單一性等於無限並包括一切

神的單一性，絕非數的單一性。數的單一性，假定著二、三及其他相似數目，而神的單一性，卻等於無限，並包括一切。它是不可分的，不像數的單一性，可由分數分至無限；它超越我們的概念，它是奇蹟中的奇蹟。它產生一切，但不爲任何物所產生；它是一切美的泉源，但它自身，卻並不是美，它是一切形式的泉源，但它自身，卻沒有什麼形式；它是一切思想，一切智慧的泉源，但它自身，並非思想的和智慧的實體；它是一切事物的原則、衡量，和目的，但它自身，眞正的，說起來，卻不是一件東西。它是純粹的思想，一切具體的思想的源泉；它是純粹的光明，致使我們得見一切事物，因此，我們不能把它和物的自身區分。它是善的原則，是最高的善，但它自身，不像善性的衆生，它沒有善，也沒有美，也沒有智慧，它就是善，就是美，就是思想的自身。如說神有內的知覺，而把他看爲個體，那即貶損他了。自我的意識，對我們而言，具有價值，對神而言，毫無意義。暗昧的東西，憑著視覺，尋找光明，但光明自身，還會需要視覺嗎？這並不是說，最高的實體，與木石一樣，是無意識的，是盲目的，他超越無意識和意識，這種意識與無意識的對峙，就神而言，並不存在。神也沒有意志——假如此所謂意志，係指人的意志；他不企望善，他除自身以外，並不企望什麼，因爲在他外面，絕無可欲的東西。他即是和平、休息，與最高的滿足。他既不像靈魂一樣的自由，也不像物體一樣受限制。他高於自由意志，又高於物質，前者在兩種相反的限定中浮游，後者受外力的驅使，而他卻能超越它們。只因我們給他任一種性質，即在限制他，所以我們不應該給他任何屬性；他於同時之間，既是全體，又是無物。如給他任何屬性，即在剝奪他那種屬性了。

（五）神的屬性是一是善

所以柏羅提拿不得不承認，他自己所給予神的屬性，即一，善，純粹的思想，純粹的現實等，都是不適當的，我們對於神，所能說的，只是說，他超出一切所能意想者和所能申述者之上。嚴格的說，我們簡直不能說，他存在著，因他超越存在的自身。他是無上的抽象，我們除了用絕對的和極端的抽象，即不能達到他的地位。我們希望意想理念，已經需要對於感覺論料，加以抽象，至於神，更高出理念多多，其高出理念程度，正像理念高出感覺論料的程度，所以如希望達到神，更須對於一切理念，加以抽象了。思想一達到最高點以後，即須把助他上升的梯子拋開，並把自身拋開，而入於冥索之境；那時候，它將變成瞻仰，變成頂禮了。希望運用思想，或運用語言，來界敘神，那全要把它喪失了。

(六)神是純粹的思想

柏拉圖所說的神，高於實體，但不高於理念；他是一切理念的王，又即是理念自身，因此，他爲理性所能及。新柏拉圖所說的神，且比理念爲高，故逃到思想以外。這是兩派思想的大差異點。但我們不能走得過遠，以爲神秘論派的柏羅提拿，和唯理論派的柏拉圖，絕不相同。據柏羅提拿說：人類必須勵志求進，完成一切勤奮的理知工作，又經過俗見和哲理間一切階段，才能與絕對聯合。思想雖然不能進入至聖所裏面，但它是必需的工具，又引領我們，進入聖殿，而且當他求達目的，謝去引導人時，並不因他看輕引導人。此外，我們已經知道，所有亞歷山大城的神秘論的一切原素，已全包涵在柏拉圖的學說表面：那就是對於理智的愛好，對於哲理的熱情，以及聖者對於理念世界的感激和沈醉。宇宙從絕對裏面流出，猶如光線從太陽裡面流出，熱從火裏面流出，結論從公理裡面流出一樣。神是善性，是希望一切事物全得存在的父親。但在他所分播出來的事物裡面，有一種暗昧的或自覺的欲望，希望回到他那裏去。一切事物，被他吸引著，想來接近他。個體不是存在的最後形式，他是從神(爲事物的原則)到神(爲事物的理想目標)的過渡；又是從無限潛勢的神到絕對現實的神的過渡。如果世界成一種諧和的系統，那只因爲一切事物，全向著同一的絕對輻合。實體的返歸神聖，只有憑藉思想、瞻仰、直覺，方屬可能，方可使靈魂得到他所需要的無上的滿足。知覺、觀看、瞻仰，這是一切動作，一切傾向，並一切運動的目的，每一個人，均按著他自己的樣子，尋找絕對。有深思的本性，有實踐的本性，據柏羅提拿說，前一種本性，高於後者，這兩種人，都想求達同一目的，但前者由直路求之，即用思想求之，後者即走著彎路：因爲動作是思想的錯軌，表示他的理解，不甚健全。沈思不只是生命的目的，而且就是生命的自身。動物、植物，一切的實體，全稟受知覺。既然一切生命，分析到極點，全成了思想，既然神是一切事物的創造者，所以我們可以和亞里斯多德一樣，承認（加以上述的限制）神是純粹的思想，除卻他自身，沒有其他對象；又認他是智慧的原則，或直覺的能力，即此直覺力，可使我們看出一切的事物，但不看見它自身。（威柏爾《西洋哲學史》頁一三一——一三四）

（七）神爲萬有之根源

神爲萬有之根源，爲精神與物質、法式與質料、反對與差異之根源；但其本身則無複雜差異反對之性質，而爲絕對的渾一。他包涵萬有，而爲渾一體，爲第一因。萬有由他而生；多之先須有一；一先於萬有，超出萬有。神是超越的，非吾人所能限量；所以吾人不能說神是美、或善、或有思想、有意志，因爲這些屬性，皆是有所限定，實際上，是使神不完美。我們不能說他是什麼，祇能說他不是什麼。我們不能說他是有，因爲有是可想的；凡可想的，皆含有主體與客體，所以是有限度的。他高出於美、眞、善、意識與意志之上，因爲這皆倚靠他。我們亦不能認之爲思想，因爲思想包含一個思想者及思想；縱是一個自我意識的東西，當其自己思想時，便分爲主體與客體。說神有思想、有意志，便是以神所思，所欲者限制神；所以反是剝奪了神的獨立自主。世界雖然出於神，但神不創造世界；因爲創造，則意涵意識與意志或限量，而神並未曾打算創造一個世界；世界也不是由神演化出來的，因爲神是最完全。宇宙是由神流露出來的東西，是神之無限權力中所不能不流露出來的東西。柏羅提挪爲說明此意見起見，引出許多例子。他說神是一個無限的淵泉，水在其中，源源不息；神又如太陽，放射陽光，而於太陽毫無所損。柏羅提挪用這些例以說明第一原理之絕對的權力與獨立。原因不消失於結果中；結果亦不限制原因。世界倚賴神，神不倚賴世界。如動物生子之後，仍不失其爲動物。

吾人去太陽愈遠，距黑暗愈近（物質）。創造爲由完全而流於不完全之墜落。人類去本源愈遠，愈是不完全，愈是複雜而變化。每一後階段，皆是前一階段必然之結果。但後一階段皆力圖到較高的階段，歸復原始，以期達到

原來階段的目的。（梯利《西洋哲學史》頁一四五—一四六）

柏羅提挪以神是一個無限的淵泉，神又如太陽，以說明其神學觀念。但神是造物者，淵泉、太陽，皆是受造物，以受造物喻造物者，反落言筌矣。

（八）神是「太一流出說」的究極原理

在形上學理論的建構上，首推柏羅丁（按即指「柏羅提挪」）作代表；柏氏視形上學的究極原理，即爲是神、或「太一」(to hen)；神是超出一切對立、一切思維與存在而寂然自存的不可名狀者。它的本質乃無上的完美，未因流現成萬有而減損它任何的豐富。

柏氏的「流出說」，乃單憑自身的超然體證而衍得的：「太一」先是流出精神（可理解的世界），其次才是世界靈魂與物質；因爲這一流出的歷程，並不在時間範圍內，所以，整個世界乃是永恆的。

詳細的說，柏氏認爲：在此「太一」（神）之內，絕無雜多、運動及差別。「太一」的本質，並非思想、意志，也非活動，它乃是絕對無定的。（陳俊輝《新哲學概論》頁二九九）

按「太一」就是老子哲學中所說的「道」，「道」就是約翰福音一章一節所說的「道就是上帝。」

（九）神秘主義的上帝觀

凡理性思辨所見的只是一有限的抽象概念，而非無限的眞實。故無限的眞實或上帝不是思辨的對象，而是不可言說不可狀述而超越於人的理解之上的眞實。故此，此眞實只可以通過神秘的直覺去把握，由神秘直覺中與之融和合一，而不是一外在思辨之物而爲思辨的對象。故此，薄氏的太一即非如巴門尼底斯(Parmenides)由理性的辨證上所顯示的太一，亦非亞里士多德所說純思辨對象的不動者，而是近似於柏拉圖所論的太陽、至善、至美、創造者，或上帝。依薄氏，柏氏所論的上帝不是由理性思辨所可以完全顯示。故薄氏不說由思辨上以把握一上帝觀。因上帝既超越於人的思想之上，則由人的思辨最多只能引導人的思想至一消極的無限上帝觀；人要對上帝有積極或眞實的契會必須由神秘直覺上去完成。（李杜《中西哲學思想中的天道與上帝》頁二一六）

這就是柏羅提挪神秘主義的上帝觀。蓋哲學重理性的分析，神學重感性的啓示，認識上帝是無法用理智思辨去分析的，惟有用禱告沈思默想中去獲得啓示的，兩者迥然不同。

三、結語

綜上所述，柏羅提挪以神爲萬有根源的上帝觀。他是新柏拉圖主義 (Neo-Platonism) 的創始者。該派爲第三世興起於亞歷山太的哲學，以柏拉圖及亞里斯多德之觀念爲基礎，並採集希臘及其他哲學與東方各宗教之觀念。欲聯合哲學及宗教（包括基督教）之最好觀念，而預備一新宗教，以神爲一切最後的根源。此派將神與物質界結合，使物質失去實存性，藉著神秘性與神聯合。此派當影響奥古斯丁及中古基督教神學。

第二一節　麥托丟的上帝觀

一、傳略

奧林匹斯的麥托丟 (Methodius of Olympus, ?-311 A.D.)，著名的俄利根神學評論家，特別致力於對靈魂輪迴轉生及純粹靈性的身體復活的批評。由他的復活論文，發展出復活前的身體及復活後的身體的連續性論文。

二、學說

（一）復活的上帝觀

奧林匹斯的麥托丟《論復活》：本書約於公元三〇〇年以希臘文寫成，以在醫生亞哥羅豐 (Aglaophon) 住宅中的討論爲主。本書駁斥俄利根的概念，否定人復活後一定是靈體。俄利根的論點是：肉身不過是永恆的靈被拘禁的監獄，在死後靈得釋放，在復活時會變成純粹屬靈的樣式。麥托丟則認爲，復活有如重鑄被損壞的金屬雕像。此處所引用的是本威赤 (Bonwetsch) 版本，是重新發現斯拉夫 (Slav) 譯本時所找出的版本。因此，其段落的編號與較古老的版本有所不同。按照米聶 (J. P. Migne) 所提供的《希臘教父大全》(Patrologia Graeca)。

我們可以假設一位技巧純粹的藝術家創造了一個高貴的肖像，覆蓋以黃金或其他材料，有優美的線條及比例。

這位藝術家忽然留意到這肖像被一些心存嫉妒的人損傷外表，他們因爲不能忍受此肖像的完美，便決定要毀壞那肖像，以滿足自己的嫉妒心。這位藝術家決定重鑄此高貴肖像，最明智的亞哥羅豐醫生，請你留意，他在這個肖像身上花了那麼多的工夫，照料、工作，若是他想要確定這肖像完全沒有瑕疵，他必定會將之鎔解，還以原貌……。

對我而言，神的計畫似乎與這個例子大同小異。祂最奇妙的創造是人類，祂看到人因爲嫉妒和叛逆已經腐敗。祂對人的愛是如此浩大，以致祂不能容許人繼續在這種情況之下，充滿敗壞，無法進入永恆。因此，神再一次鎔解人，變回其原本的材料，使之得以被重塑，使所有的瑕疵都被除去，消失無蹤。人的身體會有死亡和分解，便與鎔化肖像相符，被改鑄成爲死後復活的身體。（麥葛福《基督教神學原典菁華》頁四四九—四五〇）

三、結語

綜上所述，麥托丟論復活的上帝觀，以爲復活是神重塑人死後復活的身體，如重鑄肖像然。但依據聖經，復活(Resurrection)是在基督再臨時立即發生的超自然事件，死了的身體要復活與靈魂復合，直到永遠。

第二二節　拉克單丟的上帝觀

一、傳略

拉克單丟 (Lactantius, 約 240-320 A.D.) 或譯「拉譚修斯」，拉丁基督徒護教家，著有《神聖要義》(Divinae Institutiones)，用以彰顯基督教在文化及理性方面的根據。

當戴歐奎仙大帝在尼克米底亞建都時，邀請拉譚修斯（大概是從北非）來此教修辭學。拉氏改宗基督教，因而失去其職位。後來康士坦丁大帝揀選爲其子 (Crispus) 之教師，於主後三一三年來到高盧。

拉氏利用歷史、哲學，特別是他自己的文學修養來護衛基督教。他寫一本書名爲《逼迫者死亡的方式》，描述教會仇敵悲慘的死。《論神之忿怒》一書是說到神如何刑罰罪惡。《神的手工》一書，說到人體的奇妙。證明神的智慧與恩慈。

他的主要作品就是《神的原理》，在此書中他預備了一個概要。前三卷駁斥異教，以系統方式陳述古代基督教護教學；後四卷說明宗教哲學，特別強調唯一眞神的崇拜、正義、道德行爲與靈魂不朽。本書表明基督教教訓對康士坦丁大帝左右的統治階級所申訴的是甚麼，這本書就是寫給他們的。

根據拉譚修斯，基督教就是將眞宗教與眞智慧合併之，這兩件事就是人性所希求的。他從異教的見證（尤其是從拉丁文學）旁徵博引來證明基督教的教訓。拉氏論身體與靈魂的性質上遵循柏拉圖，但將此意見與前千禧年主義合一爐而治之。（趙中輝《英漢神學名詞辭典》頁三八五）

二、學說

（一）人是神所造的上帝觀

拉克單丟〈論神形像的政治性〉：本文節錄自拉克單丟的《神聖要義》，在此他論創造教義的政治和倫理含義。所有的人都是由同一位神所造成，都帶有祂的形像。所有的人都是由同一位最原始的人所造成——此乃指亞當——因此人類應當互相尊重。「形像」二字，拉克單丟使用的是拉丁文 Simulacrum 一詞，而非較慣用的 imago。前者通常是指偶像或衆神的雕像，強調肖像及其對象之間的相像程度。

我們已討論過什麼是神應得的。現在我要討論什麼是其他人應得的。而事實上，人應得的仍取決於神，因人是神的形像 (Homo dei Simulacrum est)。公義的首要責任與神有關，也使我們受祂約束。第二個責任則與人類有關。前者叫作宗教，後者叫作慈悲或人道。宗教是正義之士、敬拜神之人的一項特色。只有宗教是生活。神造我們成爲赤裸及脆弱，爲的是要教導我們智慧。祂特別賜給我們對敬虔的熱愛，使我們能夠保護我們的同類，愛護他們、珍惜他們、保護他們免於危險，並且幫助他們。人道將我們有力地聯繫在一起。任何破壞人道的人，都是罪犯，是謀殺尊稱的人。所有的人都是神由同一位最原始的人所造成，於是都源於同一血源，因此最大的罪行，便是憎恨人或是傷害人。我們既然是同一位神所創造出來的，自然便成爲兄弟和姊妹。聯繫我們靈魂的，比聯繫我們身體的更強。拉克單丟說得沒有錯：

我們都是天上的種子衍生出來的後裔。對每個人而言，都有同一位的父。……因此我們必須彰顯人道，如此我們才配得人類的名稱。彰顯人道，便意味著愛我們的同類，因為他們也是人，正如我們是人一樣。（麥葛福《基督教神學原典菁華》頁二七七－二七八）

三、結語

綜上所述，拉克單丟謂人是神所造的上帝觀，所言甚是。由基督教觀點來說明自然宗教，拉氏的確提出一有力的證據，但對特殊的基督教教義上的論證卻微弱，他特別對三位一體的教義的見解不夠充分。拉氏被稱為「基督教界的西塞羅」(Christian Cicero)，因為他的文體優越，以及他引證的分量和概念都是從西塞羅來的。

第二三節　亞流的上帝觀

一、傳略

亞流 (Arius, 約 250-336 A.D.)，或譯為「亞利烏」，亞流主義 (Arianism) 的創始人，這是一種拒絕承認基督有完全神性的基督論。有關亞流生平所知甚鮮，他的著作也鮮有流傳後世者，惟一例外的是給尼可莫底亞的優西比烏 (Eusebius of Nicomedia) 的信。後人對他觀點的了解，主要是透過反對者的著作。

亞利烏派爭端約於主後三二〇年起於埃及之亞歷山大里亞主教區，主要關於基督之位格。此名係由該教區內一長老，名亞利烏者，教導說在父神與基督之間有一區分，謂基督居其次。亞氏主張唯神是永遠者，基督是由無中被造的，是一切受造之首且最大者，其次他又造了宇宙。因為歸予祂的能力尊榮，他就被視為神，受神之敬拜。大多數的亞利烏派也主張聖靈是由於子所造，是萬物中首先最大者。因此，神有始，也有終。要求崇拜一受造的基督，亞利烏派實際上就等於拜異教與偶像，拜受造之物。此爭論漫延頗久，比攪亂初代教會的任何異端更甚。

此謬誤之起，因亞利烏及其從者誤解有關基督降卑的某些經文，那就是祂所承受的某些關係，為的是替祂百姓完成的贖罪大工。結果他們以爲基督暫時性的從屬於父神，即其原初與永久的不平等。然而，由於基督所作之宣稱，所有的權柄，所行的神蹟，在復活與升天所顯示的榮耀，大多數的基督徒相信祂是眞神。

爲了解決此項爭端，康士坦丁皇帝於主後三二五年在小亞細亞之奈西亞召開了初次的會議。希望在此次會議中，擬定方案令全教會接納。會議的代表來自羅馬帝國各處，包括主教與長老多人，討論重心在於基督是眞神，抑或只是首先與最大的受造者。

純正派的領袖人物是亞歷山大之主教亞歷山大。亞利烏之教訓被定罪。主張基督與父神同質 (Homoousia)，並非似質 (Homoiousia)，並聲稱「基督乃神之神，光之光，唯神之神，與父同質。」

可是，亞利烏派的受挫只是暫時的。康士坦丁皇帝起初極欲執行奈西亞會議所定之條文，但有人從中關說，乃暫緩執行。於是兩說在教會中流傳，結果亞利派又大張旗鼓，廣爲宣傳，成爲人所共知的見解。會議結束後不久，亞歷山大與世長辭，後繼者爲阿他那修，爲純正信仰據理力爭，且具技巧，終得勝利。爭端繼續攪亂教會，直至主後三八一年之康士坦丁堡會議，純正信仰教義方得再次鞏固。雖然如此，亞利烏派之觀點仍爲一些小團體所主張，但約於主後六〇五年終於銷聲匿跡。

二、學說

(一)亞利烏主義

在古代教會中興起的第三個異端，就是亞利烏派。此說否認基督的眞神性，主張祂佔有神人之間的立場，說祂是第一個受造者，並爲其他一切受造之物的造物主。基督並不是被承認爲佔有絕對神性，乃僅爲受造者中的至高者。因爲祂所作的宣稱，所具有的權柄，所行的神蹟，特別在祂復活中所彰顯的榮耀，因此大多數古代教會的基督徒，都承認祂爲眞神。但亞利烏派謬解了某些有關基督降卑地位的聖經記載，以爲祂暫時從屬於父，意思是父與子的關係，是原初的，永久的不平等。

古代教會最出名的教父奧利金 (Origen)，論到他的子永遠爲父所生的教義，曾教導過固有的從屬（說基督從起初就在父之下）。亞利烏（即亞利烏派的創始人）將此思想發揚光大，並且宣稱子到了時候生下來，如此就使祂成爲受造之物。

此爭辯於四世紀初葉，由亞利烏的教訓達於頂點。爭論的中心著重於基督是眞神，抑或僅是最初而最大的受造者這項問題。亞利烏派主張基督不是永遠的，祂是爲父從無中所造出來的，因此在一切受造之物中祂是最初的、最大的。祂以後又造了世界，又因爲所賜給祂的權能，祂被尊爲神而敬拜之。因此，祂被稱爲神只不過是客氣而已，正如我們稱副總統而以總統的頭銜稱之一樣。祂的特殊尊榮是由於祂直接爲神所造的事實，又將超自然的權能賜給祂，而其他一切的受造之物，又爲祂所造。大多數的亞利烏派，也主張聖靈是基督用祂的權能所造一切受造之物中最初與最大者。當然，這一切的意思是神有始，也有終；因爲一個受造之物，不拘有多高，也一定是有限的。因此，亞利烏派說是崇拜基督，事實上，是說到異邦主義與偶像崇拜的中心原則，所拜的是受造之物。

亞利烏派說基督不是與父同質（希臘字是 homoousia），乃是似質 (homoiousia)。或許我們今天會希奇，爲何整個基督教世界，都爲拒絕一個小小的字母而震動；事實上，有「i」這個小字母（希臘文唸爲 iota）與沒有這個小字母，關係至爲重大，可謂差之毫釐，謬之千里。這個小字母表明了救主爲眞神，或祂爲受造之物的區分——也可以說是拯救人靈魂的基督教，與不能救人的基督教之間的區分。（趙中輝《英漢神學名詞辭典》頁三六）

（二）神是不能改變的上帝觀

亞流〈論基督的地位〉，此信約於主後三二一年以希臘文寫成，是亞流本人所寫，呈現其基督論觀點的少數文獻之一。通常我們都是從他的反對者（例如亞他那修）的著述中認識到他的觀點。亞流的特點是他強調，子是有一個開端的。但他同時堅持主張神是不能改變的。亞流認爲神不可能改變，這個事實證明道成肉身是不可能的。

我父親安摩紐 (Ammonius) 既然要前來尼可莫底亞 (Nicomedia)，正好請他代爲轉達我的問候，同時也向你告知主教如何嚴厲地攻擊、逼迫、追捕我，甚至將我們自城市逐出，好像我們是無神論者一樣，因爲我們不同意他公開傳講的信息，他說：「神永遠如是，子永遠如是；父這時存在，子亦同時存在；子與父共存，父不是受生的 (unbegotten)；子卻是永恆被出生的，而不是被懷孕而生的 (born-by-begetting)；不論是在思想中，或是任何一刻時間中，神都並非先於子而存在；神永遠如是，子永遠如是；子存在於神的本身。」有些人主張神是沒有開始的，是在子以前就存在，並因持守這個立場而被定罪，包括你的兄弟該撒利亞的主教優西比烏 (Eusebius)、狄奧多士 (Theodotus)、保利努 (Paulinus)、亞他那修、貴格利、阿以丟 (Aetius)，以及所有其他東方的主教；有些異端、無學問的人卻爲例外，包括腓羅哥尼奧 (Philogonius)、哈蘭尼古 (Hellanicus)、馬卡里奧 (Macarius)；他們當中有些人說是子是流出物 (an effluence)，有些人說子是投影 (a projection)，有些人說子是共同非受生的 (co-unbegotten)。就算異端用成千的死亡來恐嚇我們，這種無信的言論都是不堪入耳，無法接受。我們所說所想的，一直都在教導，並且繼續會教導這立場，就是子並非「不是受生的」(unbegotten)，也並非這以任何方式屬於那「不是受生的」其中的一部分，也不是起源於任何的本質；子按著祂自己的意志及計畫，在沒有時間以前已經存在，是完全的神，是獨生的，是不能改變的。在祂被生、被創造、被委派、被建立以前，祂並不存在；因爲祂並非「不是受生的」。我們因爲主張：「子有開始，父無開始」而遭到逼迫。我們因爲認定祂是源自無有，而遭到逼迫。我們如此主張，是因爲祂並非神的一部分，也並非衍生於任何的本質。我們因此而被逼迫；其他的，你都是知道的。（麥葛福《基督教神學原典菁華》頁一八〇——一八一）

三、結語

綜上所述，亞利烏主義的上帝觀，以基督爲被造物中最初最大者，是不符聖經眞理的。亞利烏是北非亞歷山大教會長老，主張基督在神之下（從屬於父神），被奈西亞第一次大會判爲異端。亞氏於主後三二一年被開除教籍，但後來又皇帝下詔而恢復。

亞利烏派否認基督爲眞神，同時又要求人崇拜祂，乃是向多神主義開了大門，並且毀了基督教的三位一體的信仰。阿他那修有先見之明，及時挺身而出，力主唯有基督的神性方能確固基督教信仰之根基。類似亞利烏派之基督論，復發現於現今之耶和華見證人會的教訓中。他們否認神子基督的永遠性、三位一體的教義。

此派後又分爲兩派，一派爲純亞利烏派 (The Full-Arians)，謂神與基督不僅異體，在本質上也完全相異，所以基督無神性，只是人間之神聖優越者，亦稱異本質說 (Heteroousia)。

另一派爲半亞利烏派 (The Semi-Arians)，謂神與基督雖非同體，但其本質相似，所以子與父雖爲異體，但基督具有神性，子之與父性質上沒有差別，故又稱本質說或肖體說 (Homoiousia)。

第二四節　那哥拉的上帝觀

一、傳略

雅典那哥拉 (Athenagoras St.)，或譯爲「聖亞他那哥拉」，約第二世紀，我們對他所知甚鮮，只知他是第二世紀最有力的護教者。

聖亞他那哥拉是基督教護教士，著《辯護》一書，上呈馬可奧利流皇帝與其子肯馬地斯 (Commodus)，反駁當時毀謗基督徒的種種流言，如無神論、吃人肉、行姦淫等，強調基督徒和平的生活，爲基督徒爭取和別的公民相等的權利。

在《論死人復活》冊子中（傳統上認爲作者是他，但也有人懷疑另有其人），駁斥反對者意見，正面對護衛信仰。他行文簡潔有力，是不可多得的護教家，他也是第一位爲三位一體教義做哲學上的辯護的人，他主張婚姻關係的永恆性，即使死後亦不會改變，有「雅典的基督教哲學」之譽。

二、學說

（一）論基督教的神

雅典的雅典那哥拉 (Athenagoras of Athens)〈論基督教的神〉，此文約於一七七年用希臘文寫成，獻給羅馬皇帝馬可奧勒利烏斯 (Marcus Aurelius Antonius) 及康茂德 (Lucius Aurelius Commodus)，清楚合理地指出福音的主要特點。早期基督徒拒絕敬拜皇帝，因此被控無神論的罪名。雅典那哥拉此文解釋基督徒相信什麼樣的神，由此文中並可察覺出其後可以發展出有關三位一體的重要思想。

因此，我們不是無神論者，因爲我們承認有一位神，是自有的、永恆的、不可見的、無痛感的、不可理解的、沒有限制的。人只有藉著理性和心思才能夠遇見祂，祂被光明、美麗、靈、不可言諭的能力所環繞。這個宇宙是被祂的道 (Logos，洛格斯) 所創造，所賦予秩序，現在也是被祂的道所維持。我們承認有一位「神的兒子」。沒有人應當以爲神有一個兒子是荒謬的。異教詩人在他們的小說中描述神與人無異，我們對聖父及聖子的想法卻與他們大異其趣。不論在思想上或就現實而言，神的兒子便是神的道。萬物是藉著祂的作爲，按著祂的模樣被造成，因爲父與子乃爲……〔愛子〕是父創造萬物中之首，這並非是指祂被創造才存在，因爲自從一開始，神便是永恆的思想 (nous)，在祂裡面有道，永恆地有道 (Logikos) 的特質。相反的，作爲萬物之首，是指子成爲所有實物的式樣及推動力。……我們確信聖靈在先知裡面積極工作，是從神而出，是出於神，也是回到神那裡的，正如同太陽的光線一樣。（麥葛福《基督教神學原典菁華》頁一二二）

三、結語

綜上所述，雅典那哥拉的上帝觀，承認有一位自有永恆的神，有一位神的兒子，聖靈是出於神，發展出三位一體的重要神學思想：聖父、聖子、聖靈三位一體，同質、同榮、同尊。

第廿五節　提阿非羅的上帝觀

一、傳略

安提阿的提阿非羅 (Theophilus of Antioch)，第二世紀最重要的基督教護教士之一，有關他的生平所知甚鮮，連出生及死亡日期的資料都無。他的著作中，得以保存下來的最重要著作是致奧托立克 (Autolycus) 的護教書信。

二、學說

（一）論有條件的不朽

安提阿主教提阿非羅於公元一八〇年之後不久便寫成他的論文，抵擋安提阿異教徒的反對者，護衛基督教。提阿非羅與當代其他的神學家，例如殉道士游斯丁及愛任紐一樣，認爲人靈魂的不朽是有條件性的，而非本質上必然的。換言之，靈魂的不朽性並非是人性的一部分，人只有完全順服神，才得以不朽。坎特布里的安瑟倫在 Cur Deus homo 一書中也有相似的論證。

> 人被造時是否只有必朽的本性？當然不是。那麼，人是不朽的嗎？我們也不接受此點。那麼，人類是否空無一物？我們並沒有如此說。我們所說的，是人類按本性而言，不是必死的，也不是不朽的。若神創造人類成爲必死，則神必定是人類死亡的創造者。但神並非將人創造爲必死或不朽，而是有這兩種可能性。若人傾向於與不朽有關之事，如遵守神的誡命，則會從神那裡領受不朽爲獎賞，變成像神。另一方面，若人傾向與死亡有關之事，違背神的誡命，則會導致他自己的死亡。神創造人成爲自由 (eleutheros)，有能力作出選擇 (autexousios)。（麥葛福《基督教神學原典菁華》頁四四六）

三、結語

綜上所述，提阿非羅的上帝觀，認爲人靈魂的不朽是有條件性的，如遵守神的誡命，則蒙神獎賞，變成像神。反之，若不遵守誡命，則導致死亡。按靈魂在新約中通常的意思，是個人屬靈的實存與屬物質的身體，所以一個人成爲有身體的靈魂，而靈是神給人的特殊恩賜，使人與神發生關係。聖經說到耶穌把祂的靈 (Spirit) 交給父神（路廿三 46；約十九 30），但在別處說到祂捨命作多人的贖價（太廿 28；約十 15）。用一般的名詞，可以說聖經中的靈魂乃是神所造非物質的原理與身體聯合而得生命；然而在人死後，靈魂仍然存在（太十 28；各五 20；啓六 9；廿 40）是一種情況在這世代的末了要結束（林前十五 35—55）。

第二章　中古神哲學家的上帝觀

第一節　亞他那修的上帝觀

一、傳略

亞他那修（Athanasius, 約 296-373A.D.）或譯作「阿他那修」、「阿塔內細阿」）約於二九五年生於亞力山大。當亞流學說爭辯初起時，亞他那修在教會中僅居執事地位，作主教亞力山大私人秘書。他以秘書地位隨主教赴尼西亞會議，等到三二八年時，亞力山大死了，他就作了亞力山大的主教——在他作主教期中頻遭各方攻擊，五次被逐出境，死於三七三年。亞氏雖非神學大思想家，卻有偉大的人格。他生在一個人人爭取朝廷寵幸的環境中，他還是堅持一己的信念，毫不趨炎附勢，尼西亞信仰之終於制勝，大都當歸功於他，因爲當時西方教會中尚無傑出的神學家。在他看來，那問題簡直是關係靈魂得救的問題。他能叫人實在感覺這問題的重要就是他力量偉大之處。自從小亞細亞一派思想開始流傳之後，所謂得救，照希臘思想的概念來講，是變化這有罪待死的人生，成爲屬神和有福的永生——即永生之分給。如果要將凡人變化而爲神性，祇有實在的神格，與完全的人格，在基督裡面聯合爲一，此事方可完成，方可藉著基督在他們的門徒身上成全。正如亞他那修所言：「祂（基督）成爲人，爲叫我們得成爲神。」在他的思想中，亞流派的最大錯誤，乃是失落了眞正得救的基礎。亞他那修思想穩健，態度堅決，擁護尼西亞信經一派的人得此領袖，可謂幸事。

康氏坦丟所支持的亞流派至猶利安朝而弱點畢呈。亞他那修派和保守派團結起來。而且到了這個時候，尼西亞問題的爭執已在擴充範圍，把聖靈在神格中的地位問題也提出討論。在西方，自從特土良以來，人人都以爲父、子、聖靈，乃是一個實質當中的三個「位格」。但在東方，意見尚未如此一致；連俄利根也不能斷定聖靈是「被造的或非被造的」，「是或不是上帝的一個兒子」。這問題在東方很少提起討論。但就亞他那修及其同一思想的神學家而言，既然子與父「本體同一」，聖靈與父也照樣本體同一。亞他那修剛一回任，即於三六二年，在亞力山大召開一次會議，爲那些與他對抗的安提阿派議訂聯合的條件。條件中的要點爲：「咒詛亞流派異端，承認聖教父們在尼西亞所宣認的信仰，也咒詛那些說聖靈是被造之物，與基督本體不同的人。」至於「三個存在」與「一個存在」（存在爲 Hypostasis）的說法，這次會議認爲無關宏旨，祇要不以「三個」爲「實質各不相同」，也不以「一個」爲有撒伯流派那樣的意思就夠了。於是亞他那修不但爲三位一體之論立下了永久的基礎，而且也爲新的尼西亞正道大開了方便之門：在上帝神格中，一個本體或實質 (Substance) 而含三個存在或位格。

亞他那修以三七三年卒於亞力山大，年高德劭，名噪一時。（華爾克《基督教會史》頁一九一——二〇二）

二、學說

（一）邏各斯與上帝

「邏各斯與上帝」或「耶穌與上帝」之關係之問題，爲三二五年尼西亞 (Nicoea) 會議時阿利阿斯派 (Arians) 及反阿利阿斯派——阿塔內細阿（即「亞他那修」Athanasius）爲此派之領袖——爭論最激烈之問題。據阿利阿斯 (Arius) 說，基督是上帝所創造，賦有自由的意志；上帝預知其用自由意志以爲善，故創造時，給以上帝之尊嚴。據阿塔內細阿說，耶穌是上帝生的，子與父同實質，共永久，子秉其父之本性甚充分，而父未因之有絲毫的損失。歷史上之耶穌是「邏各斯」與神相結合之人體，完全是「邏各斯」與神之化身。聖靈是第三種東西。結局還是同一實質之三種樣式。

尼西亞會議之結果，反阿利阿斯派戰勝，而阿利阿斯派之教義被駁倒，阿利阿斯及其黨徒亦被革除。「耶穌是上帝生的」，成爲信條，而名之曰「尼西亞信條」。迨後有人想調和阿利斯說與阿塔內細阿說，主張耶穌與上帝不是同一的本質，而是類似的本質，未能成功，由是遂分爲羅馬教會與希臘教會。二者皆以阿利根之新柏拉圖的哲學爲護身符，皆以邏各斯教義爲基礎。

還有耶穌與邏各斯神之關係之問題，亦引起了爭論。這種爭論引起各種解答，各有各的理論，到了四五一年，迦爾西頓之西諾德 (The Synod of Chalcedon) 採取一說，謂基督有兩種本性，各種皆完善，彼此皆不同，唯完全的結

成一體，是上帝，同時又是人，此說遂成爲正統派的教條。（梯利《西洋哲學史》頁一六二——一六三）

（二）基督論

亞他那修的重要性顯現於西元四世紀所盛行的主要爭議——有關基督論 (Christological) 的各方面。亞他那修年僅二十餘歲，就寫《論道成肉身》(On the Incarnation)，強力辯護神是藉著耶穌基督的位格取得人性。其後來成爲亞流爭議中的焦點；亞他那修亦發揮他的影響力。他指出，耶穌若是眞照亞流 (Arius) 所言不是完全的神，一系列嚴酷的問題將接踵而至。首先，神將不可能解救人類，因爲被造物不能解救被造物。其次，由於基督徒一直都是崇拜耶穌並向他祈求，基督教教會犯了拜偶像的罪。鑑於「拜偶像」的定義包含「崇拜人類所建之物或人」，這樣的崇拜實是拜偶像。亞他那修在這場辯論中獲得最後的勝利，使亞流派遭到摒斥。（麥葛福《基督教神學手册》頁 31——32）

在傳統的基督論上，亞流之爭是一個里程碑，因此需要比教父時期作更詳盡的討論。這段爭論的一些歷史背景資料不全，歷史家雖然努力想發掘，仍然無法澄清。我們在此所關注的，是這場辯論的神學層面，而這方面的資料還算清楚。不過，必須強調的是，我們對亞流觀點的認識，是由其對手的默想中得到的，因此可能會有潛在的偏見在內。以下嘗試將亞流獨特的基督論盡量公允地呈現出來，所根據的乃是現今僅存的幾種可靠的資料。

亞流強調神的自我存在。神是一切受造物獨一的源頭：凡世上的一切，沒有一樣不是至終來自神。許多批判者認爲，這種神觀受希臘哲學的影響，多過基督教神學。它必然會導出父和子關係的問題。在《反亞流》(Against the Arians) 一書中，批判亞流的亞他那修認爲，亞流在這一點上講過如下的言論：「神並不總是父。有一段時間，神乃是全然單獨的，還不是父；後來祂才成爲父。子並不是一直存在的。凡受造的都是從無到有，……因此，神的道也是從無到有。曾有一段時間，祂不存在。在祂被帶出來之前，祂不存在。祂受造的存在也有起頭。」這段話相當重要，讓我們明瞭亞流派的核心見解。下面幾點意義尤其重大。

父被視爲存在於子之先。「曾有一段時間，祂不存在。」這句決定性的宣告，將父與子放在不同層面上，並且符合亞流堅持不肯妥協的說法，即子是受造者。唯有父是「非被生者」；子就像其他受造物，是來自這獨一的源頭。然而，亞流謹慎地強調，子與其他受造物不同。子和其他受造物——包括人類在內——階級不同。亞流在辨識這種不同的性質方面，遇到一些困難。他主張，子是「完美的受造物，但不像別的受造物一樣；是受生者，但與其他的受生者不同。」言下之意似乎爲：子比其他受造物的階級高，但和他們一樣是受造、受生的。

亞流認爲，父和子的重要區別之一，是神的不可知性。亞流強調，神是全然超越、不可靠近的。任何受造物均無法認識神。可是，如前面所提，子是受造者，只不過階級在其他受造物之上。亞流按他的邏輯推論，認爲子無法認識父。「凡有起點者，便不可能明瞭或掌握那無起點者。」這句重要的告白，是基於將父與子作截然的區分而來。祂們之間的鴻溝極深，所以後者無法靠自己認識前者。子和其他受造物一樣，要靠神的恩典，才能執行所交付祂的任務。批判亞流的人根據這些說法，認爲這樣一來子在啓示與救贖的層面上，和其他受造物地位就完全相同。

但是許多經文都似乎暗示，子比受造物超越得多，這又怎麼解釋？反對亞流的人很輕易舉出一連串聖經經文，指出父與子基本上是合一的。根據當時爭論的文字看來，第四卷福音書在這場辯論中最爲重要，約翰福音三章35節，十章30節，十二章27節，十四章10節，十七章3、11節，都經常提出來討論。亞流對這類經文的回應很有意思：「子」的用語之特點，就在表現差異，其本質乃是隱喻。「子」是一種榮譽性的說法，不具神學的準確性。雖然聖經稱耶穌基督是「子」，這種隱喻性的說法，必須服在神與一切受造物——包括子在內——本質完全不同的大原則之下。亞流的立場可簡述如下：

1、子是受造者，和其他受造物一樣，都源出於神的旨意。

2、「子」一詞是一種隱喻，一種榮銜，強調子的地位與其他受造物不同；但並不意味父與子具同樣的本質或地位。

3、子的地位本身是結果，並不是子的本質，乃是父的旨意。

亞那他修立刻反駁亞流這種巧妙的區分。如果子是受造者，子就像任何一個受造物一樣，包括人在內。難道還有別種受造性嗎？在亞他那修看來，肯定子的受造性，會產生兩種結果，每一種都會對亞流主義造成負面影響。

首先，亞他那修提出，惟有神能拯救。惟獨神才能打破罪的權勢，使我們得著永生。受造物的特色，就是需要救贖。沒有一個受造物可以救另外一個受造物。惟有造物主才能救贖受造物。在強調惟獨神才能拯救之後，亞他那修又踏出邏輯的一步，使亞流派無從招架。新約與基督教儀式傳統，都認爲耶穌基督是救主。然而，正如亞他那修所強調的，惟有神能拯救。這樣，我們還能怎樣解釋呢？

亞他那修指出，惟一可能的解答，是接受耶穌爲神成爲肉身。他的論點有時採用的邏輯如下：

1、受造物不能救另一個受造物。

2、按亞流的說法，耶穌基督是受造物。

3、所以，按亞流的觀點，耶穌基督不能救贖人類。

偶而他也會用稍微不同的論證，依據聖經的話和基督教儀式傳統來反駁：

1、惟有神能拯救。

2、耶穌基督施行了拯救。

3、所以耶穌基督是神。

對亞他那修而言，救贖必有神的干預。亞他那修引用約翰福音一章14節，認爲「道成了肉身」的意思，就是神進入我們人類的情境中，爲要改變它。

亞那他修所提出的第二點爲：基督徒敬拜耶穌基督，向祂禱告。這是一個極佳的個案，說明基督徒的敬拜與禱告之習俗對神學的影響。到第四世紀，向耶穌禱告並敬拜，已經是公衆崇拜的標準特色。亞他那修指出，倘若耶穌基督是受造者，基督徒就犯了崇拜受造物，而非神的罪；換言之，他們就是落入偶像崇拜。亞他那修強調，基督徒所受的教訓，是在神之外不可崇拜任何人或任何物。亞他那修於是主張，亞流似乎犯了使基督徒的禱告與敬拜都淪爲無意義的錯誤。亞他那修主張，基督徒有權敬拜、尊崇耶穌基督，因爲他們這樣做，便是承認祂正是神成了肉身。

如果教會要維持和平，亞流之爭必須有所定奪。辯論的焦點在於形容父子關係的兩個詞。許多人認爲，「本體類似」(Homoiousios)，代表明智的妥協，讓父與子的接近可以維持，而不需要再進一步揣測祂們準確的關係。然而，相對的辭，「本體相同」(homoousios)，終於占了上風。雖然這個詞與前者只有一個字母之差，但所描述的父子關係卻截然不同。這場辯論火力旺盛，以致吉本 (Gibbon) 在《羅馬帝國衰亡史》(Decline and Fall of the Roman Empire) 中評論道，從來沒有人用那麼多精力在一個母音上。尼西亞信經——更準確說，應爲尼西亞與君士坦丁堡信經——訂於三八一年，其中宣告，基督與父「本體相同」。從此之後，這個信仰告白便成爲正統基督論的基準點，所有主流基督教派，無論復原教、天主教、東正教，都以此爲準則。（麥葛福《基督教神學手冊》頁三四一—三四四）

(三) 論基督的死是愛的榜樣

亞他那修論基督的死是愛的榜樣：亞他那修是最積極護衛道成肉身的教義，最賣力抵擋亞流異端的人之一。在三一八年之前不久，亞他那修當時仍是一位少年人，他寫成《論道成肉身》(De incarnatione, on the Incarnations) 一文，現在被視爲是探討此一正統教義的經典之作。在下列的引文中，亞他那修證明人的救贖有賴於道成肉身。神惟有穿上眞實的人身，能夠受死，才能夠救贖墮落的人性。本文指出基督論與救恩論息息相關。

因此，祂穿上如我們一樣的身體，因爲所有的人都無法逃避死亡的敗壞，「道」爲了全人類將祂的身體捨給死亡，將之獻給父。祂將祂的身體獻給父，作爲對人類純全之愛的表示，藉著所有的人在祂裡面受死，廢止了使人敗壞的律法（當它的能力在主的身上實現之後，它對那些與主相同的人類便不再有權柄），使祂能夠將那些墮入敗壞中的人帶回到不敗壞的境界，藉著祂的死，使他們得生命，藉著祂的身體，藉著祂復活的恩典……道穿上能夠死亡的身體，爲的是要使至高無上的道參與在人的身體中，使祂的身體能夠爲所有的人而死，同時藉著道的內住，使之成爲不可敗壞，藉著祂的復活，終止敗壞的過程……如此，祂將祂所穿上的身體獻上，爲所有與祂相似的人廢除死亡……在萬有之上的道，捨去祂自己的聖殿及身體，成爲所有人的贖金，用祂的死爲他們付清罪債。這位不會敗壞的神子，變成人類的樣式，與人合而爲一，根據復活的應許，自然使所有人類一同穿戴上不可敗壞的本性。

（四）論基督論與救恩論的關係

亞他那修論基督論與救恩論的關係：亞他那修從幾方面爲基督道成肉身的教義辯護，其中包括救恩論的辯證，認爲人類只能夠由神親自救贖。因此，除非基督是神，人類不可能經由基督得到救贖。亞他那修在此文中強調基督的位格及事工的密切關係，特別強調道成肉身的救恩論層面。

神聖之道的工作，若非經由人的身體發生，人類便不可能成爲神聖的。同理，若是肉身的性質不被歸於道的身上，則人不可能徹底自人性中被釋放出來。……現在道成爲人，將肉身的性質取來當作自己的本性。如此，因爲道已經進入人性，人性的屬性（死及敗壞）不再屬於肉體，反而在肉體中被道所摧毀了。因此，人不再按照他們原本的屬性，停留在罪及死的階段，他們已經按照道的大能復活，停留在不朽和不腐敗的階段。正如祂的身體是由上帝之母（Theotokos）馬利亞而來，祂是被生的，祂使萬物得生命，使他們存在。祂如此行，爲的是使祂可以將我們的出生轉移到祂自己身上，以致我們可以不再塵歸塵，土歸土，卻因著與從天而來的道合一，我們得以與祂一同被提昇至天堂。（麥葛福《基督教神學原典菁華》頁二三〇—二三三）

（五）論基督的神人二性

亞他那修論基督的神人二性：此信約於三五〇年以希臘文寫成，亞他那修按救恩論的論點來證明基督的神性，同時確認基督具有完全的人性。

祂是神，卻成爲人。祂身爲神，使死人復活，用話語醫治衆人，將水變成酒；這些不是人能夠做得到的。但身爲人，祂感到乾渴、疲倦、遭受痛苦：這些都不是神應有的經歷。身爲神，祂說：「我在父裡面，父在我裡面。」（約十四10—11）身爲人，祂批評猶太人說：「在作爲一個人，我把在神那裡所聽見的眞理都告訴了你們，爲何你們卻想要殺我？」（約八40）然而，這一切事情的發生並非全無相關，按性質區分得一清二楚，好像肉身的事歸肉身，與神性無關，另外有些事是歸於神性，與肉身無關。事實上，這些事情的發生，都是息息相關的，而憑著祂的恩典行這些事的主是一位的主。祂如同常人一樣地吐出唾沫，但祂的唾沫卻有神的能力，可以用來使一出世便已盲眼的人恢復視力。當祂決定使人知道祂自己是神時，祂使用自己肉身的舌頭說出這樣的話來：「我與父原爲一。」（約十30）祂只憑著自己的心意已經可以行醫治，但卻伸出祂肉身的手來，治好了彼得患熱症的岳母，又使管會堂那人的女兒從死裡復活（麥葛福《基督教神學原典菁華》頁一八一——一八三）

三、結語

綜上所述，亞他那修謂「歷史上之耶穌是『羅各斯』與神相結合之人體，完全是『邏各斯』與神之化身。」胡院長鴻文在《本體論新探》一書中，有特別明確的解釋，茲節錄於後：

Logos照中文的意思可以稱之爲「道」，而照赫拉克利圖斯之說含有「智慧」和「力量」之意，Logos在萬物流轉中不變不動，由於其有智慧和力量，可以在萬物流轉中不變不動，也可以說Logos以其智慧和力量而使萬物流轉變動。赫氏所說Logos，有絕對之意，由於其爲絕對的不變不動，且說其爲思維的主份，含有位格之意。這和老子之所說的道有相似之處，道可道非常道，名可名非常名，自含有絕對之意。老子在其他地方，也似談道有位格之意。但赫氏和老子之所說均不夠明顯。

如果從Logos之爲思維的主體而言，宇宙應有一主宰，有極大的權能和智慧，聖經上說明耶穌就是上帝的智慧和力量，更值得找們注意的，就是約翰福音所說，「太初有道，道與神同在，道就是神。」這道是指著耶穌，而是以Logos來說明的。約翰福音既以Logos表示耶穌，其含義較諸赫拉克利圖斯所有的含義更有增進和提昇，這是講神的道，這也就是宇宙萬物的大主宰，因爲主耶穌說「我與父原爲一」，宇宙萬物的大主宰乃是三位一體的眞神。從赫拉克利圖斯所說的Logos可以引申提升而至於約翰福音所說的Logos，就是指著主耶穌，可見赫拉克利圖斯所說的Logos，直到認識主耶穌，道的意義才能臻於圓滿，這有如中國的「道」字表現於約翰福音第一章第一節一樣。（《本體論新探》頁二五——二六）

胡院長之說，洵爲的論，雖爲赫氏之說而論，亦有證於亞他那修之學說，而且亦可以了解中西對道所表達之字義也。

阿他那修是埃及亞歷山大教會之牧師，以擁護純正信仰著稱，有純正信仰之父之稱，亦爲反對亞利烏派之健將。出身富家，爲埃及人，受希臘教育，在亞歷山大里亞優秀之教會學派受教，深爲早期基督徒殉道者所感應，尤其受亞歷山大主教亞歷山大的影響，被他立爲執事。身材矮小、精幹，在奈西亞大會（三二五年）召開前，他尚未受職，但爲亞歷山大之秘書。阿氏爲一頭腦清晰的神學家，善於寫作，靈性高超，爲埃及廣大牧師傳道人與基督徒所敬愛。

在四世紀時與亞利烏及其黨羽爭辯，亞利烏教導人說，成爲道的基督並非神永遠之子，乃一次等地位者。此說係攻擊三位一體，創造與救贖之要道。阿他那修說，聖經教導成爲道的基礎乃神永遠之子，神直接創造世界，與神在基督裡創造世界與人。當阿氏尚在弱冠之年時，即著《神之道成肉身》一書，闡明以上諸理。

亞歷山大於主後三二八年逝世，阿氏年僅廿三即被公衆推舉爲主教。在奈西亞大會上阿氏成爲攻擊亞利烏最厲害的人，但亞利烏派在羅馬帝國中頗有威力，甚至博得康士坦丟的同情（即康士坦丁大帝之繼承人，主後三三七年）。基督教會在第四世紀的歷史幾乎就是阿他那修生平與工作的歷史。他五次爲眞道的緣故被放逐，經過十七年之久的漂泊，隱藏的生活。在一次放逐中，他與支持他的西方教會取得聯繫。他以後的年日在亞歷山大比較平靜。有人說，阿他那修單槍匹馬拯救教會脫離異教的理性主義，由於他的堅持與異象的傳揚一位神與一位救主，他保守了基督教信仰的合一與尊榮，免於分裂。

他的著作最著名者爲《攻乎異端》，《道成肉身》，此外尚有其他證道與歷史性的文章，如創造、聖靈、三位一體、基督之工作、洗禮與聖經等重要教義。阿氏大大影響修道運動，特別是在埃及。（趙中輝《英漢神學名詞辭典》頁四六—四七）

第二節 希拉流的上帝觀

一、傳略

波提亞的希拉流 (Hilary of poitierst 315-367A.D)，或譯爲「聖希拉流」，著名的拉丁護教家，以護衛正統主義爲己任，特別反對亞流主義，約於三五三年被立爲法國南部一小城波提亞的主教。

聖希拉流是波依提耳的主教，法國人，有「西方的阿他那修」、「教會博士」等美譽。他自新柏拉圖主義中悔改歸信基督教，三五三年當了主教之後，旋即捲入亞利烏派的爭論中。他熱烈贊助阿他那修反對亞利烏，由於他爲正統派護衛而遭彼帖拉總會 (Bitenrre) 定罪，放逐四年。三五九年他在西勒西耳大會再度爲正統派辯護，成爲當代具有領導地位，最受尊敬的拉丁神學家。著有《論三位一體》，並著有聖經注釋，及一些詩歌，有人稱他是第一位拉丁教會基督徒詩歌作家（趙中輝《英漢神學名詞辭典》頁三一〇）

二、學說

(一)三位一體的上帝觀

波提亞的希拉流〈論三位一體〉：三位一體公式在洗禮中扮演什麼樣的角色？本文是重要見證。本文具體指出聖靈與父和子的關係。希拉流強調基督教信仰以啓示爲根基，而非以理性爲根基。本文最重要的一部分指出聖靈與父及子的關係；聖靈藉著子而出自父。

聖父啊！全能的神！只要我享受祢藉著祢靈賜給我生命的一刻，我便要宣告祢是永恆的神，是永恆的父！我也永遠不會愚昧不虔到一個地步，使自己成爲 祢全能及奧祕的審判官，將我軟弱無用的理解提高，放在眞正了解祢的無限、信靠的永恆之上。我永遠不會宣稱祢是在沒有祢的智慧、美德、 祢的道（祢的獨生子，我的主耶穌基督）的情況之下存在的……。

我懇求祢，保守我信仰的敬虔不受一點玷污，直到我生命的末了。賜給對上述知識的領悟，使我能永遠忠於我所擁有的，持守當我奉父、子、聖靈的名受洗之時，藉著重生的信經所作的宣告。賜給我愛慕敬拜祢的心，我們的父，以及與祢同在而來的兒子，讓我能配得，那位出自祢，又藉著祢獨生子而來的聖靈 (Sanctum spiritum tuum qui ex te per unigenitum tuum est)。我的主耶穌基督，祂見證我的信仰，說：「父啊！凡是我的，都是祢的；祢的也是我的」——我的主耶穌基督，祂是神，永遠在祢裡面，從祢而出，與祢同在，是永永遠遠蒙福的。阿們！（麥葛福《基督教神學原典菁華》頁一三一—一三二）

三、結語

綜上所述，希拉流的上帝觀，謂三位一體。基督教信仰的中心教義就是神是獨一，有位格和三位一體的。三位一體的神學與神的位格性，道成肉身、贖罪、聖靈中的生命與得救之人在基督裡與神之終極關係是一致的。阿他那修信經說：「我們敬拜一體三位、三位合一的神，位格不混，本質不分。」神之三位合一的眞理只能憑啓示而知。三位一體的眞理並非由教父而來，乃由使徒的信仰與教訓而來。

第三節　耶京主教區利羅的上帝觀

一、傳略

耶京主教區利羅 (Cyril of Jerusalem St., 約 315-386A.D) 或譯爲「聖區利路」，神學家，尤以其廿四篇教義問題系列聞名於世，是他約於三五〇年向準備受洗的人發表的演講，是此時期耶路撒冷此一方面重要的見證。他約於三四九年被任命爲耶路撒冷的主教。

二、學說

（一）論基督的身子及血

本篇講章向最近接受洗禮的人解釋餅和酒的意義。講道之前所讀的經文是哥林多前書十一 23 — 25 。請留意講章強調餅和酒在祝謝之後發生眞實的變化。

〔耶穌基督〕藉著祂自己的旨意，曾經在加利利的迦拿將水變成酒。所以，爲什麼我們不能相信祂能夠將酒變成血？……

因此，我們當有充分的確據，知道我們是在分享基督的身體及祂的血。因爲祂的身體是藉著餅的預表賜下給你們，祂的血是藉著酒的預表賜下給你們，以致當你們吃基督的身體，喝基督的血時，你們能夠與祂成爲一個身體，一樣的血。用彼得的話說：「叫我們……得與上帝的性情有分。」（彼後一4）

因此，不要以爲那些只不過是餅和酒。一如主親自宣告，那些是祂的身體、祂的血。若是你的感受有所不同，則讓你的信心安撫你。不要以味覺爲基礎來作決定，應當以信心爲基礎，不要懷疑，你已經承受了基督的身體和基督的血。（麥葛福《基督教神學原典菁華》頁三七〇）

三、結語

綜上所述，耶路撒冷區利路的上帝觀，強調聖餐中的餅和酒在祝謝之後發生眞實的變化，吃喝的是基督的身體和血，能夠與祂成爲一體，得與上帝的性情有分。按聖餐是主的晚餐，是照著基督所規定的，領受餅和酒，以表明主的死，按理領受的人，不憑肉體，乃憑信心，分領主的身和血，並祂一切的益處，以致靈性得養，和在恩惠上長進。

第四節　伊皮法紐的上帝觀

一、傳略

伊皮法紐（Epiphanius of Constantia or 〔Epiphanius of Salamis〕，315-403, A.D），積極地護衛正統主義，特別反對撒伯流主義(Sabellianism)，他的著作 panarion 被稱爲是「對所有異端的駁斥」，是對教會値此階段具影響力之論的重要見證。三六七年，任居比路撒拉米之主教，因學識淵博，克己正虔，熱心正道而著名。伊氏極力反對奧利金教訓，視之爲一切異端之源。

二、學說

(一)論撒伯流主義的上帝觀

伊皮法紐〈論撒伯流主義〉：敘利亞教父伊波法紐的著作Panarion於第四世紀末以希臘文寫成，激烈地護衛基督教的正統，抵擋當時已經出現的每一個異端。在本文中，他對撒伯流主義(Sabellianism)作出縱覽及解釋。

不久之前，一個叫撒伯流的人物興起（事實上，是最近的事），由他而產生出撒伯流主義。他的立場中除了一些不重要的例外，一般而言與諾威都主義(Noetians)相同。他的追隨者大部分在美索不達米亞和羅馬等區域。他們的教義是父、子、聖靈是同一的存有物，亦即一個本質(Hypostasis)帶有三個名稱，正如一個人具有靈、魂、體一樣。體亦即是父，魂是子，靈對神本體的作用，正如人類的靈作用。又有如太陽是單一的本質(hypostasis)，但卻有三種彰顯(energia)：光、熱及太陽本體。熱與聖靈相似，光與子相似，父本身則可以用每一個本質的基本屬性(to eidos tes pases hypostaseos)來代表。子有如光的一道光線一樣，一度發射光芒；祂在世界上成就所有與福音及人類的救贖有關的作爲，被取回天堂，一如太陽散發出一道光線，接著又被收回。聖靈則仍然被發散進入世界，給所有配得接受祂的每一個人。（麥葛福《基督教神學原典菁華》頁一四二）

三、結語

綜上所述，伊皮法紐論撒伯流主義的上帝觀，以父、子、聖靈是同一的存有物，正如一個人具有靈魂體一樣，爲伊皮法紐所極力反對者。按撒伯流主義是一種異端，爲撒伯流所鼓吹，其人爲埃及或北非利比亞牧師，爲羅馬神學家，生於第三世紀，倡形態的神格唯一論(Modal monar chianism)，謂上帝僅一位，但有爲父、子、聖靈的三種暫時顯現。在父內表現爲創造者及賜律法者，在子內表現爲救贖者，在聖靈內表現爲賜生命者。撒氏因主形態論而被除教。

第五節　貴格利的上帝觀

一、傳略

拿先斯的聖貴格利(Gregory of nazianzus St. 330-390A.D)，他最著名的著作，包括三八〇年寫成的《五次神學演說》(Five Theological Orations)，他也編輯了《俄利根選錄》（Philokalia）。

東方教會加帕多加派四大教父之一，爲人謙和，有時被稱爲神學家貴格利，後爲君士坦丁堡大會主教，爲純正信仰爭辯，反亞利烏派並修訂大公教會信條。他的品德和生動的演講，吸引了許多慕道聽衆，使教會大爲復興，雖一度遭亞利烏派的攻擊，但終獲神職人員與民衆的擁護。其後由於教會的紛爭，他憤而辭職，返回出生地亞利安茲(Arianze)，隱居著述，終其餘生。

他的性格多慮善感，但心靈高尚，永遠是慷慨，不求利己的，他對於純粹哲學性的辯論不大感興趣，著重傳統精神，屬教父型的哲學家，亦是理想的神學演講家。（趙中輝《神學名詞辭典》，頁二九〇）

二、學說

（一）三位一體的上帝觀

拿先斯的貴格利〈論三位一體教義的漸進啓示〉：此文約寫於三八〇年，爲基督教信仰奠立最主要的特色。在此一段落中，他解釋爲何三位一體的教義在聖經中沒有清楚陳述。特別留意他認爲此教義是漸進啓示，經由聖靈在教會中的帶領而得。亦請留意本文指出「神學演說」(Theological orations)是整體「演說」(Orations)的一部分，二者通常被加以區別。「神學演說1」便是「演說27」，「神學演說5」便是「演說31」，以此類推。

舊約公開地傳講聖父，只隱約地傳講聖子，新約啓示聖子，只暗示聖靈也是神。現在聖靈內住在我們裡面，並且更加清楚地向我們啓示。當聖父的神性尚未被公認以前，並不適宜公開地傳講聖子。當聖子（的神性）尚未被公開承認以前，亦不宜接受聖靈。反之，逐步漸進，徐徐上升，我們會越來越清楚看明，使得三位一體(Trias)的明光得以照亮。（麥葛福《基督教神學原典菁華》頁一三〇—一三一）

（二）神人二性合一的上帝觀

拿先斯的貴格利〈論亞波里拿留主義〉：本封信約於三八〇或三八一年以希臘文寫成，貴格利對亞波里拿留主義的中心教義作出正面攻擊。亞波里拿留主義認爲基督並非完全的人，祂所擁有的，並非人類理性精神，乃是「不能改變及屬天的理性精神」。貴格利認爲這種教義等於是否定了救贖的可能性。道成肉身時承擔了什麼，那是可以被救贖的極限。若基督並非擁有人類的理性精神，則人類是無法得到救贖的。請留意他使用「生神之母」一詞來形容馬利亞。

不要讓一些人自欺欺人，把「屬神的人」（Man of the Lord）這一稱謂，冠以其實應當被稱爲「我們的主神」(Our Lord and God) 那一位，說祂是沒有人的理性精神的。主的人性與神性不應當被分割，我們堅持位格的合一及單一的教義，祂從前不單只是人，更加是神，是創世以前的獨子，在這末世的日子中，爲了我們的救恩取了人性。在祂的肉體中祂是有痛感的，在祂的神性中祂是無痛感的；祂在身體中受到限制，但祂在靈裡卻不受限制。祂同時是屬地及屬天的，可捉摸得到的又同時不能把握的、可理解和不可理解的；爲的是要藉著這一位，祂是完全的人及完全的神，可以使墮落在罪中的整個人類得以被改造……。

若有任何人不相信神聖的馬利亞是「生神之母」(Theotokos)，他們將自神那裡被剪除……如果有任何人聲稱基督的人性是被造的，後來才被賦予神性，他們亦應當被咒詛……若有任何人說有兩位兒子，一位是父神的兒子，一位是母親的兒子，願他們失去他們作神兒子的名分……因爲基督的神性及人性是兩種本性，正如魂與體是兩性一樣，並非是兩位兒子或兩位神……二性合而爲一，神格取了人性，或說人格得以神性化 (the Godhead made man or the manhood deified)，或可用任何其他正確的方式表達……。

若有人以爲基督是一個沒有人類理性精神的人，則這等人都是無知的。他們也不值得得到救恩。理由是因爲若（人性）沒有被承擔便沒有得醫治；（只有當人性）與祂的神性合一，才可能被拯救……不要讓他們損害我們完備的救恩，或將我們的救主形容成只有骨頭和神經系統，在人性上只不過徒具外表（Zographia）而已。（麥葛福《基督教神學原典菁華》頁一八二—一八三）

三、結語

綜上所述，貴格利的上帝觀，謂三位一體的教義是漸進啓示的，舊約公開傳講聖父，隱約傳講聖子；新約啓示聖子，暗示聖靈也是神。又謂基督具有神人二性，都是合乎基督教義的。

第六節　巴西流的上帝觀

一、傳略

巴西流 (Basil of caesarea 約 330-379A.D)，亦稱作「大巴西流」(Basil, the Great)，爲第四世紀的神學家，以加帕多家省 (Cappadocia) 爲根據地，位於現今的土耳其。他的三位一體教義論成爲經典，特別強調聖靈的獨特性。於三七二年被選爲該撒利亞的省主教。

巴西流是該撒利亞的主教，爲尼撒之貴格利之兄，亦爲拿先斯貴格利之友，綽號大巴西流。他爲巴西流修道士樹立規範，熱心支持基督教純正信仰，領導亞利烏之爭辯，並修訂希臘正教之禮拜儀式。倡苦修，爲名作家，講道家與社會服務家。他特別重視信徒的牧養工作，如職業訓練，孤兒的照顧，大麻瘋病院的設立等。

二、學說

(一) 論聖靈的工作

巴西流〈論聖靈的工作〉，他思考聖經中用以形容聖靈的用詞之後，開始研究聖靈的角色問題。他開始討論聖靈在成聖過程中的角色，之後便討論聖靈使人更加像神 (being made like God)，以及「使成爲神」(being made God) 的工作。當時許多東方希臘思想的特色，便是聖靈與人的神性化過程的密切關係。

祂被稱爲「神的靈」(太十二 28，「從父出來眞理的聖靈」(約十五 26)，「正直的靈」(詩五十一 12)，「至高者的靈」(詩五十 14)。祂的專屬名稱是「聖靈」，就所有非物質的、純無形的、不可分割的而言，這都是一個特別適合的名稱。因此，當主耶穌要教導一位婦人，她誤以爲神是可以侷限於一個地方接受敬拜的客體，祂要她明白非物質的是不能夠被限制的時候，祂說「神是靈」(約四 24)。因此，當人聽到聖靈這個名字時，不會想到一個有限制的、會改變的、有變化、任何像被造之物一樣的本性。相反的，我們必須提昇我們的思想到最高的水平，思想到一個本質，是擁有智力、無限的能力、偉大無邊、不能夠用時間或年日來衡量，並且是慷慨厚賜美物的本質。

所有需要成聖的人都會尋求聖靈，所有追尋祂的都能夠有一個有美德的生命，因爲祂的氣息使他們生氣蓬勃，幫助他們追求最自然、最合適的目標。聖靈有能力使他人成爲完美，祂自己一無所缺。祂不需要恢復力量，祂本身供給生命；祂不需要增添成長，祂擁有滿足的豐富。祂永遠在祂自己裡面，但也同時無所不在。祂是成聖的源頭，是思想可察覺到的光，對於所有追尋眞理的理性，祂都由祂自己給予光照。祂按本性而言是無法接近的，但卻因著祂的美善而可以按理性來明白祂；祂用權能充滿萬有，祂只向那些配得祂的人溝通，不是按某既定的限度分配祂自己，而是按著人信心的大小分配祂的能力。祂的本質是單純的，祂所行的奇事則是各式各樣的，祂在同一時間，完整地在每一處地方，完整地與每一個人同在。祂是被人所共同分享的，卻不因此有所虧損；祂永遠保持自己的完整，但同時將祂自己付出與人分享，正如陽光溫暖的光線照在每一個享受陽光的人身上，有如單獨爲每一個人而照耀，但同時也照耀著大地，海洋，與空氣融合。同樣的，聖靈與每一位能夠接受祂的人同在，似乎是單獨與每一個人同在，但同時也賜下充充足足的恩典給全人類，使所有擁有祂的人都同時能夠享受祂；不是按照祂的能力，乃是按照他們本性所能夠接受的限度。聖靈所居住的靈魂，被聖靈所光照，他們成爲屬靈的人，並將他們所得到的恩典散發給其他的人。人們因此而能夠預知未來，明白奧祕，理解原本是隱藏的事，分享各種不同的恩賜，例如恩典、天上的國籍、與天使齊聲合唱、無止盡的喜樂、住在神裡面、變得更像神，以及最偉大的恩賜，便是使之成爲神性。（麥葛福《基督教神學原典菁華》頁一二九—一三〇）

三、結語

綜上所述，巴西流的上帝觀，謂神是個靈。他在「論創造」中說：「起初上帝創造」，可以推知上帝是仁慈的父親，有無限的良善，是一切賦有理想之物當敬愛的對象，是人最應當追求的美，是萬物之本，是生命之源，是理智之光，是深奧難測的智慧。巴西流對迦克墩信經 (Chalcedon Creed)，曾提供積極與消極的貢獻。

第七節　安波羅修的上帝觀

一、傳略

安波羅修（Ambrose of Milan, St. 340-397A.D），著名的羅馬公僕。雖然他並未受洗，也未被按立，卻得於三七四年被按立為義大利北部米蘭市主教。他積極護衛正統教義，對拉丁神學的發展有一些基本的貢獻。在希坡的奧古斯丁信主一事上，他扮演極重要的角色。

安波羅修為米蘭城教會之監督，作主教後第一件事就是將龐大的家產分給窮人。他是一位大有能力的佈道家與教師，勇於見證眞道，駁斥異端，受感者之一即赫赫有名的教父聖奧古斯丁，可謂青出於藍。

為教會有力之領導人物，並為教會四大拉丁博士之一，由其道德及治理教會忠實而著名，乃大佈道家兼詩人。

二、學說

（一）基督恩典的上帝觀

安波羅修〈論無法賺取的救恩〉，此文寫於第四世紀的主禱文（太六9）註釋書，書中強調能夠到神面前，向神說話，並非可以賺取而來的。

人啊！你沒有膽量仰首向天，你乃是俯首下望——突然之間，你得到基督的恩典，你的衆罪均蒙赦免！你原是一個邪惡的僕人，卻搖身一變成為一個好兒子！不要以為你自己能作什麼以換取這些，這全都是出於基督的恩典。……天父藉著祂的兒子救贖了你，你應當仰望天父，向祂說：「我們的父……」但不應當要求任何特權。祂是父，但是以特別的方式，只為基督的父。祂是我們衆人的父，因為雖然祂創造了我們衆人，卻只生出基督一位。因此當我們藉著祂的恩典，稱呼「我們的父」之時，可以得稱為祂的兒子。（麥葛福《基督教神學原典菁華》頁二七八）

三、結語

綜上所述，安波羅修的上帝觀是基督的恩典。基督福音的主題就是救恩。「救恩」是一廣泛應用的生動表詞，說明從危險與愁苦的環境中被拯救出來，而進入安全的境遇中。福音宣佈神從埃及拯救以色列人，從大魚腹中拯救約拿，從死亡中拯救作詩篇的人，並拯救兵丁免於溺斃。（出十五2；拿二9；詩一一六6；徒廿七31）這些屬肉體的拯救既是完全出於神的工作，並非出於人自己的能力，而僅藉神的幫助；照樣，從罪惡與死亡得蒙拯救也是如此。「你們得救是本乎恩，藉著信——並不是出於自己，連信心與救恩本身——完全是出於神的恩賜」（弗二8）。「救恩是出於耶和華」（拿二9）。

第八節　哲羅姆的上帝觀

一、傳略

哲羅姆（或譯耶柔米 Jerome, St. 347-420A.D）中世之著名教父。原名歇羅尼謨 (Sophronius Eusebius Hicrongmus)。生長於斯特里敦（達馬提亞北方之一邑），幼居羅馬。攻文學，所造詣甚深。後宗基督教，隱於安提阿 (Antioquia) 近旁。因從一猶太人，習希伯來語。已而爲安提阿之長老。歸羅馬後，以拉丁文翻譯新舊兩約，二十餘年間，賡續其業弗輟。遭人忌沮，復去羅馬，自建寺院於伯利恆，居其地以終。（樊氏《哲學辭典》頁四六九）

二、學說

（一）武加大譯本聖經

耶柔米（哲羅姆）是古代西方教會可以自豪的最大學者。約當三四〇年，耶氏生於撻馬太 (Dalmatia) 之斯特利多 (Strido)，長而就學羅馬，以三六〇年受洗於教宗利伯流 (Liberius)。他在阿奎雷阿（Aquileia）住過些時，在這裡他認識了奴非努 (Rufinus, ?-410 A.D)，二人結爲朋友。奴氏就是俄利根叢書的譯述者，也像耶柔米一樣傾心於修道主義，他在巴勒斯丁曾作過修道士。但對於俄利根的正統思想問題，跟耶柔米卻有不同之見。耶柔米有志於博覽宗教叢書，遍遊天下名勝。自三六六至三七〇年，他遍遊所有城市。以後的三年中，他在阿奎雷阿暫居。之後，他遍遊東方而直抵安提阿；在安提阿他得了大病，病中他相信基督向他顯現，責備他不該研究古典古書。自是以後他專心研究聖經，學習希伯來文，在離安提阿不遠之處退隱潛修，時爲三七三至三七九年。三七九年他在安提阿受了長老之職，然後往康士坦丁堡，受業於拿先素斯貴鉤利門下。三八二年他在羅馬，大受教宗達馬蘇 (Damasus 366-384A.D) 賞識，他在那裡利用了一切時機宣講修道生活的功德。不久，有許多人擁護他的主張，特別在羅馬的高貴婦女中；但反對他的人也不少，甚至在聖職階級中也有人反對他，因爲修道主義在西方尚未普遍流行，而耶柔米本人舌鋒銳利，易於招怨。達馬蘇死後，耶柔米在羅馬的地位漸感不安，卒於三八五年退休於安提阿。先是耶氏在羅馬宣傳修道主義時，有些受了他感動的人以保拉 (paula) 及其女兒優士多景 (Eustochium) 爲首領，遷徙至安提阿，實行獨身修道主義，待至耶柔米退休於此，他們就推他爲首。後來他又統率他們遍遊巴勒斯丁及埃及所有的主要修道院，於三八六年迫返伯利恆，休拉於此建立了許多女修道院，也建立了一個男修道院。耶柔米即居於這男修道院中，充任院長，直到四二〇年去世。

耶柔米博學多聞，特別在翻譯聖經上，他的才能最見施展。當時一些較古的拉丁聖經譯本，均粗俗不堪，荒謬百出。教宗達馬素向耶柔米建議，請他重譯聖經。約於三八八年他譯完了新約。他譯舊約是在伯利恆城，得了些猶太朋友的幫助。奧古斯丁且喜歡引用七十譯本，耶柔米卻不然，他追根到希伯文舊約中去，此足以證明他學力之健全，絲毫不苟了。耶柔米這種苦心孤詣事業的結果，就是一部武加大譯本 (Vulgate)，直到今日這譯本仍爲羅馬教所重用。這是他終生事業的紀念碑。耶柔米也是個大有成就的歷史家。他續編了優西比烏的歷代誌，他自己又編輯一部名人傳 (De Viris Inlustribus)，記述一切基督教作家生平事略，連他自己也包括在內。對於聖經他寫了許多註解。他又寫了許多論文和書翰，說明獨身與修道生活的優點。從神學思想方面看，他極少創作。他熱心於保守遺傳及西方教會的各種普通習俗。耶柔米性好辯論；反對禁慾主義的人，如約維年武 (Jovinianus)，批評聖物崇敬的人，如威吉蘭丟 (Vigilantius)，以及那些主張馬利亞除了耶穌以外還生了其他兒女的人，如紇里微丟 (Helvidius)，他都一概嚴詞攻擊。對於俄利根雖一度崇拜，後來他也頗加譴責。他作文贊助奧古斯丁攻擊伯拉糾。在這些爭辯的論文中，耶柔米褊小的氣量，狹隘的心胸，和盤托出。單就其博學多聞而論，就其施展所學而論，他眞不愧榮獲羅馬教會所授與的「博士」頭銜，又封立之爲「聖徒」，就其學問之精深說則有餘，若就其人格之偉大說則似嫌不足。（華爾克《基督教會史》頁二七八—二八〇）。

（二）通俗拉丁文譯本聖經

哲羅姆（耶柔米 Jerome, 340-420A.D）是古代西方教會的著名學者，壯年時曾立志博覽群書，遍遊天下。約公元三七三年，他到了安提阿，生了一場病，據說，基督曾向他顯現，責備他不該只研究古書。從此，他退隱到離安提阿不遠的一座修道院裡，學習希伯來文，專心研究《聖經》。公元三七九年，他在安提阿受任長老之職。公元三八二年到羅馬，極爲羅馬主教達馬蘇一世(Damasus I, 366-384, A.D在位）所賞識。公元三八六年隱居於伯利恆的一座修道院中任院長。公元四二〇年去世。

哲羅姆最大的貢獻是翻譯了《聖經》的「拉丁通行本」（亦稱「通俗拉丁文譯本」）。當時通用的幾種《聖經》古拉丁文譯本，大都文體古舊，而且各種抄本互相矛盾，謬誤甚多，羅馬主教達馬蘇一世委託哲羅姆用通行拉丁文修訂《聖經》古拉丁文譯本，以編訂一部統一的《聖經》拉丁文譯本。公元三八三年，哲羅姆開始校譯《福音書》，公元三八六年在伯利恆隱修院中繼續工作，公元三八八年譯完《新約》，在朋友的幫助下又根據希伯來文，參考《七十子譯本》翻譯《舊約》，同時也翻譯了七卷「次經」，全部工作於公元四〇五年完成。這就是《聖經》的「拉丁通行本」，又稱「通俗拉丁文譯本」，或「聖哲羅姆譯本」。這個譯本文詞優雅，著重意譯，《新約》的譯文質量最好。但是，這個譯本問世後，卻沒有立即受到廣泛的歡迎，古拉丁文譯本仍然是通用的《聖經》，直到八世紀末、九世紀初，它才逐漸取代了古拉丁文譯本。一五六四年十一月三日，教皇庇護四世 (Pius IV, 1599-1565 在位）在特蘭托公會議結束時正式宣布「拉丁通行本」爲天主教會的法定《聖經》譯本，「次經」與「首正經」同樣是在上帝的啓示寫成的，具有完全相同的價值。哲羅姆除譯成《聖經》「拉丁通行本」外，還續編了猶西比烏的《教會史》（Chronicle《歷代志》），以及一部紀述基督教作家生平事略的《名人傳》（De viris Inlustribus）。（唐逸《基督教史》頁七二—七三）

（三）論聖經的角色

耶柔米（哲羅姆）論聖經的角色：耶柔米像俄利根般都是早期教會釋經的佼佼者，對聖經的翻譯尤其關心，因爲他深心，聖經對教會及個人的生活及思想都有最重要的影響。本書便清楚表達這個信念。

保羅說：「我們講的，乃是從前所隱藏、神奧秘的智慧，就是神在萬世以前預定使我們得榮耀的。」（林前二7）神的智慧就是基督，因爲聖經說：「神又使祂成爲我們的智慧、公義、聖潔、救贖。」（林前一30）這個智慧仍然隱藏在奧秘之中，詩篇九1的標題（for the hidden things of the son）便是指這個智慧。在基督裡面隱藏著所有智慧和知識的寶藏。那麼被隱藏在奧秘中的，便是那位在創世以前已經預定的，在律法和先知書中所預表的。因此先知被稱爲先見，因爲他們看見了別人沒有看見的那一位。「亞伯拉罕歡歡喜喜地仰望我的日子，既看見了就快樂。」（約八56）向悖逆的人，天是封閉的，向以西結卻是開啓的（結一1）。大衛說：「求祢開我的眼睛，使我看出祢律法中的奇妙。」（詩一一九18）因爲律法是屬靈的，我們若要明白律法，必須要揭去帕子，從敞著的臉上看到神的榮光（林後三14—18）。

使徒行傳提到一位虔誠的太監在閱讀以賽亞書，腓利問他說：「你所念的，你明白嗎？」他回答說：「沒有人指教我，怎能明白呢？」（徒八30—31）我不比這位太監虔誠，也並非比他來自更遠的地方。他來自埃提阿伯，等於是當時的地極。他離開一個王宮，千山萬山來到聖殿之中，他熱愛神的聖經到一個地步，坐在車上都要頌讀。然而，雖然他手中攤開了一本書，思想神的話語，甚至用舌頭來朗頌，用唇來發音。（ingua volveret, iabiis personaret）他卻仍然不知道他在這本書中所敬拜的誰。接著腓利到來，指點他說耶穌就是隱藏在字句之中的那位(qui clausus iatebat in littera)。多麼奇妙的教師！就在當時，太監相信，並且受洗。他成爲一位有信心的人，成爲一爲聖徒。他原來是一位學生，但已經變成主人。他在沙漠的教會中所找到的，遠超過他在鍍金的會堂殿宇中找到的。

我已經略略提過這個主題。除非你能夠找到一位有經驗的引導者，指引方向，否則我無法超越一封書信的篇幅的限制使你更加明白聖經的意義……。

親愛的弟兄啊！我懇求你不要再去另外追求認識或尋求些什麼其他的事，而要按照這些（神聖的書本）來生活，好好的思想其中的內容。這樣做對你而言豈不是有點像在地若天般的感受(in terris regni caelesits habitaculum)嗎？不要因聖經的話看來簡單，毫不起眼而不悅。因爲這往往是因爲翻譯上的問題或是其本身另有更深層之目的。因爲聖經本身的表達往往使無甚教育的會衆能夠很容易地學習其內容！結果各人皆能從不同的段落獲益，以致不論教育程度或深或淺，大家都可以在同一句子中發現不同的含義。我不敢自傲或魯莽地認爲自己已經學會了這事，因爲這就如同要在地上採摘天上的果樹般。但我承認我願意如此做……。主曾經說過：「你們祈求，就給你們；尋找，就尋見；叩門，就給你們開門。」（太七7）因此就讓我們在地上來查考那要與我們在天上繼續共存的知識。（麥葛福《基督教神學原典菁華》頁七〇—七一）

三、結語

綜上所述，耶柔米的上帝觀，以聖經爲根據，一生獻身於聖經的翻譯和注解工作。

耶柔米教父，生於撻馬太（提後四10提到），到羅馬求學，在安提阿作一夢，見主告訴他「你不是基督徒」，就放棄研究古典文學，而學習希伯來文，並開始以苦修方式來傳揚基督。他的後半生就是在伯利恆的修道院度過，在此寫聖經注釋，翻譯聖經，後成爲武加大譯本的根基。

耶氏的拉丁文聖經完成後，風行全歐數百年，後世西歐諸國之方言譯本、英文之最初譯本、威克里夫所譯之聖經，與宗教革命以後所作之各種譯本，受此譯本之影響最大。耶氏與奧古斯丁有書信來往，攻擊亞利烏派、奧利金派和伯拉糾派。基督教畫家常以一頂紅帽或獅子代表耶柔米，其紀念日爲九月三十日。（趙中輝《英漢神學名詞辭典》頁三六六）

第九節　魯芬納的上帝觀

一、傳略

亞基利的魯芬納（Rufinus of Aquileia 約 345-410 A.D），或譯爲「魯非諾」，出生於義大利，最後定居於埃及，將許多本希臘文神學著作，包括俄利根的著作，翻譯成爲拉丁文，是一位有獨立思想的人。

二、學說

（一）論贖罪理論的「捕鼠器」

本文約寫於主後四〇〇年，是贖罪理論中「捕鼠器」(mousetrap) 或「魚鉤」(fish-hook) 理論的代表作，指稱基督在十字架上的死，是設下一個最高級的陷阱給撒但。亞基利的魯芬納指出，撒但嚴密地看守牠所擄去的人類，以致神無法用任何正當的方法將人釋放，因此神惟有訴諸神聖欺騙 (divine deception) 的手段。基督的人性是餌，祂的神性是魚鉤。撒但不知基督的神性，受到祂的人性的吸引而中了陷阱。許多中古世紀的神學家嚴厲批評這個深具道德疑點的理論。

> 〔道成肉身的目的〕是使神兒子的神性能夠成爲一種鉤，隱藏在人類肉體的形狀之下，……爲的是要引誘這個世界的王加入競賽；神的兒子要將祂自己的肉身獻上，作爲餌，使得隱藏在其下的神性能夠捕捉到撒但，並且用祂的鉤緊緊的拿住牠……正如同魚被有餌的鉤引誘上鉤後，無法脫離鉤，反被拖至水面上成爲他人的食物；同理，死亡的權柄抓住耶穌死亡的身體，不知道裡面藏有神性的鉤，一呑沒那鉤，便立即被捕捉。陰間的門被破壞，牠如同魚一樣從深坑被拖上來，成爲他人的食物。（麥葛福《基督教神學原典菁華》頁二三二—二三三）

三、結語

綜上所述，魯非諾的上帝觀，論贖罪理論的「捕鼠器」或「魚鉤」爲喻，以基督人性爲「餌」，以基督神性爲「鉤」，以基督十字架上的死爲「陷阱」，誘捕撒但。

魯非諾 (Rufinus, Tyrranius 345-410) 是四世紀末、五世紀初帕勒斯丁長老，《論信心》一書的作者（一五六〇年出版）。或爲耶柔米所派至米蘭爲長老（三九九），負有特殊正式使命。

其論文乃於四〇〇年寫於羅馬，旨在攻擊靈魂傳殖說 (Traducianism)，特別攻擊奧利金主義。他主張嬰孩受洗非爲赦罪，乃爲承襲天國。亞當如不犯罪可永遠不死。反對奧古斯丁的見解。（趙中輝《英漢神學名詞辭典》頁五八

六）

第十節　奧古斯丁的上帝觀

一、傳略

奧古斯丁 (Augstinus, Aurelius 353-430 A.D) 中世教會哲學之鼻祖也。生於非洲迦太基 (Carthage) 之近旁。其母穆尼加 (Monica)，溫淑敏慧，虔信基督教，故自幼默受其感化。性不嗜學，頗耽遊娛，以此屢見斥責。稍長，頗有意於修辭之學，年十六，游學迦太基，治數學、論理、音樂諸科，傍及亞里士多德之書，而不修邊幅如故。偶讀西塞祿文集，言探求眞理爲人生至高職分，心感之。於是立意研究聖經，顧又嫌其文章簡率，不久，輒棄去。自十九歲以後，曾信奉摩尼教，垂十年許，後復致疑，而傾心於新阿加的米學派，又轉而奉新柏拉圖派之說云。方二十二歲之頃，學成歸里，曾以修辭學教人。尋徙居迦太基，其地學風傲黠，不守師教，厭之。背母意而赴羅馬。羅馬之學生，又多不肯納學費者，故生計殊艱。年卅一，始受聘於米蘭 (Milan) 爲修辭學之教師。因與米蘭大僧正安不羅西 (Ambrose) 相知，服其辨才，由是皤然懺悔。三八年，辭教授職，率其子，卜居幽僻之地，潛心學道。已而返非洲，志在永守遁世主義。其刻苦立行，超人一等。三九一年，被舉之爲希坡 (Hippo) 之長老，四年後，進大僧正居職三十五載而卒。是時宗教家異論方滋，奧古斯丁屢著書辨難之，卷帙甚繁。最著名於後世者，一爲懺悔 (confessions) 自傳也。一爲神之都 (city of God)，言羅馬國家雖亡，而基督教不亡，所以慰衆心也。其學說，蓋有特徵數端：

一爲宿罪說：以爲人類之祖亞當，濫用其自由，而犯罪惡，故其子孫，傳此性質。積罪既深，不能自救。救濟之途，惟有信仰基督。

二爲豫定說：謂人不獨無救濟之力，并無要求救濟之權。神之遣救濟者以救濟人，全出自神之恩寵，故又稱神寵說。

三爲定命論：謂神爲絕對之意志。神從虛無中，創造世界。其爲創也，不間不絕，故萬有自神預定之。故世無積極的之不善，云不善者，是指自高向下之意志。

四爲主意說：謂人間精神之實體，從三方面而發現，曰「有」、曰「知」、曰「志」，以此擬諸三位一體。而又謂認識事物者，由意志作用使然。夫既否認意志之自由矣，自不得不舉一切精神活動之根原，歸諸天啓。故彼之學說中，尤以「自檢討」一語，爲根本原理。

五爲其貫通哲學與神學之樞紐，即存乎斯。詳言之，即於哲學方面，以自認識爲基址，從而分析精神各要素，加以說明，於神學方面，則謂對神而認識之，又從而信之愛之，此乃得自內在的經驗者，是也。（樊氏《哲學辭典》頁七四八—七五〇）

二、學說

（一）以神爲核心的上帝觀

奥古斯丁以神爲核心，以信仰爲前題，以聖經爲根據，運用新柏拉圖主義理論結構論述基督教哲學的基本原理。他強調眞正的哲學。只能和眞正的宗教即基督教結合在一起；唯獨基督教才有眞正的哲學。其原則是：首先信仰，然後理解，信仰以便理解，理解爲了信仰。眞正的哲學就是愛神。基督教哲學的核心問題，一是關於靈魂，一是關於神。基督教哲學的理論是在認識神和認識自我上建立起來的。

奥古斯丁斷言，神爲精神實體，是無限而永恆不變的超越存在，人們只能通過內心思辨神秘地直觀它。由於人類語言的貧乏，無法表述它，只能心領神會。關於人的存在，奥古斯丁同樣採取內心思辨的方法加以論證，認爲主體存在的眞實性以思維存在的眞實性爲根據。這是因爲：(1)人人都知道自己在思維，所以思維是確鑿無疑的；(2)懷疑和錯誤恰好證明自我的存在。從理論形式來說，奥古斯丁這種論點對R·笛卡爾的「我思故我在」不無影響，但從思想實質來說，則是截然不同的。奥古斯丁貶低理性思維能力，求助於「超自然之光」即神的照明，進行其所謂超理性的內心思辨，以求證形而上學的自我存在。

他繼承「三位一體」的正統教義，論述和發揮了「原罪」和「救贖」學說。他認爲，人類祖先亞當違背神的命令，吃禁果，犯了罪，本性從此敗壞，因此人生來都是有罪的人，人不能不犯罪；神是善的，而且是至善，它是一切善的根源，實質上，善是絕對的，唯有善存在，惡是虛無，惡本身并不存在，惡是相對於善而言的，在善之外，無所謂惡，惡無非是「善的缺乏」或「實體和本質的缺乏」；人生來是個有缺陷的存在者，就其缺陷而言，是惡的；但就其存在者而言，是善的；罪惡的起源在于人類思想的邪惡，缺乏善，歸根到底是背離神的善，缺乏神的善。奧古斯丁認爲，背離了本性的人是不能不犯罪的，想恢復本性而行善，只有依靠至善的神。爲此他斷言：追求至善的神是人的本性的需要，是人生最大的幸福，也是人生的最終目的。

晚年，他根據他的善和惡兩個概念，提出「上帝之城」和「人間之城」的理論。把信仰神、反對物質世界、蔑視現世生活列入「上帝之城」的領域，看作善的表現；把生活在現實物質世界而反對信仰神列入「人間之城」的領域，看作惡的表現。他告誡人們信奉神，作「上帝之城」的臣民，同時又把基督教說成是神所特選的「上帝之城」的現世代裡，基督教會勝於一切世俗的國家。奧古斯丁假借善和惡的問題，把信仰神推廣到社會生活中，提出教權至上論。這在基督教史上是首創的。後來中世紀經院哲學主張神權政治論就是以此爲理論根據的。

奧古斯丁運用新柏拉圖主義的哲學論證基督教教義，把哲學和神學結合在一起，從理論上爲基督教確立了宗教世界觀和人生觀，把教父哲學推向了全盛時期。（《中國大百科全書》哲學Ⅰ頁一五）

(二)上帝是唯一的絕對的靈

奧古斯丁是古代教會宗教思想上的宗師，西方基督教無處不有他的思想學術色彩。

公元三五四年十一月十三日，奧古斯丁出生在今阿爾及利亞的一個異教徒的家庭裡。母親卻是個虔誠的基督徒。青年時期的奧古斯丁生活上不拘小節，並且崇奉摩尼教九年之久。據說，公元三八六年夏天，奧古斯丁聽朋友講述埃及修道士們的生活，大受感動，覺得那些無知的修道士尚能戰勝個人的情欲，他這樣一個有學問的人反而爲情慾所奴役。在這種自責的情緒下，他一人走進花園，彷彿聽見鄰家的兒童的聲音說：「拿起來讀吧」他順手拿起一本書打開來，正是《新約・羅馬書》第十三章第13、14節：「不可荒宴醉酒，不可好色邪蕩，不可爭競嫉妒。總要披戴主耶穌基督，不要爲肉體安排去放縱私慾。」從此，奧古斯丁心裡有了平安，開始一心皈依修道主義。公元三八七年，奧古斯丁在米蘭受洗。公元三九一年，在阿爾及利亞的希坡受牧師（祭司）職。公元三九五年任希坡副主教，不久升爲主教，并創建了一所修道院作爲訓練教會領袖人才的基地。公元四三〇年八月廿八日去世。

奧古斯丁任主教之後，開始對教會、教會的品質、教會的權威、「罪」與「恩」等問題進行深入的探索，逐漸形成了自己的思想體系。他的主要影響，在於他神秘的虔敬生活。

約公元四〇〇年，奧古斯丁寫出了著名的《懺悔錄》，這是他前半生宗教經驗的自傳。他寫道：「我先想追求得著充足的力量，與你有親切的來往，但我不能得著，直到我得著了那位『神人之中的中保，爲人的基督耶穌』，『他在萬有之上，是永遠可稱頌的上帝。』直到他來召喚我。」「我的全部盼望盡在乎你那極大的慈悲。將他所要吩咐我。」「主啊！我要愛你，要感謝你，承認你的名，因爲你使我的那些罪大惡極的行爲遠離了我。這件事或全歸於你的恩典，又因爲你的憐憫，你使我的罪都如冰塊一樣消化了。」奧古斯丁一想到上帝，便覺得有一位人可與之發生心靈交通的神，在神裡面人能夠得到福樂和滿足。

奧古斯丁用哲學的眼光來理解上帝，認爲上帝是唯一的絕對的靈，是一切存在物的來源。對於上帝的唯一性，在他的著名的《論三一》（De Trinitate）中作了明確的論述。他主張父、子、聖靈同一實體，創造萬有的上帝，全能的三位一體，在無形中工作」，「不是三位上帝，也不是三種善良，乃是一位上帝，全善、全能，即三位一體自身」，「三位一體是絕對同等的，我們不但不能說父比子大，甚至也不能說父與子之和比聖靈大」，「假如有人要問這三位是什麼，則人間文字苦於無以爲對。然而我們還是要說『三位』，并不是要借此講明其中奧妙，乃因捨此無話可說。」奧古斯丁的這種論點奠定了西方神學的基礎。

對於「道成肉身」問題，奧古斯丁對耶穌的神、人兩性同樣重視。他說：「基督耶穌，上帝的兒子，是上帝，也是人；在萬世之先爲神，降生在我們的世界而爲人……這樣，就其爲上帝而言，他與父爲一；就其爲人而言，父比他大。」基督的死是赦罪的基礎，「亞當的罪無法赦免，無法消除，只有藉著上帝與人之間的中保，爲人的基督耶穌。」

對於「罪」和「恩」的問題，他認為，人被造時原是善良的，可以與上帝直接交通，來往無阻。亞當犯罪使人失掉了這個特權。罪的原因是驕傲，犯罪的結果是本性墮落（不可能從善），上帝的恩典喪失了，人與上帝疏遠了，靈魂死了，人的身體不再受靈魂的約束，反為情慾所操縱；亞當墮落在全然絕望的毀滅中，永死便是當然的結果；從這種絕望的原罪中「從來沒有人被救出來過，沒有，連一個也沒有。現在還是沒有，將來也必沒有，唯有靠著救主的恩典才能自救。」得救是人白白得到的上帝的恩典，這種恩典只有上帝所揀選的人才能得到，「受永刑，得永生」的這兩種人，上帝早預定了，沒有人在今生能確實知道自己已經得救。

奧古斯丁還認為，恩典只有借著教會的聖禮才能得到，「在大公教會以外，人就不能接受聖靈。」「若不受洗，不參加晚餐，任何人都不能進上帝的國，或是得救，得永生，所有基督教會均以此為當然之理。」

奧古斯丁的另一部重要著作是《上帝之城》（De Civitate Dei），作於公元四一二—四二六年。公元四一〇年羅馬陷於西哥特人之手。當時流行一種見解：基督教的上帝不能保護羅馬，而異教的神曾保護羅馬，故應回到異教去。於是奧古斯丁著《上帝之城》來反駁這種論調。這部書可以代表奧古斯丁的歷史哲學，同時也是答復異教徒攻擊基督教的護教書。他在書中討論了世界的創造，罪惡的來源及後果，指出：「由兩種愛造成了兩座城：由愛己之愛，連上帝也輕視的愛，造成了世上的城：由愛神之愛，連自己也厭棄的愛，造成了天上的城。」世上的城指政治社會——羅馬。教會是上帝之城在歷史中的準備。教會中有聖人也有罪人，但教會是上帝立的，是上帝恩典的有形動作場所。世上的城可以維持秩序，實行部分正義，但人的終極目的是上帝的城。

奧古斯丁在歷史哲學方面的貢獻，是第一次賦予人類歷史以統一的、終極性的意義，這是他以前的希臘羅馬史家所沒有過的新史學思想（唐逸《基督教史》頁七三—七六）

㈢上帝是全能的三位一體

奧古斯丁一想到上帝，便想到一位人可與之發生心靈交往的神，在祂裡面人能得到福樂，感到滿足。但當他用哲學眼光去想到上帝時，他所用的術語都是由新柏拉圖主義中假借而來，上帝唯一，是絕對的靈，與一切被造之物，有各種分別之物不同。上帝是一切存在之物的根基與來源。這種概念使奧古斯丁注重上帝的唯一性，甚至講論三位一體時，他還是注重這一點。他把這種教理在他的名著《三位一體論》(On the Trinity) 裡面發揮無遺。自此論問世後，西方教會對於這問題的思想已成一定形式。「父、子、聖靈，一位上帝，至尊無對，偉大、全能、良善、公義、慈悲，一切有形無形萬有的創造主。」「父、子、聖靈，同一質體，創造萬有的上帝，全能的三位一體，在無形中工作。」「不是三位上帝，也不是三種善良，乃是一位上帝、全善、全能，即三位一體自身。」特土良、俄利根、亞他那修都講子與靈在父以下。惟奧古斯丁如此注重合一性，以致把「三位」講成完全同等。「三位一體是絕對同等的，我們不但不能說父比子大，甚至也不能說父與子之和比聖靈大。」奧古斯丁不滿意於「三位」之區分，但因慣用已久，無法更易，而且他也不能找到一種更加適宜的說法：「假如有人要問，這三位是甚麼？則人間文學苦無以爲對，然而我們還是要說『三位』，並不是要藉此講明其中奧妙，乃是捨此無話可說。」雖說奧古斯丁對這問題很顯然的極力主張教會傳統思想，但他自己的思想傾向，以及他的新柏拉圖哲學思想，均傾向於形相論的神格唯一說。不過我們也決不可稱他爲形相論派。他也用過許多比喻來解說三位一體，例如，他將「記憶力」，「了解力」和「意志力」來作比喻，又將「施愛者」，「被愛者」和「愛」三者來比作三位一體。

因爲奧古斯丁有這種合一與同等的見解，所以他說：「這是單從父上帝而生，聖靈也是主要的由父而出。我之所以加上這主要的幾個字，因爲我們知道聖靈也是由子而出。」東方教會的見解以爲父是萬有之唯一源頭，子在父之下，所以也說聖靈單從父出，但奧古斯丁正爲「和子」(Filioque) 一個術語預備了道路，使得流行於西方教會中。此一術語，當五八九年，在西班牙之妥列多 (Toleelo) 地方所開之第三次會議，即已公認列入《尼西亞信經》之內，直到今日，卻爲希臘教會與拉丁教會分裂之由。

對於道成肉身的問題，奧古斯丁在人性與神性兩方面均一樣注重。「基督耶穌，上帝的兒子，是上帝，也是人；在萬世之先爲神，降生在我們的世界而爲人，……這樣就其爲上帝而言，祂與父爲一；就其爲人而言，父比祂大。」祂是上帝與人之中唯一的中保，只有藉著祂，罪才能赦免。「亞當的罪無法蒙赦免，無法被消除，只有藉著上帝與人之間的中保，爲人的基督耶穌。」基督的死是赦罪的基礎。至於說基督的死究有什麼切實的意義，奧古斯丁的思想也不大清楚，不全然前後一致。他將基督的死有時看爲向上帝所獻上的祭。有時看爲代替我們所忍受的刑罰，有時看爲一種贖價獻與魔鬼，使人從他的權下被解放出來。奧古斯丁對於耶穌謙卑的生活所給與我們的意義極其重視，這是在希臘神學家中不大多見的。拿祂的謙卑比較起亞當罪中最令人注意的驕傲特性，其間對照極其顯明。這是人類的模範。「這位由祢隱密的慈悲中，祢向謙卑的人所指明了出來的中保，祢所差來世間的，爲要藉著祂的模範，他們也可以學到這同樣的謙卑。」（華爾克《基督教會史》頁二八七—二八九）

（四）上帝爲萬有之根源

奧古斯丁之神學之根本意義，是上帝之絕對與尊嚴，上帝所創造的東西離開上帝便無意義。——這即是新柏拉圖派的思想。上帝是全能全智全德之永久超絕的實體，有絕對的統一與絕對的自由，換言之，是絕對的心靈。但意志雖絕對的自由，其決擇與其本性相同，無有更改的；他是絕對的神聖，不能爲惡。上帝之意志與行爲是一而非二；其所欲者，即其所行者，中間無須「邏各斯」或其他之幫助。萬有之觀念或法式，皆在上帝之心中；上帝創造世界，是合理的；萬有之法式，皆得自上帝。奧古斯丁承認阿塔內細阿所主張之三位一體說，但其說明，則著薩伯里教之色彩。

上帝由無中造世界；世界不是上帝之本質中之必然的出產品。上帝的創造是無間斷的創造，不然，宇宙將歸於破碎零落；宇宙是絕對的依靠上帝。我們不能說宇宙是在某時間或空間中造成的，因爲在上帝創造宇宙之前，既無時間，又無空間；空間與時間皆是上帝創造的；他自己無時間性，又無空間性。然而上帝所創造的，不是一個永久的創造品，宇宙是有始的；被創造的東西是有限的，是有變化消滅的。上帝又創造物質；我們雖然可以在論理上假設物質爲法式之根本，但物質不先於法式而有。因爲上帝既是無所不能的，則各種可以設想的東西，甚至最無意義的東西，必皆呈現於宇宙中。

奧古斯丁爲證明上帝無所不能起見，乃主張上帝爲萬有之根源。爲證明其爲善的起見，乃將惡驅逐於世界之外。創造是上帝之善之一種啓示；上帝創造宇宙，是由於他的無限的愛。（奧古斯丁恐怕剝奪了上帝的無限權力，遂加添一個意思，說：上帝的愛，不曾強迫上帝有所創造，其創造乃是出於自由意志之行爲。）所以我們若果不由人類的利用方面著想萬物皆是善的。如果上帝是一個絕對善的東西，其無創造與所豫定的萬物，必欲其皆爲最好的，甚至惡必是相當的善。此猶一副圖畫中之蔭影，亦爲其全副中之美之要素；惡雖非善，黑雖非白，但皆是好的，因其能助長善。或者也可說惡是本質之缺乏，即善之缺乏；這個意思，便是說：若無善，即無惡。無惡，善是可能的；無善，則惡爲不可能，因爲萬物皆是善的，至少，其本質皆是善的。缺乏善，即謂之惡者，即因其缺了自然所應有的東西。道德上的惡，亦不能摧殘宇宙創造之美。道德上的惡，發生於人或墮落的天使之意志；惡是惡的意志之結果，不是積極的意志；所以道德上的惡，僅代表一個欠缺的意志；也是善之缺乏。極端的惡，是舍上帝或至善，而趨向於塵世。神之創造萬事萬物，未始不能免去惡；但他寧願利用之以爲保持善之工具。宇宙之光榮，是由惡之存在所增進（樂天主義）。例如神預料著人將舍善而趨惡，他就允許其存在，而預定其懲罰。奧古斯丁想維持神之全能與其至善，乃(1)否認有眞實的惡，而認之爲相對的惡；(2)主張惡爲善之缺乏；(3)移轉惡之責任於人之身上。

靈魂非由上帝產生；各個人皆有其自己的靈魂。靈魂並不先於其與肉體結合而存在。但靈魂如何發生，奧古斯丁則置而未論，這是他所不能解決之問題。當時對於靈魂有兩說：一爲創造說（Creationism），一爲傳承說（Traducianism）。持創造說者，謂上帝爲各個將生之嬰兒創造一個靈魂；持傳承說者，謂嬰兒之靈魂由其父母之靈魂產生，嬰兒之肉體由其父母之肉體而生。奧古斯丁對此二說皆難同意。靈魂在時間上，雖有發生之時，但無死亡之日。奧古斯丁之證明靈魂不死，是應用柏拉圖以至當日所通用的論證。如由實現永久福利之意言之，靈魂本非必然的不死，然由靈魂繼續存在之意言之，則爲不死。神之內靈魂的永久的賜福是不能證實的，吾人對於這事的希望祇是信仰之作用。

吾人之於上帝或至善相結合，是由於愛；所以愛乃爲至高的德性，爲其他一切德性之源；節制或克己（愛上帝而不愛世界）、剛毅（由愛以克服痛苦與災難）、正直（敬奉上帝）、智慧（正當的選擇之權力）——種種德性，皆由愛而生。愛神為眞的愛己與愛人之根基。使異教的德性變而為光明的德性，惟有愛神；除非被這種愛激動，異教的德性終不過是「好看的不德。」

神之愛是作用於心內之神恩之功用，在神力支配下之教會之聖禮中所實現之神秘的作用。信仰、希望、仁慈，是道德變更上之三階段，愛則為最高的。「凡愛正當的，決然無疑的亦相信並希望正當。」「無愛，則信仰無效；無希望，則無愛；無愛，亦無希望；無信仰，則希望與愛，都不能有。」

總之，奧古斯丁有兩種理想。至善是超越的善，縱屬基督教徒，亦不能於其肉體中實現之，因其受慾望之支配；所以人之至善在愛神與善意。然某種限度的善，可由外表的行動達到：如輕的罪惡，可由祈禱、斷食、慈善以贖之。但至高的目標，畢竟是循世脫俗，模仿基督。僧侶生活，奧古斯丁認為基督教的理想的人生觀。（梯利《西洋哲學史》頁一六六——一七一）

（五）神是無所不在

奧古斯丁的辯神論(Theodicy)，全然是柏拉圖式的，而是有時候，竟與亞歷山大城學派的大膽的概念相似。神是實體，在他之上，在他之外，或使沒有他，那就無物存在；他是實體，在他之下，在他之中，或憑恃著他，每一具體的東西，方得存在。他是萬物的開端，又是萬物的中部，更是萬物的終結。良善，公道與智慧，此三者，不是神的偶性，乃是神的內德。推此以言形上學的屬性，亦無例外。全能，全在，與永久，不僅是他的偶性，乃是他的神德。神於實質上，無所不在，但不即是每一東西；萬物在他當中，但他不即是萬物。他是良善，但無性質；他是偉大，但非數量；他是智慧的創造者，但超出智慧；他存在於任何處，但不為任何處所限；他存在著，但不著邊際；他永久生存，但不在時間內；他是一切變動的原則，但從未變遷。理性於冥索神時，必致陷入二律背反。理性陳述他，但所陳述的，並不是他，對於他的性質，更無一確定結語；它意想他，但不能理解他的整個完滿性。在這裡，主要之點，即為細辨神與世界的區別。依據上述，奧古斯丁的概念，接近泛神論，但他憑恃無中創造說

(Doctrine of Creation ex nihilo)，終於脫免了泛神論。假如宇宙從神中流出，那它即具神的常德，並且即是神了；可知它不是流出物，卻爲神性的自由動作所創造。神不是宇宙的靈，宇宙不是神的身，猶如斯多噶派所執持著的。眞的，神內在於宇宙，如此的學說，靈與神的偉大性相反。

有些人，用三神或多神的意義，來解釋三位一體說，那實屬錯誤。在這裡，實藏著另一危險，三位一體中之三位，雖各有區分，但只組成一個神，而且是同一個神，正像知、情、意三者，組成一個人，而且是同一個人一樣。奧古斯丁對於阿里阿教(Arianism)的批評，非常深刻。他對阿里阿教徒說，當你們說「聖子奉父命創造世界」時，你們所指的，究竟是什麼？是否說，聖父不造此世界，僅命令聖子，去創造它？試問，什麼是聖子，假如不是三位一體中的第二位？什麼是吩咐，假如不是語言的動作？這樣，上述語句，變爲「神經由聖子，命令聖子，創造此世界」，多奇特多悖逆的結論啊！阿里阿教的錯誤，在欲描述三位一體；他意想兩個實體，甚爲接近，各據一特殊地位，其一命令著，其二服從著。阿里阿教徒應當明白，神藉以創造世界（無中創出的世界）的命令，實即是創造的三位中之第二位而已。神是靈，我們不當而且不能爲非物質的東西，創立一影像。

既然神憑恃自由動作，創造此世界，我們必得承認世界有一開端；因爲永久的創造——婀利振與新柏拉圖派的概念，只是流出說的同義字，而流出說，我們在上面，已否認其爲眞實了。哲學者提出非難，以爲在時間上，創造涵蘊創造者永久停息的意義；在這一點，他們是錯誤了。他們的錯誤，在於設想創造前的永久，爲一無限長的綿延。綿延是時間。不過我們知道，在創造外，既無空間，亦無時間，因而亦不能有綿延。時間或綿延，是運動的測度，沒有運動之處，當然沒有綿延。在永久與神中，既無所謂運動，則在他當中，亦必無所謂綿延，因爲時間，正像柏拉圖所說的，只自運動而開端，只自有限的事物的存在而開端。所以這是錯誤的看法，假如說，基督教的神，在不經歷無限長的絕對靜止時間以後，不創造萬物。其次，奧古斯丁承認，沒有宇宙，即難能意想神；在這一點上，連同其他若干點上，哲學家的奧古斯丁與基督徒的奧古斯丁，互相衝突。即此信心與理性間的不諧和，致使他的思想，陷於不一致與矛盾狀態。例如說，神憑其自由意志的動作，而創造宇宙，但創造不是反覆性的結果，卻是永久與不變的神諭的結果。不管神的不變意志，強迫著神，於一定時間內，造成此世界，或永久強迫他，創造此世界，總之，在這二場合內，我們所有的，都是絕對的定命論。聖奧古斯丁感覺此點，故毫不猶豫地宣稱著說，神的自由，乃是萬物的唯一原則，萬物的最高標準。既然神的意志，是終極的原則，沒有任何東西，比它更高，所以不必探究創造的最後因，不必探究而強探究之，是爲悖理。神命異於其自身的東西存在，因他志願如此。人的理性，不能於此之外，再有所探求。它所能做的，只以下一問題，問它自己：爲何神所創造的萬物，是如此之不同，並如此之不均等呢？關於此點，奧古斯丁的答案，與柏拉圖同，部份的紛歧，乃是全體的單一性的唯一條件（威柏爾《西洋哲學史》頁一四八—一五〇）

（六）創造是神之愛的啓示

奧氏的哲學思想，表現在許多方面。在神學（創造說）上認爲：世界是出自身神自由意志的行動而受造，創造是神之愛的啓示。神在創造時，祂便爲物質世界散播事物的種子型式 (Rationes Seminales)，以作爲每一種類發展的起始。惡就是「本質的缺乏」(Private substantiae)，或「善的缺乏」(private boni)；而世界的惡，即是「神性的缺乏」(private Dei)。人人唯有探求自身本有的善，就必可達到至善，這乃是奧氏的「樂觀主義」(Optimism)。至於他曾指述：「我墮落，我便存在。」(Si fallor, Sum) 一語，曾影響當代的存在思想極深。

在知識論上，奧氏認爲知識有感官的、內心的與純理的三種。只是，後者才是必然的與不變的事理。此外，他還強調柏拉圖的觀念論，但卻認爲永恆而必然的觀念，並非來自五官，而是神的光照 (illumination)。人要靠主的神道之光，才能認識那永恆又必然的觀念。所以，哲學乃是通往神的道路。

奧氏並且認爲，光照與尋求（追求 quaerere），彼此相關聯，人得到神的光照，必須在理性內尋求永恆的眞理，而後才能得到內心的寧靜。他所說的「明瞭，好使你相信」(Intellige, ut Credas)（哲學語詞）與「相信，好使你明瞭」(Crede, ut intelligas)（神學語詞），以及「知 Sophia 與愛 philio 是沒有兩樣的；它們只是同一物的變相，所以，哲學不外是媒介認識作用的向神之愛。」這顯示奧氏乃認爲：知識（理性）與信仰並連，後者並可補足前者，再者，在他看來，最高的智慧就是信仰，而最高的信仰，就在智慧。

在倫理學上，奥氏認爲，儘管人帶有亞當(Adam)犯罪的本性（原罪），但是，人仍有意志的自由。如果人能愛至善或上主（神），他便可恢復向善、或行善的能力；愛神即是愛己愛人的基礎。至於人的自由規準與標準，則是神永恆的規律，它也包括一切的道德規則。

人在他的理性生活中，當以獲致聖德、聖智爲幸福的目的。因爲，人的理性可以覺知道德規則乃屬乎眞理；後者，且具有永世不變的有效性。（陳俊輝《新哲學概論》頁三〇九—三一〇）。

（七）聖靈是神的恩賜

奥古斯丁對方興未艾的三位一體話題，發表了不少言論。他嚴詞拒絕任何一種形式的「次位論」(Subordination-ism，即視子與靈在神裡面低於父)。他堅持，在三位一體個別位格的行動背後，必須辨識出整個三位一體的行動；所以，人類不單是按神的形像造的，更是按三位一體的形像造的。他在永生神之內爲子與靈作了明確的區分，也將祂們在救贖安排中的地位作出區分。雖然表面看來，子與靈似乎在父之後，但這只能用於祂們在救贖過程中的角色。雖然在歷史中，正與靈可能看來次於父，但在永恆中卻是同等的。這個看法很重要，後來的發展將實質的三位一體（以神的永恆本性爲基礎）和安排的三位一體（以神在歷史中的自我啓示爲基礎）區分出來。

或許奥古斯丁對三位一體最特殊的看法，便是對聖靈的位格和地位的解釋：我們將在討論「和子」的爭論時，再來看這一方面。不過，奥古斯丁視聖靈爲愛，連結了父與子的觀點，值得在此處一談。

奥古斯丁辨識子爲「智慧」(Sapientia)之後，接著辨識聖靈爲「愛」(caritas)。他同意，他辨識沒有明確的聖經基礎，不過，他認爲，這是根據聖經內容合理的推論。聖靈「使我們住在神裡面，也使神住在我們裡面。」這樣視聖靈爲神與信徒之間的聯合基礎十分重要，因爲它指向奥古斯丁的一個觀念，即聖靈是賜下相交生活者。聖靈是神的恩賜，將我們連接於神。所以，奥古斯丁主張，三位一體之內也有對應的這種關係。神要我們進入的關係，是祂自己已經有的關係。而因爲聖靈是神與信徒之間的結合，同樣，在三位一體之內，聖靈也扮演類似的角色，將三個位格結合在一起。「聖靈……使我們住在神裡面，神住在我們裡面。不過，那是愛的功效。因此，聖靈便是那位是愛之神。」這個論點還另有補充。奧古斯丁將「愛」在基督徒生活中的重要性作了一番分析。他大致以哥林多前書十三章13節爲基礎（「如今常存的，有信、有望、有愛；這三樣，其中最大的是愛」），論證的方式爲：

1、神最大的恩賜是愛；

2、最大的恩賜是聖靈；

3、所以聖靈是愛。

這種分析受到批判，因爲有明顯的弱點，包括將聖靈的觀念微妙地非人格化了。聖靈似乎像一種粘膠，把父與子連在一起，又將祂們和信徒連在一起。奧古斯丁對靈性層面的看法，以「被連於神」爲主要特色，他在三一神論的討論上，難免也以此爲重點。

奧古斯丁對三位一體的探討，最大的特色是其「心理類比」。在這個問題上援用人的心思，理由如下：神在創造世界的時候，留下了祂的印記，這種推理應當八九不離十。不過，這種印記 (vestigium) 可在哪裡找到呢？很有可能，神會將祂的獨特印記留在祂創造的巔峰上。而創世記的記載讓我們看見，人類乃是神創造的巔峰。因此，奧古斯丁認爲，我們在尋找神的樣式時，應該向人去找。

不過，奧古斯丁又跨了一步，而許多觀察家覺得，這一步踏得不好。奧古斯丁根據他的新柏拉圖觀，主張人的心思是人類最高妙之處。所以，神學家在尋找宇宙中「三位一體的印記」(vestigia Trinitatis) 時，應當在人的心思中去找。這種方式是極端的個人主義，再加上其明顯的智性主義，意味奧古斯丁想在個人頭腦世界中來尋找三位一體，而不在人際關係中找（中世紀作者偏愛後者，如維克多的理查。（Richard of Sr. Victor））此外，若瀏覽《三位一體論》，會發現奧古斯丁似乎認爲：人內在心思的活動可以告訴我們神的情形，也可以描繪救贖的實用的情形。雖然奧古斯丁強調，這種類比的價值有限，但他自己似乎大加運用，使批判者不以爲然。

奧古斯丁分辨出人類思想有三件一組的架構，他認爲，這種思想架構深植於神之內。他主張，這類三件一組架構中，最重要的是心思、知識，與愛(mens, notitia, amor)，不過相關的另一組，即記憶、了解，與意志(memoria, intelligentia, Voluntas) 也相當重要。人類的心思是一種形像，雖然不夠完全，且仍是神自己的形像。所以，人的心思既有這類三重技能，是彼此不完全分離、獨立的實體，所以神裡面也可能有三個「位格」。

這個看法有明顯的弱點，甚至是不堪一擊的弱點。常有人指出，人的心思不能減化爲這樣簡潔的三重實體。不過，奧古斯丁援用這類「心理類比」，只是在解說，而不是確指其結構。這些乃是視覺教材（是根植於創造教義內的視覺教材）。它們所要加強的看法，其實從聖經裡，並從對救贖的實用的反思中，都能獲致。奧古斯丁的三位一體教義，最終的根基不在他對人心思的分析，而是在他所讀的聖經，尤其是第四卷福音書。

奧古斯丁所表達的三位一體，對後代人影響深遠，尤其是在中世紀時。阿奎那的《三位一體論文》（Treatise on the Trinity）大半是以優雅的話語重述奧古斯丁的觀點，卻並沒有以妙筆修正其缺失。同樣，在《基督教要義》中，加爾文對聖經的解釋，大半爲複述奧古斯丁對三位一體的看法，似乎如此便足夠了；由此可見，當時西方傳統已一致接受這些看法。如果說加爾文和奧古斯丁有任何差異，就只是在「心理類比」上。「我懷疑從人身上所取的任何類比，在此會有什麼作用」，這是加爾文在思想三位一體內部的區分時，所作的冷淡評語。（麥葛福《基督教神學手册》頁三一三—三一六）

（八）論三位一體的上帝觀

奧古斯丁在神學上要算「三位一體」的論證，奠定了基督教神學的基礎。奧古斯丁論三位一體：本文原寫於四〇〇—一六年間，奧古斯丁提出一個研究三位一體的獨特方式，對西方的三位一體教義有極大的影響。本文最值得注意的，是對「愛」這個觀念的詳細分析，指出「愛」這個觀念必然暗示有一位愛人者，一位被愛者，以及二者之間相互的愛。奧古斯丁以此心理學的類比爲基礎，指出神本體也可以有這三重的了解，亦即父、子、聖靈。

我們相信父、子、聖靈是一神，是宇宙萬物的創造者及統治者，「父」不是「子」，也不是「聖靈」；「聖靈」不是「父」，也不是「子」；三位一體是相互關聯的三個位格，是有相等本質的合一。我們應當嘗試去明白這個眞理，但願我們所願意去明白的這位神能幫助我們明白祂，使我們能夠存心敬畏，將我們所明白的表達出來，不致說出任何配不上祂的話。幫助我們，若是說出任何有關父的事，並非適用於父身上的，但願即是適用於子或聖靈或整個三位一體的話；或我們若說出何有關子的事，並非適用於子身上的，則最少那是適用於父或聖靈或是整個三位一體的話；或我們若說出任何有關聖靈的事，並非適用於聖靈身上的，則最少那是適用於父或子或是三位一體的獨一眞神的話。現在我們希望知道最大的恩賜，愛，是否便是聖靈。若否，則或者父是愛，或者子是愛，或者整個三位一體都是愛〔因爲「神是愛」（約壹四8、16），我們不能夠違反此信仰的眞實及聖經的權威〕。我們絕對不能夠容許任何錯誤使我們迷失，使我們視三位一體的教義是與被造物而非創造者相關，或是視三位一體教義只不過是由人的推測而來。

有鑑於此，我們應當思想下列三件事，這都是我們希望知道的。我們所討論的，尙未及於天上的事，或有關神或父、子、聖靈的事，而只不過是人性這個有瑕疵的「神的形像」（雖有瑕疵，仍爲神的形像）。對我們而言這是更熟悉，是我們有限的心思較容易理解的。

當我愛任何事物時，其中有三樣元素：我自己、我所愛的東西，以及愛的本身。我不能夠愛「愛」(Love) 的本身，我只能夠愛一個人 (Love, non enim anmo amorem nisi amantem)；沒有愛的對象，便沒有愛。因此，三要素爲：一位愛人者，一位被愛者，以及愛 (amans et quod amatur et amor)。然而，若我愛的對象是我自己，則此三元素成爲兩個元素：愛的對象，以及愛。當愛人者愛的是他自己時，主體和客體相同；正如在自愛中，愛及被愛是同一件事。「他愛他自己」及「他被他自己所愛」二種說法並無區別。在此情況下，「愛」及「被愛」並非兩件事。愛人者與被愛者亦同爲一人。但是愛及被愛者仍爲兩件事。惟有當愛的本身便是被愛者時，才有可能說那位自愛者便等於愛。愛自己是一回事，愛自己的愛又是另外一回事，被愛的愛必須是愛上某物，因爲若無被愛者，便沒有愛。因此，當有人愛他自己時，便有二個元素，愛以及被愛者（愛人者與被愛者爲一）。由此觀之，似乎並非凡是有愛時便有三元素。

在此討論中，讓我們除去所有組成人性的因素，希望能夠盡量清楚我們此論題的本身。在此先單獨考慮理性(mind)。人的理性有自愛時，顯現兩種元素，亦即理性及愛。自愛是什麼？無非是立意委身，使自我得到快樂。若是人的理性作出立意，則「意志」與「理性」的關係便如同「愛」與「愛人者」的關係。若愛是某種本質，那這本質並非是身體，而是靈，正如理性並非身體而是靈一樣。然而理性及其愛並非兩個靈，而是一個靈；並非兩個本質，而是一個本質。換言之，「愛人者」和「愛」，或是「愛」和「被愛者」，二者實爲一，且二者是互相關聯的，「愛人者」與「愛」相關，「愛」與「愛人者」相關，因爲愛人者用某種特定的愛來愛，愛是某特定的愛人者的作爲。另一方面而言，理性及靈並非相關詞，而是指其本身的本質。理性及靈並非因爲是屬於某個特定的人，才能夠成爲理性及靈。身體是被加上去的，就算除去身體，理性及靈仍然存在。但若將愛人者除去，將不再有愛；若將愛除去，將不再有愛人者。此二詞爲互相關聯的，它們本身各自都是靈，合在一起是一個靈；它們本身各自都是理性，合在一起也是一個理性。哪裡有三位一體呢？讓我們盡力思考，求永恆的光光照我們，使我們可以在我們裡頭看到神的形像。

理性必須要認識它自己，否則它不能愛它自己。它如何能愛一些它所不知道的東西呢？有些人相信理性在經歷了其他的理性之後，便形成一個一般性或特別的知識(notitia)，並且相信理性本身屬相同階層的存有，以此爲根基而自愛，這是荒謬不合理的。若理性連自己都不認識，怎有可能認識其它的理性呢？……我們或許可以說，理性乃藉著身體的感覺而獲得對實物的認識，並因它自己爲非實物而獲得對非實物的認識。理性必須通過自己來認識自己，若不認識它自己，則無法愛它自己。

理性對自我的愛，意味著兩件事：理性及其愛。同理，理性對自我的認識，也意味著兩件事的存在：理性及其知識。因此總共有三件事：理性、其愛、其知識(mens et amor et notitia eius)，三者爲一；當三者均爲完全時，三者均爲相等的。若理性對自己的愛是少於愛的完整意義，例如，人的理性比人的身體更大，若只用對人身體的愛來愛自己的理性，這是理性的罪，其愛並不完全。若理性對自己的愛，超過愛的完整意義，例如：若人用只應當對神的愛，來愛自己的理性，但實際上人是遠遠不如神，則其罪尤甚，其愛亦非完全。若人理性用應當只有神才配得的愛去愛自己的身體，此罪過更加乖張邪惡。同理，若完全的認識是有可能的，則不整全的認識便是不完全。若知識比其客體更大，表示擁有知識者的本性比較認知者更優越，例如對身體的認識比此知識的客體——身體——更加優越。因爲知識是認知的理性的一種生命模態，而身體並非生命，因生命是更加優越的，並非在程度上比較優越，而是在能力上，生命比任何身體都更加優越。但當理性認識其自身時，這種知識並非超越其自身，因其自身乃知識的主體及客體。若理性不需假借任何外力，便能認識其完整的自身，則此認知與此理性乃相符的；因爲顯然當理性認識其自自身時，此認知並非倚靠任何其他外來的渠道。此知識是完整的自身，不多也不少。因此當三者均爲完全時，三者均爲相等的。

現在面對的挑戰，是看看此三者在靈魂中如何表現。理性不但認識它自己，同時也認識許多其他的事。因此愛及知識 (cognitio) 的存在，並非只是理性某方面的表現，而是與理性本身的存在同樣是有實質的存在。它們應被視爲是互相有關連的，各有其獨特的本質。它們互有關聯，因此不應被比喻爲「顏色」及「被染色的東西」(color et coloratum)，因爲顏色在其本身並非具有本質，本質在於被染色的身體；顏色在其本質之內。好像有兩個朋友，二者都是男人，因此二者都有本質。「男人」並非關係用語，「朋友」則是關係用語。

「愛人者」及「認知者」，「知識」及「愛」都是本質。「愛人者」及「愛」，「認知者」及「知識」是有如「朋友」一樣的關係用語，「理性」及「靈」則有如「男人」一樣，並非關係用語。身爲朋友的兩個男人，沒有對方時仍然存在。但「愛人者」及「愛」，「認知者」及「知識」則不同。可能我們認爲朋友是可以在身體上分開，但並非靈魂上的分開。但當一位朋友開始憎恨他的朋友時，他不再是他的朋友，但對方可能不知道，並繼續愛前者。反觀，若理性用來愛自己的愛不再存在時，理性不再是一位愛人者。同理，若理性用以認識自我的知識不再存在時，理性將不再認識它自己……。

若有任何的身體，其存在是不能夠以任何方式被割離或分開的，則這種身體必定仍然由部分所組成，否則不會有身體的存在。「部分」和「整體」乃關係用語，因爲每一個部分都屬於某一個整體，而整體便是其部分的總合。但身體是「部分」，也是「整體」，二者不僅是關係用語，更加都是本質。因此可以說，理性是整體，它愛自己的愛及認識自己的知識，則有如組成整體的兩個部分，或可說愛及知識及理性的本身爲相等的部分，共同組成一個整體——酒、水及蜂蜜組成一個整體，此三部分在整體中遍及各處，但仍然是三個元素。飲料的任何部分都是同時包括這三個元素的，並非如同油不溶於水一樣地並肩共存，而是完全混合的共存。此三元素均爲本質，整體的液體是由三元素製成的一個明確的本質。我們是否可以假設理性、愛及知識三者乃以相似的方式共存？然而水、酒及蜂蜜並非源於一個單一的本質，雖然由三者的混合產生了一個單一的本質。而理性愛它自己、認識它自己，卻不被任何其他的東西所愛或所認識。因此，此三者必然是相同的、單一的本質。若是要將此三者混雜，則它們不再是三樣東西，我們也無法稱它們擁有相互的關係。例如三個相似的指環，均爲相同的黃金製成，此三個指環按其類似的基礎而言是互相有關聯的。因爲凡是相似的東西，都是與某些其他的東西相似，如此便有三合一的指環 (trinitas anulorum)，一個黃金。然而，若將此三個指環融合成爲一塊，此三合一的性質將被破壞。我們仍然能夠說有「一塊黃金」，有如當初三個指環時的一塊黃金一樣，但卻不再有三個黃金的客體存在。

就理性認識本身、愛它本身的情況而言，理性、愛及知識的三合一性依然不變 (manet trinitas, mens, amor, notitia)，不會混雜聯合，不會失去其本身的身分。理性仍是理性本身，雖然在與其知識相關時可以被稱爲「認知者」、「被認知者」、「可被認知者」，或是在與它用以愛自己的愛相關時，可以被稱爲「愛人者」、「被愛者」、「可愛者」，但仍然是只有理性本身可以被稱爲是「理性」。知識與認知的或被知道的理性有關，但其正確的稱呼仍然是「被知道者」、「認知者」，因爲理性用以認識其本身的知識並非知識本身所未知的。同理，愛雖然是屬於愛人的理性，也與理性相關，但仍然保持其獨特的本身，因爲愛是被愛者，也只有可能被愛本身所愛，這顯示此三元素都是獨特的。它們彼此交替；愛心的理性是在愛中，愛是在愛人的知識中，知識是在認知的理性中。此三者奇妙地不可分割，然而其中每一樣都是獨特的本質，將之總合便是一個本體，一個本質，然而其本身又彼此互相關聯。

（麥葛福《基督教神學原典菁華》頁一三二——一三七）

（九）上帝是宇宙的創造者

奧古斯丁時代的思想背景，是羅馬時代，希臘的輝煌時代已漸過去，其學術中心早已由雅典轉移到羅馬，在羅馬的斯多噶學派和以彼古羅學派，其哲學已經走向沒落的危機中，而東方的希伯來信仰早已傳入羅馬，基督教的信仰，亦已經過三百年的仇教運動而成爲國教，教會在發展進步中，在文化階層上建立基礎，反對外來的理論攻擊，消除內在的異端邪說，此時期出現許多護教者，奧氏在信奉基督教後，亦加入護教的行列，他的思想體系，是貫穿哲學與神學，心理學與宗教，而由化解自己內心苦惱的問題開始，來爲教會辯護。

奧古斯丁思想，是從自己的內心，去作向善的追求，向上發展出上帝的概念，然後把內心的追求幸福與上帝連結起來，主張上帝是宇宙創造者，祂的存在成爲宇宙萬物最初的原因，是原始的眞、善、美，也是人的幸福之唯一基礎，又是人心安息的對象。在宇宙中，上帝是高高在上的最外存在；在人心中，上帝則是完全內存的最內存在。因此，在由人的出發哲學思考之路上，是由這外和內的二條思路去發展，這就是他的向上之道，是人走向神的方向。另一條是向下之道，是由神走向人的方向，正是希伯來民族以及基督教所宣講的啓示，向上之道屬哲學，向下之道屬神學，因當時神學、哲學不分家，故奧氏的著作中，這些思想都成爲其整體思想的一部份。在他的心目中，一個完人，必然是一個有信仰的人，不但知道今生，而具信仰來世，對於彼岸是有興趣。

奧古斯丁思想，首先指出「敬畏主，是智慧的開端」，因而哲學既是「愛智」之學，也就成爲通往神的道路，在奧氏的心目中，人性是可以藉著理知的超升，而走向宇宙萬有的根源。這亦就是向上之道的外在路線，人憑理知，可以藉觀察萬物，而追求到最終的原因，以及原理原則，但因他爲自身生活的體驗，卻更喜歡運用心靈之路，是由於內心對善與美的追求，追求平安與幸福，在他身經功名利祿卅三年的經驗中，最後才結論出一句：「除非安息於祢，我們的心永無寧日」的禱詞來。他認爲人心有無限的慾望，唯有用無限和永恆的本體塡滿它，唯有上帝臨在我們心中，否則心靈永遠不會滿足。

奧古斯丁認爲人性原沒有能力使自己超升，人找不到上帝，上帝卻能找到人，祂可以屈尊就卑，降臨人心，使人性和神性合一在人心裡，所以尋一條向下之道，其最先的含意，是表示了人性的極限，表示希臘及羅馬哲學，已經無法解決人生問題，而希伯來的原罪概念，是概括了人性的一切罪過和極限之源，其原罪的存在，正是阻礙人性超升最大的原因，原罪的消除，也因此需要外力，由掌管罪惡法則的上帝來調解，因此，基督教義中的「道成肉身」，成爲奧氏神學的中心，唯有上帝降世，道成肉體，變成爲人，使人性和神性的合一，與人類生活在一起，宣示祂就是「道路、眞理、生命」，人性唯有透過信仰，才能上升通向天父那裡。

奧古斯丁的人生哲學，總以神性是在一切善惡問題上，引導著人性向善，在善惡標準的課題上，給予後來的倫理學，可有莫大的貢獻和啓示。人性的向上之道，需要了解始能把握，神性的向下之道，需要信仰才能獲知，奧氏連結了此二途，乃說出：「爲知而信」與「爲信而知」，超過了特土良的那句：「因它荒謬，我才相信」、「信仰」與「理知」的調和，是中世紀哲學根本的課題之一，更是教父哲學問題的核心，他感受到人的內心有對善的追求，又有向惡的傾向，人無論擇善擇惡，皆表示出人的自由意志，人常明知道善而不去做，此正說明了人在意志上的極限，遠超過理知上的極限，人的故意作惡犯罪，以身試法，這種墮落的人性情況問題，奧氏的答案是：「若我墮落，我即存在」，惡的存在，就是作惡者的存在，在善與惡的二元中對立，人可以任選一邊，這就表示人有自由意志的選擇，且人總是容易傾向於選擇惡的一邊，故自由意志便是罪的唯一原因。

在奧古斯丁的懺悔錄中，處處表出人性的極限，干罪的意念，誠如保羅所說：「我所願意的，我並不作，我所恨惡的，我倒去作。」因此，人性在時刻之中，都需要上帝在內心的光照和恩寵，光照是使人開啓智慧，知道是非善惡，恩寵則賜人力量，使人能夠願意行善避惡。上帝賜給人的自由，原是要他善用自由，但在人類作惡後的善後解決問題，那就是要靠上帝的光照和恩寵，而更能顯出上帝的慈悲和大愛來，在奧氏看來，人類就在一切迷失和迷惑中，在一切引誘和頹喪中，能夠由於上帝的光照和恩寵，仍然成爲頂天立地的人。

奧古斯丁的宇宙觀是從上帝開始，經過創造和救贖，而達到世界和人類，而其最大的動力則是上帝之愛，他主張上帝是宇宙的創造者及最高的原因，也是宇宙間一切存有、價值、等級的最高原因，上帝是原始的眞、善、美，也是人的幸福之唯一基礎。人追求的近目的是幸福，其最終的目的則是永生，這是無限而永恆的，因而本身就是超越，超越了時間與空間，以致道登彼岸。這彼岸的終極則是上帝自己，於是他的宇宙觀和人性觀在此合而爲一。

奧古斯丁的信仰對象就是上帝，但他不是先有宗教信仰，而是用研究哲學的方法獲得了信仰，這方法就是柏拉圖的內心追求，人自己無法進到自己心靈的深處，當他走進了內心，去觀察自己的欲望是什麼時，即發現上帝早已在那裡，於是說出「祢自己比我更在我自己內心的」語句來。回歸內心與上帝接觸，是他最主要的哲學道路。上帝的存在，上帝的慈愛，在人內心是可以感受而覺察到的，就憑了「心與心」的哲學方法，他找到了宇宙和人生的最終原因和原理原則，並將自己的內心，安息在其上。這種人與上帝的關係，是超越了「知」，是在「信」與「愛」之中完成的。（李道生《世界神哲學家思想》頁八三—八六）

（十）上帝存在的論證

奧古斯丁對上帝的存在曾提出各種不同的論證，李杜《中西哲學思想中的天道與上帝》曾介述三種：

1、宇宙論的論證。奧氏此論證爲詮釋舊約詩篇的話而成的一種簡單的宇宙論的論證。它的大意如下：我們雖然見不到一個人的靈魂，但我們可以知道一個人是活著的。我們怎樣知道的呢？我們知道因爲我們見到那人在說話、行走、工作。由一個人的身體的活動我們既然可以知道一個人是活著的，我們豈不可以由我們所見到的宇宙間萬物的種種表現而知道有一位創造此萬物的創造主嗎？

2、普遍認可的論證。此論證的大意是說：具有理性的動物，即人，除了那少數天性極度被敗壞者之外，都承認上帝是世界的創造者。因在人的理性中具有此一先天的認識。由此先天的認識人既都承認上帝是世界的創造者，故上帝存在。

3、永恆與必然知識的根據的論證。此是本柏拉圖的知識觀點，以說上帝爲永恆必然的知識的根據的論證。它的大意如下：凡知識必有依據。感覺知識依於感覺對象；想像依於人心；永恆必然的知識，則依於必然不變的神智，即上帝。我們有永恆必然的知識，此知識必有它的依據，此依據必爲永恆必然的。故它不能是感覺對象，亦不能是人心。因此二者皆不是永恆必然的，而是變動不定的。故它們不能爲永恆必然的知識的依據。永恆必然的知識既不能依於變動不定的依據，而必須依於永恆不變的依據，故它只能依於神智。我們知道有永恆必然的知識，此知識必有依據，故上帝存在。（李杜《中西哲學思想中的天道與上帝》頁二二六－二二七）

三、結語

上帝當爲存有，而非存在。聖經告訴我們，上帝自己說：「我是自有永有的。」（I Am that I Am.）胡院長鴻文《本體論新探》論奧古斯丁：（一）上帝存有的論證要點：「*1.*從永恆眞理證明上帝的存有，*2.*從受造之物或普遍同意證明上帝的存有。*3.*以多階的追求眞理證明上帝的存有。*4.*受造之物顯出上帝的榮耀。*5.*萬物的模型由上帝而來。」（二）論世界、人及萬物要點：「*1.*上帝從無中生有創造萬物世界。*2.*「生成的因子」由上帝而來。*3.*數目的效用。*4.*靈魂和身體，*5.*靈魂的不滅性。」胡院長並且曾在基督教遠景雜誌第三期發表了一篇〈奧古斯丁神學對現代的意義〉，其中就奧古斯丁對上帝存有的論證提出了九點理由，以強化他的立場，頗具卓見，可謂奧氏之功臣也。茲鈔錄如下：

⑴如有人就某一項對上帝存有的論證提出反對的論調，可就其反對的要點再提出反駁的理由，予以辯正，有如筆者「從形上學論康德哲學」一書中，對康德反形上學的觀點加以辯正，可爲例證。

⑵西洋哲學常注重分析而忽略整體性的理由，有時某一單項對上帝存有的論證，反對者掛一漏萬，斷章取義的提出了反對，但亦可針對提出駁論，加以辯正。又如能擴充援引相關的理由，就整體性的觀點加以維護，則此一論證的立場和地位即更可爲之加強。如基督教遠景雜誌第二期筆者所撰〈安瑟倫本體論證新評騭〉一文中所論列，即其一例。

⑶反對上帝存有的論證所持之理由，往往係根據康德之論點，以爲在經驗以內的知識是眞實的，在經驗以外的知識是虛幻的；有如某一美籍哲學教授撰寫一《哲學概論》，謂哲學之所研究的，乃是經驗以內的知識。筆者已將

康德反對經驗以外之知識的觀點加以辯正，則對凡持此種觀點者均不贊同。

⑷我們細加探討，自古代以至近代，凡所曾提出對上帝存有之論證，其各個論證之間，均能彼此符合，至其與哲學、人文科學與自然科學等的各種觀念、原理和事實詳加探研，亦均能密切符合，相互貫通。由此以言，反對上帝存有論證所持之理由，則必然扞格不通，他們也必然無法從反面來提出理由，以使之與各方面的問題符應無礙，「貫通論」既爲評衡眞理的一大原則，反對上帝存有的論證之理由，不能互相貫通，亦即在根本上是站立不住的，而承認上帝存有的論證自然可以堅立。

⑸從知識論主、客二者的貫通，說明認知的能力可以認知客觀的事物，透視其底蘊，由是可知主、客二者必來自一個本源，此在中國哲學和西洋哲學的知識論均可同有此種認識。

⑹生命從上帝而來，迄今無人能持第二種說法，此亦爲一項重要而有力的上帝存有的證明，而與一切對上帝存有的論證互相符合。

⑺基督教聖經的預言，有的已經應驗，有的正在應驗中，但以理書第十一章的預言，奇妙的一一應驗。希臘亞歷山大大帝經以色列往伐埃及，耶路撒冷大祭司押杜亞，將但以理書第八章公綿羊和公山羊的異象指給亞氏，並解釋那公山羊就是指的亞氏。亞氏很讚佩上帝的全知。這自證明了上帝是全知全能的神。

⑻被造者之原理與規律之統一性，即被造者可以分爲若干類，有的可以擴展至於全球各地，有的可以擴展至於全宇宙。前者例如各色人種之心理和生理，後者例如萬有引力，均能表現其普遍的一致性，由此亦可見被造者同有一個來源，即是上帝。

⑼自然物受自然律的支配，然後發生變化和運行，而任可一個單元的組合，必有其智慧的安排，從大的方面看，方能達到萊勃尼茲所說宇宙普遍的和諧。由此可見對於自然物，除了一般物理學家所說的「物」與「能」以外，仍然有智慧存在，智慧可以支配貫通全般的「物」與「能」，有如聖經詩篇第一〇四篇第二十四節所說「耶和華啊！祢所造的何其多，都是祢用智慧造成的。」這更明顯而有力的證明了上帝的存有。

⑽對認識眞理的標準可以提出三點：A清晰分明，B貫通無礙，C符合眞實。前兩項很容易明瞭，後一項「符合眞實」，著重於和眞實相符合，而非僅注意於和變化無常的現象相符合。有如筆者曾在一篇文章裡特別提到「要與最高的存有相符合。」例如宇宙萬物的由來，聖經上所說上帝的創造，如果以上述三項原則予以察驗，都是深相符合的。至於其他方面之所說，如所謂「乾道成男，坤道成女」，以及若干年代生物進化等說法，都是含糊不清，與認識眞理的標準不合，顯係違反眞理，而聖經之所記載上帝創造萬物，則確係眞理。

以上所說各節係爲維護一切對上帝存有的論證，奧氏的論證自亦包括在內。由此可見奧古斯丁對上帝存有的論證，雖然歷經年代，多方參詢，仍然堅定不拔，眞理永遠是不變的。（《本體論新探》頁三二一—三三六）

綜上所述，奧古斯丁的上帝觀，對於罪、救恩、預定、人的意志、神的恩典、教會等等神學上的見解。改革宗的神學家們皆視奧古斯丁的見解，與保羅和加爾文是一脈相承；而天主教的神學家也認爲他是天主教對教會、聖禮、和神恩典這些教義上的防波堤。

第十一節　伯拉糾的上帝觀

一、傳略

伯拉糾（Pelagius,360-420A.D），英國神學家，爲一基督教修道士兼神學家，於第四世紀末及第五世紀初活躍於羅馬、迦太基及巴勒斯坦等處。伯拉糾是道德改革者，他的恩典及罪惡的教義與奧古斯丁完全相反，導致伯拉糾論戰。伯拉糾的概念主要藉著他的對手（特別是奧古斯丁）的著作得以爲人所知。

伯拉糾反對奧古斯丁派人類完全墮落之教義。提倡一種異端的自由意志教義，否認原罪；且謂上帝恩典非人所不配得的恩賜，亦非得救所必須。他常說：「如果我應該做，我就能做。」(If I Ought, I can.)（趙中輝《英漢神學名詞辭典》頁五一六—五一七）

二、學說

（一）論人的責任

本封書信的收信人是一位羅馬高階層社會的貴婦，後來成爲修女的德密拉絲 (Demetrias)。伯拉糾在信中指出，神的命令是，所有基督徒都應當無條件遵守的。神知道人的能力，神的命令反映出祂在創造之時賜給人類的類力。人性不會敗壞到無法實現神命令的地步。

（我們不但沒有視神的命令爲特權）……反而向神呼叫說：「這太艱苦了！這太困難了！我們辦不到！我們只不過是人，有肉身的軟弱攔阻！」這是多麼盲目愚蠢的行爲！這是多麼大膽無知的假設！我們如此做，是控訴全知的神有雙重的無知——對神自己的創造無知，以及對神自己的命令無知。這就好比是說，神忘記了祂所創造的人類的軟弱，因此，祂把我們無法承擔的命令加在我們身上。同時（願神寬恕！），我門等於是指控那位公義者爲不公義，那位聖潔者爲殘酷；首先，我們抱怨神的命令是不可能成就的；其次，我們想像有些人會因爲他們無能爲力的事被神定罪，因此——這是褻瀆神的話——認爲神的目的是要處罰我們，而非拯救我們。但沒有人比賜力量給我們的神更清楚知道我們有多少能力……神並非定意吩咐任何不可能的事，因爲神是公義的；神也不會爲人無能爲力的事定罪，因爲祂是聖潔的。

（二）論人的自由

此篇選文取自奧古斯丁批評伯拉糾論點的引用文，原著已經失傳，因此，本文不能夠被視爲百分之百的可靠。奧古斯丁所批評的，是伯拉糾聲稱人性無罪的立場。他同時批評伯拉糾聲稱按人本性的自由意志，會行善行的立場。對奧古斯丁而言，這種意志惟有來自神的恩賜，因爲墮落的人性傾向只做惡事，而非善行。

我們將此三樣東西加以區別，並按次序排列。首先是「可能性」(posse)；其次是「意志」(velle)；第三是「存有」(esse)。Posse 是指本質；velle 是指意志；esse 則是眞正的認知。第一個是「可能性」，理當歸屬神，是神將此贈予祂所創造的。另外兩個「意志」與「存有」則是指人爲媒介，因其來源是在神的旨意之中。因此，人的稱讚在於願意並著手行善；或者此稱讚應屬於人及神雙方，因爲神賜下願意及工作的可能性，並藉著恩典協助 (gratiae suae adiuvat semper auxilio) 此可能性。人若有願意並著手行善的可能性，必然是出於神自己。……因此（因爲你的愚蠢，我必須重複再說），當我們說何人是有可能沒有罪的時候，我們實際上是讚美神，承認我們所承受的可能性，正是祂所賜的恩賜……神將此「可能性」賜給我們，我們應當單單讚美神，完全無須讚美作爲媒介的人。因爲問題並非在於「意志」與「存有」，而單單在於「可能性」(potest esse)。

（三）拒絕原罪說

此篇選文仍是取自奧古斯丁批評伯拉糾論點的引用文，原著已經失傳。請注意伯拉糾特有的立場，他認爲人類天生具有行善或行惡的能力，並非與生俱來便是罪惡的。奧古斯丁則認爲原罪污染了人類，是由人成孕的那一刻開始，因此人生來便是有罪的。

他說：「所有的事，無論是好是壞，是該讚賞或責備，都是我們造成，而不是我們天生該如此的 (Non nobiscum oritur sed agitur a nobis)。我們出世時還未發展完全，卻已有行善或行惡的潛能；我們出生之時，沒有優點，也沒有過失（因爲 virtute ita et sine vitio）。因此，在每一個人按自己意志行事以前，人所有的，都是神放置在他裡面的。」（麥葛福《基督教神學原典菁華》頁二八五—二八七）

三、結語

綜上所述，伯拉糾的上帝觀，論人的責任，論人的自由，拒絕原罪說等神學思想。按伯拉糾派 (Pelagianism)，爲第四世紀英國修道士伯拉糾所倡導。反對奧古斯丁預定與原罪的教義，並主張人得救不是靠神主權的恩典，乃憑自己的自由意志（人得救不是出於神，乃是出於自己）。這古老的異端如今已改頭換面，又成爲現在的阿民念派。一四三一年在以弗所大會中被定爲異端。（趙中輝《英漢神學名詞辭典》頁五一六）

第十二節　佩提利恩的上帝觀

一、傳略

佩提利恩 (Petilian Citra 約 365- A.D)，多納徒派 (Donatists)，希特拉 (citra) 主教，持激烈的事奉觀。

按多納徒派爲主後第四世紀北非所創立之基督教分離派。他們欲保守教會之純潔，主張只有無瑕疵之牧師分授聖餐方能有效。主張政教分離、洗禮重生與嬰孩洗禮，第五世紀初受到奧古斯丁的攻擊，但多納徒派並未被消滅；主後四二八年受亞利烏派之攻擊；直至第七世紀受到回教徒的入侵。以迦太基之主教，即此運動之領袖多納徒 (Donatus) 之名而名之。（趙中輝《英漢神學名詞辭典》頁二〇九）

二、學說

（一）論牧師的純淨

佩拉利恩是希特拉的多納徒派主教，寫了一封信在他的教士之間流傳，警告大家要避免大公教會所犯道德上的不純淨及教義上的錯誤。奧古斯丁於四〇一年寫出他的回應，導致佩提利恩更詳細地寫信反駁奧古斯丁。此信寫於四〇二年，奧古斯丁曾在從此文中作出引述。佩提利恩在此文中完整地表達出多納徒派堅守的信念，指出聖禮的有效性完全倚靠施行聖禮者的道德狀況。

〔佩提利恩〕說：「我們尋求的，是那些施行〔聖禮〕者的良知，他們必須是聖潔的，才能夠使領受聖禮者的良心得到潔淨。若任何人明知他是自不忠心的手中收到『信心』，他所得到的，不是信心，而是罪疚。」他接著會說、「那麼你如何測試呢？因爲每件事都有其起源，其根源。若不是擁有某事作爲它的頭，它便一無是處。除非有人是由好的種子中重生 (renereretur)，否則他不可能眞正得到重生。（麥葛福《基督教神學原典菁華》頁三三三－三三四）。

三、結語

綜上所述，佩提利恩的上帝觀，以爲聖禮的有效性完全倚靠施行聖禮者的道德純淨。按此係依據多納徒主義所主張。多納徒派是由特士良與居普良的教訓而產生出來的。根據這兩位多納徒派的創始者的教導說，一個神甫在聖禮上的角色是非常重要的（他必須爲人聖潔，在教會中有好名聲，方能使聖禮生效），而非外表的形式。（趙中輝《英漢神學名詞辭典》頁二〇九）

第十三節　亞歷山大之區利羅的上帝觀

一、傳略

亞歷山大的區利羅 (Cyril of Alexandria, 376-444 A.D)，重要的神學家，於四一二年被選爲亞歷山大城的主教，與涅斯多留 (Nestorius) 展開基督論之爭，寫成有關基督神人二性的正統教義聲明。

二、學說

（一）論聖靈的角色

亞歷山大的區利羅於第五世紀初葉寫成此文，焦點集中於聖靈在教會中帶來合一的角色。請特別注意，聖靈在教會中造成合一的角色，與基督道成肉身的角色的相互比較。正如基督的人性使祂與信徒合一，聖靈也同樣地使信徒合一。

我們都是領受同一位靈（亦即聖靈）的人，就某一方面而言，我們都已彼此聯合，又與神聯合了。若基督與聖靈，就是父和子自己的靈來住在我們每一個人的裡面，雖然我們人數衆多，但聖靈仍然是一位，是不可分割的，祂將我們每一個人的靈都聯合，使我們全部的人都在祂裡面成爲一體。正如基督神聖的肉身，使凡有祂內住的聖徒聯合成爲一個身體，我相信按照同樣的方法，不可分割而獨一的聖靈，祂住在我們所有的信徒裡面，也同樣地領導我們在靈裡聯合成爲一體。（麥葛福《基督教神學原典菁華》頁一四二—一四三）

（二）論涅斯多留的基督論

這封信約於四三〇年寫成，區利羅在其中很重要的一段中，譴責與安提阿教派基督論 (the Antiochene school of Christology) 有關的十二條命題。區利羅認爲這十二條命題是異端，但有些地方卻顯示他主要的關注是建立亞歷山大學派的地位，爲的是要超越安提阿學派的地位。下列是這十二條命題中特別具有神學重要性者。

1、以馬內利是眞神，因此童貞聖女是「生神之母」，因神的道成肉身乃是由她生出，若有任何人不承認，這等人當受咒詛。

2、「父神的道」(The world of God the Father) 在本質上 (kath' hypostasin) 與肉體結合，祂與祂自己的肉體是一位基督，亦即神與人同爲一，若有任何人不承認這些，這等人當受咒詛。

3、若有任何人將在一位基督中結合的位格分開，只按其等次或其權能連接起來，卻不視之爲神人二性的結合，這等人當受咒詛。

4、若有任何人將福音書或使徒著作中有關基督的形容，以兩個人物或位格來分開說明……有的單用來形容在道之外的「人」……另外有的只用來形容「道」的本身，這等人當受咒詛。

5、若有任何人膽敢稱基督爲一位「承載神的人」(God-bearing human being, theophoros anthropos)，這等人當受咒詛。

6、若有任何人說「父神的道」是基督的神或主，不承認這位基督同時是神也是人，這等人當受咒詛。

7、若有任何人說耶穌是一個人，受到神的道的控制，賦有「獨生子的榮耀」，是外加在祂本人身上，這等人當受咒詛。

8、若有任何人膽敢聲稱「我們當敬拜神聖的道與承擔著這道的人」……這等人當受咒詛。

9、若有任何人聲稱主耶穌基督因聖靈而得榮耀，言下之意暗示基督是使用由聖靈而來的能力，而這能力並非出於祂自己的，這等人當受咒詛。

10、任何人不承認神的道在肉身之中受苦，在肉身之中被釘十字架，在肉身之中嚐到死味，這等人當受咒詛。

（麥葛福《基督教神學原典菁華》頁一八五—一八六）

（三）論道成肉身

本信寫於四三〇年二月，區利羅在信中論及他對道成肉身之了解。請留意他強調此結合是基督神性與人性完整的結合，不容許基督的神性有任何的改變。亦請留意區利羅棄絕「善意的結合」(Union of good pleasure) 的思想，這種思想是安提阿神學家摩普綏提亞的狄奧多若 (Theodore of Mopsuestia) 等人所持守的，認爲神性與人性並非眞結合，而只不過是同意按以某一特定的方式共存。區利路卻主張眞正的結合。

道「成爲肉身」、「成爲人」，這種宣告並非表示道成肉身之時祂的本性有任何改變，也並非表示道完全被轉化成爲只有靈魂與身體的人；我們所說的，是指這是一種無法形容、無法想像的情況下，道本身與擁有理性靈魂的肉體結合爲一，成爲一個人，另被稱爲人子。這並非只是一種意志的行動，或是按喜好而成的事，亦並非只是扮演一個角色，或爲自己取得一個位格。神人二性被放在一起，形成一個眞正的結合，二性是不同的，但由神人二性結合出來的，是一位基督、一位子。我們並非意指這個結合使得神人二性的不同之處被消滅，而是指神性及人性，按照無法言喻，無法解釋的方式並行 (Concurrence)，爲我們產生出一位主及聖子耶穌基督。

按此而言，祂可以說是爲女子所生，成爲肉身。但在創世以前祂已經存在，並爲聖父所生出……我們不能夠說童貞聖女首先生出一位平常的人，後來道才降在祂身上。祂在母腹裡面便已經與肉身結合，因此可以說是從肉身而生，因爲祂使自己通過被生產的過程而得著一個身體。

我們也可以用相同的方式來看祂的「受害與復活」（路廿四46）。因爲神性並非是屬形質的，所以是不可能受痛苦的 (impassible)，因此我們並非是說神的道受到鞭打、被釘子刺穿，或指祂的本性受到任何其他的傷害。但那成爲祂身體的身體承受這些苦難，因此聖經說祂本身爲了我們而遭受這些苦難。那位「不可能受痛苦的」是在受苦的肉身之內。（麥葛福《基督教神學原典菁華》頁一八六—一八七）。

三、結語

綜上所述，亞歷山大的區利羅的上帝觀，以基督與聖靈聯合，以馬內利是眞神，以及道成肉身等說。聖區利羅爲亞歷山大之主教與聖徒。他熱心正統，以致將諾窪天派教會關閉，並且不讓猶太人住亞歷山大城；傾向基督一性說，善用比喻解經。其紀念日爲二月九日。（趙中輝《英漢神學名詞辭典》頁一八四）

第十四節　萬桑的上帝觀

一、傳略

萬桑 (Vincent Lerine?-450A.D)，法國神學家，居住於賴利斯 (Lerins) 島，特別強調傳統的角色，作爲教會改革教義的準則，被認爲是所謂「萬桑準則」(Vincentian Canon) 的創始者。

二、學說

（一）論傳統的角色

此文寫於主後四三四年，在伯拉糾 (pelagian) 辯論之後，萬桑說他相信當時的辯論引發了新鮮的神學見解。顯然他是指奧古斯丁雙重預定的教義。但他是如何鑑定這新鮮的教義？他針對這個問題，提出三重的標準，基督教的教義可藉此三重標準得到建立：普世性——被各處的人相信 (ecumenicity: being belived every where)、古舊性——始終被人相信 (antiquity: being belived always)、一致性——被所有人相信 (consent: being belived by all people)。

我已經投入許多時間及精力研究，向十分敬虔及持守正確教義的人討教，想要找出如何才能建立一個一般性的指導原則，能夠區分大公信仰的眞理與異端敗壞的謊言。我所得到的答案可以總結如下：若我或任何人想要辨別異教的謊言，避免他們的圈套，保持我們信仰的健康，完整、純正，則我們應當靠著主的幫助，用下列兩個方法堅固我們的信心：首先，持守神律法的權威；其次，持守普世教會的傳統。

有些人可能會問：既然聖經的正典已經完全，其本身已是自給自足，爲何需要加入教會的傳統爲權威？只因爲聖經內容高深，並無普世都接受的共同解釋。每一個人對同一句話都有不同的解釋，結果似乎是解經的立場與解經的人數一樣多……。因此，既然有這麼多種類，這麼多數目的錯誤，需要有人設立一些解釋先知及使徒的原則，而這些原則是以大公教會的原則爲準的。

在大公教會中，我們要十分注意是那麼被各處的人相信、始終被人相信、被所有人相信 (quod ubique, quod somper, guod ab omnibus creditum est) 的信仰，這才是眞正的、大公性的信仰。我們按照其字句及理由的力量，可以清楚看見，並以此來理解每一件事。當我們承認這套信仰是眞實的，是全世界各地全體的教會都承認的，如此我們便是遵循「普世性」(universality)。若我們絕不偏離大部分的信徒及我們的先人所清楚明白的，如此我們便是肯定「古舊性」(antiquity)。當我們在此古舊性之中，遵循主教及大師們所有（或幾近所有）的定義之時，我們便是依循其「一致性」(Consensus)。（麥葛福《基督教神學原典菁華》頁七二—七三）。

三、結語

綜上所述，萬桑的上帝觀，論傳統的角色，提出鑑定教義的三重標準，即普世性、古舊性、一致性。又提出堅固信心的兩個方法，首爲持守神律法的權威，次爲持守普世教會的傳統。均爲持平之論，切實可行者也。

第十五節　涅斯多留的上帝觀

一、傳略

涅斯多留 (Nestorius ?-約 451A.D)，安提阿學派的主要代表人物，於四二八年成爲君士坦丁堡的主教。積極強調基督的人性，到一個地步，他對手感到他似乎是否定基督的神性。涅斯多留不肯採用「生神之母」(theotokos) 一詞，使他公開被判爲異端。雖然他比他的對手所說的更加正統，但他的正統性依然很不清楚，且備受爭議。

二、學說

（一）論生神之母的上帝觀

涅斯多留〈論生神之母〉：摘選自一位名爲蘇格拉底（socrates），又稱爲Scholasticus（意謂「學者」）所編輯的教會歷史。其中對涅斯多留言行的報導可能有某一程度的偏見，但與當時所知的環境亦頗爲吻合。請留意此爭辯的焦點，在於耶穌基督的母親馬利亞是否可以被稱爲「生神之母」。此文顯示涅斯多留對此詞的使用十分困惑，既對此詞所肯定的意義遲疑不決，又恐怕承擔否定此詞所可能帶來的後果。

涅斯多留有一位從安提阿帶來的同工，亞拿斯大修 (Anastasius) 長老。他非常尊敬這位長老，常常向他請教許多事情。有一天，亞拿斯大修在教會中講道，他說：「我們不應當稱馬利亞爲生神之母 (Theotokos)，因爲馬利亞只不過是一個人，而神不可能是由一個人所生出來的。」這篇信息帶來極大的尷尬，使得聖職人員及普通信徒都感到極度沮喪。因爲在此以前，他們一直被教導說基督是神，基於神的（救恩的）安排 (economy [of salvation])，不應當將基督的人性與祂的神性分割……雖然教會中許多人因這種信息產生反感，但涅斯多留卻不希望見到他如此尊重的一個人被控爲褻瀆，反而急於建立亞拿斯大修的論點，因此他不斷在教會中繼續教導這種言論。他採取保守的態度，甚至全然揚棄「生神之母」一詞。不同的人就此爭論採取不同的立場，隨之而來的爭論使得教會分裂，開始好像在黑暗之中的戰鬥，每一個人最終所持的立場都是非常困惑不清、自相矛盾的。涅斯多留因著聲稱主只不過是一個人而得著名聲，他又嘗試在教會中推行撒摩撒他的保羅 (paul of samosata) 以及阜丟斯 (photinus) 的教義。這舉動引起極爲強烈的抗議，以致必須召集一個大公會議排難解紛。（麥葛福《基督教神學原典菁華》頁一八四——一八五）

三、結語

綜上所述，涅斯多留的上帝觀，論生神之母，因強調基督的人性，反對童女馬利亞爲眞神之母，主張她僅是基督人性之母，而於四五一年在以弗所會議中被判爲異端，黜免放逐致死。

按涅斯多留主義 (Nestorianism)，起於五世紀，是影響古代教會最甚的異端之一。此派在重要性，並使大部分的教會與主流教會分裂的結果上，僅次於亞利烏派。涅斯多留的錯誤，就是他把基督的二性論的太遠了。這樣基督成爲雙層人性，成立兩性與兩位，而非一位兩性。基督如此被認爲一個與神有密切關聯的人，涅斯多留解釋基督位格最得意的比方，就是信徒與基督的聯屬。可是，他們所提供的看法，不是道成肉身的神，只是一個成神的人——一個從下面來的，而非從上面來的，絕非眞正的道成肉身，此派所提供的只是神人的聯合。

當然，我們屢次堅持基督是一超凡的位格，在祂裡面有眞正的神性與眞正的人性，聯合形成一個位格，而祂是眞神，正如父神一樣，祂又是眞人，正如我們一樣。但是我們已經指出，在聖經中並未記載祂覺知有雙層的位格。基督所採取與自己聯合的是人性，而非人。祂既然有二性，祂也有兩個意志，但是屬人的意志總是完全屬於屬神的意志。

以上所說有關祂的位格，在祂的祈禱中有最好的說明：「不要照我的旨意，乃要照你的旨意成就。」如此我們能區分出基督的兩性不是分割的。涅斯多留派的主要錯誤，乃是由於把基督的神人二性分開，所以剝奪了祂屬於人性價值與效果的痛苦，如果要救人類，這些都是必須的。只有當祂的神人二性在機體上，不可分解地聯合於一個位格時，每一性情的行動才都有價值。因此，我們向來主張祂的眞神性，祂的眞人性，並祂位格的一致性。因涅斯多留拒稱馬利亞為神母，而被以弗所議會判為異端。後於公元七世紀傳入中國，稱爲景教，有景教碑可證。

按景教碑，爲一五二五年於陝西西安府附近所發現之巨碑。該碑係記述涅斯多留派基督徒於六三五年進入中國，及其後建立教會之歷史。該碑係於主後七八一年所樹立。（《大秦景教流行中國碑》，台灣商務印書館人人文庫本）

第十六節　大利奧的上帝觀

一、傳略

大利奧(Leo the Great, ?-461A.D)，或譯爲「大利歐」，又稱爲「利奧一世」(Leo I)，於四四〇年成爲教宗。他特別因《利奧大卷》（Tome of Leo）聞名於世，此信原本是爲了要在當時一場激烈的基督論爭論中進行斡旋而寫。

大利歐爲羅馬教皇(440-461)。他拯救義大利脫離匈奴(Hun)的入侵。爲神學博士。在四五一年迦克墩會議上，提出基督有神人二性，被接納。他亦爲制定教皇權力理論最後形式的人。他可謂是自使徒世紀以來，羅馬所出現的第一位偉大的教會領袖。（趙中輝《英漢神學名詞辭典》頁三九〇）。

二、學說

（一）基督神人二性的上帝觀

大利奥〈論神人二性〉：此信原以拉丁文寫成，一般稱爲《利奥大卷》，是主教大利奥於四四九年六月十三日寫給君士坦丁堡宗主教夫拉維亞 (Flavian) 的信。大利奥藉此信奠定了通行於拉丁教會中的基督論共識。迦克墩會議 (Council of chalcedon, 451) 將此信提昇至權威的地位，視爲基督論的經典宣言。此信主要是批判歐迪奇 (Eutyches) 的觀點，特別是他不接受基督眞正人性的立場。對大利奥而言，「完全的神性，完全的人性」(totus in suis, totus in nostris)，這一公式是基督論正確立場的總結。

耶穌基督是神與人中惟一的中保，祂爲了要滿足使我們得醫治的條件，就人性而言祂是能夠死的，就神性而言祂是不能死的。因此，完完全全的神，出世成爲完完全全的人，有祂本身完全的神性，也有我們完全的人性 (totus in suis, totus in nostris)。所謂「我們的」意指當起初的時候創造者在我們裡面所形成的，現在祂自己穿上，爲的是要恢復。救主的人性中沒有任何從欺騙者而來的特性，也不容許已被欺騙的人性介入。基督雖然與軟弱的人相交，但祂並沒有成爲我們的罪的共犯，祂取奪了僕人的形狀，卻沒有受罪的污染，使人性變得更加偉大，卻絕未減少祂的神性。

因此神的兒子離開天上的寶座，並沒有撤回來自父的榮耀。祂來到世上，按照一個新的秩序，經由一個新的模式出生。按這個新的秩序，祂自己的本性是不能看見的，但卻在我們當中成爲看得見的人。主由祂的母親得到了人性，而非罪。耶穌基督乃由童貞女所生，是一個神蹟。但這並未影響到祂的人性。祂的人性是與我們一樣的人性，因爲祂是眞正的神，也是眞正的人。這種神人二性的結合並無任何不眞實之處，因爲人性的謙卑與神性的威嚴以相互作用的方式共存。祂的神性並沒有因祂的憐憫而改變，祂的人性也沒有被祂的威嚴所吞沒。每一個本性都與另外一個本性相交，發揮適當的功能。道發揮道的功能，肉身發揮肉身的功能。道施行神蹟，肉身則屈從於凌辱。道沒有減少祂與父同等的榮耀，肉身也沒有放棄與我們同樣的本性。（麥葛福《基督教神學原典菁華》頁一八八－一九一）。

三、結語

綜上所述，大利奧的上帝觀，提出基督神人二性，符合神學正確思想。基督是「完全的神性，完全的人性」，可謂基督論的經典宣言。

大利奧「基督神人二性說」，主要是批判猶提乾（或譯為「歐迪奇」(Eutyches 380-456A.D) 的觀點。猶提乾係康士坦丁堡教會之長老及修道院院長。於四三一年以弗所會議中為反涅斯多留者。倡基督一性說，即基督人性被神性完全吸收，合而為一，於迦克墩會議中被定為異端。後被除教，死於放逐途中。

論到基督論異端中最奇特的，或許就是猶提乾派 (Eutychianism)。此派教訓否認神人二性的區分，並且主張此二性融和而成為第三性，此第三性既非神性，亦非人性。所以他們以為基督也不是神，也不是人，乃是有一神人二性之間的性情。但因為神性較大，所以，人性後來被神性吸收，結果神性也多少改變了。猶提乾主張二性暗示著兩個位格。因此，他認為在基督裡只有一個生命，一個理智、一個意志。既因猶提乾派否認在基督裡有人性的成分，他們就一定否認神與人的眞正聯合，所以也就否認藉人性而成功的救贖。當然，這種兩性的融合與涅斯多留派異端正相反，涅派主張兩性分開，成了兩個位格。猶提乾派的立場非常不穩，未能得到多數人的擁護，遂於主後四五一年於迦克墩大會中被定為異端。（趙中輝《英漢神學名詞辭典》頁二三九－二四〇）。

第十七節　哲諾的上帝觀

一、傳略

哲諾 (Zeno, 約 450-490A.D)，由四七四年起成為東羅馬帝國的皇帝，發表了他的「合一信條」詔書（四八二），嘗試藉此來斡旋基督一性說之爭 (Monophysite controversy)，反而收到反效果，導致羅馬與君士坦丁堡之間的關係比以前更加惡化。

二、學說

(一)論基督的神人二性

本文寫於於四八二年，是一份重要的文獻，原意是想要解決「基督一性說」在教會中所引起的紛爭。不幸的是，此文令東西方基督徒的分歧更加惡化。此文獻肯定基督的神性及人性，是有關此時期基督論爭論的重要見證。

我們承認我們的主耶穌基督是神的獨生子，祂本身是神，卻取了人性；祂在神格 (Godhead) 中與父神同質的 (consubstantial)，在人性中與我們是同質的。祂（自天）降世，藉聖靈及童貞女、「生神之母」(theotokos) 馬利亞道成肉身。祂是一位，並非二位。我們肯定祂所行的神蹟及祂自願在肉身上所受的痛苦，都是同一位的經歷。有些人企圖在混亂中造成紛爭，或引進幻影的觀念，這都是我們絕不同意的。道通過「生神之母」而成為無罪的肉身，但並沒有產生出另外一位兒子，因為雖然「三位一體」中的一員（就是神的道）成為肉身，但是在三合為一（Trias）當中仍然包含三位一體 (Contained a Trinity)。（麥葛福《基督教神學原典菁華》頁一九二）。

三、結語

綜上所述，哲諾的上帝觀，論基督的神人二性，欲藉其四八二年頒佈之「合一法」(Henotikon) 來平息基督一性論之爭，結果事與願違，未能成功。

第十八節　富爾根狄的上帝觀

一、傳略

富爾根狄 (Fulgentius of Ruspe 約 462-527A.D)，羅馬政務官，約於五〇二年成為北非羅斯帕 (Ruspe) 的主教。強力支持希坡的奧古斯丁的神學。他的神學並非原創，乃當時神學思想的代表。

二、學說

（一）聖靈恩賜的上帝觀

富爾根狄〈論聖靈及主餐〉：此文寫成於第六世紀初葉，富爾根狄指出，領受聖靈便等於領受神愛的恩賜。文中提及主餐 (Eucharist) 的時刻，亦即聖靈被呼求（亦稱爲 epiklesis）的時候。

因基督爲了愛的緣故爲我們死，所以當我們記念祂的死，在獻祭之時，我們要求聖靈來臨，賜給我們愛。我們謙卑的禱告，憑藉領受聖靈這恩賜，倚靠這個愛的力量（基督便是出於此愛決意爲我們而死），能夠視世界於我們如同已經釘死在十字架上視我們於世界同樣被釘死在十字架上……我們既然已接受這愛的恩賜，須應當向罪死，向神活。（麥葛福《基督教神學原典菁華》頁一四三）

三、結語

綜上所述，富爾根狄的上帝觀，論聖靈及主餐，提出領受聖靈便等於領受神愛的恩賜。所謂主餐就是主的晚餐，是照著基督所規定的，領受餅和酒，以表明主的死；按理領受的人，不憑肉體，乃憑信心，分領主的身和血，並祂一切的益處，以致靈性得養，和在恩惠上長進。新約的教導，說基督徒必須在主的晚餐中分享基督（林前十一23—32；太廿六26—29；路廿二14—23；可十四22—25）。此即富爾根狄之所據也。

第十九節　大貴鉤利的上帝觀

一、傳略

大貴鉤利 (Gregory the Great 540-603,A.D)，或譯爲「大貴格利」，又稱貴格利第一，即教皇格列高利一世 (Gregorius I, 590-604, 在位)，約公元五四〇年生於羅馬的一位基督徒參議員之家，成年後作過羅馬的行政長官；公元五七三年受修道主義影響，棄官退隱；公元五七四年進聖安得烈修道院當修道士，並把自己的家產全部捐獻給修道院辦慈善事業；公元五七九年作爲教皇佩拉吉二世（五七九—五九〇在位）的使節出使君士坦丁堡；公元五八六年回羅馬任聖安得烈修道院院長；公元五九〇年被選爲教皇，是第一個以修道士資格擔任教皇的人；公元六〇四年三月十二日去世。

格列高利一世任教皇時期，領導羅馬人用武力與金錢抵抗了倫巴人的圍攻，使羅馬免遭蹂躪，從而贏得了人民的擁護，成爲當時意大利最有威望的人。他又是一位極善管理財產的人，教會財產（即所謂聖彼得教產）經他管理，收入大有增加，他利用這些收入，不但維持教牧界的生活，而且供給羅馬人民，加強羅馬防務，舉辦各種慈善事業。

格利高一世相信「是主親聲吩咐聖使徒，諸使徒之首彼得，叫他照管全教會」，他要以繼承彼得權位之資格，管理全教會，所以，他自稱「上帝衆僕之僕」。公元五六九年，格列高利一世差人往英倫三島布道，爲教會發展建立了殊勛。

格列高利一世的神學思想屬奧古斯丁派，但更注重聖禮、神跡、天使、魔鬼、煉獄等觀念。原罪只有藉洗禮接受基督的救贖，才能解脫，而本罪則須用善功來補贖，「我們行善，一面由於上帝，一面由於我們自己；由於上帝首先賜下恩典，由於我們自己隨後用善意接受這恩典。」對於追求善功、實行補贖的人，教會有許多方法幫助他，其中最大的幫助就是聖餐。信徒領聖餐就是重獻基督爲祭品。聖徒可爲人代禱，「凡使自己毫無功德可靠的人，可以跑到殉道諸聖徒面前去求護庇。」那些沒有盡量利用上帝賜給的機會去行善功的人，就是沒有實行補贖，將在煉獄中受潔除的火的磨煉。

格列高利一世在教理上、崇拜上、教會生活和組織上，對後世拉丁教會都有極深遠的影響，奠定了西方中世紀神學的基礎。（唐逸《基督教史》頁七六—七七）

格列高利盡力建立羅馬教宗的政治權，教宗的權柄於中世紀已達巔峰。身爲神學家，他以牧養及解經的工作而聞名。就其著作言，特別有三本書在中古時代膾炙人口——即《約伯記釋義》，或稱《道德論》（Moralia），一本《論教牧的職守》（Regula pastoralis）；還有一本近於迷信的書，名《義大利父老生平神蹟對談錄》（Dialogues on the Life and Miracles of the Italian Fathers）。

二、學說

（一）預定是上帝的預知

貴鉤利神學思想屬奧古斯丁派，但他所注重的卻與奧古斯丁不同。凡奧氏所講關乎教會的思想，以及他思想中所有關乎當時通俗基督教的許多觀點，他都發揚光大了。在貴鉤利的思想中，神蹟、天使、魔鬼種種觀念，較之在奧古斯丁思想中佔更大的地位。貴鉤利雖說也相信上帝早已將揀選的人的數目規定好了，他卻不如奧古斯丁熱心提倡預定之說。他常說預定不過是上帝的預知。他所關心的是實行。人被原罪綑綁了，祇要看他情慾而生的這種事實便可證明。在這種情形下，祇有藉著洗禮接受基督的救贖功勞，方得解救；但在受洗之後所犯的罪，又有別的補過之法。這種補過乃由靠賴上帝授助的恩典，行出善功。「我們行善，一面由於上帝，一面由於我們自己；由於上帝首先賜下恩典，由於我們自己隨後用善意接受這恩典。」受洗之後犯了罪，以懺悔為正當的善後方法。這包括：承認所犯的惡事，表示懊悔，實行補過。凡追求善功或實行懺悔的人，教會有許多方法幫助他。其中最大的幫助就是聖餐，貴鉤利把它看為重獻基督為祭，可以救拔活人和死人。聖徒也能幫助人。「凡知自己毫無功德可靠的人，可以跑到殉道諸聖徒面前去求護庇。」基督的眞門徒中，那些沒有儘量利用這些機會成就善功的人，或沒有實行懺悔，或未領受足夠的教會的幫助，為這樣的人，有煉獄中潔除的火等候著他們。

煉獄的思想並非貴鉤利所首創，這種觀念在羅馬的黑馬中首次隱約可見。在居普良思想中這種觀念較為顯著，他又引太五25—26節為證。奧古斯丁以林前三11—25節為根據，辯明煉獄為可有的事，不過他沒有說過斷定的話。亞爾勒的該撒留對於這種概念主張較為肯定。他簡直把煉獄看為事實。到了貴鉤利，煉獄看為信中不可或少的要素。「要相信在審判之前，有煉獄的火煉淨某種輕微的罪。」雖說東方教會也相信在人死之後與審判之前，有一個居間境地，人的靈魂在那裡，因別人代禱與獻祭，仍可得救，但對於煉獄的概念，卻還不如西方教會之清晰明顯。（華爾克《基督教會史》頁三〇八—三〇九）。

（二）論煉獄

大貴格利論煉獄，此文十分重要，是有關煉獄的早期概念，約於五九三或五九四年寫成，以大貴格利 (Gregory of the Great) 對馬太福音十二31的解釋爲基礎，特別指出此段經文提及「在來世」可以蒙赦免的罪。請留意文中所指的「煉淨的火」。

> 我們必須要相信，有些較次要的罪過，會在最後的審判以前，接受「煉淨的火」(Purgatorius ignis)，因爲眞理宣稱「惟獨說話干犯聖靈的，今世來世總不得赦免。」（太十二31－32）由此可知，有些罪過是在今世得赦免的，另外有些罪過則會在來世得赦免。（麥葛福《基督教神學原典菁華》頁四五一）。

三、結語

綜上所述，大貴格利的上帝觀，以預定爲上帝的預知，煉獄的火煉淨某種輕微的罪。大貴格利，即教皇貴格利一世（約五四〇—六〇四）。拉丁教會四大博士之一，係第一位修士出身的教皇，曾改造修道院與教皇制度。以熱心佈道事業與關心教會音樂聞名。曾差遣坎特布里之奧古斯丁至英國，以鞏固教皇之至上；爲建立教皇制度的主要建築師之一，其教義對後世的影響約有五百年之久。

按煉獄 (purgatory) 爲羅馬天主教與希臘正教的教訓，說到在居間之境一個暫時受刑罰的地方，稱之爲煉獄。主張凡在教會中善終，但未完全的人，一定要經過刑罰與煉淨的苦修。只有那些得到基督徒完全的人，在死後才能直升天國。一切未經洗禮的成人，以及那些洗禮後又犯了必死之罪的人，死後直入地獄。部分上得成聖的基督徒死者，生前與教會有交通，但仍有罪在身，要到煉獄受苦，時間久暫不一，端視在煉獄中潔淨所有的罪，然後才能升上天國。抗羅宗反對此教義，因沒有聖經根據，其所根據的，只是僞經馬喀比後書十二章39－45節。（趙中輝《英漢神學名詞辭典》頁五四七—五四八）。

第二十節　大馬色約翰的上帝觀

一、傳略

大馬色約翰(John of Damascus, 約 675-749A.D)，重要的希臘神學家，著有《正統信仰論》（de fide orthodoxa），結合而成具有東方基督教特色的神學。

大馬色的約翰是希臘神學家和教會博士。他曾任回教法庭的代表，後被迫離職，入聖示巴修道院爲祭司。在反圖像之爭辯中，他贊成圖像之設置。

著作中最重要的一本是《知識的來源》，論到哲學、邪說和正教信仰等三方面，正教信仰詳列希臘教父的信仰，是希臘教會的經典之作。當本書和別的著作陸續譯成拉丁文之後，他的思想大大影響了蘭巴德和阿奎納多馬諸人。（趙中輝《英漢神學名詞辭典》頁三六九—三七〇）。

二、學說

（一）基督道成肉身的上帝觀

大馬色的約翰〈論道成肉身及聖像〉：本文於第八世紀前葉以希臘文寫成，大馬色的約翰認爲基督道成肉身，這個神學上的事實爲在敬拜時使用聖像提供堅固的基礎。聖像(eikon)是宗教畫像，被視爲一扇窗戶，比其他的渠道更能幫助敬拜者捕捉對神近距離的一瞥。本文並無公認的名稱，亦出現在米聶(migne)版本中(pro sacris imaginibus orationes tres)。

在道成肉身以前，絕對不可能用任何肖像來代表神，因爲祂沒有身體，也沒有面容。但現在祂已經藉著肉身有形有體地顯現，與人同住，因此我可以用我所看到的，來爲神製成肖像，對著已經被揭開神祕面紗的主，默想祂的榮美。（麥葛福《基督教神學原典菁華》頁一九四）

（二）聖靈變餅成基督的上帝觀

大馬色的約翰《論聖靈和聖餐》：本文於第八世紀上半葉以希臘文寫成，指出聖靈將餅變成基督身體的重要角色。道成肉身被視爲是相同原則的一個例證。你問餅如何成爲基督的身體？酒及水如可變成基督的血？我告訴你，聖靈臨到它們之中，成就此事，這不是思想，言語所能夠表達的。你只要明白這是聖靈的工作便已足夠，正如主藉著神聖的上帝之母及藉著聖靈，穿戴肉身（在祂裡面並藉著祂）。（麥葛福《基督教神學原典菁華》頁三七三）

三、結語

綜上所述，大馬色約翰的上帝觀，論道成肉身及聖像，藉著肉身有形地顯現，爲神製成肖像，幫助敬拜者捕捉對神一瞥的榮美。又論聖靈和聖餐，指出聖靈將餅變成基督的身體，將酒及水變成基督的血諸說。按神是個靈是無形的，但許多宗教信徒卻要求崇拜對象有畫像，如大馬色的約翰然，而宗教改革者激烈反對畫像，基督教中常因此而分裂。

第二一節　坎迪達的上帝觀

一、傳略

坎迪達(Condidus of Fulda 約 ?-845A.D)，弗爾修道院的修道神學家，在八二二—八四三年代，弗爾修道院成爲神學思想的重地。

二、學說

（一）教會是基督身體的上帝觀

弗爾的坎迪達論「這是我的身體」，弗爾修道院建於七四四年，在茂如(Rabanus Maurus)的帶領下，成爲神學思想的重地。茂如於八二二—八四二年爲修道院長，此段期間，與此修道院有關的最著名神學家是坎迪達，他對「這是我的身體」（太廿六26）的解釋相當精彩，他認爲這句乃指基督的身體——教會。使基督的身體及血成爲聖禮的目的，是要滋養教會，使基督的身體——教會——成爲完全。

「你們拿著吃！」我的子民就是我的身體——那便是你們。這便是爲你們而捨的身體。祂自芸芸衆生之中，拿起祂的身體，在受苦之時，將身體擘開。既然擘開了，又從死裡使之復活。祂取之於我們的，現在又賜給我們。你們要「吃」它，亦即你們要使教會這身體成為完全(perficite)，使她成為完整的、完全的一塊餅，她的頭是基督。（麥葛福《基督教神學原典菁華》頁三七五—三七六）。

三、結語

綜上所述，坎迪達的上帝觀，論「這是我的身體」，認為乃指基督的身體——教會，是符合聖經眞理的。耶穌說：「你們拆毀這殿，我三日內要再建立起來。」（約二19）「耶穌這話，是以祂的身體為殿。所以到祂從死裡復活以後，門徒就想起他說過這話，便信了聖經和耶穌所說的。」（約二21—22）此即坎迪達所獲得的啟示吧！

第二二節　拉得伯土的上帝觀

一、傳略

拉得伯土(paschasius radbertus 約 790-865A.D)，本篤修道院作家，於八二二年進入科爾比修道院(corbie monastery)，激烈地為聖餐中基督眞實身體出現的立場辯護。

二、學說

（一）論主眞實臨在於聖餐之中

拉得伯土〈論主眞實臨在於聖餐之中〉：科爾比的修道院中呈現過第九世紀激烈爭論的情景，主要爭論集中於預定的教義以及主眞實臨在於聖餐之中的本質。下列引文取自拉得伯土（法修道院長）的著作，他當此時期為科爾比修士，寫了一篇名為 De corpore et sanguine Christi 的著作。拉得伯土的著作約於八四四年完成，主張餅及酒眞實地變成基督的身體及血。

聖禮是流傳到我們手中的神聖慶祝，是我們救恩的保證，我們所作自看得見的事，成就十分不同的、內在聖潔的事。我們吃主的身體，喝主的血，這是此生才需要作的，使我們得到滋養，與基督成為一體；祂藉此方法支持我們，使我們可以準備好面對永恆及不朽之事，同時受到天使恩典的滋養，使我們的靈活潑。聖靈在這些聖禮中工作，祂成就這事……在洗禮的時候，我們藉著水，全部都在祂裡面重生；之後，我們每天藉著祂的能力吃基督的身體，喝祂的血。聖靈當初在童貞女的腹中，沒有經過任何人類精子，便創造了耶穌基督的肉身。雖然我們無法用視覺或味覺從外在來理解這其中的奧秘，但同一位聖靈，現在每天用祂無形的大能，使聖禮成聖，創造出基督的身體及血……。

任何人若是相信聖經中眞理的宣稱：「我的肉眞是可吃的，我的血眞是可喝的。」（約六55—56）他必定不會懷疑藉著祝謝使人成聖的奧秘，眞的創造出主的身體和主的血……我們若是用我們的齒呑食基督，這是不恰當的。因此祂定義在此奧秘中，餅及酒因著聖靈分別爲聖的大能，每天都被變成主的身體及主的血，以便主的身體及主的血，可以爲了世人的生命而成爲奧秘的祭物。聖靈創造眞正的肉身，並不需要童貞女有任何的性交。同理，藉著奧秘的祝謝餅及酒的本質，聖靈也同樣創造出基督的身體及祂的血。基督宣告說：「我實實在在地告訴你們，你們若不吃人子的肉，不喝人子的血，就沒有生命在你們裡面。」（約六53）顯然便是指上述的身體及血，亦即是祂眞實的身體及眞實的血。（麥葛福《基督教神學原典菁華》頁三七三—三七四）

三、結語

綜上所述，拉得伯土的上帝觀，論主眞實臨在聖餐之中，主張餅及酒眞實地變成基督的身體及血，後來有人反對這說法，但加爾文的立場較廣爲普世教會所接納。加爾文主張基督身體的本質乃是祂的能力。在祂本身上說是沒有多大價值，「因它是從地上來的，又要經過死亡。」（《要義》卷四第十七章24節）但賜基督身體的聖靈將祂的能力賜給我們，所以我們在聖餐中領受整個的基督。這立場就是說，主餐乃爲耶穌基督所設立，在此聖餐中，擘餅與葡萄汁的傾倒，是以感謝的心來紀念基督贖罪的死，藉著信徒的分領與聖靈所賜聖禮的祝福，才有了相交（即分享）基督的身體與血，並預備未來完滿的救恩。（趙中輝《英漢神學名詞辭典》頁四一〇）

第二三節　拉特蘭努的上帝觀

一、傳略

科爾比的拉特蘭努（Ratramnus of corbie? —868A.D）或譯為「拉特姆斯」，第九世紀神學家，以科爾比修道院為基地，持雙重預定論(double predestination)，也拒絕相信聖餐時基督會以任何實際的方式出現。

拉特姆斯於九世紀法國皮加底者考庇修道院內一修士。著書反對聖餐變質的教義。二世紀後此書被定罪，認為是斯厄立革那可塔斯的作品。

二、學說

(一)論主眞實的臨在

科爾比的修道院中呈現過第九世紀激烈爭論的情景，主要爭論集中於預定的教義以及主眞實臨在於聖餐之中的本質。拉特蘭努主張餅及酒只不過是象徵它的身體及血。

有些信徒說，教會每天都慶祝的基督的身體及祂的血（的奧秘），就其本身的圖形形式是隱藏的象徵而言，沒有任何改變，只不過是公開呈現一個眞理。然而另外有些信徒則認為，餅及酒帶有奧秘的形式，並非如其外表所顯示的，而是完全不同的東西，是憑著信心才能夠辨別的。這兩種觀點大相逕庭。雖然使徒在書信中吩咐信徒，應當持守相同的意見，說相同的事，不應當有分裂。然而，當他們對基督的身體及血的奧秘，持守如此截然不同的觀點時，實際上已經有了分裂……藉著教士的祝謝，餅變成基督的身體，在人的視覺及味覺看來一回事，而實際上對信徒內在的心靈卻指出另外一件事。在外表看來，餅有著如前相同的形狀、顏色、味道；內在而言，卻十分不同，是遠遠更加寶貴及優越的，是屬天的、神聖的，顯示出基督的身體。信徒惟有憑著信心領受，並非按著肉身所能夠感受、接受或吞食的。藉著教士的祝謝，酒也成為基督的血。表面上看來是一樣東西；然而內在卻包含不同的東西。在外表看來，不外乎是酒的本質。品嚐之後，也是酒的味道；嗅其氣味，是酒的芳香；看看它，是酒的顏色。

沒有人能夠否認這些事實，因此顯然餅及酒按照象徵的意義而言，是基督的身體及血。經過奧秘的祝謝後，它們不再被稱爲餅及酒，而成爲基督的身體及血。就外表形狀而言，我們無法自那餅的形狀中看出其與身體相似的地方，也無法自酒的形狀中看出其與血相似的地方。餅及酒沒有任何的改變，如何能稱之爲基督的身體及血呢？就外表而言，它們看似被造的。然而，就其能力而言，它們在靈裡被造，成爲基督的身體及血的奧祕。（麥葛福《基督教神學原典菁華》頁三七四—三七五）

三、結語

綜上所述，拉特蘭努的上帝觀，論主眞實臨在於聖餐之中的本質，反對餅與酒眞的變成了基督的身體與血的變質說，餅與酒乃是象徵性的與禮儀式的，透過在祂裡面的信心分享祂，就必永遠活著，因爲與祂聯合就是得著救恩。

第二四節　伊烈基那的上帝觀

一、傳略

約翰・斯科塔斯・伊烈基那 (John Scotus Erigena 800-877A.D)，或譯爲「伊利基那」(Erigena, Johannes Scotus)「艾利基納」(John Scotus Eriugena) 煩瑣哲學之先導者。其生卒年月莫能詳，大約八〇〇年至八一五年之間，生於愛爾蘭，至八七七年尙在世。或曰，是英格蘭人，或又曰，蘇格蘭人也。八四三年，應禿王查理斯 (Charles) 之召，赴巴黎，爲宮庭說教師。嘗有名言曰：「眞哲學即是眞宗教，眞宗教即是眞哲學。」其說雖亦以教會宗義爲標準，而謀調和於信仰與知識之間，然寧以理性獨立爲重。於教會所教有不合理者，輒解之曰，此由譬喩以起。其思想之淵源於新柏拉圖派者，隱隱可睹焉，宜羅馬教會之以其說爲非正統也。（樊氏《哲學辭典》頁一三七）

二、學說

（一）神是萬有之起點

斯科塔斯・伊烈基那以神學與哲學，教權與理性是一致的，宗教的眞理是合理的眞理。眞宗教與眞哲學是一而非二。信仰不僅承認一種論斷而信賴之，並且這種承認有理性支撐之；這便是合理的可知的信仰。他以爲教義是理性發見的，由教會的長老傳下來。他想保持他的理性論的地位，所以當其解釋經典與教會之著作時，不得不用比喩解釋之。

斯科塔斯·伊烈基那之神學，接近於新柏拉圖主義與奧古斯丁主義。神是萬有之起點、中間與止點，萬有由神而來，由神而存在，幷存在於神中，終乃返歸於神。神由無或他自己——無原由的第一原因——創造世界，神是一個不可被創造的創造者——不可被創造的創造原本(natura Creaus)。他依照他的心（邏各斯）中計劃或典型，創造世界，這是他的本質之表現；他的智慧規定萬有之法式與秩序，並繼續不斷的管理之。「邏各斯」是一個被創造的創造者，其所產生的萬有，是被創造的，無能力創造的東西。萬物無論是物質的或精神的，皆要返歸於神，而以神爲永恆的安息所，因爲神是一切創造物之究竟的目的。根據這個意思，故斯科塔斯又謂神是非被創造者，亦非有所創造。總之，神是父；「邏各斯」是子，生命是神靈。

宇宙是神的本質之表現或結果，萬有——神的思想、邏各斯、現象世界——皆由神而生。但是萬有並不與神分離；不過是神之活動的服裝而已。神與他的創造物是一而非二；因爲他在他的創造物裡頭，創造物也在他裡頭。他的不可見不可解的「渾一」，即是他的本身的可見可解；他的無法式無性質，即是他的法式與性質。宇宙，由人觀之，雖是可分的複雜的；但在原理上，是一個不可分的宇宙，其中一切矛盾皆是調和的。

所以神是會在世界之內；但同時又超越世界之上。這是斯科塔斯·伊烈基那不願承認宇宙消耗或毀滅了神性。他認宇宙不過是神性一部分的表現，其未表現者當無限量。一個光線與一個聲音被許多人見了、聽了，仍無損於這個光與這個聲，故萬有表現了神性之一部分，也無損於無限的神性。歸根結底，神是不能用任何語言或術語形容的，遠在思想的範疇之外，說神是什麼東西，便是限制了神，確定了神的一種性質，便否定了其他的性質。神是超本質的，他超越善神明眞理永久與智慧之上。由此說來，神是不會失敗的，不能了解的，不能限定的原理，不能用任何東西說明之。

這種泛神論的歸結，必以人也是此神聖的原理之表現，但斯科塔斯・伊烈基那未嘗有此結論。他以此種結論可以發生人類的命定論，而將罪惡委之於神了。人不僅祇是他現象的身體旳樣子，並是一個小宇宙——一個活動神靈，負自己墜落的責任。神非罪惡之源；神心中無罪惡之觀念。罪惡不過是善之缺乏（如奧古斯丁之思想）。由於邏各斯與人類本性結合，幫助人贖罪，使有些人與神結合，有些人回復他們的原來的愛神心。

因爲萬物皆出於神，所以皆努力以求返於神；所以神爲萬物之根源與目標。欲返於神，祇能由神秘的超渡，由默探神聖的本性，由超脫感覺與性理，而將神之不可了解的超越性存放心中。在這種神秘的無知狀態中，我們可以沒入神聖的幽冥界中，而忘卻自性。

斯科塔斯・伊烈基那可以稱爲經院哲學之先趨，因其將基督教的概念納入一個普通的系統中，而使之容易了解，並因其哲學含有中古時期的實在論之胚胎。但是他的思想太孤異，少與正統派的意見相合，基督教徒少有歡迎之者。當時人所傾向的思想是奧古斯丁的思想，當時需要與他同時的 paschasrus Radbertus 之著作，因其撮述奧古斯丁的思想之大概。（梯利《西洋哲學史》頁一八四——一八六）

（二）神存在於宇宙間

據司各脫斯說，哲學的目標，與宗教的目標，完全同一。哲學是信心的科學，是對於教義的理解。冥索與宗教，具有同一內容，不過在形式上，稍有差別而已。宗教崇拜著，景仰著；哲學研究著，討論著，並藉理性之助，解明宗教所景仰的東西，那就是神與創造的自然。

自然一字就廣義而言，包括一切東西——一切不受創造與創造的東西。如此解釋的自然，包括四種存在的範疇，即：(1)不受創造與創造他物的東西；(2)受創造而又創造他物的東西；(3)受創造而不創造他物的東西；(4)不受創造而亦不創造他物的東西。一切存在，均係此四種方式中的一種。

但此項分類，更可使之簡化。例如，第一類的東西，即是第四類的東西，因爲兩者都包涵不受創造的東西，因而符合於此世界內的絕對存在物，那就是神。第一類中所說的神，是創造的原則，是萬物的開端與淵源；第四類中所說的神，是終極是結局，是萬物最爲完成形態。同時，若把第二，第三類，加以比較，可知它們亦形成一類，包括一切被創造的東西，或包括整個宇宙——與神相區別的整個宇宙。就中理念的型式 (Idea-types)，即在個體中求得實現者，乃是創造性的被造物（即第二類）。至於個體，乃是受創造而不創造他物的東西，因爲我們知道，只有種或類，具有再生力，並非個體具有再生力。這樣，我們所得的，不是原始的四類，乃是二個大類，那即是神與宇宙。

可是，這二種存在，亦是同一的。實則，宇宙存在於神中間，神亦存在於宇宙間，是宇宙的常德，宇宙的靈魂，宇宙的生命。在宇宙間，不論什麼活力，光明，與智慧，均是神，他是內在於宇宙中的；後者只當其能參預神性的東西時，方能繼續存在。神是存在物的總體，不能分析，不受限制，不可測度；而宇宙乃是可分析與受限制的東西。神是不能說明的實體，而宇宙則是可說明，宣洩於外，展示於外的實體；神與宇宙，是一個而且是同一個實體，是唯一無限體的兩種不同的方式或形式；或更嚴密的說，只有宇宙，是實體的變形，實體的變相，及實體的限制，至於神，乃是沒有實體的變形的實體，乃是不受決定的實體。

據司各脫斯說，神 (Theos) 之一字，或自 Video 中得來，或從 Curro 中得來。前者的字源，意謂絕對的識力或智慧；後者的字源，意謂永久的運動。但這兩種意義，都是比擬性的。因爲，既承認神之實體，在他旁邊，或在他當中，沒有其他實體，所以嚴格言之，我們不能說，神看見任可東西，或認識任何東西。至若神性的運動，我們亦不能說，它像特種創造物的動作；它從神出發，在神當中，向神前進，這樣，它即等於絕對的靜止了。既然神的地位，超越一切差別，一切對比，所以我們不能用任何包涵對立之義的名詞，去指稱神。我們稱他爲善，但不正確，因爲善與惡的差別，並不存於神內。

我們稱他爲神，但我們剛才說過，這個名詞，是不妥當的。我們稱他爲眞，但眞的反面是誤，在無限的實體，不能有類此的對立。我們稱他爲永久，爲生命，爲光，但因永久與時間的區別，生與死的區別，光與暗的區別，並不存於神內，故此項稱呼，亦不正確。沒有什麼名詞，即連實體之詞，亦不配稱呼他，因實體與非實體，是互相對峙的。所以神是不能界敘的，亦且不能理解的。他高於善，高於眞，高於永久；他多於生命，多於光，多於神，多於實體自己。在亞里斯多德的諸範疇中，沒有一種，能理解他；假如所謂理解，必須把一樣東西，歸入一類之下，那末，神是不能被理解的。他是絕對的無，是永久的神秘。（威柏爾《西洋哲學史》頁一六一——一六三）。

（三）大自然的分類

伊利基那（若望・史各都・伊利基那 John Scotus Erigena, 約 810-877）爲愛爾蘭的新柏拉圖主義者兼泛神論者，曾任法國禿頭王查爾斯 (Charles the Bala) 宮庭學院的院長兼教授，以迻譯教父哲學中狄奧尼修的著作，而引起一陣子的騷動。他主要的思想，顯示在他《大自然的分類》（De divisione Naturae）裡——大自然，亦即世界，乃是實體的全部；此一「實體」，可分成四種形式：

「第一自然」，即「能造而非所造的自然」（Natura Creans increata），係指神。

「第二自然」，即「能造而所造的自然」(Natura creans creata)，係指觀念、或人。

「第三自然」，即「非能造而所造的自然」（Natura Creata nec creans），係指萬物。

「第四自然」，即「非能造而非所造的自然」(Natura nec creata nec creans)，係指太極或神，此神與前述（第一自然）的神不同，因爲它不是受造的，也尚未創造。

伊氏顯然把宇宙論放入知識中來考量，並採取柏拉圖與希伯萊民族二元論的觀點。由於他也認爲人的理智與創造力，都來自於神；所以，宗教與哲學應可合而爲一。（陳俊輝《新哲學概論》頁三一三）

（四）倫天堂的性質

艾利基納 (Eriugena, John Scotus 約主後八一〇—八七七年），重要的愛爾蘭哲學家及神學家，特別以其作品《本性的分解》(Periphyseon) 中所發展的四類本性而聞名於世。一般神學家認爲此書乃泛神論立場。

艾利基納論天堂的性質，在本文中將天堂的概念靈義化，否認天堂是一個所在。他訴諸於聖經中有些動詞的時態，是他論點中的重要論據。他不像某些作者，如奧古斯丁，認爲天堂是在時間及空間中的某一特定區域；艾利基納辯稱，天堂是指完美的人性。與他持相似想法的，包括俄利根、女撒的貴格利，和馬克西母 (Maximus)。〔因此〕歌詠人類在天堂的生活，必定是指假如亞當一直服從神，我們將會有的那種生活，而不是指他剛剛開始卻沒有延續的那種生活。因爲假如他繼續在那裡，就算只是一段短的時期，都必然能夠達到某種程度的完全，若是如此，他的主人可能就不會說：「他開始生存 (Vivebat)」，而會說「他一直在生存 (vixit)」或「他已經生存了 (vixerat)」。然而，如果他用這種方式來使用過去式或過去完成式，或一如在其他地方一樣的使用這些時態，我會認爲他是使用過去時態來指未來，而不是指亞當在墮落之前曾有一段時間在這蒙福的天堂生活過。原因在於他所指的乃是預定、註定的祝福，若亞當沒有犯罪，應當屬於我們的；他所採用的時態是表達這有如已經發生一樣，而事實上卻仍然是已經預定、現在尚未發生、將來才會實現的事。我這樣說是因爲，當作者寫及與天堂有關的事，一向不用過去式或過去完成式。……這並不足爲奇，因爲最明智的神聖權威通常在述及將來時，都好像已經發生一般。（麥葛福《基督教神學原典菁華》頁二八九—二九〇）

三、結語

綜上所述，伊烈基那的上帝觀，以爲神是萬有之起點，神存在於宇宙間，大自然的分類，論天堂性質等的思想。伊烈基那是中古世紀神學家、思想家與哲學家。他在奧古斯丁與安瑟倫間扮演著重要的角色。有段時間他被認爲是異端，因他藉自然界將神人聯合起來，而在神學與哲學上他也不加分野，混爲一談，所以被懷疑有泛神論的傾向，但他絕非泛神論者。在預定論上他也有不少獨特的見解。

他的神學研究思維原則，雖有實用價值，但卻充滿了過激性，影響所及，使以後兩世紀的神學思想，囿限封閉不能突破。（趙中輝《英漢神學名詞辭典》頁二三三）

第二五節　西面的上帝觀

一、傳略

西面 (Simeon the New Theologian 949-1022A.D)，著名的拜占庭神學代表性人物，被公認爲該運動中最具影響力的作家。他的著作帶有拜占庭論題的持色，例如視救贖爲神格化 (deification)，同時爲靜坐派 (Hesychasm) 運動奠基。

二、學說

（一）論救恩及神化

新神學家西面是拜占庭早期的重要神學家之一，以強調人能藉著基督神格化而著名。這首詩約寫成於主後一千年，西面寫出信徒與基督合一的豐富含義。本文代表拜占庭立場中的神格化及救恩論的經典論文。本文最後一行很難有合適的翻譯，其希臘文帶有各種極端結合爲一的概念。

但祢的本性便是祢的本質，祢的本質便是祢的本性。
因此，藉著與祢的身體聯合，我分享了祢的本性，
我眞的將祢的當做是我的，
與祢的神性聯合，成爲嗣子，
我的身體比沒有身體的人更加優越。
因爲祢說，我已經成爲神的兒子，
祢稱呼我們而不是天使爲神。
我說過：「祢們是神，都是至高者的兒子。」
願祢的仁慈和計畫 (Oikonomia) 得到榮耀！

祢藉此成爲人，而祢的本性卻是神，
沒有改變，沒有混淆，仍然相同，
祢已經使我成爲神，按我的本性本爲凡人，
因著祢的恩典成爲神，藉著祢的靈的大能成爲神，
兩極相結合，一起成爲神。（麥葛福《基督教神學原典菁華》，頁二三四—二三五）

三、結語

綜上所述，西面的上帝觀，論救恩及神化，說明信徒與基督合一的豐富含義。按救恩及神化，在一般意義上來說，此乃指從任何的困難與危險中得蒙保守與拯救（撒上十九5）說的；但特別是指著神藉耶穌基督爲中保所成就的救贖大工，聖靈將此救工應用在人心中，使神的子民衆罪惡、忿怒與地獄中得拯救，並與祂自己聯合爲一而有交通。西面的思想即受此而啓發者也。

第二六節　朗法蘭克的上帝觀

一、傳略

貝克的朗法蘭克 (Lanfranc of Bec, 約 1010-1089A.D)，第十一世紀主要神學家，約於一〇四五年出任貝克的諾曼(Norman) 修道院副院長，於一〇七〇年成爲坎特布里大主教。他是著名的辯論家，以聖經註釋及有關主眞實出現於聖餐中的辯論文聞名於世。

朗法蘭克是義大利教會學者，著有《主的身體與血》，重建貝克修道院，後爲坎特布里大主教，經院派神學家。早年學習法律後入修道院。著有保羅書信解釋、論聖餐本質等，爲後來的化質論奠定基礎。他與英王征服者威廉一世私交甚篤，安瑟倫之師，又富組織能力，故能在教會中進行多項改革。（趙中輝《英漢神學名詞辭典》頁三八六）

二、學說

(一)聖禮是基督身體的上帝觀

貝克的朗法蘭克〈論聖禮的奧祕〉：朗法蘭克是在坎特布里的安瑟倫之前，擔任貝克修道院院長及坎特布里總主教，他認為有些人對聖餐的解釋完全錯誤，並對此大發雷霆。朗法蘭克的怒氣特別指向貝倫加爾 (Berengar of Tours)，因為他竟然認為聖餐的餅是基督的身體，那是荒謬可笑的。一塊餅怎可能變成基督的身體？基督的身體已經在天上過了一千年！此論文寫於一〇七〇年左右，朗法蘭克在文中有力地辯護聖禮的奧祕，清楚區分聖禮本身及聖禮所象徵的意義。朗法蘭克主張有可能吃「少量基督的身體」，同時基督在天上的身體仍能保持完整，但他沒有就此點提供解釋。

> 一方面而言，有聖禮；另一方面而言，則有「聖禮所代表的東西」(res sacramenti)。這「東西」(或「本體」)便是基督的身體。然而，基督已自死裡復活。祂不是死的，死亡不再有權柄拘禁祂（羅六9）。因此，如同使徒安得烈所說，基督的身體 (Carnes) 中有少量是真的可吃的，祂的血是真的可喝的，然而祂本身卻仍然保持完整 (integer)，活在天上，在父的右邊，直到萬事被復興的時候。若你問我這怎麼可能，我只能簡答如下：這是信心的奧祕。相信它便是有益的；想要調查它，卻是沒有用的。（麥葛福《基督教學原典菁華》頁三七六—三七七）

三、結語

綜上所述，朗法蘭克的上帝觀，論聖禮的奧秘，主張有可能吃「少量的基督的身體」，同時基督在天上的身體仍能保持完整，這是信心的奧秘，為化質論奠定基礎。

按化質說 (Transubstantiation)，又稱變質說。羅馬教會之教義，謂聖餐於餅酒奉獻之後，基督之肉體與血及其全神格一同出現。雖然餅酒之形質仍存，而實際已變為基督之真血真肉。

首先提倡此說者為八三一年本乃得會的拉得伯會長 (Radbertus, 786-865)，乃根據約翰福音第六章。天特總會上總結一切有關化質說的主張，說：「基督是真的、具體的包含在餅與酒中……經過神甫禱告，分別為聖之後，整個的餅與酒就變成了主的身體、主的血了。此改變即稱爲聖餐變質。（趙中輝《英漢神學名詞辭典》頁六六六）。

第二七節　安瑟倫的上帝觀

一、傳略

安瑟倫（Anselmus of Conterbury, 1033-1109A.D），或譯爲「安瑟爾謨」，中世煩瑣哲學之祖。生於比爾門 (pyrmont)，家世顯貴。反其父意，而入諾曼的 (Normandy) 之比克 (Bec) 修道院爲修道士。一〇七八年，被選爲院長。一〇九三年，任英國坎特布里 (Canterbury) 之主教。兩與英王，爭教會獨立權，被逐於英。後經調解，訂立條約，復之任，卒於其職。世高其德識，以比之奧古斯丁。神學家之由本體論見地，以證明神在者始安瑟倫也。所著書，題曰，神何故爲人（ur Deus Homo）者，雖短册，而頗爲神學者所重。又一書，論定命神寵，與意志自由並不相背之理者，亦知名。（樊氏《哲學辭典》頁一七六）

二、學說

（一）神是存在的

安瑟爾謨力圖調和信仰與理性的矛盾，強調必須從信仰出發，運用「辯證的方法」，即形式邏輯，論證基督教正統教義。他同奧古斯丁一樣主張「信仰而後理解」，探索眞理首先必須以信仰爲根據。同時他也提出：僅有信仰而不訴諸理性，則近於玩忽。他認爲神是存在的。在《獨白》中，他運用因果律，從事物有不同程度的完善推出必有一個最完善者，即神的存在。在《宣講》（或譯《論證》）中他提出哲學史中上著名的「本體論論證」。他從神的概念直接推出神的存在，認爲人們心中有一個神的觀念，這個觀念本身的意思是一個不可設想更大的最偉大者。但如果它僅僅存在於人們的思想中，則還可以設想一個更偉大者，而這是有矛盾的。所以，神這個不可設想更大的最偉大者不僅存在於人們的思想中，也必存在於現實中。這個論證遭到當時法國馬爾穆節隱修院修士高尼羅的駁斥。高尼羅在他所著的《爲愚人辯》中指出，存在於心中的未必存在於現實；安瑟爾謨所證明的最偉大的存在不過是「海上仙島」。安瑟爾謨的本體論論證，後來得到R·笛卡爾、G·W·萊布尼茨、G·W·F·黑格爾等的肯定和修改，但被托馬斯·阿奎那、J·洛克、I·康德等所擯棄。安瑟爾謨在早期著作《論信仰》中曾力斥羅瑟林的唯名論，認爲一般是獨立於個別之外的客觀實在，一般高於個別，而越是一般的東西就越有實在性。上帝是最一般的，因此最實在。安瑟爾謨根據這一哲學理論，提出教權高於王權的政治主張，爲羅馬教會的世界統治進行辯護。（《中國大百科全書》哲學I頁一二一—一二三）

（二）上帝是最高的實在

安瑟倫出身於意大利奧斯塔 (Aosta) 的貴族家庭，一〇六〇年在法國加入本尼狄克修會，曾任法國諾曼底貝克 (Bec) 修道院院長，英國坎特伯雷大主教。安瑟倫的神學思想繼承了柏拉圖的哲學觀點和奧古斯丁的神學體系，認爲神學問題可以通過哲學的邏哲思辨、論證加以解決。著有《證道篇》、《獨白篇》、《上帝爲何降世爲人》等著作，闡釋其神學觀點。

安瑟倫受柏拉圖理念論影響，認爲「一般」是獨立於個別之外的獨力實在，是個別事物的基礎和個別事物必須服從的原則，普遍概念先於單個的事物，後者即是作爲「一般」的結果而存在。這種觀點被稱作極端的唯實論。從這一立場出發，安瑟倫提出了對上帝的存在，救贖、王權與教權，理性與信仰等問題的看法。

上帝的存在是基督教信仰的基礎，對這一信念的任何懷疑動搖都會導致基督教神學體系的瓦解，這一命題因而成爲經院哲學關注的一個中心，同許多經院哲學家一樣，安瑟倫也認爲上帝的存在是可以通過邏輯論證加以證明的。安瑟倫依據唯實論的觀點，認爲越是一般的東西就越具有實在性，上帝的觀念是最一般的，所以上帝是最高的實在。他論證道：當人們思考上帝時，是把他作爲無限完滿的存在來思考的，不能設想有他更完滿的實體，也不滿設想完滿的上帝會不完滿（缺少「存在」這一屬性）。他引用《聖經·詩篇》中的話：「愚頑的人心裡說沒有神。」認爲連愚頑的人心裡都有關於上帝的觀念，他們卻否定上帝的存在，這是荒謬的。這就是著名的關於上帝存在的「本體論論證」。他還用類似方法論證上帝的全知、全能、無限、公義等屬性。這種由思維中的存在推出現實中的存在的「論證」，在當時就有人提出異議，法國神學家、馬爾穆蒂隱修院的高尼羅 (Gaunilon, ?-1083A.D) 就曾寫了名爲《爲愚人辯護》的文章反駁他，高尼羅認爲必須把觀念與實在的東西區別開來，即使承認人心中都有關於最完滿的實體的觀念，也不能就此肯定最完滿實體的存在。高尼羅幷不否認上帝的存在，只是認爲安瑟倫的論證缺乏合理性。由於上述，「本體論論證」存在著明顯的缺陷，又引起了爭論，所以沒有得到當時教會的正式確認，不久，就被後來的托馬斯．阿奎那提出的「宇宙論證明」和「目的論證明」所取代了。

在「救贖論」問題上安瑟倫反對早期教會關於贖價付與魔鬼的說法，認爲人因爲犯罪，虧缺了神的榮耀，贖價只當付與上帝，但作爲有罪之身的人本身是無此能力的，因而唯一的方法是上帝降世爲人，也就「道成肉身」的基督。（唐逸《基督教史》頁一一六—一一七）

（三）上帝是萬有中最大的存在

安氏在當代神學界聲望甚大，人多以他爲經院哲學派的鼻祖。他約在一〇三三年生於義大利北部的阿俄斯塔 (Aosta)，在柏克修道院的朗法蘭克門下作修道士若干年後，繼朗氏作該院院長。在他作院長的期間，柏克修道院聲名大震。一〇九三年他任坎特布里大主教——他因堅持布勒得布蘭一派的主張，所以在作主教期中風潮迭起，幾無寧日。一一〇九年卒於任所。就其爲神學家而言，安瑟倫是極端的實名派，他完全相信用正當的辯證法，能證明神學中各種眞理。他用以證明上帝存在的本體論是很著名的，這種方法代表實名論，同時又代表新柏拉圖主義。這種思想在他所著上帝存在論 (proslogium) 一書中可以看出。按照該書理論來說，上帝是萬有中最大的存在。上帝不但在實體中存在，也在思想中存在，因爲如果上帝只在思想中存在的話，那末，在實體與思想之間就有比上帝更大的存在，然而這是不可能的。這種辯證法，安瑟倫在世之時，已爲馬爾毛帖 (Marmoutiers) 一位修道士高尼羅 (Gaunilo) 所反對，雖也有人爲這種思想加以辯護，但其內容乃空同無物，不過是賣弄文墨而已。

其次，安瑟倫所攻擊者爲若瑟林 (Roscelin)，乃空彼安 (compiegne) 一位執事。若瑟林思想頗受唯名論的影響，倡言父、子、聖靈如非同一之神，即三位各別之神。一〇九二年在斯瓦松 (Soisson) 所開會議強制若瑟林放棄三神論。當時安瑟倫直接了當的宣言唯名論根本就是異端，在此後二世紀中，這種以唯名論爲異端的見解爲人視爲定論。

安瑟倫對神學思想的最大貢獻要算他爲研究贖罪論所著的「神何故身爲人」(cur Deus Homo)，這是空前的名著。他對早期教會所持將贖價付與魔鬼的任何解釋都加排斥。依他的見解，人因犯罪，是侮辱了上帝，贖價即當付與上帝。安瑟倫認爲上帝的尊嚴受了損害，得索取賠償。在任何情形下，人惟有以服從爲天職，對於過去的背逆無法補償。如果定要補償的話，那就得要有一位須具人性，去自身爲人，同時又須像上帝一樣，有無限的價值可以奉獻的人代爲補償。爲求符合這種資格，只有上帝降世成人，成爲神——人。如此，不但祂的贖價足夠補償，而且配得獎賞。這種獎賞就是這位神——人的所有弟兄永遠蒙福的根源。安瑟倫這種有普遍影響的學說，最後還是建立在他所堅持的實名論上，認爲人類實有客觀的存在，是基督所能採取的。（華爾克《基督教會史》，頁四一七—四一九）

（四）神之觀念含有神之存在

安瑟倫是坎特布里之大教主，根據柏拉圖與奧古斯丁的主旨，反對洛塞林的虛名論。他是經院學者的眞正代表，堅信基督教教義之眞理，但又有強烈的哲學衝動，他想把教會所承認的教權證明於理性之前。他大膽的想把神之存在、教會救濟、三位一體、化身、人之贖罪等信仰，俱說明爲合乎理性而無所牽強。吾人必須信仰天主教之教義，吾人還要圖了解吾人所信仰的東西，並要了解其爲何是眞理。然而還要記著，凡理智所不及之處，必須虔誠的依靠信仰。

安瑟倫對於神之存在之有名的論證，是根據柏拉圖的概念，共相離個體而獨立。他在他一〇七〇年著的monologium中，是應用宇宙論的論證，即是奧古斯丁所用過的論證，這裡無庸重述。他在他的proslogium中，是應用本體論的論證，也是根據柏拉圖的實在論。這個論證使他的名字在思想史上佔一地位。所謂本體論的論證，即是由神之概念演繹出來神之存在，指出神之觀念含有神之存在。神之觀念是另一種觀念，無較之大者，是一種完備的本體之觀念。如果神不存在，則此觀念不是最大的可以設想的東西的觀念，必有還大的東西。有本體的東西的觀念，是表示比無體的東西的觀念更完備的東西的觀念，所以最完全的本體——神，必定存在。這就在安瑟倫所說之神之完全，含有神之存在之意。然此結論並非出自安瑟倫之前提。安瑟倫之推論，不過證明當吾人想及存在的實在時，就是想及一個實在比非存在的實在更爲完備。有存在的實在之性質，比非存在的的實在之性質多些。然此並非證明神之存在，僅證明實際存在的神之觀念比主觀上的神之觀念有更深的意義。由推論方面看來，這種證明是對的；但不一定由完全的本體之概念，產生神之存在之觀念。然而這種本體論的論證，可使承認實在論的假定——共相有超心理的實在——的人信服，則是不可忘卻的。

安瑟倫論證之謬誤，曾被高尼諾 (Gaunilo) 指摘出來。高尼諾說心理上的神與心理上別的東西，其存在皆是一樣，因其皆是想當然爾。安瑟倫所用以證明神之存在之方法，別人也可用以證明一個完全的島之存在。逮後一百多年，托馬斯阿奎那對於此種論證，又作精密的分析。然而本體論的論證，依然是經院哲學中所慣用的，——例如奧舍爾之威廉 (Williamof Auxere) 及黑爾茲之亞歷山大 (Alexander of Hales) 皆是如此。

安瑟倫在贖罪論中，說贖罪是由公正與神之慈愛間之衝突而來。亞當之墮落，使全體人類因之犯罪。神之公正必須圓滿無缺。又因其慈愛，不忍責罰人類，使之公正。故潔白無疵的基督來到世上，爲人類犧牲，以滿足公正之要求。（梯利《西洋哲學史》頁一九一——一九三）

（五）神是統一的實體

聖安瑟倫廢寢忘食，即於崇拜與虔敬的剎那間，亦在思索證明神的存在，神的學理，終於在某一夜的沈思之後，豁然開朗，覺悟到神的存在論據，而且獲得靈魂上的恬靜與安逸。

聖安瑟倫 (St. Anselm) 說，每一存在的東西，皆有其原因，而此原因，也許是一，也許是多。假如它是一，那我們尋獲我們所尋求的東西了，簡言之，即是神，他是統一的實體，一切其他東西，皆從他發生，假如它是多，那有三種可能性；(1)此多可憑藉一，作爲其原因；(2)組成多的每一東西，皆以自我爲原因；(3)每一東西，儘可依一切其他的東西，而獲得存在。就中第一場合，等於每一東西皆自一單獨原因發生的臆說，因爲假如說，倚靠幾個原因，而此幾個原因，又倚靠一個原因，那即等於說，倚靠此單獨的原因。在第二場合內，我們必得假定，有一種力，有一自存的力，爲一切我們於臆說中所假定著的特殊原因所共有；即此一種力，在它當中，一切均參預著，均被包括在內。此所說者，即是第一場合中所說的，乃是一個絕對單一的原因。第三個假定，即讓「諸第一因」中的每一因，都倚靠其餘諸因的假定，乃是悖理的假定；因我們不能相信，一樣東西，可以另一東西，爲其原因，爲其存在條件，而此另一東西，卻又以它作爲原因，作爲存在條件。因此我們不得不相信，有一實體，它是一切存在物的原因，而它自己，卻不以任何他物，爲其原因，即就爲此緣故，所以它比任何東西更爲完備，而且無限制地更爲完滿。它是最眞實，最有力，與最優越的實體。因它除其自身以外，不倚靠任何實體，或任何存在的條件，所以它是憑其自身而存在，由其自身而存在。它存在著，並不因爲另一某物存在著；它存在著，只因它存在著；換言之，它必然地存在著，它是必然的實體。

從 Monologium 的論辯中，推出汎神論來，那是極容易的一件事。我們知道，倘使我們用如此的觀點，來解釋他的神學，那他必提出抗議。他和聖奧古斯丁同調，假定宇宙從無有中，被創造出來。可是，他雖接納此學說，卻亦加以修改。他說，在創造前，事物並不脫離著神，憑其自身而存在；所以我們說，它們從無有中產生。不過，它們以觀念的形式，永遠爲神而存在，永遠存於神內；它們在未被創造前，已經存在，考這句話的涵義，蓋謂造物之主，預見了它們，並預定了它們的存在。

神的存在，以及宇宙的統一的和絕對的原因，既被證實了，其次的問題，即欲決定他的本性與屬性。神的完滿，猶如人的完滿，唯一的區別，只是這些完滿，對於神爲必需，對於我們，卻並不如此。人可於一定的完滿，獲取一部份，但在人與這些完滿間，並無必然的相互關係；他儘可不取獲它們，儘可沒有它們，而依然存在。反之，神的方面，卻不自外界獲得完滿；他不領受它們，我們亦不能說，他有它們；他是而且必須是這些完滿所蘊涵著的任一東西，他的屬性，與他的常德，蓋爲同一。公道（爲神的屬性之一）與神，並非兩樣各別的東西。我們不能說，他有公道，有善；我們亦不能說，他是公道的，因爲所謂「公道的」，意即像其他創造物一樣，須從外的方面，參加到公道中去。神即是公道，即是善，即是智慧，即是幸福，即是眞理，即是實體。而且，一切神的屬性，共同組成一單純屬性，因他的常德，本係統一的。（威柏爾《西洋哲學史》頁一六八—一七〇）。

（六）神是最完美者

在信仰與知識方面，爲解決神學與哲學的分野，以及共相之爭的有關問題，蘭弗郎克的門生安瑟莫（安瑟倫）起而提出：眞的思想不能與信仰相違悖、信仰先於理性，而且理性可以證明信仰的內容……等論點。有名的格言「我相信，以期獲得理解（又作：信仰追求理性、或信仰需要瞭解）」(Fides quaerens intellectum)，顯示安氏已另行創用理性，以尋找眞神的通路。

這顯然深受帕美尼德斯的「存在和思想一致」的想法所影響；爲此，安氏即提出「我們無法想有比它更大的東西在（又作：我們不能夠想像出有比它更大的東西，而它就存在）」（id, quo majus cogitari non potest, existit.），以作爲證明神在的出發點。他心目中的「最大（之物）」，應是指最完美、最眞實與最全能的東西。因爲，最完美的東西，必然要存在；否則，它就不完美了。安氏無非是把絕對最大，且具有無可超越之完美的神，視作祂本身即包涵了存在。這便是有名的「神存在論證」：用思想法則去證明最終眞理與神的存在。後來的康德，則稱之爲「存有學論證」、或「本體論證」(ontological argument)。

再者，安氏在理論學上的貢獻，一是，創用「正義」(justitia) 一詞，視它爲做人做事的「公道」，表明西洋哲學與神學，信仰與理性可聯用一起，而無理性主義之弊。二是，區分善惡，以「良心」作爲它的始源，他那「爲善而行善」的見解，則受到後來的康德的大肆的發揮。（陳俊輝《新哲學概論》頁三一四—三一五）

（七）神是無法想像有比之更偉大者

安瑟倫《論證》（proslogion）一書，約於一〇七九年以拉丁文寫成，書中，安瑟倫提出神的定義爲：「無法想像有比之更偉大的那一位」(aliquid quo maius cogitari non potest)。他認爲，若這個神的定義是正確的，自然指向神的存在。原因如下：若神不存在，則有關神的想法存在，但神的本體卻不存在。然而神的本體比有關神的想法更大，因此假設神是「無法想像有比之更偉大的那一位」，則有關神的思想必定導致人接受神的本體，若非如此，則有關神的思想便成爲人想得出最大的思想，這與神的定義本身相牴觸。既然有有關神的思想存在，若接受「無法想像有比之更偉大的那一位」爲神的定義，則神的存在是必然的結論。

這（神的定義）實在眞確，令人無法想像它有可能是不眞實的。若有人想到一樣東西，其不存在是不可能想得出的，這是有可能的。這必定比可以想得出其不存在的東西更大。這「無法想像有比之更偉大的那一位」，若我們能夠想得出它的不存在，「無法想像有比之更偉大的那一位」便已經不是「無法想像有比之更偉大的那一位」。這是一個矛盾。因此，的確有「無法想像有比之更偉大的那一位」的存在，其不存在是不可能想像的。

上主我們的神！祢就是這位「無法想像有比之更偉大的那一位」！祢是眞正存在的，耶和華我們的神！祢的不存在是不可能想像得出的，我們有充分的理由作出這個結論。因爲任何人若能夠想得出任何比祢還要偉大的存有，則被造者便可以超越其創造者，甚至起來審判祢。這顯然是荒謬不合理的。事實上，任何其他有可能與祢並駕齊驅的，其不存在都是可能想得出的。所以惟獨祢，是最眞實的，也是比任何存有都眞實存在的。因爲任何其他存有的存在，其存在都沒有祢的存在那麼眞實，因此他們的存在都是較低層次的存在。（麥葛福《基督教神學原典菁華》頁二一一—二一二）

（八）上帝是最高的眞實完美者

安瑟論最出名的哲學理論，是對神存在的證明，他的學說，主要是希望把神學、哲學分開，設法以純理性的認知去理解哲學，理解神學，其眞的思想不能與信仰相悖，嘗試用理性去證明一切信仰內容，但信仰必須在先，以思想的法則，去證明最終眞理的存在，證明上帝的存在。安氏發明了本體論證明法，是把神看爲一個最高貴眞實的實有，也是最完善的實有，一個最眞實完善的實有，不只是在人的理智內，也該當是存在事物中，換言之，如果有一種東西，它的本質是最眞實完美，它是一定存在的，否則便不是最眞實最完美的，而上帝是最高的眞實完美者，所以上帝是必定存在的，如他的名言所說：「我們不能夠想像得比它更大的東西，它就應該存在。」

安瑟倫是把知識與信仰合二爲一，其秩序是信仰在前，知識在後，其方法就是以信仰尋求理性，從理性走向信仰，在信仰指導下尋求知識，而不是求知識爲幫助信仰，此思想正是他所說的「信仰爲了瞭解」，因爲信仰的對象是上帝，首先從上帝的存在開始，能夠證明上帝的存在，因爲上帝這個字本身本質，就包括了存在，如果祂不存在，祂就不是上帝，上帝應該是全能、全善、全眞的，如果祂不存在，祂就不是全能、全善、全眞的，安氏對於神的推理最感興趣，他認爲聖經、信經、和教會教訓等，都有很大的權威，他要藉著宗教的體驗，從心理獲得眞理的確實性，又要藉賴理智的思考，向基督徒，向猶太人和外邦人闡明教會教義的眞理。（李道生《世界神哲學家思想》頁九〇—九一）

（九）上帝存在的本體論論證

安瑟姆（即「安瑟倫」）有關上帝存在的本體論論證可簡略介紹如下：上帝是不可以更大的思想對象。不可以更大的思想對象必定（不僅是主觀觀念地而且是客觀實在地）存在。所以上帝（不僅是主觀觀念地而且是客觀實在地）存在。或如下：上帝是絕對地完全的觀念。絕對地完全的觀念包涵存在。所以上帝存在。

這論證的要義如下：如果一觀念是不可以更大的思想對象，或一觀念是絕對地完全，則此觀念即涵有存在。因它若不包涵存在，則它即非是不可以更大的思想對象，或非是絕對地完全。因包涵有存在的觀念將比它更大，或比它更完全。故如一觀念確是不可以更大的思想對象，或確是絕對地完全，則必邏輯地包涵存在於其內。如此觀念是上帝，則上帝必然存在。此論證從上帝觀開始。此上帝觀是由人的先驗理性上顯示，而不是依於人的經驗事實而有。故它相對於依於由人的經驗事實而來的觀念，去從事論證上帝的存在的後驗的宇宙論論證說，爲先驗的本體論論證。（李杜《中西哲學思想中的天道與上帝》頁二三〇）

（十）高尼妻對安瑟倫論證的回應

安瑟倫之說，亦有持反對意見者，如〈高尼妻對安瑟倫論證的回應〉一文，此文爲聖本篤派修士高尼妻對安瑟倫有關神之存在的論證所作回應，寫於十一世紀晚期，指出僅有對於某物的概念——無論是一個理想的島嶼，或是一位完美的神——不能保證其存在。有些人稱此文爲「代表愚頑人作出的答覆」，意指聖經中否定神存在的愚頑人。（詩十四1）不過，高氏並不是否定「上帝的存有」，而是不同意安瑟倫之說而已。其文如下：

例如，有人說，海中的某處有一個島嶼，因爲要查明其不存在是很困難的（更好的說法是：不可能的），因此有人稱之爲「失落的島嶼」(perdita, the "Lost Island")。有人告訴我們，其上有各式各樣豐富的寶藏及快樂，遠遠超過快樂群島 (the Happy Isles)：同時該島上面沒有物主，沒有居民，此島在各方面的豐足，都遠遠超過任何其他有居民的島嶼。若有人告訴我上面這一番話，我很容易就了解，因爲這番話毫無難度。若有人藉此告訴我說：「這個遠比其他任何島嶼都理想的島嶼，在現實中的某處是存在的，你不能懷疑它在現實中的存在，正如你不能懷疑它在你的腦海中存在一樣。同時，它存在於現實中這個概念，遠勝於它只存在於你的腦海中，所以它必定是存在的。因爲若說它是不存的，則在現實中存在的其他島嶼會比它更加理想。在你腦海中已經有的概念是：它遠比其他的島嶼更加理想。但若上述說法成立，它就不是更加理想的島嶼。」若有任何人想要用這種方式證明這個島嶼眞的存在，無可置疑，我們會認爲這人在開玩笑，或者難以判斷我們雙方誰是更大的傻瓜。若我同意他們，則我自己便是最大的傻瓜；若他們以爲藉此可以確實證明此島的存在，則他們是最大的傻瓜，除非他們能先說服我，這最理想的島嶼存在於我的腦海中，正如眞實世界中有些東西是眞實、無可置疑地存在，而非不眞實的、可能懷疑其存在的東西。

（麥葛福《基督教神學原典菁華》頁二二二—二二三）

（十一）安瑟倫上帝存有之本體論論證表解

關於安瑟倫上帝存有的《論證》(proslogion)，茲列表扼要說明於後：

上帝存有之本體論證

命題＼論證	
命題一	「上帝」一詞的意義，是指一個吾人無法想像有比祂更偉大者，甚至連那些否認上帝存有的傻子們也承認這種說法。（大前題）
命題二	此所能想像得到之最偉大者不能僅存在於思想中。若存在於思想中，同時又存有於實在界，此顯然是矛盾的，故不可能。（小前題之一）
命題三	此最偉大者之不存有，乃是無法想像得到的。理由是：其不存有無法想像得到，要比其不存有能想像得到者更偉大。（小前題之二）
命題四	無疑的，一個無法想像比他更偉大者應不但存在於思想中，且存有於實在界，其存有是如此實在，以致其不存有非吾人所能想像得到的，這就是上帝。（結論）

三、結語

胡院長鴻文在基督教遠景雜誌第二期中，曾撰有「安瑟倫本體論證的新評騭」一文，曾對於安瑟倫的本體論證提出下列幾點卓見：

第一、亞里斯多德說：「存有不能同時是虛無」。就「有」與「無」而言之，「偉大的」字樣可以談到「有」，而不可以談到「無」，如果一個人說到偉大的「無」，就連他自己不是也覺得這是完全背乎情理的嗎？所以在「無」的方面是絕對無「偉大」之可言的，也就是說一談到「偉大的」，「無」就不在這一邊了。世界上儘管有一些可稱爲偉大的，那萬有的根源，創造的主宰，自然是最偉大的，是必定存有的，創造者的存有是必然的，受造者方能存在。上帝告訴摩西說：「我是自有永有的。」上帝是自有的，宇宙萬物因上帝而有，祂是永有的，祂從亙古而有，直到永永遠遠。

第二、安瑟倫本體論證所稱爲「最偉大的」，是指向眞、善、美達到了極致的，無論是就眞、就善、就美而言，只能談到存有，而不能談到「無」，「無」又如何能談到眞、善、美呢？一談到眞、善、美，「無」就不在這一邊了。從「偉大的」此種含義向上追求必然的會認識最高的存有，這是事所必至，理有固然的。奧古斯丁以爲人多階的追求眞理可以認識上帝的存有，從眞、善、美向最高的追求可以認識上帝的存有。那最偉大的主宰是永遠存有的眞活神。

第三、人類心靈共同承認上帝，世界的人類無論是那一種膚色，或那一人種從其內心的深處都承認有上帝的存有，亦無不需要上帝的恩典。各個民族都敬拜創造宇宙萬物的大主宰，這種心思意念不僅是來自一個民族，乃是來自整個的人類，此亦不僅是某一時代的表現，而是自生民以來均係如此。其有極少數持無神論者，乃是人類已經承認有神，少數人以悖逆的心持反對論調，此種少數的悖道者對於眞神的存有實無法加以否認，只更顯出其自身悖逆的罪孽而已。一個不孝的兒子聲言要脫離父子關係，他的聲言要脫離父子關係，證明其已有了父子關係，不管兒子的言行如何，父親仍然是父親。實則兒子仍然是父親的兒子。從眞理和事實都可以說明人是從上帝來的，而且人迫切需要上帝，上帝是最偉大的，是永遠存有的。

第四，上帝本質和存有是不可分的，中世紀的神學家和笛卡兒都特別提出了這點，然而康德卻輕輕的否認了這點，他否認笛卡爾所說，存有屬於一對象的特性或本質的可能性，康德的此種說法完全抹煞了絕對和相對的不同，並無法說明相對之必然根據，此在哲學上的理由是站立不住的。因爲那將不能達成哲學之所以爲哲學的根本意義，也將使哲學之建立完整的體系成爲不可能。如果照康德所說，只有相對的存在而無絕對的存在，則此相對存在的秩序推到最後仍是站立不住的，如果相對的秩序推到最後站立不住，則當前相對的秩序，也是不能存在，但在事實上當前的秩序是存在著，必然有最高的絕對的存有，這是非常清楚明白的。絕對的存有和本質是不可分的，上帝絕對存有，上帝也必然存有。

第五、歷來上帝存有的各種論證均與本體論證深相符合。即以多瑪斯・阿奎納的五路論證而言，其第一爲證以動律的論證，第二爲證以因果律的論證，第三爲證以萬物偶有性的論證，第四爲證以萬物之成全或美善之等級的論證，第五為證以萬物的秩序和目的的論證，均莫不與安瑟倫的本體論證深相符合。本體論證成立，這些論證也都成立，本體論證支持這些論證的地位，使之更為堅強，這些論證均指向而輻輳於本體論證，使其表現出來更為顯著明確。如果說本體論證與這些論證相反，或說這些論證與本體論證相反都是不可能的。本體論證和這些論證綜合以觀，各項論證的成立和地位便更為加強了。（胡院長鴻文《本體論新探》頁三八—四〇）

綜上所述，安瑟倫的上帝觀，以上帝存有之本體論論證證明神的存在，胡院長的評論可謂鞭辟入裡，切中肯綮。聖安瑟倫為中世紀一著名神學家，英國坎特布里大主教。生於意大利，少時與父爭吵而離家出走，漂流數年後於廿六歲時入修道院。年六十歲離修道院而為坎特布里大主教，直到死時。他亦為經院哲學創始人之一，強調欲得眞理的知識，必須先有信仰。因其聖哲之生活、改良教會及神學之著作出名。

他的著作分為：⑴系統性的著作，⑵祈禱與靈修，⑶書翰。在系統性著作中，有《神為何成為人》？（Cur Deus Homo）、《童女感孕與原罪》、《聖靈的由出》等。安氏雖未能寫出完整的系統神學，且他的論述幾乎包括大部分基督教思想。安氏相信信心為必須的基礎，並支持哲學的思測。他寫道：「我不去瞭解我所信的，但我相信我能了解的，為此我相信除非我信，否則我就不能了解。」他也相信贖罪是必須的，是為滿足神的尊嚴，不像較早的主張（如奧利金），認為基督的死是向魔鬼付出贖價。（趙中輝《英漢神學名詞辭典》頁二三）

第二八節　亞伯拉德的上帝觀

一、傳略

亞伯拉德 (Abelard Peter 1079-1142,A.D)，或譯為「皮耳・阿伯拉德」（Pierre Abelard），「阿貝拉耳」、「阿伯拉爾」、「亞比拉」、「亞貝那」、「亞畢拉都」Abelardus, (Abailard or Abelard) peter (1079-1143)。中世哲學家。以善辯知名，法國人，生於南的 (Nantes) 旁近。本名家子。幼而習辨證術，穎敏絕倫，游歷諸方，索人論難，人莫能與之角者。年二十，至巴黎，學於洛色林 (Roscelin)，又從查姆伯之威廉 (William of Champeaux) 受業。威廉激賞之，謂此子他日，當繼吾後。未幾，亞畢拉都竊取其師之隙，而衆折之。威廉語塞，怒而逐之。乃至美倫(Melun)，自授學徒。猶屢著文章，與威廉辯，使威廉譽望，頓出其下。又躬赴安瑟倫之門，與其師弟門議論，卒屈服之。以是名喧遐邇，從之爲弟子者，多至五千人，年才三十六也。徒事口舌，乃學識無所進。又因戀其女弟子赫羅斯(Heloise)，聲聞頓殺。其後赫羅斯受度爲修女，而亞畢拉都亦入聖底尼(Sant Denis)爲修道士。傳者曰，赫羅思欲保其師令名，不肯嫁，或曰，實亞畢拉都慮娶妻而失教職也。已而至諾根德之原，自建教堂，從學者復稍集。惟亞畢拉都好評判得失。其教神學，以自由研究爲貴。或備摘從來神學家之矛盾，或言無知之信，厥信不完，又解父子靈三位，爲神之屬性，所說往往出乎教會宗義以外。故卒由宗法大會宣告爲異端，並以教皇令旨，禁其著書授徒。晚歲，乃寄居友家，以讀書默禱，終其餘年。歿後，與赫羅思同葬於巴黎。（樊氏《哲學辭典》頁二八〇—二八一）。

二、學說

（一）共相即有實義的詞

阿貝拉耳的主要著作有：《辯證法》、《是與非》、《認識你自己》、《受難史》等。其哲學思想，在一般或共相的爭論中，阿貝拉耳既反對極端的唯名論，又反對極端的實在論。他提出「共相即有實義的詞」，認爲一般或共相并不是空洞的詞或聲音，而是有一定思想內容的詞，它是人類通過抽象思維而形成的許多個別事物的某種相似性或共同性的概念，但這種概念本身不是實體，不是客觀的存在，只有個別事物才是實體。他的這一觀點被稱爲「概念論」。這是一種發展了的、比較「溫和的」唯名論。

（二）以理性來檢查信仰

其神學思想，在神學觀上，他反對盲目信仰，主張以理性來檢查信仰。他認爲，除了聖經之外，其他都可能有錯誤，就連使徒和教父也可能犯錯誤。因而，他反對不加懷疑地接受教父們的著作，認爲在學問上最好的解決辦法就是堅持經常的懷疑。在倫理觀上，他強調動機論，認爲個人的行動是否道德，決定行動者個人是否根據良心，即是否按其認爲正確的東西而行動，而同「原罪」無關。阿貝拉爾這些觀點反映了市民階層力求擺脫教會束縛，實現個人自主、獨立的原望。

(三)推論是一個假言命題

其邏輯思想，阿貝拉爾把命題定義爲有眞假意義的話，並在分析直言命題時，把動詞「是」看作連詞或聯結點。阿貝拉爾在邏輯上的主要成果是關於推論的學說。他把推論看成是一個假言命題，也看成是從前提必然得出結論的推理。他還提出了一些重要的推論規則，例如：(1)如果從這個推出那個，那個又推出另一個，則第一個推出最後一個；(2)如果眞的東西是肯定，則假的東西是否定；(3)如果眞的東西是否定，則假的東西是肯定；(4)如果前件是可能的，則後件也是可能的；(5)如果前件是眞的，則後件也是眞的；(6)如果前者是必然的，則後件也是必然的；(6)如果後件是不可能的，則前件也是不可能的。他進而提出了6條避免無效推論的規則，在他看來，從肯定前件到否定後件，從否定前件到否定後件，從否定後件到肯定前件，從否定後件到肯定前件，從肯定後件到肯定前件，從肯定後件到否定前件，這6條規則都不可能是有效的推論。阿貝拉爾的邏輯學說奠定了中世紀邏輯繼續向前發展的基礎。(《中國大百科全書》哲學I頁一)

(四)聖子是邏各斯或上帝心靈中的理念

早期經院哲學中，最爲著名者之一是阿伯拉爾，他出生於法國的布列塔尼。先曾師從於唯實論者香浦的威廉(Gillaume de Champeaux, 約 1070-1121)。以後又成爲洛色林的學生，曾任巴黎聖母大堂的執事，後因與人戀愛，私相結合而被私刑閹割，進入修道院終了一生。他生前學生很多，思想影響很大。阿伯拉爾不否認「一般」的存在，他認爲個別事物的「相似性」就是「共相」的客觀基礎只但是這種相似性只是事物的狀態，并不是獨立存在的另一種事物。客觀上，只有個別事物，沒有「一般實體」。他還認爲「共相」是人們心中的概念，人們可以把它抽象出來單獨思考，但它不能在現實中單獨存在，這種觀點因此被稱爲概念論。由於他並不會全否定「共相」，所以被認爲是溫和的實在論者。阿伯拉爾從上述觀點出發寫了《倫理學》、《是與否》等著作，在「三位一體」、「原罪」、理性與信仰等問題上提出了自己的見解。在「三位一體」的問題上他反對洛色林的「三神論」，把聖父理解爲「太一」或善，認爲聖子是邏各斯或上帝心靈中的理念，聖靈是世界靈魂，三位各有不同的屬性：權力、智慧和上帝良好的意願。這種觀點，頗具新柏拉圖主義色彩，在當時被指控爲宣傳撒伯流斯主義。在原罪問題上他主張道德的主體是個人而不是抽象的人類。認爲亞當遺傳給人類的是罪感而不是罪罰，因爲不可能設想上帝會因個人的父母犯罪而懲罰他。個人行爲的動機決定個人是否道德，善惡在於人的本性而不在於行爲。罪是個人的，內心的，救贖也是針對個人內心的；他認爲人稱義不在於行法律，而在於自己有了愛心。在信仰與理性的關係上他主張理性主義的神學觀點，認爲先有理解後有信仰。他在《是與否》中對古代教父的觀點提出懷疑，羅列了許多相互矛盾的命題，認爲「由於懷疑，我們就驗證；由於驗證，我們就獲得眞理」。阿伯拉爾的觀點被一一四一年召開的桑斯宗教會議指控爲異端，他雖向教皇申訴但遭駁回，次年即卒於一克呂尼修道分院中，但其某些思想，卻爲後世神學家所繼承。

(唐逸《基督教史》頁一一五—一一六)

(五)父是「一」子是「道」聖靈是宇宙「靈魂」

阿柏拉德似乎佔在洛塞林之虛名論與威廉之實在論之中間(二人皆其老師)，唯對於共相的問題，無確定的解決。他反對共相是實在，除非在心之中者。他說我們不能就一物以論定一物，祇能說許多物之一個共相，所以一個共相不是一個物。共相也不是僅僅的一個文辭，其所以爲文辭者，因其爲一團同類物體之稱謂，所以不是一些文辭，乃是一些說法 (Sermons)。也許他所說之共相是一群物體所共有的屬性之普通觀念，是心中之概念，表示這種概念所用之文詞是說法。這可以稱爲阿柏拉德之概念論 (Conceptualism)，但是他似乎未曾構成之。他所最愛說的是，共相不是離個體而獨存的實體，個體間有本質的差異。他自己對於這種正當的見解似乎又有點懷疑。他極崇拜柏拉圖與亞里斯多德，因而覺得二人皆是對的，他所最重的是思想必須有物，語言之目的在表示思想，但思想不可不與物相符合。他著有神學一書，一一四〇年笙斯會議 (The Council of Sens) 禁止其出版。他在這部著作中所注重的是：檢點信仰是學者之急務，免得成爲盲目的信仰。爲達到這種目的起見，他主張人要受邏輯的訓練，神學中要運用邏輯之方法。理性必須先於信仰；我們應該了解信仰中之道理。然而他顯然的相信教義之嚴格的邏輯證據，是不能有的，承認教義是自由意志之行爲，由此行爲得到基於信仰之知識是爲未來生命之報酬。於此可見阿柏拉德受經院哲學的方法之拘束如何之緊固，不管他的思想如何獨立，如何注重理性，然其態度根本上還是經院哲學的。何以呢？他主張深沈的考究教義，不得到教義的道理，勿信任之，然懷疑了並考究了教義之後，還是不能明瞭理性時，依然要信服他。

他的神學所以被禁止的原因，是因論三位一體的部分引起的反動。他說三位中，父是一或善；子是邏各斯或上帝之心，含有許多觀念；聖靈是宇宙靈魂。他又認爲這三位是神之權力、智慧及善意之特幟。阿柏拉德在他的倫理學中，注重善意之重要。行爲之是非不在行爲之結果，而在行爲者之意志。神不管所做者如何；衹管所做者的精神如何；行爲者之可贊賞與否，不在其結果而在其意志。所謂罪惡是已知其爲壞而仍爲之——明知故犯——所以是自由意志之行爲。換言之，道德是良心上的問題。行爲者依據其良心以行事，依據其所認爲對者以行事，他也許錯誤，但不是犯罪。他所認爲是對的，果眞是對的，他的主觀的認識洽合於客觀的眞理，他的行爲，就眞合於道德。阿柏拉德的心中有主觀的道德與客觀的道德之別。就廣義言之，凡與所謂「是」相反者，皆是犯罪。就狹義言之，唯明知故犯者爲犯罪。爲何明知故犯是眞正犯罪呢？因其是輕視神，反抗神意，不聽神的命令，所以是罪大惡極。善意是由愛神激起的，是依據神的命令以行中的。神的命令是神自由的發出的，隨時而異；但順從神命，是道德，是必需。於此，亦可見阿柏拉德雖有獨立的思想之特徵，但其經院哲學之精神依然流露出來。（梯利《西洋哲學史》頁一九四——一九六）

（六）神的三種屬性即權力智慧與良善

在希臘哲學中，阿柏拉德怎能發現像三位一體等學理呢？他把基督教中的三位，化成神的三種屬性，即權力，智慧與良善。他說，如分開來看，這三種性質，即權力，知識與意志，沒有什麼，但合攏來看，它們三者，就組成最高的完整。三位一體之神，凡有所願，即能實行，而他所願的，乃是他所認爲最優越的東西。從神學的觀點來說，這是專制主義，揆諸洛塞來那斯的三神論，適成相反，稱爲異教。從形上學的觀點來說，它是具象的精神主義，否認權力與思想，是各別的實在，卻謂它們二者，在意志之中，合而爲一。

處於宗教的時代，道德與虔敬同一，倫理學與神學同一，而在啓明與懷疑的時代，卻要把它們區分開來。所以脫離教義的倫理系統的第一次呈現，實爲極重要的徵候。如此的呈現，我們於拉伐定人喜爾得柏特 (Hildebert of Lavardin) 的道德哲學 (Moralis Philosophia) 中見之，乃是對於西塞祿 (Cicero)，與塞奈加 (Seneca) 的一種摹倣；但於道德哲學作更深刻與更科學的研究者，當推阿柏拉德的知爾自己 (Nosce teipsum) 爲第一。

這並不是說，阿柏拉德欲把倫理學與本體論分開，像我們現時的獨立道德學者所企圖著的；不過，他所用爲道德法則的基礎者，不是拉丁教父所說的神的自由意志。既然神是最優越與最完備的實體，所有他的行動，都是必需的。因爲，假如因做某事，而不去做它，則此不去做的本身，即是不當；凡不做理性所認爲應做的事，如此的人，他所犯的惡，與做理性所禁止的事的人一樣。既然神是絕對的原因，是我們在他當中生活，行動，並具獲實在的唯一實體，因而亦是我們的權力與意志的總淵源，所以我們說，於一定意義內，神亦是我們一切動作的主動者。

惡的傾向，並非罪惡，卻是德的條件，因所謂德，本是一種掙扎，而一切掙扎，均須有反對物的假定。而且如此的動作，亦非罪的內容，如此的動作，是無所謂罪，無所謂非罪的。所謂罪，乃繫於動作的形式中，換言之，乃繫於命令此動作的意志中。惡的傾向或動作的本身，均非罪惡，倒是滿足惡的慾望，或耽於肉慾的存意 (Intention)，是罪惡，只要有過存意，雖此存意，後來被阻止了，不得實現，依然算犯過罪。所以一個人，如同意於罪行，後因某一情境或其他情境，從中阻難，不得實現此罪行，但他仍應受責，猶如他行過惡事一樣。行惡的存意與罪惡的行爲一樣，應當同受譴責；凡起作惡之念者，在實際上，他已作了惡了。最高的法官，並不評判外形，評判表面，卻評判精神。只因阿柏拉德區分了慾望與成遂此慾望的存意，又區分了自然的渴望與遵從此渴望的意志，所以他排斥了過分的悲觀主義，即把人的生活，看爲一永久罪惡的過分的悲觀主義；又因他承受外的動作，就其本身而言，無所謂罪，無所謂非罪，所以他於當時所發長著的天主教道德的形式主義 (Formalism)，竭力加以攻擊。我們已經說過，在中世紀時，概念論的學理，第一次表示了亞里斯多德的學說的影響。阿柏拉德的倫理學，使我們想起亞里斯多德以及他那主中道的倫理學。（威柏爾《西洋哲學史》頁一七八——一七九）

（七）在神而言共相乃先於事物

亞貝拉依循亞里斯多德的哲學方法，認爲共相既非事物，也非語詞（名目 nomina）或聲音 (voces)；共相它乃和事物彼此共存，不先不後。至於神、人的角度來解釋它先後的秩序，便是：在神而言，共相乃先於事物，而就人或自然而言，事物乃先於共相。這不外表示：人能知道的，祇是具體存在的事物，而語言所表出的共相，則存在於觀念中；觀念得自於事物，仍可運用在事物上，而產生意義。如此，則聯繫了唯名論與實在論，以「共相在事物中」（universalia in re）解決了中世紀的共相之爭。

還有，亞貝拉對士林哲學的貢獻是：開創「是與非」(sic et non 即應用權威與反對方面的權威）方法，以及採用方法上的懷疑，成爲士林哲學方法的創始者。（陳俊輝《新哲學概論》頁三一五）

（八）倫基督救贖的愛

亞伯拉德論基督救贖的愛：亞伯拉德 (peter Abelard) 是安瑟倫最早期的批評家。他的《羅馬書注釋》寫成於第十二世紀初葉，亞伯拉德在書中指出，基督之死最主要的後果之一，便是彰顯神對人類的愛。我們藉著對基督作出愛的回應，得以與祂結合，並且因祂的受苦而獲益。

我們對基督的信心增加時，愛也增加。神在基督裡，因爲我的信心，而將人性與祂自己結合，藉著在同樣的人性中受苦，向我們彰顯那無比的愛 (in ipsa patiendo summan illam charitatem nobis exhibuisse)。基督自己也說：「人的愛心沒有比這個大的。」（約十五13）。因此，因著祂的恩典，藉著不可破壞的愛的結合，我們得以與祂及與我們的鄰舍結合。……正如同世人都犯了罪一樣，藉著神向我們彰顯的這種至高無上的恩典，全部的人也都得以稱義，沒有分別 (indifferenter)。這便是保羅的聲明：「因爲世人都犯了罪，世人都需要神的恩典。」（羅三23）亦即他們都需要榮耀神，這是一種義務……我們已經藉著基督的血得以稱義，與神和好。過程似乎是這樣的：藉著這一次恩典的行為，在我們的裡面彰顯出（神的兒子已將我們的人性加在祂自己身上，一直忍耐到底，藉著祂的話語及祂的榜樣來教導我們，甚至到死的地步），祂已經藉著愛，使我們更加完全的與祂結合。結果，我們的心應當為如此，神聖恩典的禮物而感到火熱，眞愛應當使我們願意為了祂的緣故，忍受任何的痛苦。……基督的受苦成就了我們的救贖，使我們得著更深的愛，這愛不但使我們從罪的綑綁中得釋放，更加使我們得到神兒女的眞自由，以至於我們做任何事都是出於愛，而非出於恐懼——出於對祂的愛，因祂向我們顯示如此大的恩典，沒有任何愛比這愛更大！（麥葛福《基督教神學原典菁華》頁二三七—二三八）

（九）共相在事物之內

亞伯拉德由於自己後來思想體系的發展，並不滿意唯名論的主張，因他生來就有批判的精神，是有名的辯論家，他所提出的辯論，並不等於思想的方法，而是屬於靈性生活的因素。在他的時代，是中世紀「共相之爭」最高峰的時代，其有三派主要的學說之爭，如：唯實論——是跟隨先哲柏拉圖的意見，以為一切事物都在觀念界存在，亦即「共相先於事物」。唯名論——是跟隨蘇格拉底的意見，認為共相只是一個抽象的名詞而已，其存在是由事物中抽出的，故主張「共相後於事物」。緩性唯實論——是依照亞里士多德的哲學方法，以為共相與事物是共存的，主張「共相在事物之內」。藉著共相，使人與事物聯合，並主張「在神的觀念中，共相先於事物；在人的觀念中，事物先於共相」，亞伯拉德採取了這中庸的緩和性唯實論。

亞伯拉德在《是與否》的著作中，主張辯證方法的緩和性與信仰，如其所言，在事物沒有明顯的證據以前，人可以有懷疑的態度，如懷疑常久不能消失，就可以採用權威，且有了辯證，則權威失效，因此，主張人該先知道，後信仰，而理性的知道與信仰的連接，是經過懷疑與尋求，人在尋求解決懷疑，而仍得不到結論時，理信便可轉向信仰了，故人不是用信仰衡量理性，或用權威消除懷疑，而是用辯論的方法緩和理性與信仰。亞氏曾用神和人的理念，來解釋先後問題，在神的觀念中，共相是先於事物，神先有了對事物的觀念，然後創造事物；可是在人的觀念中，事物先於共相，在人觀察自然世界的時候，所有的自然事物，都先於人而存在，人在觀察自然世界中，得出對世界的認識。

概而言之，亞伯拉德哲學體系最有名的，乃是他的批判精神，在中世紀時期的「共相之爭」中，其最大的貢獻，是提出個別的事物，和共相的思想有其相通的地方，其第二大貢獻，就是把信仰和理知逐漸區分，而把哲學局限在理知之中，而神學歸還給啓示和信仰，在人生中需要知與信，在哲學中只要知識的啓蒙，在與極限相遇時，才需要信仰來補足。他是中世時期的一位思想家，他雖有唯理主義的趨向，但從不懷疑聖經的權威，他所採取的是一種中庸神學，他應用純粹辯證學，作爲研討神學的科學工具，他認爲一個神學家應循這種程度追求眞理，即從懷疑到查詢，由查詢到眞理，且說：「我理解爲要相信。」他是第一位應用辯證法來處理神學的人。

亞伯拉德的善惡論，是善惡在人心的主觀論，他認爲以人的心意做爲辯別善惡的標準，知善行之即爲善，知惡行之即爲惡，故主張人該把握自己的內心，知善而行，這種思想，對於中世紀的哲學很受影響。至於贖罪方面的看法，亞氏在其羅馬書的注釋裡，提到贖罪的教理，也曾否定那將贖價付給魔鬼的看法，說到基督的出世、受苦和死亡，都顯明了祂對人類的一種無比之愛，在基督裡，神的愛彰顯出來，基督取了我們的本性，爲要做我們的夫子及榜樣，並爲我們至死忠心，神的愛喚醒我們，叫我們也有愛，我們藉此便能在神的慈愛裡與基督聯合，永不分離，因此那喚醒我們基督之愛，便是赦罪的根基，當基督在我們心中推動愛心的工作時，我們便從罪惡與懼怕中獲得了釋放。（李道生《世界神哲學家思想》頁九五—九七）

三、結語

綜上所述，亞伯拉德的上帝觀，論三位一體中，他說父是一或善，子是邏各斯或上帝之心，聖靈是宇宙靈魂。因此論見，於一一二一年，未經審訊而被索艾森會議 (Cunci of Soissons) 定罪，其所著之書籍被焚。

在贖罪論方面，亞伯拉德主張耶穌在十字架上所受的苦，彰顯了神的大愛，因此釋放了我們脫離神忿怒的恐懼，以致在愛中服侍祂。雖然亞伯拉德保留傳統的觀念，提到基督之死爲獻給父神的祭，然而他卻將一切都歸予十字架僅是彰顯神的大愛這個主要觀念上，自動吸引出人對神的大愛。亞伯拉德將神的拯救降爲一悲劇的殉道。此即後來發展成爲道德感化說。

至於亞伯拉德的共相問題等，胡院長鴻文《本體論新探》有精闢的見解：

關於共相問題的性質，吾人所見所觸爲特殊的物體，但一加思索或予以表達就須要用一般的概念和話語。如果存在的對象是個別的，而概念則是一般的，這表示普遍概念在客觀存在中並無基礎，在思想和對象之間便生出了空隙，以普通概念和判斷所表達的知識，其有效性便發生問題。如果詢問普遍概念在外在事物中存在的基礎，答案是否定的，其結果便造成了懷疑論，普遍概念是否能與個別事物相符合，這是一個很重要的問題。於是在此發生了兩種意見，一是以爲普遍概念有實在事物相對應的即是實在論，二是以爲普遍概念無實在的事物相對應，而僅是一種名稱的，即是唯名論。

倡實在論者，有極端的實在論 (Exaggerated reality)，亦稱誇大的實在論，其所提的意見，以爲「種」和「類」的概念和一種實際存在的對象完全符合，這現存的實在個體即在其中有份。就人而言，其意即謂多數的個人有一共同的本質，每個人所差異的僅在於其偶性而已。

對極端實在論加以反對之一位有名的人物爲亞伯拉德 (Abelard 1079-1142)，他曾在羅賽林和乾庇克斯手下學習辯證法，後來竟和他的老師辯論，他又曾在安賽倫處學習辯證法，他力持他自己的主張。他對於共相的觀念，以爲共相從抽象而來，共相與每一個個體並無特殊的關係，但可適用於所有全體的人。他反對極端實在論，爲「緩進實在論」發展了初步的輪廓。（《本體論新探》頁四一—四三）

第二九節　聖伯那德的上帝觀

一、傳略

聖伯那德 (St. Bernaldst of Clairvaux 1091-1153 A.D)，或譯爲「聖伯納德」（克勒福）、「伯爾拿」（克勒窩的伯爾拿 Bernard of Clairvaux 1090-1153 ），或稱「聖本篤」(St. Berrardus Clairvaux 1190-1153)。法國名家子，少於西

脫(Citeaux)爲修道士。一一一五年以後，始於克來服組織一教社，自爲其長。先後創立百六十院。天性剛執，排異端甚力，嘗遊說西歐諸國民，興起第二十字軍，以此知名於史。著作不一種，於神學哲學，蓋多所貢獻云。（樊氏《哲學辭典》頁二一三）

二、學說

（一）與神合而爲一找到自我

至於這一時期的密契學派，則要以反對亞貝拉與基爾貝的清谷的伯納（聖本篤 Bernard of clairvaux, 1091-1153）爲開創者，他的主張是：眞理的基礎在「謙遜」，而且重視內觀——分成考慮 (Consideratio) 默觀 (contemplatio) 與忘我 (ek-stasis) 三段。至於唯有與神合而爲一，才是眞正找到自我；但是，它的方法仍要依靠「愛」爲推動力。（陳俊輝《新哲學概論》頁三一六）

（二）論寓意解經法

克勒窩的伯爾拿爲法國神學家，於一一一二年進入錫托 (citeaux) 的熙篤 (Cistercian) 修道院。一一一五年受委任建立新的修道院，他選擇了克勒窩 (clairvaux)，很快便成爲靈修學的重鎮。他的著作流露出對神深深的委身及熱愛。

克勒窩的伯爾拿論寓意解經法：伯爾拿對雅歌一16的解釋，於十二世紀前葉以拉丁文寫成，採用寓意解經法解釋「我們以香柏樹爲房屋的棟梁，以松樹爲椽子。」本文是典型的將教義或屬靈意義「讀入」原無此意之經文的最好例子之一。

「房屋」應指基督徒群體大衆，「棟梁」是指教會及國家中有權勢、有尊嚴的統治者，他們藉著明智和堅定的法律，將基督徒群體「團結」在一起。否則，若各人隨意而行，牆壁將會彎曲而且倒塌，整個房屋都會瓦解成爲廢墟。「椽子」(laqueria) 是指緊緊地附在「棟梁」之上，以王室的風格裝飾房屋，這應當是指出任聖職者善良而井然有序的生活，以及教會適當地執行教會的聖禮。然而，任聖職者如何實行他的工作？教會如何履行她的責任？除非王侯門如同堅固有力的「棟梁」一樣，透過善行及教會的慷慨給與，並用他們的力量加以保護，才有可能。（麥葛福《基督教神學原典菁華》頁七三）

（三）與神結合的方法是直觀三級

聖本篤 (Berardus Clairvaux 1090-1153A.D) 在理性之外，找到另一種哲學基礎，即奧古斯丁所發現的，與驕傲對立的「謙遜」，以爲眞理認識的基礎，不在於理性，是在於用理性去否定自己的知識，承認自己的無知，因此，聖本篤的知識論，主張不是往外去追求知識，而是回到內心，在自己的內部，求直觀的行爲，他以直觀有三級：一是考慮，二是默觀，三是忘我。這種忘我的修成，好像一滴水掉入酒裡，水與酒完全結合了，最後都變成了酒，人在忘我之後，也就會完全沉浸在神之中，與神合成一體，聖本篤以爲與神結合，才是找到自己，就完成自己的道途，一個人不與神結合，就在自己之內不能統一，而且找不到自己存在的基礎。

聖本篤認爲與神結合的方法，也就是前面提及的直觀三級，這三級最後的動力是愛，除非你愛神，否則你就不認識神，在中世士林哲學開始的時候，神祕主義的思想，佔了很主要的地位，因爲這與其說是哲學，不如說是神學，但事實上這並不是完全的神學，因爲神學也需要以理知去調和信仰，主要是在使人能明瞭自己所信仰的，本篤所發明的學派，是神學、哲學以外的東西，稱爲神秘主義，這種主義，完全是以宗教情操，宗教的行爲作出發點，以自身的祈禱作體驗，使自己得以與上帝或大自然合爲一體，使自己所有的思想或差別相，在神的觀點之下，或在大宇宙觀點之下，能夠熔爲一爐，人與神的關係，人與宇宙的關係，站在本篤的立場看來，就好像一滴水落入海洋中，與神成爲一體一般。

聖本篤以爲人若如前面所說，像一滴水落入酒裡或海洋中，他自己本身表面看來，是被消滅了，但他是眞正的找到了存在的基礎，找到了自己最後的歸宿，達到了存在最高境界，所以本篤所關心的，不是知識的問題，或辯論的問題，而是自身提昇的問題，這種存在的提昇，在中世哲學中方式很多，其目的是要使人達到忘我的境界，這種境界是在宗教上修成，修身的問題上，以及在神學上，能夠摒除世界榮華富貴，棄絕人間功名利祿，而一心一意思考自身問題。因此，這些神秘經驗者，通常在修會中要戒色、戒財、戒意，戒色是不近女色，過獨身生活，使自己精神清高，不爲欲望所束縛，戒財是摒棄世間金銀財寶，無私有財產，渡清貧生活方式，甚至是乞丐生活，戒意是沒有自己私人意見，聽從上帝及教會的命令。

聖本篤在此神秘主義的根本課題，是在個人默觀的生活中，尋找宇宙以及人生的奧秘，一方面了解到自己的求知慾，另一方面又體驗到自身理性的極限，亦即在這種自己能力與極限的體驗中，創造出一派哲學，不再依靠自身的能力，而依靠自己的信心，使自己得以依賴自身以外，一種全能、全聖的力量，來提拔自己。而且相信在最後的境界中，所有的是非、對錯、眞假都得以超渡。當然，本篤所領導的神秘主義，並不反對「知」，他們更注重「實行」與「修身」，而在實行與修身之中去默觀，以及領悟宇宙與人生的大道理，中世的神秘主義，以爲理論無法拯救人類和世界，唯有各人能夠領悟到躬身力行，才可以體驗到眞正的「知」是帶有「行爲」的「知」，是能夠實行的，是達到「知行合一」的境界。（李道生《世界神哲學家思想》頁九九—一〇一）

三、結語

綜上所述，聖伯那德的上帝觀，論與神結合的方法是直觀三級：考慮、默觀、忘我。他是修道院改革者神秘派之神學家。在神學的贖罪論上非常反對亞比拉的學說。他極端反對唯理主義，並闡明默想與神秘經驗的價值。路德馬丁讚譽他說：「如果世上有最敬虔、最偉大的修道者，即克勒福之聖伯納德是也。」

第三十節　휴俄的上帝觀

一、傳略

휴俄（Hugo of St. Victor 1096-1141），或稱「聖微克忒的휴俄」「柏郎克堡的휴俄」(Hugo of Blankenburg)「維克多的笏哥」(Hugh St. Victor)「聖維克多許果」「胡哥維多利」，中世之法國名僧。神秘派之開祖。其生地，或云在佛蘭得爾之伊披勒 (Ypres) 附近，或云爲索亞遜 (Soissons)，未知孰是。幼受教育於索亞遜之一修道院。

少長，從其叔父赴巴黎，遂入聖維克多 (St. Victor) 學院。十五年後，被舉為院長。居職八年，以體弱，不多參與教務，每日惟事冥想與著書。其學淵博，人以「奧古斯丁第二」稱之。所著《百科事彙》，甚有名。克來服之伯那德 (Bernald of Clairvaux) 與之友善，最敬佩之。（樊氏《哲學辭典頁九七九—九八〇》

二、學說

（一）神是超理解的

我們若把巴黎聖微克忒的僧侶，即柏郎克堡的囂俄 (Hugo of Blankenburg, 1096-1140) 和他那著名的同時代人即阿柏拉德作一比較，當可發見極大的差別。阿柏拉德是法國人，熱中於清晰、精確、形式，他的信仰，是關於知識的事，而他的「神」，則為知識的論理；囂俄是日耳曼產，他的興趣和他的職責，使他不得開展其才具，猶如阿柏拉德所開展著的。他於靜室之中，致力於研究、沈思、與冥索。他那思想的獨立性，並不稍次於阿柏拉德，但在他，這是關於情感的事，不是關於思維的事。他是一個精巧的論理家，但反對經院學派，崇尚形式的唯理主義。雖則他的自由主義，與阿柏拉德的自由主義，全不相同，但其所得結果，則全相同。唯理主義與神秘主義二者，均向一元論的道路，奔馳上去。因此，在中世紀，神秘主義所給予教條的損害，並不稍次於唯理的批評主義；其在法蘭西，神秘主義與泛神主義，亦係二個同義字。

囂俄的見解，尤其在他的名著 de sacramentis Christianae fidei（基督教信仰的聖禮）中所展示的，乃是極大膽的見解。據他看，絕對的正教，對於救贖，似非必需，且非可能。他說，我們儘可完全信服教義的眞理，但在解釋上，總不能完全一致；信仰的單一性，並非所信仰的意見的同一性。對於神，我們不能有劃一的概念，因為神超越了一切人類的概念。這是神秘主義的特質，即此特質，使他和阿柏拉德與安瑟倫的唯理論，各異其趣。囂俄雖與後二人相同，承認三位一體中的三位，他們所代表的，只是最高的力（父），最高的知（子），及最高的善（聖靈），但他昭示衆人說，無限的實體，是絕對不能加以理喻的。

神非但是超理解的，而且我們不能用類似的方法，去意想他。眞的，什麼是與神相類似的呢？是地嗎？是天嗎？是精神嗎？是靈魂嗎？所有這一切，均不是神。你說：我知這一切並不是神，但它們與神相似，故可用以界敘神。這樣，你儘可指一身體，而希望我，對於心靈，獲得一觀念；但誰都知道，你的比喻，是不適切的。然而神與心靈間的距離，正不知要高出心靈與物質間的距離多少哩！在創造物與創造物間，就算是最相反的東西，內中差別，亦不及神與創造物間的差別之爲甚。所以說，我們不能理解神，神只在我們的信仰中存在。由純理論家的阿柏拉德看來，一個不能理解的神，乃是不可能的神；由直覺論者與神秘的形上學家囂俄看來，一個不能理解的神，乃是最高的實體。（威柏爾《西洋哲學史》頁一八〇——一八一）

（二）找到了神即找到自己

在這密契學派之中，要以聖維克多學派 (school of st. victor) 最重視系統的哲學；他的代表人物有：聖維克多的許果（胡哥・維多利 Hugo of St. Victor, 1096-1141）——主張：視覺有肉體的、理性的與默觀的三級，而理性也有思想（以世界爲對象）、默想（以自己的思想爲對象）以及默觀（以神爲對象）三類，找到了神即找到自己，反之亦然。（陳俊輝《新哲學概論》頁三一六——三一七）

（三）論聖禮的定義

維克多的笏哥 (Hugh of St. victor)，一一四二年卒，法蘭德 (Flemish) 或是德國的神學家，約於一一一五年進入巴黎維克多的奧古斯丁修道院。他最重要的著作是《基督教信仰的聖禮》（de sacramentis Christianae fidei），其中顯示他對當時神學辯論的關注。

維克多的笏哥論聖禮的定義：本文詳盡探討聖禮的神學，於第十二世紀前半葉以拉丁文寫成。維克多的笏哥 (Hugh of St. victor) 提出他對聖禮的定義，包括需要有實質的元素，與其所象徵的恩典有少數相似之處。此舉的重要影響，便是將補贖 (penance) 自聖社的名單中剔除。直到倫巴都 (peter Lombard) 修改此定義後，中古時期的七個聖禮才形成標準化的聖禮名單。

非所有象徵神聖的東西都可以被稱爲聖禮（例如聖經的字母、像及圖畫等都是「象徵神聖的東西」，但不能因此被稱爲是聖禮）。若有任何人想要就聖禮作出一個更加完整、更好的定義，以下便是範例：「聖禮是實際的、物質的元素，在外在的感官之前，藉著設立及成聖，可用其相似處來象徵一些無形的、屬靈的恩典。」這個定義被公認爲十分貼切，以致所有的聖禮都以此定義，也惟有合乎此定義的才被視爲聖禮。凡是擁有此三要素的，便是聖禮。凡是缺乏此三要素的，便不能被視爲聖禮。每個聖禮，都應該有足以反映其代表之物的相似之處，同時亦應當是按照某種方式被設立爲用來象徵此事的。最後，它必須是被分別爲聖的，以至於包含其所代表的東西，並且能夠有效將此東西轉移給那些成聖的人（麥葛福《基督教神學原典菁華》頁三七七）

（四）論基督的死

維克多的笏哥論基督的死：此篇論文十分重要，於第十二世紀前葉以拉丁文寫成，爲與安瑟倫有關的贖罪論神學發展的代表作。在此安瑟倫的概念與其他的主題混和，包括一些特定的獻祭特性。請特別注意此處明白的宣告，神原本可用其他的方式救贖人類。

神成爲人，使祂能夠釋放祂所創造的人類，使祂能夠同時是人類的創造者及救贖者……祂取了我們的本性，當作我們的本性獻上的犧牲品，使得祂所獻上的整個燔祭，都是從我們而來。祂如此行，爲的是要使獻上的救贖與我們有關聯，因爲所獻上的是取自我們的。救贖主藉著祂的肉身與我們相交，我們因著信而與祂結合，因此在這個救贖當中，我們是眞正的共同受益人。人性因爲罪而成爲敗壞，也因而應當爲此受咒詛。但是恩典來到，自人類大衆(massa universitis)當中選擇一些人藉著慈悲得到救恩，同時容許其他人仍然留在公義的咒詛之下，那些因恩典得救的人並不是以不公義獲救，因爲恩典有能力用公正的方法成就救恩。若是恩典沒有拯救他們，它仍然是秉公行義，因爲按著他們的行爲，就算不救他們，也並非不公義。……

然而，神原本可以藉著一種完全不同的方式來救贖人類，只要祂想這麼做。但是就我們的軟弱而言，更適合的方式便是神成爲一個人，肩負人類必死的命運，將之轉換成爲不朽的盼望。如此，神降卑背負人的罪惡，人才有可能升高到祂的善那裡，祂在神裡面得榮耀，向我們也成爲得榮耀的榜樣。（麥葛福《基督教神學原典菁華》頁二三八）

三、結語

綜上所述，囂俄的上帝觀，論找到了神即找到了自己，論聖禮的定義，論基督的死給神超理解的諸說。一個不能理解的神，由直覺論者與神秘的形上學家囂俄看來，乃是最高的實體。按神秘主義神學，或言基督教的神秘主義，是想要尋求一可解說的直接的、非抽象的、非中間人的有關神之愛的知識。這種所認識所見到的是如此直接，以致被稱爲與神聯合。

第三一節　理查的上帝觀

一、傳略

維克多的理查（Richard. of St. Victor?-1174 A.D），或譯爲「利查維多利」，巴黎聖維克多修道院（Abbey of St. Victor 芴哥修道院）的代表性人物，最重要的著作是《三位一體論》（De Trinitate），指出神是有位格的，此觀點極具影響力。

二、學說

（一）神性的愛

蘇格蘭人理查（Richard），死於一一七四年，是聖微克忒的修道院副院長，亦即囂俄的弟子，他於 De Trinitate（三位一體論）一書內，概述了宗教哲學的體系，內中表示同一自由研究的精神，猶如他的師傅一樣。試讀下面一段，即可知其梗概，他說：「我常在書中讀著，只有一個神，這一位神，就其爲本質而言，是一，就其爲人稱而言，是三；又謂這三位神性的人，憑恃一定的特徵，互相區讀著；又謂這三位神性的人，並非三個神，乃是一個神。我常如此在書中讀著，又常如此聽人們說，但不記得有任一地方，對此語句，加以證明。關于這些問題，有許多有權威的斷語，但極缺少論據，缺少證明，並缺少理由。所以當前的問題，在於發現一穩定的，不移的，與確實的基礎，以便在它上面，安置此體系。」

理查於神性的愛（Divine Love）的觀念中，爲三位一體說的教義，尋得如此的基礎；須知神性的愛，必得爲它自己，創立一個對象。但他不把此項論據，認爲知足。他的 De trinitate（三位一體論），承接阿柏拉德的精神，但他的 De Contemplatione，卻極公開地，接納了囂俄的見解。理查放棄沿襲的企圖，不望運用理解能力，來求達神，卻用感情來代替思想。他於從靈魂到神的昇擢中，區分六大階段；在較多的階段內，靈魂被擴張了，高過它自己，並從它自己中，得了救法。不問你稱他神秘論者也好，或稱他唯理論者也好，要之，他所教人的，是一種新柏拉圖主義的流出說，是自然與神恩的同一說。（威柏爾《西洋哲學史》頁一八三）

（二）以經驗證明神的存在

聖維克多的理查（利查・維多利 Richard. of St.Victor）是以經驗作證明神存在的出發點，企圖用推理方式以探求神蹟；對觀念界作內在直觀，對神的直觀乃是超理性的，而對神蹟的直觀，卻是超理性又反理性的。他的「靈魂火星」（SeelenfUnklein）的觀念，對日後德國密契主義者，則有極大的啓發。（陳俊輝《新哲學概論》頁三一七）

（三）論三位一體之中的愛

維克多的理查論三位一體之中的愛：此文寫於十二世紀，維克多的理查（Richard of St. Victor），英國的神祕主義者，分析在神本體中愛的本質，他指出惟有當神的本體有三個位格時，才有可能支持「分享愛」的概念。

若我們承認，在眞正的神性中有一位格，祂的慈愛大到一個地步，祂沒有任何的豐富或快樂是不希望與他人分享的；祂的能力大到一個地步，沒有不可能行的事；祂的快樂大到一個地步，沒有太困難的事；則我們必須要承認三位一體的三位必定存在。爲澄清這個論點的理由，在此將我們所有的論證加以總結。

如果神的本體中只有一位，則祂必定沒有其他人可以共同分享祂的偉大及豐富。另一方面（祂若是不能夠因爲有親密的愛，而能夠分享），則原本將會增加的豐富的快樂和美滿都少了永恆的層面。但這位至高至善的神有完全的仁慈，這不容許祂將祂的富足爲自己保存，祂完全的幸福也不容許祂沒有豐富的快樂和美滿。因爲祂偉大的尊榮，祂喜愛分享祂的富足，與祂喜愛享受豐富的快樂和美滿一樣。基於這些考慮，顯然在神的本體中，任何一位都不可能會忍受缺少同儕的相交。即使祂只有一個同伴，祂也不會無人可以分享愛的祂偉大的豐富。然而祂卻會缺少一位祂可以分享愛的喜悅對象。沒有任何事，能比愛的甜蜜帶給人更大的喜樂及靈魂的快樂。惟有當祂有了一位同伴和一位被愛者時，祂才能擁有這種快樂的甜蜜。

由此可知，這種愛的分享必須在最少三位之中才能夠存在。一如之前所述，只有共同分享一切有用及可愛的東西，才能體驗到最大的榮耀和最大的豐盛。至高的智慧不可能不知道這項事實，至高的愛也必定喜歡這項事實，一位大能的至高者不可能缺乏最能取悅於祂的事，因此在神的本體中，兩個位格必定會與第三個位格相連。（麥葛福《基督教神學原典菁華》頁一四四－一四五）

三、結語

綜上所述，理查的上帝觀，神性的愛，以經驗證明神的存在，論三位一體之中的愛諸說。按三位一體，基督教信仰的中心教義就是神是獨一，有位格和三位一體的。

第三二節　高尼妻的上帝觀

一、傳略

高尼妻（Gaunio），十一世紀聖本篤修道會的修士，對安瑟倫有關神存在的論證提出非難。後人對他所知甚少。

二、學說

（一）對安瑟倫論證的回應

高尼妻〈對安瑟倫論證的回應〉：此文爲聖本篤派修士高尼妻對安瑟倫有關神之存在論證所作回應，寫於十一世紀晚期，指出僅有對于某物的概念－無論是一個理想的島嶼，或是一位完美的神－不能保證其存在。有些人稱此文爲「代表愚頑人作出的答覆」，意指聖經中否定神存在的愚頑人。（詩十四1）

例如，有人說，海中的某處有一個島嶼，因爲要查明其不存在是很困難的。（更好的說法是：不可能的），因此有人稱之爲「失落的島嶼」（Perdita, the "Lost Island"）。有人告訴我們，其上有各式各樣豐富的寶藏及快樂，遠遠超過快樂群島（The Happy Isles）；同時該島上面沒有物主，沒有居民，此島在各方面的豐足，都遠遠超過任何其他有居民的島嶼。若有人告訴我上面這一番話，我很容易就了解，因爲這番話毫無難度。但若有人藉此告訴我說：「這個遠比其他任何島嶼都理想的島嶼，在現實中的某處是存在的，你不能懷疑它在現實中的存在，正如你不能懷疑它在你的腦海中存在一樣。同時，它存在於現實中這個概念，遠勝於它只存在於你的腦海中，所以它必定是存在的。因爲若說它是不存在的，則在現實中存在的其他島嶼會比它更加理想。在你腦海中已經有的概念是：它遠比其它的島嶼更加理想。但若上述說法成立，它就不是更加理想的島嶼。」若有任何人想要用這種方式證明這個島嶼眞的存在，無可置疑，我們會認爲這人在開玩笑，或者難以判斷我們雙方誰是更大的傻瓜。若我們同意他們，則我自己便是最大的傻瓜；若他們以爲藉此可以確實證明此島的存在，則他們是最大的傻瓜，除非他們能先說服我，這最理想的島嶼存在於我的腦海中，正如眞實世界中有些東西是眞實，無可置疑地存在，而非不眞實的，可能懷疑其存在的東西。（麥葛福《基督教神學原典菁華》頁二二一—二二三）

三、結語

綜上所述，高尼婁的上帝觀，對安瑟倫有關神存在的論證提出非難，指出僅有對于某物的概念，不能保證其存在。無論是一個理想的島嶼，或是一位完美的神。有人稱此文爲否定神存在的愚頑人所作的答覆，頗爲允當。

第三三節　倫巴都的上帝觀

一、傳略

倫巴都（Peter Lombard 約 1100-1160 A.D），或譯爲「蘭巴德」，著名的中古時期神學家，活躍於巴黎大學，於一一五九年被任命爲巴黎主教。他最重要的成就是編纂《四部語錄》（Sententiarum Libri Quatuor），收集教父們的文章成集。

蘭巴德在偉大的經院哲學家中，除了安瑟倫、亞比拉、伯納德和胡哥（Hugues）外，影響最大的可推蘭巴德。蘭氏出生於倫巴底的諾瓦勒（Novara），家境清寒；學成後，前往巴黎，與胡哥交遊；亦曾聽過亞比拉的課程。不久，他在諾特丹（Norte-Dame）的聖母學院講授神學，其後，註釋了詩篇，全部保羅書信，並且撰寫了名著《教父嘉言錄》（The Four Books of Sentences）。一一五九年，被擢升爲巴黎主教；次年逝世。

二、學說

（一）論聖禮的定義

本書爲彼得倫巴都主要的神學著作，於一一五五—一一五八年在巴黎編纂而成。倫巴都在其中提出與維克多的笏哥不同的定義，他避免提及任何有關實際的，物質的元素（例如餅、酒、水）。倫巴都用此定義，提出七個聖禮的名單，成爲中古世紀天主教神學的聖禮立場。

聖禮與其所象徵的事有相似的地方。「因爲若聖禮與其所象徵的事沒有相似的地方，則它們不能夠被稱爲聖禮」（奧古斯丁）……有些東西，若它是象徵神的恩典，是一種無形的恩典，則它帶有此形像，並且成爲其成因，可以被稱爲是聖禮。因此聖禮的設立，是爲了使成聖，以及象徵。如果只是爲了象徵的目的而設立的，充其量只不過是象徵，並非聖禮，例如實際的獻祭及遵守舊約律法的儀節，這些都無法使獻祭的人得以完全、公義。……現在讓我們探討新約中的聖禮，聖洗（Baptism）、聖振（Confirmation）、聖餐(Eucharist, 祝福的餅）、補贖(Penance)臨終膏油禮（Extreme unction）、授職（Ordination）、婚姻（Marriage）。其中有些提供罪的補救並給予恩典，例如聖洗；另外有些則只提供罪的補救，例如婚姻；還有些則用恩典及能力來堅固我們，例如聖餐及授職。若這些聖禮能傳達公義及救恩，爲何不在人墮落之後立即設立這些聖禮？我們的答覆是：基督是賜恩者，祂的受死及受苦使人得到他們的美德，因此在基督降世以前，沒有賜下這些恩典的聖禮。（麥葛福《基督教神學原典菁華》頁三七七—三七八）

三、結語

綜上所述，倫巴都的上帝觀，從論聖禮的定義中，可窺見基督是賜恩者，倫巴都的著作《教父嘉言錄》共分四卷，可說是一部神學綱要巨著；第一卷論述三位一體的奧祕；第二卷論述創造與墮落；第三卷論述德行、罪惡、誡命；第四卷論述聖禮以及末世啓示等。這部著作很快地獲得廣泛的推崇，甚至被稱爲神學的權威或格言錄的圭臬。近代神學批評家容或認爲：它不及安瑟倫的深刻，亞比拉的微妙，或胡哥的獨特，然而，它卻是包羅萬象，論述中肯、辯證周全的一部著作；尤其對於當時衆說紛紜的一些問題，明確地予以討論批判，態度謙和客觀。

他雖然攻擊那些言論過激、誣蔑神學的辯證學者們；可是，他卻態度審慎，保持理智，從不越出傳統的範圍了，因此，他所提出引起爭議的問題，常能獲得教會，以及學院教授方面的好評與支持。

在蘭巴德的著作中，常精摘亞比拉、胡哥，以及其他神學家的名句。其結構和性質，斷無甚特殊之處，但對經院哲學的影響卻很深遠，激勵培養出許多偉大的神學家，功不可沒，更對典型聖事神學的形成貢獻甚大。他在綜理神學系統化方面多有創意，例如：他靈活地將理論哲學運用於聖事上；更明晰地區分辨別聖事的物品儀式與文詞；尤其在區分一般聖事與普通禮儀方面，厥功甚偉。

蘭巴德的神學著作，雖獲各學校的擁護讚許，可是也曾遭遇到頑固的反對；少數思想狹隘頑固的神祕學者，譴責他的方法過於詭辯；也有人說他採取亞比拉的虛無論（亞氏此種論點，曾於一一七七年受到教皇亞歷山大三世的譴責）。

其後，在拉特蘭第三次大公會議中，有人竟想促使大公會議譴責他的著作，然而並未成功。一二一五年，在拉特蘭第四次大公會議中，又來了一個新攻勢；可是這次攻勢卻反使蘭巴德與他的著作獲得隆重的褒揚；這是在歷次大公會議議決案中，一項打破記錄的事件。從此以後，他的名聲權威，便風行無阻。他可說是一位承先啓後的系統神學家。（趙中輝《英漢神學名詞辭典》頁四〇四）

第三四節　法蘭西斯的上帝觀

一、傳略

法蘭西斯（Francis of Assisi, St. 1182-1226 A.D），或譯爲「亞西西之聖芳濟」，他本身雖然不是一位神學家，卻對高派經院哲學（High Scholasticism）帶來極大的衝擊，主要是透過他的靈性觀及他對自然無僞的堅持。亞西西之聖方濟，義大利亞西亞省人，因隨父旅行法國而得名。其義大利原名爲 Giovanni de Bernardone。爲方濟會之創立者。一二〇二年服兵役，看見路人貧病交迫，遍地痲瘋，遂立志拋下財富，跟從基督，到各地宣揚愛的福音，因而有方濟修道會的產生。

他接受聖痕（Stigmata）。他是一個充滿喜樂與滿有靈性的人，愛所有的人，稱他們爲弟兄；他愛神，過著祈禱的生活。他生活雖苦，但充滿喜樂。趙中輝《英漢神學名詞辭典》頁二六三）

二、學說

（一）至高全能良善的上帝觀

法蘭西斯〈論創造〉：法蘭西斯的「太陽之頌」（The Canticle of the Sun）代表對創造的正面肯定態度，這是典型的聖方濟修會屬靈觀。請特別留意其中所帶出的「神的照管」（Providence）神學，指出創造的每一層面給人帶來的利益。此頌歌最出名之處在於使用「兄弟」及「姊妹」等用語，來稱呼創造產物中的不同層面。傳統英文翻譯常因爲竭力想保持押韻而深受影響。此篇散文在翻譯意大利原文時，則多求信實地表達原詩的意義，而並未過分著重押韻。

受造者的稱頌

至高、全能、良善的主！

祢應得稱頌、榮耀、尊榮，及所有的祝福，

哦！至高者！惟有祢是應得的。
沒有人配與祢說話！
我的主！但願所有受造物都稱頌祢！
特別是太陽兄弟，
照亮我們每天的日子，
他是美好的，發出光芒，光輝壯麗，
哦！至高者！他帶有祢的形像。
我的主！願祢得到稱頌，
因為祢將月亮姊妹及星星姊妹
放置在天空，如此寶貴、美好、明亮。
我的主！願祢得到風弟兄
以及空氣、雲霧、天空及各種氣候的稱頌，
藉著這一切，
祢賜下生命給受造物。
我的主，願祢得到水姊妹的稱頌，
因祂是有益、謙卑、寶貴、貞潔的。
我的主，願祢得到火兄弟的稱頌，
因著他，我們在晚上得光照，
他是美好、快活、健全、強壯的。
我的主，願祢得到我們的姊妹，大地之母的稱頌，

她承載我們，管理我們，
帶來豐碩水果，多彩的花及植物。
我的主，凡蒙祢愛寬恕的人，
以及體弱、遭難的人，
願祢得到他們的稱頌；
凡平靜地忍受這些災難的人有福了，
哦！至高者！因爲他們將蒙祢加冕！
我的主！願祢得到我們的姊妹，肉身死亡的稱頌，
凡有氣息者，無人能逃避她，
那些死在罪中的人有福了，但
那些在祢至聖的旨意中被找到的人有福了，
因爲第二次的死不能再傷害他們。
我的主，求祢接受我的祝福、稱頌，
求祢悅納我的感恩，以及謙卑的服事。
（麥葛福《基督教神學原典菁華》頁二九〇—二九二）

三、結語

綜上所述，法蘭西斯的上帝觀，論創造，稱頌上帝爲至高全能良善的主。法蘭西斯是方濟會之創立者。按方濟會乃中世最大的修道會之一。方濟少年失學品性不良，直到病中才悔改信主，就在其故鄉亞西西設立教會，謂之少年教友團（Fratres Minores），嚴訂規律，相與遵守。一二一〇年僅有從者十人，乃外出四處傳道，冒險進入埃及、摩洛哥等地，向回教徒傳福音。因而信徒驟增。一二二三年，又蒙教皇認可其規條，並授予特權保護之，所以

此派雖成立才百年，卻有信徒廿萬。此派主要是以貞潔、順從、無所有爲戒律，持戒非常嚴格；並以乞食自給，以感化貧民愚夫爲職志，故其在下層社會間的勢力非常龐大。

此派分爲住院之修道者（Conventuals）與獨身遁世的持戒者（Observantines）。其持戒者，在法國又被稱爲繩帶僧（Cordeliers）；也因其穿灰色，故又被稱爲灰衣僧。此派後來會產漸漸富足，就效法比尼狄派，獎勵學術，培養學者，遂與多明尼加派同爲教化之中堅。這兩派立論相反，多明尼加派多主實念論，此派則主名目論；多明尼加派多宗多馬學說，此派則宗司各脫斯學說。此派中著名的人物有：義大利彼拿文士拉（Bonaventura）、英國之海爾亞歷山大（Alexander of Hales）、俄坎威廉（William of Occam）以及羅哲培根（Roger Bacon）。（趙中輝《英漢神學名詞辭典》頁二六二─二六三）

第三五節　朗登的上帝觀

一、傳略

朗登（Stephen Langton ?-1228 A.D），英國神學家，爲巴黎大學頗富名望的聖經學者及解經者。他特別以釋經及教導的著作聞名於世。一二〇七年，他被任命爲坎特布里的大主教。十分同情英國貴族的反抗，鼓勵他們制訂大憲章。將聖經分成章，被譽爲英國最偉大之主教。

二、學說

（一）論聖經中的道德觀

本書寫於十二世紀，與阿摩司書七10─13的事件有關。朗登是中古世紀偉大的解經家及講道家，發明了「道德」（Moral）或「借喻」(Tropological) 解經法，亦即從經文當中抽出其道德寓意。正如在聖經的時代，伯特的祭司亞瑪謝向耶羅波安抨擊阿摩司一樣，現代的祭司也有同樣的弱點，他們採用「潤飾法」（Glossing），亦即就聖經用字加入大量的註解。

亞瑪謝應當被視爲壞祭司的表徵（Typus），他是敗壞、邪惡的高位神職者，已經在他的惡行中定了型，完全無意行善。他對慈悲善行完全陌生。他會十分樂意在冬天夜晚去走兩哩（甚至以上）的路，去找妓女或賺取金錢，卻不願意離開他的桌子幾分鐘，去聆听一個垂死之人的告解……當他聽到有人正確地傳講眞理之道時，他擔心這會攔阻他自己的惡行。他對這分擔心隻字不提（然而這是他最關心的一點），卻向王或首領抨擊傳道的人。他假裝因爲有人對王不敬而感到憂慮，並努力要激動王採取行動復仇。可惜耶羅波安根本不予理會，因爲他的控訴毫無根據。這顯示高位神職者遠比世上的君王更加邪惡。雖然王並沒有理會這位邪惡祭司的控訴，祭司卻沒有停止作惡。亞瑪謝又對阿摩司說：「你這先見哪，你這位先知！有學問的博士，你用你的講道來恐嚇我們！要逃往猶大地去，離開我的主教轄區或我的牧區，回去你在巴黎的書房，在那裡餬口，在那裏說預言，你到巴黎去盡量教導和說預言吧！卻不要在伯特利，就是我的主教轄區，再說預言，你所說的會觸怒王，這是他的地方，他可以隨他喜歡聘用或解僱教會中的任何人。」（麥葛福《基督教神學原典菁華》頁七三—七四）

三、結語

綜上所述，朗登的上帝觀，論聖經中的道德觀，以「道德」或「借喻」解經法，從經文抽出其道德寓意，爲著名的舊約聖經註釋家。

第三六節　亞歷山大的上帝觀

一、傳略

海爾之亞歷山大（Alexander of Hales 1175-1245 A.D），或譯爲「亞力山大」、「阿勒士」、「夏勒士」，英國神學家，生於一一七五年。始學於哈勒斯修道院，繼復遊學巴黎，得受學位。後爲哲學及神學教授。擅辭令，時人稱以好辨博士(Doctor Ireefragahilis)。門弟子甚衆，裒那溫圖拉（Bonaventura），其最知名者。所著書，有神學綜論（頁二八三）卒於一二四五年，在參加教會里昂節大公會議後，死於急病，死後被封爲「不可抗拒博士」。

二、學說

（一）普遍觀念「在實物之前」存於上帝心中

完全依亞里斯多德的立場來探討神學的，當推哈勒的亞力山大（Anexander of Hales 1175-1245 A.D）爲前驅。他原藉英國，後來作了法蘭西斯會的修道士，在巴黎任教職。在他看來，聖經乃唯一最後眞理。在這一新的經院哲學時期揭幕後，人們在理智研究上，雖實名論與唯名論之爭依然熱烈，然而眼界確已較前放大。亞力山大屬於溫和一派的實名論者。他已爲普遍觀念「在實物之前」存在於上帝心中，「在實物之中」存在於各種實物內，「在實物之後」存在於人心理解中。後來亞勒伯特、馬格努斯及阿奎那均依這種溫和的實名論發言立論。（華爾克《基督教會史》頁四二六—四二七）

（二）以集句派神學書中之新學說證明教義

嘿爾茲之亞歷山大（Alexander of Hales），首先利用集句派神學書中之新學說以證明教義。他先問後答，其所答者是根據教會之主張，用三段論法以證實之。關于信仰上，他根據安佈洛茲（Ambrose）、奧古斯丁、哲羅姆（Jerome）輩；關于理性上，他根據柏拉圖、亞里斯多德、阿爾發拉彼、阿菲散拉、阿爾格澤爾（Algazel）、西塞祿輩。他的神學玄學及心理學中暴露他的偏向奧古斯丁的情形，又暴露出他未嘗透入新思潮中。（梯利《西洋哲學史》頁二一四）

（三）論神在基督裏受苦

亞歷山大（Alexander of Hales 1186-1245 A.D），來自赫勒瑟溫（Halesowen），西米德蘭茲郡（West Midlands）的英國人，約於一二二〇年接受巴黎大學神學教授席位。一二三六年成爲聖芳濟修會（Franciscan）的修道士，於高派經院主義時期（High Scholasticism），在建立有聖芳濟修會特色的神學方面卓有建樹。他的著作《神學總論》（Summa Theologica）是合作而成，包括他死後由麥利投拿的威廉(William of Melitona)等人增加的材料。（麥葛福《基督教神學原典菁華》頁四七一）

亞歷山大論神在基督裡受苦：本論文十分重要，寫成於十三世紀初葉。英國聖芳濟修會的神學家亞歷山大指出神沒有需要受苦，祂卻選擇在基督裏受苦。此文謹愼地避免具體陳述神在其自身的存有中經歷苦難的效果。請留意此段文字可能並非出於亞歷山大本身，有可能是麥利投拿的威廉（Wiliam of Melitona）在亞歷山大死後匯集而成，於一二四五年完成的。

在我們的討論中，受苦的可能性與受苦的必然性，與決意不受苦的意志掛鉤（然而苦難並不會因爲意志而得以避免。）就亞當而言，他原有可能在無罪的狀態中存在，不見得非受苦不可，他可以按他的心意選擇要受苦或不要受苦。然而，就主耶穌而言，祂的選擇（正如亞當那樣，不單是遙遠的）並非是否必須受苦，那是我們的處境。主的選擇是受苦的意願，雖然祂可以選擇避免那苦難，但是卻選擇了受苦。（麥葛福《基督教神學原典菁華》頁一四六）

（四）以唯實論爲中心觀念論爲基礎來證明「至上神」

夏勒士（Alexander Hales 1185-1245 A.D）的思想，其主要的一部份，是要把神學、哲學分開來討論，且把神學當做一門科學方法去研究，在他這種問題研究裡面，包括人類知識及所有辨證方法，他特別提出人如何在日常生活中，在深思熟慮中，發現問題，然後去解決問題，比如提及「上帝」的知識問題，當要涉及「理性」與「權威」的問題，人若能夠認清什麼是「權威」，以及心靈對「權威」的心態，然後人才能知道什麼是「信仰」、「理知」或「理解」，人不能夠理解的東西，爲何要相信「權威」，而人心對「權威」的一種崇拜，是由於那一種的可能性，是否由于人感覺自己本身的一種極限，是否需要別人來告訴他一種知識，然後才會有一種信仰，而這種信仰的產生，是否能從知識的推敲，一直到上帝存在的問題，甚至一直到上帝本質的問題，祂是超越整個世界，祂是十全十美的一種存在呢？若是，那就可以透過人感觀的知識，而上升到理性的知識，上升到信仰的知識，亦因有這種思想作爲哲學的基礎，夏氏本身就躬身力行，參加了方濟各會，認爲人應過一種淡泊的生活，過一種戒財、戒色、戒意的生活，使自己的內心能夠在知識上變成一種智慧，能夠看清人生知識的問題，看清人生存在與歸宿的問題。

夏勒士因此也就在整個的修會生活中，找到了自己的心靈的出路，從自己心靈的體驗中，慢慢地走向理知的了解，然後再從自己理知的極限往上推理，得到了信仰的歸宿，他的信仰歸宿，顯然的並沒有脫離他的神學思想的探討，亦即謂他整個形上學的體系，仍然是以柏拉圖的唯實論做中心，觀念論做基礎，來解明希伯來信仰中「至上神」之信仰，原來是以知識論做基礎的，因爲他採取了柏拉圖的形上學體系，也是從理念界逐漸推展到人的感觀世界，作爲他一條知識的路，但他也並無拒絕亞里斯多德，從感觀到達觀念的這條「類比」的道路，所以他一方面採取柏拉圖的辨證，另一方面也可以接受希臘哲學的整個成果，在夏氏的哲學中，認爲先存在的，應該是觀念界，最先被認識的，卻是我們人的感觀世界，以夏氏的立場而言，無論是感觀世界或觀念世界，都有它的特殊存在意義與價值，我們爲人生存在這個世界上，知道我們的生存，是有宇宙中的一部份，亦即謂從「至上神」所創造的，可是我們要得到這種認知，要有這種哲學的體系，卻必須透過我們的感觀對于這世界的認知，透過這種類比的方式，去找到最後「至上神」的存在。

夏勒士在理論方面，架構了他的知識論以及宇宙論，但在具體實行方面，他另有引用奧古斯丁的方法，從內心的感受開始，從內心與上帝交通的經驗開始，在內心中尋得絕對的存在，以內心與上帝交通的經驗爲出發點，去看宇宙整個的眞象，所以在他的哲學而言，一切還是以我們的心靈開始，從我們的心靈中，去看整個宇宙天地萬物，去發展知識論、宇宙論，以及倫理學與人生哲學，可以說在十三世紀所有的哲學之流派中，形成了鼎足而立的一部份，與道明會的聖多瑪斯，以及其他的大哲學家並駕齊驅，而共同締造了西洋中世紀哲學的巔峰。（李道生《世界神學哲家思想》頁一〇四—一〇五）

三、結語

綜上所述，海爾之亞歷山大的上帝觀，以爲普遍觀念「在實物之前」存於上帝心中；以集句派神學書中之新學說以證明教義；論神在基督裡受苦；以唯實論爲中心，觀念論爲基礎，來證明「至上神」上帝等觀念。他是聖方濟會修士，影響阿奎納維多馬，他企圖將聖奧古斯丁、亞里斯多德、新柏拉圖主義與阿拉伯哲學的概念合一爐而冶之。

亞歷山大學派，其一爲亞歷山大神學家之一種神學教訓。該教訓與哲學緊相接連。其目的乃令知識與信仰和解。他們反對知識派之異端，而發明一種基督教知識主義。該派亦注重以比喻講解聖經。

綜合觀之，亞歷山大學派，有一共同特徵：一是折衷的—都主張把宗教與哲學調和爲一。二是二元的—皆視物質世界與超物質之神爲二重實在，而人之肉體與靈魂亦然。三是媒介的—既主張二元，則非用媒介的思想不能說明神人合契之旨。（趙中輝《英漢神學名詞辭典》頁一六）

第三七節　亞勒伯特的上帝觀

一、傳略

大亞勒伯持（Albertus Magnus 1193-1280 A.D），或譯爲「大亞勒伯圖」，「亞勒伯特・馬格努斯」、「阿爾伯特」，「大亞爾培」（大阿伯都）、中世教會哲學之名家也。生于巴伐里亞（Bavaria）。長遊巴黎，修辨證術。又赴義之巴士亞（Padua），研究形而上學及數學、醫學諸科。入度明哥社爲僧。久在巴黎大學，爲神學哲學科學之教授。歷充神職，累進至勒根斯堡（Regensburg）之主教。辭職後，寓居哥隆（KOln），授徒講學，卒於其地。亞勒伯圖學識博贍，當時有普遍學士之稱。始從阿剌伯文，譯出亞里士多德之書，自爲註解。其學說，得高弟子阿奎那多馬而大成之，遂令煩瑣哲學之基礎，愈臻奠定焉。亞勒伯圖尤好科學，研究煉金術（Alchemy）甚力，故時人有傳其通曉魔術者。（樊氏《哲學辭典》頁二七）

二、學說

（一）精通亞里斯多德思想

亞勒伯特・馬格努斯（Albertus Magnus 1193-1280）乃德國人，是一位多米尼古修道士，在帕度瓦（Padua）求學，在德國許多地方任過教職，尤以在科倫爲時最久。他在多米尼古修道會中任過分區區長，且有數年作過熱根斯堡（Regensburg）主教。他是當代學問最淵博的人，他的科學知識尤爲驚人。他不但精通亞里斯多德學說，連那些亞拉伯學者對于亞氏學理所加註解他也深有研究，他的學問較之哈勒的亞力山大實爲精深。但他在神學上並非創作天才，不過是個編纂註解者。他的思想要到後來經過他的高足多馬阿奎那一番闡明詮釋，始大放異彩。（華爾克《基督教會史》頁四二七）

（二）三位一體及化身諸說非以邏輯可證

阿爾伯特（Albert）於一一九三年生於瓦敦堡（Wiirttembury），在帕雕亞（Padua）及波倫亞（Bologna）兩大學研究哲學、數學、醫學、神學，於一二二二年而加入多明我會（Order of Daminicans）。他在巴黎教授哲學，得大聲譽，而人呼之爲大阿爾伯特。他死於一二八〇年。著有亞里斯多德哲學之註釋。

教會中之學者，首先將經院哲學之基礎安放於亞里斯多德哲學之上者，爲阿爾伯特。然而他的著作中受了阿拉伯之學者之影響，則是顯而易見的。他對於神學上之問題之討論，依歸邁蒙尼第（Aoses Maimonides）之著作，他對於自然科學之研究，有深沈的熱心，人常稱之爲羅哲爾・培根（Roger Bacon）之先驅。他對自然研究雖注重經驗，然有經院學者之習慣，帶著亞里斯多德之眼鏡，以觀察自然。阿爾伯特之出名，不在其學問之淵深，而在其學問之廣博。關于批評之精細、理解之透澈，遠不如其弟子托馬斯・阿奎那。

阿爾伯特說哲學方面的問題，當就哲學研究之；神學方面之問題，當就神學研究之。這種劃分兩途的研究，是起於經院哲學者漸次知道了許多教義：如三位一體及化身諸說，不能用邏輯證實。例如沒有什麼東西能夠產生於「無」之原理，在物理學上，是眞的，在神學上則不是眞的。關於信仰方面，他依據奧古斯丁；關于自然科學及理論的神學方面，則依據亞里斯多德。阿爾伯特之思想，由其弟子托馬斯・阿奎那發揮而完成，而爲第十三世紀經院哲學之表率。（梯利《西洋哲學史》頁二一五）

（三）調和柏拉圖亞里斯多德與基督教思想

道明會士大亞爾培（大阿伯都 Albert the Great of Bollstadt,1193-1280）：生於德國，一身兼哲學家、神學家與自然科學家三重身份，在物理、生物學與醫學諸自然科學的分析暨觀察層面，以及對哲學的系統（亞巴斯多德）的整理上，較傾向亞里斯多德思想；但在神學方面，則追隨奧古斯丁的見解。

爲此，大亞爾培能把神、哲與醫學三者作適當的區分，但也重視他們的調和性；譬如在中世紀有名的「共相之爭」該問題上，亞氏即採取這項見解：觀念先於事物，同時也在事物中，而且又在事物之後。這一解釋，全繫於在神的觀念裏，衆觀念都是先於事物；但就事物本身而言，觀念則在事物裡；至於對人的感覺認識，則是事物先於觀念。

再者，由於亞氏在自然科學方面的卓越成就，以及在宇宙論（以新柏拉圖的流出爲立論基礎）、認識論（以奧古斯丁的光照學說爲中心）和心理學方面的貢獻，乃使後人認爲大亞爾培是羅傑・培根的先驅；而後者，又是前述日後英國經驗論的先祖。總之，如果說大亞爾培調和了柏拉圖、亞里斯多德與基督宗教的思想，他門生中的多瑪斯・亞奎納，則採納了亞巴斯多德主義；斯特拉司堡的烏爾利（Ulrich of Strassburg），卻接納新拍拉圖主義；而斯特拉司堡的胡果・里貝林（Hugo Ripelin of Strassburg），則紹述奧古斯丁主義。（陳俊輝《新哲學概論》頁三二〇—三二一）

（四）上帝的存在使人心靈豐富世界有序

大亞勒伯特的學說，從表面上看，皆是屬於神學的，事實上，卻是以哲理的方式，支持神學的信仰，例如他所提及降凡、復活、創造的問題，是屬於神學的，但他卻用亞理斯多德的辨證，利用哲學去證明。他的思想最特殊的一個方式，是亞氏對於生物學、動物學的成果，加上思考的辨證，漸漸地從現象推到本體，由於大亞勒伯特對於觀察細微，而且思想又清晰，所以他在哲學思考上，有過人之處，也能使得中世哲學，尤其是士林哲學有一個非常精細的境界。固然他在學術上，都是跟隨亞氏，但是他的內在生活，卻跟隨了奧古斯丁，因此，他在學說的建構上，理論的層次上，俱有亞氏的清晰，而在字裡行間，可以發現他的豐富心靈，尤其是以他對上帝之愛爲然。所以他的思想，在其著作的分段上，把哲學、神學、醫學分開來討論，可是在這種分工上，也可以看出其間的調和與統一。

大亞勒伯特哲學思想，也就在這種互相調和的運用上，發展了他的整體觀，他把哲學、神學、科學聯起來討論，給予每一種學問的特有的地位，而其所有學術道路，總歸結於人生學說上，這人生最後又歸宿於宗教的情操，而能以神學貫通之。至於他的哲學主要內容是利用奧古斯丁「光照」的學說，其在另一方面，也利用新柏拉圖主義的「流出說」，這光照或流出說，都在說明神、人、世界三位，應該是屬於一體的，這個一體，不但是從世界的秩序之中已可以看出，特別是在人類心靈之中更可以體驗得到，上帝的存在，使人心靈豐富，世界井然有序，因此，在哲學的內容上，他是首先建立了知識論，以堅定知識層次的分法，推論到形上學的可能性，而在形上學對「實體」、「共相」的肯定，然後再來肯定人生與現實。因爲所有的觀念，同時在事物之中，在事物之先，之後，如此神、世界、人也就眞正地成爲三位一體，人的生存、存在並非荒謬或矛盾的，而是與世界、上帝成爲和諧的。

大亞勒伯特在這裡的哲學思想，我們可以清楚看出，是綜合了柏拉圖與亞里斯多德的學說，由於他的這種學說努力，使中世紀的共相之爭因此結束，而發展了更有意義的哲學內容課題。關于論及實體存在的問題，他認爲靈魂才是人的眞正實體，因它不但給予肉體的生命，而且每一種靈魂，都有它積極的，和消極的悟性，消極的是接受感觀所給予的材料，積極的悟性，則是屬於思想，有創造性，人生也就憑著我們的悟性，去模仿自然，創造生命。

（李道生《世界神哲學家思想》頁一〇七—一〇八）

三、結語

綜上所述，大亞勒伯特的上帝觀，三位一體及化身說非以邏輯可證，調和柏拉圖、亞里斯多德與基督教思想，上帝的存在使人心靈豐富世界有序，歸結人生學說，歸宿宗教情操，貫通神學思想。

他是中世紀的神學家、哲學家、科學家。生在斯威比爾的中等家庭，一二二三年加入多明尼加修道團，一二二八—一二四五年，在德國多明尼加學校講學，一二四五—一二四八年在巴黎，一二四八—一二五五年在科隆講學，其後任德國的省長和雷陣勃格地區的主教，於一二六二年退休至科隆的修道院中。他一生的光陰用在調和亞里斯多德的思想與基督教的信仰上，可說是中世紀第一位理解亞里斯多德整個文獻的基督徒學者。一生中共寫了廿一册鉅著，主要包括對亞里斯多德的批評，及根據亞里斯多德哲學的神學書籍。在自然科學方面，他並未盲從亞氏的教訓，他清楚說到他不相信亞里斯多德是神，他說亞氏是人，也跟別人一樣容易犯錯。他因過度鑽研自然，疏於聖務受責。許多令人難以置信的傳說，例如說他有驚人的能力。雖然他的神學著作不如阿奎納多馬成功，但他的大作《神學總論》卻影響了阿氏本人。而且他辯護了啓示的範疇，人類理性的區別，他認爲知識不會和啓示相違背；同時，他教導啓示的優越性，並鼓勵學者使用各種人類的知識去探詢神聖的奧祕。（趙中輝《英漢神學名詞辭典》頁一四）

第三八節　根持亨利的上帝觀

一、傳略

根特亨利（Henry of Ghent, 1217 — 1293 A.D）於一二一七年生於瑞士根特，因此而得名，至一二六七年始出名，教授神學和哲學，到了一二七六年之後，成爲巴黎大學講座，直到一二九二年。他的學說走向柏拉圖以及奧古斯丁的路線，與當時最有名的神哲學家多瑪斯對壘，成爲中世紀「主意主義」的領袖人物，至一二九三年與世長辭，享年七十六歲。他死後被封爲「隆重博士」，他的著作，代表之作是《問題論叢》與《神學大全》，因爲他與多瑪斯是生存在同一個時代，同時他的作品，也和多瑪斯的《神學大全》有相同之名，但他的聲望遠不如多瑪斯，他是十三世紀時期「主意主義」的思想家，「主意主義」的學說，注重人的認知能力，以及行爲的能力，都是在於意志，或說是在於我們的慾望，他所討論問題的方法，以及他所主張的學說辨證，皆是屬於中世十三世紀大思想家的範疇。（李道生《世家神哲學家思想》頁一一九）

二、學說

（一）感官經驗是知識的來源須賴神的光照補足

根據亨利的學說，知識論是他的基始；感官經驗是一切知識的來源，但感官有其極限，須藉神的光照來補足。人生的目的，即在求精神靈性的超昇，並以意志去愛神，而非認識神；因爲，所謂的「認識」，它的對象祇限於感官經驗中的所有事物。再者，且認爲質料不祇是潛能的，而且是實在的；本質與存在並無實際上的不同；人除了靈魂之外，還有肉體的型式，他反對有所謂的「可理解的意象」（Species Lntelligibiles）。（陳俊輝《新哲學概論》頁三二七）

（二）上帝從無創造天地

根特的學說形式，是特別注意討論亞里士多德的形上學問題，尤其特別重視形上學之中的因果律的解釋，對於因果律的批判，他跟隨亞氏的學說，先從知識論開始，而進入十三世紀其他思想家的主張，人類知識是起自感官，但是感官並非唯一的知識供給，還有理性與信仰，理性是來自人性本身的認知能力，信仰乃是來自上天的光照，因此就根特的學說而論，人的認知有三種來源，其中兩種是人自己本身的，那就是感官世界中，感官作用和理性作用，另一種則是由內心得到的上天的光照，前二者很顯然的是屬於哲學知識，後者則屬於神學知識，所以從這種知識所發展出來的形而上的問題，亦即變成了西方傳統的二元論，其開始之時，是以人性爲中心，這人性中，上有屬於神性的靈魂，下有屬於物質的肉體，因此這種二元，無論是上帝或物質，都是屬於眞正的存在，在形上學的地位上，都是佔有很主要的份量。

就問題的中心而論，是在於知識問題，知識能夠使人的本身擁有精神和物質這兩方面，根特認爲理知固然可以使我們認清這種形而上的眞實存在的二元，但是問題並不在於這兩種存在的事實，而是在於人如何能夠在自己此二元，追求其精神的價值，使其靈魂能夠駕馭肉體，如此，根特以爲意志才是眞正存在的東西，而理智應該附屬於意志，由於有了這種知識與形上的看法，根特所以採取了形上學宇宙論的「創造論」，以爲上帝從無創造天地，整個的物質世界，連人的精神在內，都由上帝去創造，另一方面，所謂的「創造」，並不是由於上帝的理知，上帝的知道，上帝的存在，因爲祂是存在的本身，然而卻是由於上帝的意志，上帝要將自己的光榮表現在外在，因此，祂要創造世界，就變成了上帝意志的問題，這也就是根特主張「主意主義」最根本的思想。進而言之，在人的知識上，上帝要在某人的心靈上給予光照，祂就給某人的心靈光照，這是依照祂自己的意志而行的問題。

在根特的學說中，若一個只有知物的知識，或說也有部份知物的知識，而無知天的知識，則表示其知識是屬於低層次的，是欠缺不全的，因為整體的知識，在根特看來應該是整體的，而這個整體就是包含了知人、知物、知天，就他的形而上思想來說，整個的存在，是包含了天、人、物，所以知識所指向的，亦應該是天、人、物同樣。在他跟隨亞里士多德的學說，重新從形而上的高峰，落到倫理道德的人生哲學之時，也是以天、人、物三方面去衡量，一個人需要依靠物質生活，也更需要精神生活，物質的生活，使這世界繁榮，精神的生活，更盛開出各種倫理、藝術的花朵。但在所有之上，應該有宗教的層次，人應該敬天，這樣在根特的學說中，知物、知人、知天的三層次，最後變成了用物、愛人、敬天的人類行為分野，在根特的思想上，認為「主知主義」用理知性去了解，這種了解，固然可以解釋大部份知識的問題，可是卻無法解決本體的問題，更無法解決倫理道德的問題，故此，根特主張「主意主義」，主張上帝由於自己的意志，愛人類、愛世界，所以祂創造人類世界。而人類由於自身除了物質的肉體之外，還有精神的靈魂，因此，人也需要透過用物、愛人而去敬天，來完成這個美好的人性，而臻於完美的境地。（李道生《世界神哲學家思想》頁一二〇——一二二）

三、結語

綜上所述，根持亨利的上帝觀，以為感官經驗是知識的來源，須賴神的光照補足，以及上帝從無創造天地宇宙的「創造論」。基督教的「從無中」創造教義棄絕創造「如何」發生的任何的解釋，創造乃是自由之神所有的自由作為。作為是神性格的表現，這在聖經中有各種的描述，但卻在愛中有其基本的集中點（約壹四16），特別是在耶穌基督身上所顯出的（約三16）神對世人的愛。在創造中，在神繼續支持世界並為世界有所供應上，神為人類與世界作出祂終極的計劃。這意思說明了人生才有意義，有目的，甚至人與邪惡面對面，或一切受造之物，因為生命唯在神，在耶穌基督的愛中有根有基（羅八39）。這一點最後指出神創造新天新地的目的（賽六十五17）。（趙中輝《英漢神學名詞辭典》頁一七五）

第卅九節　波那文袞的上帝觀

一、傳略

聖波那文袞（Bonaventura St. or Gievanni De Fidenza, 1221 — 1274 A.D 即「約翰非但查」John Fidanza）。或譯爲「袞那溫圖拉」「波拿文士拉」「波那文都拉」「波拿文都辣」，義大利之突斯加尼（Tuscany）人。早歲，入方濟各社爲修道士。嗣遊巴黎，修神學及哲學。一二五三年，爲巴黎大學神學教授。其在方濟各社，盡力最多。五六年，社衆舉爲司長。七三年，擢亞爾比（Albi）之主教，著作宏富。其說以神學爲感情之學，屬於神秘派。蓋源於闇俄之思想者爲多，而博識多聞，理論明易，於中世學人間，可謂爲傑出者。（樊氏《哲學辭典》頁七一八）

二、學說

（一）人藉默想與禱告達到和上帝交契

巴黎大學教授約翰非但查（John Fidanza, 1221-1274），人多知其名爲波拿文士拉（Bonaventura），波氏生於教會領土內的巴格挪里亞（Bagnorea），於一二三八年加入佛蘭西斯修道會，一二五七年作了該會總管。他在逝世前一年被封爲紅衣主教。波拿文士拉爲巴黎大學名教授，後來總理佛蘭西斯修道會大顯其行政幹才，一生爲人品格高尚。他的思想遠不如阿奎那那樣受亞里斯多德的影響，可是受奧古斯丁及僞丟尼修一派代表新柏拉圖主義的思想薰染至深。他的思想根本是屬神秘派的。他以爲人能藉著默想與禱告達到與上帝交契的地步，由這交契而深徹了解屬神的眞理。波拿文士拉雖然思想神秘，保守性重，不如阿奎那之富於創作，然因他是一位善於應用辯證法的神學家，所以他的著作還是大大爲人所重視。（華爾克《基督教會史》頁四二八－四二九）

（二）靈魂神祕升天沒入神中

褒那溫圖拉（Bonaventura）爲十三世紀神秘主義之主要領袖之一，其神祕論思想如下：

神祕論者之最高目的，在靈魂之神祕的升入天上，離去地上的肉體，而返於精靈之境地，將自我沒入神中。達到這種目的之道路，是抛棄感覺知覺與概念的思想，而專遵循冥想，在冥想中，理想的對象可直接的呈現於吾人靈魂之前。知識有三階段：⑴認識（Cogitio）、⑵思索（Meditatis）、⑶冥索（Contemplatio）；最高的一階段—冥索，是超理論的，能引人心至宗教之最深奧處。冥索達於極點時，個人的意識概行停止於冥索狀況中。人唯有準備攢入無限的眞理之大海，而等待眞理，這是神之非常賜福。（梯利《西洋哲學史》頁一九九—二〇〇）

（三）到神之路是起於認識中經默想而到沈思

據褒那溫圖拉說，到神之路是：起於認識，中經默想，而到沈思。沈思又有幾種階段：先由物質的世界沈思神，次由內心生活沈思神，最後乃起而直接認識神。在這最後的最高級階段中，靈魂超越其本身，進於神聖無知之域，而與神合一。欲達此無我之域，須用禮拜祈禱以作準備。想完成基督教之最高法式，須立誓守貧、慈惠、服從，而過僧院中隱遁生活。（同上頁二二八）

（四）欽佩亞里斯多德與柏拉圖的哲學

聖芳濟派僧員腓檀寨的約翰（John of Fidanza 死於一二七四年），通稱之爲聖褒那溫圖拉（St. Bonaventura），與亞爾伯特相較，不及後者的淵博，不如後者的酷愛自然，卻更愛好沈思，愛好冥索，他既欽佩亞里斯多德，亦欽佩柏拉圖，既好理性的哲學，亦好沈思的神祕，既講究虔敬，亦推重知識，這樣，在他當中，實結合了兩種元素—兩種在那時候愈隔愈遠的元素。教會承認他的功勳，封之爲聖徒；經驗承認他的動績，尊之爲「天使般的學者」（Doctor seraphicus）。（威柏爾《西洋哲學史》頁一九二）

（五）認識上帝就是崇拜上帝

波拿文土拉，爲西洋十三世紀方濟各會哲學中，最有名的哲學家，是該會集思想之大成的一位思想家，波氏能將夏勒士與盧培拉的學說熔爲一爐，而發展出眞正的方濟會哲學的體系，這種體系，與神祕思想家的體系非常相似，他能夠從神祕主義走出來，且走出理知的系統中。波氏的中心思想，是在發展出奧古斯丁的「光照」哲學，在哲學方面而言，是從上到下的一種存在過程，這種過程所表現出來的，是知識的結論，波氏在光照的哲學中，強調人性自己無法自滿自足，他的知識及存在，都需要神性，他的存在需要神去創造，知識需要神去光照，這光照亦即我們自己內在的經驗，是屬於人類內在的生活，所以他認爲在我們的內心，最先發現的，不是我們自己的存在，而是神的存在，亦因此在我們所有的知識中，最先不是我們經驗到的知識，而是天生來的智慧，我們內心的知識，是以神爲中心，這知識最先的開始，不是用理知去追求，所獲得的，而是我們心靈所嚮往的。

拿文土拉以爲人若不在內心去尋找上帝，就不可能在別處找到祂，人內心與神結合才是知識的開始，亦即哲學的開始，從知識才可以使人走上形而上的體認，這種體認是主張神把自己的本質流出來，變成了人，然後變成世界，所以「流出說」是波氏主要的宇宙論之一，他以爲流出的第一層，最接近神性的就是人類，然後才是物質世界，這樣，整體宇宙，在波氏看來是整個的一體，人和神，和世界是成爲一體的，所以他指出在我們的認識作用中，外在的整個世界，是等於上帝的影子，我們的人性，尤其是人的理知和意志，所發展出來的各種人文世界的東西，就是上帝的足印，然後如果人能夠回到自己的內心，用愛去追求上帝，認識上帝，這種愛，就是上帝的圖片，可是這樣認識的本身，就不是上帝的光照，而是我們用知識論的類比方法。他在十三世紀的哲學與神學上，有了特殊的貢獻，就是把整個宇宙的存在層次，把宇宙論，同時當做是宇宙，當做神的存在層次表現出來，固然上帝是不動不變的，是一切的終極，可是整個世界的存在，是分受了祂的存在，因爲整個的世界，是上帝的影子，足印與肖像。

上帝在存在的分類中，祂整個的形像容貌，以人認識祂的程度爲標準，有的人認識上帝，可能是由於世界上的功名利祿，其所找到的，是個假的上帝，有的人認識上帝，以爲可以受到祂的庇護，爲了自己的利益而存在，也有人把上帝作爲認知的對象，但是波拉文土拉卻以爲認識上帝，就是崇拜上帝，因此他的方法，是屬於神祕主義方法的一種，他不是以忘我的方式走回自己的內心，而是設法從自己的內心走出來，走入世界上去看上帝的影子，用人的理知和意志，去尋找上帝的足印，然後用我們的愛心，去認清上帝的圖片，總而言之，他是以用我們心靈來嚮往上帝，敬拜上帝爲重。（李道生《世界神哲學家思想》頁一一〇—一一一）

（六）聖波拿文裘及其學說評述

關於聖波那文裘（即「哀那溫圖拉」）及其神學思想，胡院長鴻文《本體論新探》有較詳盡的紹介，茲鈔錄於后：

聖波那文裘（St. Bonaventura）於一二二一年生於特斯甘（Tuscany）之波格那利亞（Bognarea）。幼年一次病愈時，即進入法蘭西斯教團。他曾在巴黎受教於海樂斯‧亞歷山大（Alexander of hales），因此他吸收了法蘭西斯，即奧古斯丁的傳統而予以保守。他在巴黎大學任教，但於一二五五年被排出巴黎大學，一二五七年又獲准進入該校，但由於他被推選爲教團的總監而未去擔任教職。

聖波那文裘於一二五六年被派爲約克郡的大主教，他懇求教會收回成命。但於一二七三年他被派爲亞波諾主教（Bishop of albane）與樞機主教。一二七四年利昂會議時，他講道主張羅馬教會與東正教重新合作，但在會議終了時他即死去，當時教皇格里高利第六在位，東西教會合作並未實現。

聖波那文裘以爲教團中祭司而欲勝任傳道之責，必須通曉神學與哲學，波氏忠於聖法蘭西斯之精神，他以爲必須要獲得知識，對於與上帝的交通無所阻礙，因此他不喜悅亞里斯多德的哲學，內中不談到人與上帝的交通，以及基督的救恩之故。有人以爲他對於哲學與神學並無嚴格的區分，因爲他曾經說：「除非哲學家受聖靈的光照，他就不能建立滿意的形而上學的哲學的系統。」他以爲哲學家可以論證上帝的存有，但是要對上帝有更清楚的認識，如認識上帝是三位一體的，就必須要得著聖靈的光照，亞里斯多德雖有對上帝存有的論證，但是他如果要對上帝有更多的明瞭，如三位一體的道理，就必須要有聖靈的光照。我們還要說明，人被聖靈光照，更可以將神學和哲學加以區分。

聖波那文裘對上帝存有的論證，可由下列數點說明之：

（一）靈魂與上帝：波氏有如奧古斯丁特別注意靈魂與上帝的關係，他所說的是基督徒和上帝的關係，就是基督徒可以向上帝禱告。他對從內心證明上帝存在，遠比從外在證明上帝存在較爲重視。他也曾從外在世界證明上帝的存有，從他有限、不完全混合、移動及偶性事物進而瞭解無限、完全、單一、不變和必然存有的上帝，但此種證明並未作有系統的完成；他以爲上帝的存有由靈魂的反省而明白，外在的證明只是提醒人而已。

(二)受造之物與上帝：他以爲從受造之物可以證明上帝的存有，有如從果可以證明因的存在。如果受造之存在，必有第一因之存在，如有不完全之存在，必須有完全之存在，如有混合之存在，必有單一之存在；如有變之存在，必有不變之存在；最後一項有如亞里斯多德所證明有一不動的動者。但是三位一體的道理則須由聖靈光照，由神的啓示得知。

(三)對上帝明確的觀念：波那文裘並未假定每人對於上帝有明確的清晰的觀念，只假定每人對于上帝有不明顯的觀念，經過內心的反省而成爲明確的與清晰的。每人均有求得快樂的自然願望，但快樂是由上帝而來，所以每一個人都渴慕上帝。但是渴慕必有所知，所以對上帝之知，存在於靈魂中。

(四)採取安瑟倫的論證：波那文裘又採取安瑟倫的論證，上帝既然是最偉大的，認爲上帝不存在是不能想像的，波氏爲要使與柏拉圖—奧古斯丁的觀念相符合，他預設了一完全的天賦觀念，這觀念是由於上帝印於靈魂之上的。

他又說明受造者與上帝的關係：

(一)聖道與創造：亞里斯多德對上帝的認識，是超越的不動的動者，波那文裘認上帝是超越的，也是內在的，不但是一切眞理的基礎，是要從人的靈魂中探尋其來源，也是完全觀念的最後根據。他認爲上帝存在和靈魂的靈性生活有密切的關係。從啓示得來的知識，使人對於上帝有更進一步的認識，而使靈性生活達到更高的境界。

波氏又認爲上帝是萬物的範型之原因，聖道就是聖父的的眞像，所有被造者的範型。他又說到哲學家不能對于聖道有眞確的認識，他如果滿足於作爲哲學家，他必將陷於錯誤之中，他必須要從信心中得到光照，超越於哲學而確知聖道是萬物的範型之原因。由此他對於哲學和聖道的不同，也有相當的了解。

(二)上帝的知識：上帝知道祂自己，祂神聖的本性也反映於外在的事物。祂不但知道好事在時間中的行程，也知道所有的惡事，惡事之來是由於被造者缺乏順從上帝的旨意而產生。上帝對知識的是無限的永恆的，萬事就連未來的事，在祂面前也是顯然呈現的，萬事在時間中前後相繼。

（三）從永恆中創造的不可能：亞里斯多德反對創造，他認爲世界是永恆就有的，並非爲上帝所創造的。但是波那文裘認爲世界的永恆性是不可能的。如果世界是創造而有的，時間就必須有一開始，因此反對時間有一個開始，就是反對世界是被創造的，如果證明運動和時間是永恆而沒有開始的，就不能證明世界是被創造的。波氏對此項問題。提出下列三點意見：

1、如果世界從永恆就存在的，對于無限再有所增加是不可能的，如太陽的旋轉已有無數次了，而現在竟還增加旋轉的次數，如已有無限的次數再予增加是不可能的，所以世界不可能在永恆中存在。

2、從永恆的系列中經過是不可能的，如果時間是永恆的，就是說時間沒有一個開始，世界就不能到達目前這一天，顯然時間是有開始的。

3、在同一時間，不可能存在有無限具體的現象，如果世界從永恆就存在，在現在必有無限理性的靈魂，所以世界就不能從永恆就存在。

（四）這世界是可能最好的世界嗎？現在可以提出兩個問題：上帝能夠創造一個比這個世界更好的世界麼？上帝能使這個世界更好些麼？波氏對第一個問題的回答是：上帝能夠創造一個比這個世界更好的世界，不然就是限制上帝的能力了。對於第二個問題，他提出兩點看法：第一、如果說上帝可以改變這個世界的本質成爲更高尙的，那就不是這個相同的世界了。第二、如果說上帝能使這個世界的本質在屬性上變得更好些，仍然在相同的等級之內，這自然是可以的。但是祂所以創造這樣的世界是有祂的旨意存在，祂之所以如此去做，由於祂願意如此去做，祂自己知道其原因爲何？

波那文裘對上帝存有的論證相當堅強有力，他認爲上帝是萬物的範型之原因，對萬物的範型加以探究，須要瞭解範型究竟如何解釋。

關于萬有主宰的創造與被造，波那文裘提出了下列幾點看法：

（一）形式與質料的合一：波那文裘接受他老師的意見，以爲一切受造之物都是形式和質料的合一。他之所謂物質，乃是指潛能的意義而言，而不是與精神相對的意思。就此種意義而言的物質，既不是精神的，又不是具體的，物質不能脫離形式而存在，物質一旦與形式相結合，即成爲具體性的。

（二）個體的存在：波那文裘曾謂：有人以爲物質可以作爲個體的因素。但他說，他看不出何以「全然一般性」的物質能夠成爲個體的基本原因。較適當的說法個體是由於形式與質料的結合。個體表現了兩項因素：其一、由於形式與質料的結合而形成的個體物。其二、與他物的區別，由此而形成了數目。他以爲如果質料和理性的形式相結合，就成爲人，人就是上帝所造的人。基督降生爲人是神又是人，是出於上帝的大能。他又說明天使是靈體，很多天使在一類中，並不像多瑪斯所說許多天使在許多類中。

（三）光的性質：在具體性的創造中，有一具體的形式而爲各項物體所同有的，就是光的形式。光是第一天被造的，比太陽的被造少了三天。奧古斯丁認爲光之創造有如天使的性質，而波那文裘的意見則認爲談到具體的日光不是形體，而是形體的形式，爲一切的物體所同有，而爲其行動的要素，由於其所得光之多寡而形成不同的等階。有關於光的主題爲奧古斯丁學派所重視，可以回溯至于普羅丁納斯以至於柏拉圖善之理念，而在波那文裘的哲學中佔一顯著之地位。

（四）事物的形式：彼氏既認光爲實質的形式而爲一切物質所同有，他必須承認有一種本質而有多種不同的形式。多瑪斯認爲實質的形式是限定的具體的，一個物體只有一實質的形式，波氏則認爲物體藉著形式而能接受更高度的完全。

（五）理性的種子：波氏以爲所謂理性的種子（Ratiome sominales）即是事物實質的形式，具有主動的力量，存在於質料之中，使之更趨向於完全。這不但可以應用於無組織的事物，並且可以應用於獸類之魂與蔬菜的生命之類。

波氏對於人的靈魂，表示下列幾點：

（一）人的靈魂是單一的：波氏確認人的靈魂為上帝所創造，人的靈魂和獸的覺魂大不相同。人的靈魂是上帝的形象，要與上帝相聯合。波氏聲稱，既然人的靈魂是長存的不朽的，則只能由有生命而長存的本原所影響。上帝創造了人的整個靈魂，而不只是理性的才能。一個人只有一個靈魂，賦予理性和感性的才能，這就是上帝所創造的。

（二）人的靈魂是身體的形式：波氏採取亞里斯多德的說法，說「人的靈魂是身體的實現，人類的身體既是各別的，理性的靈魂使這身體趨於完全的也是各別的。」靈魂是存在的生活的智能的方式，賦予以自由意志。靈魂存在於身體的每一部份，而且是主動的存在於某一部份，如心即是。他雖同意亞里斯多德所說靈魂是身體的形式，但卻傾向於柏拉圖和奧古斯丁的說法，他認為人的靈魂具有屬靈的性質，包含屬靈的形式和屬靈的本質。

（三）人的靈魂的不朽性：人體合一的主張有助於證明靈魂的不朽，而他認為靈魂是要追求完全的快樂，如果一個人害怕失去他所有的，他就不能得到完全的快樂。靈魂既然企望追求完全的快樂，就必然會是不朽的，波氏常用的論證乃是靈魂是不朽的。

（四）靈魂的個別性：所有談及人的靈魂都表示靈魂是個別性的，亞微羅斯（Averos）說，主動的和被動的智能在人死後存在，他以為這些智能不是個別屬於個人的，而是單一的本質。波那文裘反對此種意見，此種意見不但與基督教義相反成為異端，而且也和人的理性和經驗相違背。

（五）可感對象與第一原理：波氏以為可感對象對於感官發生作用，發生一種可感類型，然後再對感覺能力發生作用因而產生知覺。他承認感覺中有被動的因素。他認為靈魂的感覺才能，或感覺能力，對於感覺的內容加以判斷，譬如說：「這是白的。」類型之被動的接受主要的是與感官有關，判斷的作為則與感官的能力有關。不同的感覺如「色」與「觸」，可以藉著常識而保存於想像中。然後主動與被動合作，從想像中將類型抽象而出。他在這方面與亞里斯多德較為接近，他反對天賦觀念，認為第一原理在為人性所光照時，才可以說是天賦的。

（六）靈魂的實體之知識：波氏以為雖然人們對於感覺的對象和第一原理的本質沒有天賦的知識，但是我們對於純粹靈的實體的知識係由知覺而得。上帝的得以知曉，並非由感覺抽象而獲得一種形象，而是由於靈魂的自省。在這個世界中，上帝並不能由直覺而得他神聖的本體。靈魂是照著上帝的形象造的，靈魂的希望和意志是趨向於上帝的，所以靈魂的自省，以及從靈魂的趨向就可以從而發生上帝的觀念。由是可以知道上帝的觀念是天賦的。

（七）神聖的光照：波那文裘雖然以爲第一原理並非是天賦的，但他並未拋棄奧古斯丁「光照」的思想。他與柏拉圖和奧古斯丁所面臨的問題差不多，他以爲沒有被造的對象是嚴格不變的，一切可感的對象都是可以消滅的，而人對於各類對象並不是完全無差錯的。可以說人心是可變多疑並有錯誤的，我們所經驗的現象也是可變的。但是在另一方面，一種無可懷疑的事實，即是人心中獲知有確切的事實，我們瞭解不變的本質和原理。

波那文裘對於上帝存在的論證，甚足以表現他的卓越見解，他對上帝創造萬物，與靈魂從上帝而來有清楚的說明，他也談到事物的形式，事物的形式究竟如何並未表達出來，本書所要研究的物自體與所提出的構成主義等對此有所解釋。（《本體論新探》頁四三一五〇）胡院長卓見，不僅詳贍，亦稱允當。

三、結語

綜上所述，波那文裘的上帝觀，人藉默想與禱告達到和上帝交契，靈魂神秘升天沒入神中，到神之路是起於認識中經默想而到沈思，認識上帝就是崇拜上帝等學說。他是方濟會神學家，出生於義大利，在巴黎大學文學院接受教育，約在一二四三年加入方濟會研究神學，一二四八年起公開講學，直到一二五七年因世俗教師和行乞會規的爭端而中斷。一二五三年到一二五四年間成爲神學博士，一二五七年二月二日被選爲該會總長，一二六三年所著聖方濟傳出版後，成爲該會創始人的官方傳記，聖方濟的其餘軼文則遭到銷毀命運。一二七一年協助貴格利十世得到教皇位，一二七三年成爲亞巴農的紅衣大主教，紀念日是七月十四日。他的神學思想忠於聖奧古斯丁和聖安瑟倫，但對新亞里斯多德派則較少同情。

波拿文土拉反對阿奎納，強調創造世界可在理性之光中證明，人的智慧跟神向忠心信徒顯露的神祕啓示一比，顯得無比愚昧。其最有系統又最完整的著作，是他對蘭巴德嘉言錄的註解。他也反對馬利亞無原罪成胎說，影響久

遠。（趙中輝《英漢神學名詞辭典》頁九三）

第四〇節　阿奎那的上帝觀

一、傳略

阿奎那多馬 Aquinas, Thomas（or Thomas of Aquino）（1225 or 27-1274）或譯爲「托馬斯・阿奎那」，中世之哲學名家。生於拿破里王國之阿奎諾（Aquino）近地。本貴家子。五歲而育於加西諾（Cassino）之修道院。十六歲，入度明哥社爲修道士。其衆人沮之弗從。一二四五年，赴哥隆（KOln）就學於大亞勒伯圖（Albertus magnus）之門。四八年，爲巴黎之神學士。是年，即在哥隆，開始講義。其後二十年中，歷在巴黎、羅馬、波羅尼亞諸地教學，從學者雲集。時有天使學士之稱。七二年，以教皇命，歸拿破里爲教授。七四年，將赴里昂會議，卒於途。一三二三年，贈聖號。多馬善用亞里士多德之哲學，以發攜教義。論者謂煩瑣哲學，得多馬而集大成，猶諸教父哲學之有奧古斯丁也。歾後，鄧司各脫斯起而反對其學說，而度明哥社中人，則維護之，因有所謂多馬學派。（樊氏《哲學辭典》頁三七〇—三七一）

二、學說

（一）五點思想特徵

阿奎那多馬之學說，其特徵，可括以數端：

1、明理性與信仰之終相契合。中世本以哲學附隸神學。調和知信二者，即是哲學上根本之圖。多馬則利用亞里士多德之發展說，而由程度之差，以結合之。謂知隸於信，而爲信仰之手段，顧不能純恃理性，以達神祕之域，有居其上而成之者，信仰是也。

2、主張亞里士多德派之實念論。彼名「普遍」曰實體之形相，又曰個物之本質。其意以爲普遍即存乎個物中，以「個物」與「普遍」分離之者，特吾人理性之用。就理性中本質而言，可云後乎個物，而此本質，即神意中所用以造物之範，則亦可云先乎個物。故普遍云者，內容的實在也。

3、主張豫定論。以爲神方創世之前，必思惟有無數之可能的世界，而就中惟如是現實世界，爲最善者。神認見其爲善，故從而造之。故事物之善，非以神所命令，故爲善，乃本來爲善者。故由其說，則是神之志，即爲神之智所規定也。

4、取主知說。多馬不獨以預定說說神性，又移之以說人性，而謂人間意志，亦爲其知性所規定。所謂意志自由，不外自由選擇之謂。此必吾之知性，先認見有某目的，然後吾之理性，得從而選擇之。是知位乎意之上也。

5、既否認意志自由之效力，故又謂人間救濟之道，非己力所關與，而全恃諸神寵。此神寵，非可以一己之戮力求之，亦不能以一己之自由拒之。人類一切行爲，恆向一定目的而進，以吾之知知之，而以吾之志躡之。故行爲之至高者，首在對「神」之認識。而此認識之果，即是對「神」之愛云云。當世宗其說者，有多馬學派之目。（樊氏《哲學辭典》頁一六九－一七〇）

（二）上帝存在的五個證明

托馬斯・阿奎那（Thomas Aquinas, 1224-1274）著述很多，主要有《論存在與本質》（約一二五四－一二五六），《反異教大全》（一二六四），《神學大全》（未完成）。此外，他對亞里士多德的十二篇哲學著作有注釋，對當時爭論的問題著有多篇論文，如《論世界永恆性駁竊竊私議者》、《論智力的統一性駁阿維羅伊派》、《論分立的實體》等。

基本學說：自十二世紀阿拉伯哲學家將亞里士多德的原著和學術思想介紹到西歐以後，在西歐思想界引起了極大震動。托馬斯・阿奎那正處于這一思想危機與轉折的時代，他從維護封建秩序、教會神權出發，運用亞里士多德哲學來論證基督教信仰，並回答當時政治、社會、思想所面臨的問題，成爲集經院哲學之大成而又加以革新的基督教神學家。他的基督教哲學除大量吸收亞里士多德思想外，還深受斯多阿學派、新柏拉圖學派、奧古斯丁、波愛修的影響。同時也受阿拉伯哲學家伊本・西那、伊本・路西德及猶太教哲學家伊本・迦比若、M・邁蒙尼德影響。他從中構築起自己的基督教哲學體系，後通稱托馬斯主義。

理性與信仰、哲學與神學的關係：托馬斯·阿奎那在其《神學大全》中首先提出哲學與宗教、理性與信仰的關係問題。他認爲理性的思辨是人的智能活動，人對外界的認識來自視覺、聽覺、嗅覺、味覺、觸覺等感覺經驗，許多感覺聯合成統一的記憶，許多記憶復合爲感官經驗，對各種經驗的歸納使人開始認識事物，然後進行理性思辨，從中得到對外界的知識。他認爲，人的自然理性可以是眞理，但往往出錯，而且只能從認識較低級的事物。關于上帝的更高的眞理，只能來自啓示，靠信仰。理性雖有自身的領域，但它從屬于信仰。從這種認識論前題出發，托馬斯·阿奎那區別哲學與神學，認爲兩者各有其領域。他在《論世界永恆性駁竊竊私議者》一文中認爲，從哲學角度，宇宙可認爲是永恆的；而作爲基督徒，他相信宇宙幷非自在永存的。但神學與哲學的關係上，他又認爲哲學服務于神學；認爲神學的原理是憑啓示，直接由神而來，不須憑借其他科學。神學的確實性來自神的光照，不會犯錯誤，而其他科學的確實性來自人的理性，可能犯錯誤。神學探究的對象高于理性探究的外部世界，神學的目的在于永恆的幸福，因此，神學高于哲學。神學可憑借哲學，將它發揮得更清楚，但不是非要哲學不可。神學使用哲學，哲學是神學的奴僕。他迫于時代潮流，企圖用哲學論證基督教信仰，這一論證顯然是不可能徹底的。

神及其存在：爲論證神的存在，托馬斯·阿奎那首先闡明了存在的意義。在他之前的實在論者認爲哲學所研究的對象是非物質的實體，即一切存在的普遍共同之點，它從屬于神的存在。托馬斯·阿奎那接受亞里士多德的觀點，認爲形而上學雖也考慮這些問題，但這些不是形而上學的主題，形而上學的主題應是一般存在。在運用亞里士多德哲學闡述基督教信仰時，托馬斯·阿奎那把存在區分爲一般含義的存在與「創在」，「創在」中包含著實現存在的作爲或行動。形而上學家要從各種物上追溯那最完美的「創在」，它是其他一切存在（包括形式）的由來。「創在」即神。這是托馬斯·阿奎那的形而上學的基本出發點。

托馬斯·阿奎那反對安瑟爾謨關于上帝存在的本體論證明。他認爲上帝的存在可以借助上帝的創造物即世界的存在間接地加以證明。他利用亞里士多德和其他哲學家、神學家的觀點，提出了關于上帝存在的五個證明。托馬斯・阿奎那從自然界和人社會存在著「運動」、「因果關係」、「偶然事物」、「不完善的事物」以及「宇宙秩序的和諧結構」，推論出必有一位「第一推動者」、「第一原因」、「必然的實體」、「絕對完善的存在」以及「無限智慧的創造者」。這就是人們所稱的神。

共相與個別：托馬斯・阿奎那運用亞里士多德關于形式和質料的學說，探討了共相即一般與個別的關係。他認爲共相是眞實存在的，是獨立存在的精神實體。但共相有三種存在方式：它作爲神創造事物的原型，存在于神的理智中，它作爲神所創造的個別事物的本質，存在于事物中；它作爲人對個別事物的抽像概念，存在于人的理智中。這樣，共相既獨立存在于事物之前，又存在于事物之中和事物之後。托馬斯・阿奎那的這種觀點稱之爲溫和的實在論。

自然哲學：托馬斯・阿奎那依據亞里士多德的觀點，用質料與形式的不同結合來說明物體，并分析物體的四種變化：位置的變化、數量的變化、性質的變化及本體的變化即生成與毀滅。他認爲在變化中保持不變的是原始質料，它使一事物與其所演變成的另一事物之間保持連續性。在說明變化的時、空範疇時，托馬斯・阿奎那認爲，時間是物體運動的尺度，位置是物體靜止的局限。他又進一步認爲永恆是一種與時間不同的延續，它無始無終，其中也沒有事件的時間先後，一切都同時存在。

對人的本性及其作用的觀點：托馬斯・阿奎那同樣師承亞里士多德，從人的心理爲哲學研究的重要對象。他的方法通常是從考察人的活動入手，分析這種活動的推動力量，從中得出關于人的本性的結論。他把人的活動分爲三類：爲維持生命和繁衍的活動、感覺與對外界的感情反應活動及智能和意志的活動。感覺又分視覺、聽覺等五種「外在的感覺」和對外物整體的概念、記憶、聯想、分辨事物等四種「內在的感覺」。對外界的感情反應分爲愛、欲望、愉快、失望、悲傷、懼怕、勇敢、希望、憤怒、怨恨等。涉及意志時，他認爲人有「不自由的意志」和根據對事物的了解而作決定的「自由」。人的智力可以理解普遍的意義并憑意志作自由決定，這是人具有靈魂的證明。靈魂既非物質，卻又是眞實的，是精神的實體，它是人的本性形式，不能分割，也不會朽壞，是不滅的。托馬斯・

阿奎那無法解釋靈魂如何進入人體，只能認爲是神從無有中創造的。但他又認爲，人並非神的最高創造物，作爲純粹精神實體的天使才是最高的，構成宇宙間最高的一層。托馬斯・阿奎那對作爲精神實體的天使特別重視，因而他在中世紀教會內得到「天使博士」的稱號。

倫理思想：托馬斯・阿奎那在基督教教義基礎上改造了亞里士多德的倫理學說，從而把奧古斯丁以來的神學倫理思想，發展成爲完整的理論體系。托馬斯・阿奎那從神性出發，認爲人的本質是由形式和質料結合而成的肉體和精神的統一體，人除了有理性認識能力以外，還有自我保存、生長欲求和意志活動的能力，而人的行爲、活動則有趨樂避苦的自然傾向。在他看來人物的一切德行都是人本性中的自然傾向的表現，這種自然傾向的根源在于上帝賦予人類內心的一種行善避惡的道德自然律，道德就是理性創造物向著上帝的運動，達到與上帝的融合。上帝就是道德價值的標準。

托馬斯・阿奎那一方面強調理性高于意志，同時又肯定感性欲望的含自然性。他把德性分爲實踐的德性、理智的德性和神性的德性，前二者統屬于自然的、世俗的道德，後者屬于超自然的、神學的道德。他認爲，實踐的德性和理智的德性相結合，就能使人達到德性的完善，獲得審愼、節制、剛毅和正義的美德。但他又認爲，要達到至善的目的，還必須要有屬于神學道德的神性的德性。這種神性的德性就是對上帝的熱愛、信仰和服從，它不能靠理性能力獲得，而必須依靠上帝的啓示和恩典。他指出，自然的道德生活可以使人得到塵世的幸福，但這種幸福是暫時的、虛幻的，只有神性的德性生活，才能使人換得永恆的、眞正的幸福，即來世的天國幸福。在他看來，幸福不是美德本身，而是美德的最終報酬，它在本質上是對人類本性能力以外的上帝抱有無限的希望。托馬斯・阿奎那承認人有自由意志，但他只是承認在日常生活範圍內的自由，而在道德領域，他堅持個人的意志，必須服從上帝規定的道德律，即「上帝法」。他強調，個人必須拋棄塵世的欲望，自甘貧困，寄希望于來世，同樣，社會的秩序，人與人的關係，也必須遵循上帝的目的，按照嚴格的教階和封級等級階梯，嚴格服從封建教會和國家的利益。

托馬斯・阿奎那的倫理思想是中世紀神學倫理思想的完備形態，在西方社會中有著深遠的影響。文藝復興運動以來，近代資產階級的倫理學說，對它進行了猛烈的批判，但它的影響幷未完全消失，在現代又以某種新的面目出現。（見新托馬斯主義倫理學）（《中國大百科全書哲學Ⅱ》頁八八七—八八八）

（三）上帝是絕對的實質爲萬有的起源與歸宿

經院哲學在阿奎那的思想中達到了最高的境界。依他的見解，探討神學的目的爲求得知上帝及人的起源與歸宿。這種知識一部分是由理性——即自然神學——得來，但理性所能得著的知識是不夠的，必由啓示加以擴充。啓示由聖經而來，聖經乃唯一的最高權威。但聖經又必須拿教會議會及教父遺著的闡釋來理解——換言之，須得依教會的立場去理解。由啓示而來的眞理不能爲理性所獲得，但與理性並不相違，而理性能顯示其不足以推翻啓示的眞理。這樣看來，阿奎那並不像安瑟倫一樣堅決相信基督教中一切眞理均能用哲學來表證。不過阿奎那依然主張哲學與神學並不矛盾，因二者均由上帝而來。論及上帝，阿奎那將亞里斯多德與新柏拉圖兩派思想冶於一爐。上帝及初因（First cause）祂是純全的活動（Actus purus），也是最實在與最完全的存在。上帝是絕對的實質，是萬有的起源與歸宿。祂因是全然的善良，所以祂所作的總不出乎他所視爲正當的。論及三位一體與基督的位格，阿奎那的思想則建立在奧古斯丁與迦克墩信條基礎上。

上帝是自足的，祂不需要什麼，他之所以創造世界純爲發揚一己的愛，以受造物爲施愛的對象。一切事物均歸上帝管理，祂預定有些人得永生，有的人被棄於罪中永受咒詛。對人的自由，阿奎那的立場大致爲決定論。從一方面說，人有自由，人的行動出乎意志；但這並不否認上帝有從中決定或准許的管理權。上帝准許惡的存在，而結果是引領全人類達到更高的善良地步。

阿奎那取消古代「魂」與「靈」的區分觀念。在他看來，人之魂乃一單位，具有理智與意志。魂非物質。在心靈中得見上帝，又以上帝爲樂，乃人生善德的最高造詣。人除了具有普通天賦才能外，在受造時又承受了一種超然的能力，使他能以達到最高的善，且能實行基督徒三德：信、望、愛。但亞當因爲犯罪喪失了這種超然的能力，因而他的普通天賦才能也腐化了，所以他所處的地位不僅缺少原有的公義，而且積極向下坡走。所以罪不只是消極的。在這墮落的境地中，亞當不能獲得上帝的喜悅，而這種敗壞性由亞當遺傳於一切子孫。人雖仍有力得到四種自然美德：機警、公正、勇毅、自制，但這些都不足使人在心靈中得見上帝，僅能使人稍得一時的尊榮快樂。

人只有依賴上帝白白賜予的恩典，才能恢復原有的地位，人的本性因而恢復超然的能力，罪得赦免，且賦與一種實行基督徒三大美德的能力。人的任何行爲都不能使他獲得此種恩典。雖說上帝赦免人的罪，賜人救恩，不必基督捨生─在這一點阿奎那與安瑟倫見解不同─但基督救贖之功乃上帝所採用最高明而又最有效的方法，人類全部救贖惟此是賴。基督的工作可以補償人的罪，又是一種當得獎賞的功勞。基督的工作也能激發人的愛心。如此阿奎那將安瑟倫與亞伯拉德二人的思想融合溝通，冶於一爐，而造成了另一種思想。基督補償之功超過人之罪，又因基督既爲神，自己無需恩賞，祂將所應得的賞賜賜給世上的弟兄。基督爲人作成了自己無法作成的功勞。

然而人在得救後，賴上帝的恩典而行的善功仍然獲得賞賜。得救的人不但有力量遵行福音的誡條，還有力量遵行福音的勸勉。他能立分外之功，其中最大的乃爲誠意忠心的完成修道生活。他不能只求自己超升天堂，他還能在基督與衆聖徒功德的倉庫中提供自己小小的一份。但這種功德也只有仰賴上帝的恩典方能作成。如此說來，在阿奎那神學中容納了中世紀二大虔敬的概念─恩典與功德。（華爾克《基督教會史》頁四二九─四三一）

（四）神是宇宙萬有之原始創造者

神是純粹的法式，純粹的實現性。吾人由信仰而認識神，但吾人亦可由推論而認識神，不過此種認識是間接的認識。吾人之推論是由已知到未知，由結果到原因，由有限定到無限定。吾人由神之創造而推論神之存在，這祗能用由溯源的方法或後天法（Aposteriori method）證實。托馬斯排斥安瑟倫之本體論的論證，而引用亞里斯多德、奧古斯丁及一般阿拉伯哲學家所用之論證。他有四種論證：

（子）凡運動的東西，必有使之運動者。一切結果必含有原因；然運動中亦必有不運動的原理；不然，尋果追因，必至無限，而無所歸宿。必有一種獨自存在的東西，無須仰賴別的東西以存在（亞里斯多德之說）。

（丑）自然的物體祇是未定的或可能的；這個或那個個體之存在，不是必然的。所以必有某種東西是眞實的，絕對必要的，而爲一切未定的可能的東西之基礎。（阿爾發拉彼之說）這兩種論證，構成後來康德所謂之宇宙論的論證。

（寅）萬物構成一個完全的階段；必有最完備的法式來完成各階段上的物體。既然萬有由第一因而發生，則此第一因必是宇宙中之最完全之因（奧古斯丁之說）。

（卯）自然界之萬物，皆實現一個目的。這種行爲有一智慧指導之；這個有目的的宇宙，必有一個有智慧的神。這後面的兩種論證，是目的論的論證，爲希臘人與經院哲學者所共用之論證。

所以神是宇宙之原始究竟（目的的）的原因。他是純粹的活動性或能力；如果他是潛伏的東西，必需別的東西使之活動或眞實，他就不爲第一因了。因爲神是純粹的實現性，所以神是純對單純的、絕對完全的；神又是絕對的智慧、絕對的意識、絕對的意志。

神由「無」創造世界。因其爲萬有之因，必有物質與法式之因。因其是純粹的精神，不雜有物質，物質必不能由他流露出來，必定是他由「無」中創造出來的。然宇宙有始之難證明，不亞於「宇宙無始」之難證明。此兩種意見，皆是可能的。所謂神由無創造世界，是說世界之存在由於神，神爲世界之必要的原因；那不是說是暫時的創造或永久的創造。所以我們可由神方面而信仰宇宙有始。時間之起點，是宇宙之創造之起點。神不僅創造世界，又是世界繼續存在之原因：神之創造，是繼續不斷的創造。他選擇這個世界，爲一切可能的世界中最好的世界。他能選擇最好的，因爲祂的意志是從於善的。他的創造的目的，是用各種可能的方法重現他自己，所以他創造各種各級的東西。（梯利《西洋哲學史》頁二一九—二二一）

（五）神是事物唯一的完整絕對的眞理

阿奎的聖多馬（Thomas of aquin）哲學，其主要的目的，即在極忠實地，把來栖安的原則，再現一遍，因此，我們所感興趣的，並非他的哲學內容，卻爲他所用以表現斯培齊刺人的觀念的新拉丁語方式。我們近代哲學的名詞，有一部份，皆從聖多馬處得來。

正式的哲學或最初的哲學，當以實體的研究，爲其目標。講到實體，計有二種，其一爲客觀的，眞實的，與常德的實體；其第二種，只是思想的抽象體或負型體。例如窮乏，愚昧，一般的不完整等。窮乏，愚昧，缺少等，確實存在，它們是實體，但不是常德。常德，本質，或如此意義的實體（即前一意義的實體），又可分而爲二，即單純的或純粹的常德，及物質與形式兩者混合而成的常德。只有一種單純的常德或純粹的形式，那就是神，其餘一切，均由物質與形式，混合而成。

物質與形式，皆爲實體，它們的不同點，只是形式是實現了的東西，而物質只是儲能的東西。一般論之，物質是一切東西的可能，是以可能的形式存在的一切東西。只因此可能的東西，有本質與偶因之不同，所以形上學應當把可能的本質方面的實體，和可能的意外，加以區分，前者的例，如人的胚胎，爲一可能的人，後者的例，如人爲智慧的儲能。儲能並不單獨存在，只以爲他物的儲能的形式而存在，那時候，它以相對獨立的形式而存在。形式是將實體給予事物的東西。又因事物有時候是本質，又有時候是偶因，所以我們必得研究本質的形式和偶然的形式二者。物質與形式的結合是產出，而此產出，又有本質的或偶然的產出之不同。除神以外，一切形式，均與物質結合，而爲物質所個別化，並因而組成屬類個體等。

只有形式中的形式，是非物質性的，是無所謂產出無所謂衰滅的。一種形式，愈不完全，即愈須增多它所實現其自身的個體的數目；反之一種形式，愈益完備，即愈可減少此種實現其自身的個體的數目。形式中的形式，不再是由單獨的個體組織而成的屬類，乃是單一的實體，在它當中，一切人性的差別，合而爲一，形成常德的單一性。既然只有神，是純粹的形式，沒有物質，因而也沒有所謂不完整（因爲物質是尚未存在的東西，是實體的缺乏），所以我們說，只有神，方係事物的唯一完整，唯一完備的知識。他具有絕對的眞理，因他即是絕對的眞理。眞理是思想與思想對象的一致。在人當中思想與對象，多少有點一致，但不完全同一。至於神的觀念，非獨極精確地再現了事物，它們即是事物。事物首先存在，而後人去思想它們；其在神中，思想前於事物，事物存在著，只因神想著它們，只當神想著它們時。所以在他當中，沒有思想與實體的區別。我們既經說，此種知識與對象的一致，組成了眞理，所以我們說神即是眞理。

證明神的存在，乃是哲學的第一件事與主要的事。可是，倘使上帝不於基督之中，把他自己，顯示世人，那哲學眞不能作此事功，恐要得一神的概念，亦不可能。爲欲使人的心靈，把它的努力，指向眞正的目標，在神的方面，必須於最初之時，把他自己，指示給人類，或用更確切的話來說，顯示給人類。沒有一種哲學是合理的，假如它不把「啓示」看爲出發點，又把「啓示」看爲歸宿點；任何哲學，只當它是教會的僕役時，方屬眞實，又因在科學方面，亞里斯多德是基督的先驅者，所以哲學必須先爲亞里斯多德的僕役。神的教會，是唯一的目標，一切事情，均須屬此之下。

自然是一寶塔式的等級，在它當中，每一階段，均係較下階段的形式與較高階段的物質。物質的等級，在人的自然生命中，獲得完成，而此人的自然生命，又作了較高的生命即精神的生命的基礎，且於一定意義之內，作了它的物質；此所謂精神的生命。在教會的型範中，獲得發展，在聖經和它的聖禮中，獲得滋養，猶如自然的生命，在屬地的麵包中，獲得滋養一樣。所以自然的領域與神恩的領域的關係，自然的人與基督徒的關係，哲學與神學的關係，物質與聖禮的關係，國家與教會的關係，皇帝與教皇的關係，乃是工具與目的的關係，計劃與實行的關係，儲能與現實的關係。

我們的宇宙—包括自然與神恩兩領域的宇宙，乃是儘可能地最優越的宇宙。因爲無限聰明的神，意想了最優越的世界，既意想了最優越的世界，那就不能創造一較次的世界，以折損其智慧。如說神意想了完整的世界而創造了非完整的世界，那即承認知識與意志，事物之理想的原則與事物之眞實的原則，互相對抗，那不僅抵觸了思想，抑且抵觸了信仰。所以神的意志，決不是關心的意志，而神的自由，亦決不是任意與機緣，卻與必然性同一。

至於人的意志，雖從表面上看，似屬矛盾，實則不然。正像理知有一原則（理性），它不能拋棄此原則而仍爲完整的理知，同樣地，意志亦有一原則，它不能變移此原則而仍得自由，那就是善的原則。意志必然地趨向於善，但情慾趨向於惡，因而痲痺了意志的奮勉，於是罪惡發生了，從此可知罪惡並不發源於不關心的自由或選擇的自由，卻發源於情慾。他承認有道德的前定論，但非強制的前定論，因爲神意的自身，根本屬於理性之下。此項定命論，一用於神身上，己失去它那可憎的特質，如在聖奧古斯丁的神學中所表顯的了。（威柏爾《西洋哲學史》頁一九三一一九六）

（六）以「五路證明」神的存在

多瑪斯・亞奎納在他的《神學大綱》（神學大全 Summa theologica）裡，提出了「五路證明」（Quinque viae），即以果溯因的手法，去觀察因果變化的眞相：

第一路論證：即運用、發展並擴充亞里斯多德由潛能（Potentia）走向現實（Actus），由質料（Hyle）通向形式（Morphe）的「果溯因」的存在論證；由而，找出了「第一原動不動者」，他稱之爲神。

第二路論證：即從萬有生成變化的形成因的角度，層層推證，而找到萬有的運動、生滅，總有外因使然，他即稱之爲「第一非果之因」，或作：神。

第三路論證：即從觀察萬有之偶然與必然存在的不定現象，推論出：既有存在的事物，至於必有必然存在的事物；這作爲「最後原因」，或作「最後存在」者，他稱之爲神。

第四路論證：即從新詮柏拉圖的下層存有物係分受於上層存有物的「分受」概念開始，推證出存在有其等級之分，最後的一層，即「眞善美自體」本身，又作「至善者」、「自滿自足者」，他稱之爲神。

第五路論證：即從萬有莫不具有井然秩序的現象，層層往上推證；最從必有一位使萬物各合其序的「造化者」，他即稱之爲神。

總之，在「五路證明」中所呈示的，約可把神作爲第一原動不動者、形成（動力）因、必然存在者、宇宙掌理者……等屬性，涉指成集眞、善、美於一身的善自體，或存在（有）自體。至此已表明，多瑪斯・亞奎納的學術生涯，勢必走入神學領域，即由理性跳進了信仰；至終，而投進與神密契的懷抱裡。（陳俊輝《新哲學概論》頁三二三）

（七）神存在的證據

多瑪・阿奎那—神存在的證據。神的存在是否可以被證明出來？阿奎那在此著名的辯論中提出五種進路，顯示神的存在是可以證明出來的。阿奎那並非按「證明」的嚴格字義來使用這兩個字，而是藉這五種進路來證明，基督教神學與世界上已知的現象是相稱一致的。這「五種進路」（Five Ways）並不包括較早期安瑟倫所提的論證。阿奎那於一二六五年用拉丁文開始著述《神學總論》（The summa theologiae），但在他去世時尚未完成；該書被視為中古世界最偉大的神學著作。

神的存在是否可以被證明出來？證明有兩種：有藉著成因證明，「由根據出發」，亦即由成因證明其成果。另外一種方法是藉著成果證明，按照我們經驗事物的次序，由成果證明成因。若成果對我們而言比其成因更明顯，則我們藉著成果可以認識其成因。就算我們對成果的認識更多，仍然能夠藉由任何的成果來證明其成因的存在，因為成果必定有賴於某些成因；若有成果的存在，則必定有成因的存在。因此我們可以證明神的存在：用較明顯的成果為根據，證明較不明顯的神的存在。

神是否存在？神的存在可以用五種進路加以證明。

第一種證明是最明顯的，是「變化的論證」（Exparse motus）。顯而易見，這個世界中有些東西是在變化的過程之中。所有在變化過程中的東西，其變化都是由其他的東西造成的，因為除非它是「有潛能」改變成另外一樣東西，同時此改變是「眞實」的，否則沒有東西會有變化。改變某物，只不過是將「有潛能」變成「眞實」，也惟有眞實的某物才能夠將某東西由其「潛能」改變為「眞實」。火是眞實的熱，將有可能變成熱的木頭改變成為眞實的熱，這便是變化。同一樣東西不可能在同一層面同時是眞實及有潛能的。實際上是熱的東西不可能同時有潛能是熱的，但它卻有潛能是涼的。因此，在同樣的層面和同樣的方法下，不可能有某一樣東西同時是造成改變者及被改變者，亦即沒有一樣東西有可能改變它自己。凡是產生變化的東西，必定是由另一樣東西造成改變的。若改變其他東西的那樣東西本身也有變化，則它必定是被另外的東西改變的，而這另外的東西也必定是被另外其他的東西改變的，以此類推。但這種類推不可能是無止境的，否則這個變化的過程便沒有第一的成因，亦即沒有造成改變的媒介，因爲全改變的次等事物若非由於第一因而改變，它們本身是不會改變的。正如除非用手來移動一隻棍子，棍子是不能移動的。因此我們必須達到的結論，便是有一個造成改變的第一因，其本身是不被任何東西所改變的。所有的人都明白，這就是神。

第二種進路是以形成因的性質爲基礎。我們發現在可觀察到的世界中，有一連串的形成因。但沒有一樣東西是其本身的形成因。這也是不可能的，因爲這樣東西不可能會先存於它自己。但是形成因的序列也不可能是無限的・因爲在此序列的每一個程序中，第一形成因會導致中間的成因，中間的成因（可能有許多，也可能只有一個）則會導致最終極的成因。若將一個成因取去，其效果亦被取走。因此，若沒有第一形成因，根本不會有最終極的成因，也不會有中間的成因。若是這種形成因可以無限地回溯，則將找不到第一形成因，其結果便是沒有終極效果，也沒有中間成因。但這顯而易見是錯誤的。因此，我們必須作出的假設，便是有一個第一形成因。所有的人都稱之爲「神」。

第三個進路乃以可能性和必然性的性質爲基礎。有些東西可能存在，也可能不存在。因爲有些東西在面世之後，便離開這個世界，因此是有可能存在，也有可能不存在的。所有這種東西不可能不斷地存在，因爲必定有些時候這些有可能不存在的東西是不存在的。因此，若所有的這種東西都不存在，則在某些時候便會沒有東西是存在的。但若果眞如此，現在便不會有任何東西存在，因爲不存在的東西不可能開始存在，除非藉著已經存在的東西才能夠開始存在。若從來沒有任何東西存在過，則不可能有任何東西開始存在，則現在不有任何東西存在。但顯而易見這是錯誤的，因此並非所有的存在都只是可能的。萬物中必有一樣東西是必然的。凡是必然的東西，可能是由別處得到其必然性，也可能不是。我們不能夠無限地推論，必然的東西其必然性都有一個成因，正如同我們已證明的形成因一樣。因此，我們必須作出的假設便是：有一樣東西在其本身便是必然的，並不是由其他的東西導致其必然性，而它本身則是造成其他有必然性之東西的成因。所有的人都稱之爲「神」。

第四個進路是以東西分等級爲基礎。有些東西是比較好、比較眞、比較高貴等等；也有些東西是比較不好、比較不眞、比較不高貴等等。這些東西被人用「比較多」或「比較少」來形容，因爲與最高程度的相比而產生不同的程度。一樣東西越接近最熱的東西時，它便成爲越來越熱。因此，世界上應當有最眞實的、最好的、最高貴的東西存在；如此自然也有最偉大存有者，因爲最眞實的亦同時爲最偉大的存有。在任何的種類中，最完全地擁有其本性的東西，便是該種類中所包含的任何東西的成因。火是最完全的熱，因此是所有熱的東西的成因……因此必定有某物是所有存在物存在的成因，也是它們的美好及完全的成因，我們稱之爲「神」。

第五個進路是以萬物的管理爲基礎。我們看到一些東西（例如自然的身體）雖然沒有知識，卻仍然向某一目標邁進。它們永遠按相同的方法運作，藉此達到最大的美好，這是個不爭的事實，也顯示它們能夠到達這個地步，是出於設計，絕非偶然。沒有知識的東西，惟有藉著有知識、有明白的東西，才能夠邁向一個目標，例如一枝箭必須要經射手才能中的一樣。因此必然有一位有智慧的存在者，所有的自然萬物都是藉之被導向其目標。我們稱之爲「神」（麥葛福《基督教神學原典菁華》頁二三—二六）

（八）世界爲神創造者的鏡子

阿奎那的五法：阿奎那相信，從人類對世界的經驗中，辨認神存在的指標，是十分恰當的。阿奎那辨認出那些指標呢？引導阿奎那的基本思路爲：世界爲神—其創造者—的鏡子，這個概念在他「實體的類比」（Analogy of being）教義中，作出了充分的說明。一位畫家會在畫作上簽名，證明那是自己的作品；同樣，神也在受造物上蓋了神聖的「印章」。我們在這世上所觀察到的，例如，大自然的秩序，都可以根據造物之神存在的理由來解釋。神既是其第一因，也是其設計者。神使世界存在，並將神的形像與樣式印於其上。

我們受造物怎麼可以看出神存在的證據？阿奎那聲稱，世界的秩序是神的存在與智慧最令人折服的證據。這個基本假設成爲「五法」每一項的基礎，不過在通稱爲「設計論證」或「目的論證」的項目內，顯得特別重要。以下分別思考這些「法」。

第一法始自對世上之物會移動或改變的觀察。世界不是靜態的，而是動態的。例子比比皆是。雨自天而降，石頭滾落山谷，地球圍繞太陽旋轉（這個事實阿奎那並不曉得）。但是，大自然怎麼會動？爲何它不是靜態的？

阿奎那的論證爲：每一個會動的東西，都是由另一個東西推動的。東西並非自己會動，乃是被推動的；而造成每一個動作的因，其本身還有成因。而那個因也需要另一成因。如此類推，阿奎那便主張，我們所知道的世界之背景，有一連串動作之因。他辯稱，除非這些因爲數可至無限，否則，必有一個「因」爲其來源，引發這一系列。所有其他動作，都源自這最初的因。我們可以觀察到，這一源頭所帶動的偉大因果鏈，反映在世界的表現上。從物件會移動的事實，阿奎那便指出：必有一原初之因造成這種移動，而他下結論道，這個因非神莫屬。

第二法從因果的概念開始。換言之，阿奎那注意到，世界上有因果關係存在。一件事（果）可由另一件事（因）的影響來解釋。前一段簡述的移動概念，便是這因果關係的例子。阿奎那運用類似以上的推理、辯稱所有的果，都可以追溯到最原初的第一因—即是神。

第三法與暫時之物的存在有關。換言之，這世界上有一些實體（如：人類），並非必要的存在。阿奎那將這一類實體與必要的實體（即必須要有的存在體）作成對比。阿奎那指出，神是必要的實體，人乃是暫時的實體。我們的出現需要解釋。我們爲何會在這裏，使我們存在的因素爲何？

阿奎那指稱，一個實體會存在，是由已存在的實體將它帶出來的。換言之，我們的存在是因另一個實體而來。我們是一連串因造成的果。追根究底，阿奎那便宣稱，最原初之因的實體，必須是必要存在的實體—換言之，就是神。

第四法始於人的價值觀，諸如：眞理、美善，與高貴。這些價值觀來自何處？其成因爲何？阿奎那聲稱，必定有某件本身是眞理、美善、高貴之物，而這物帶給我們眞理、美善，與高貴的概念。阿奎那認爲，這些概念之源便是神，祂是其最初之因。

第五法，也是最後一法，是「目的論證」。阿奎那注意到，世界顯然是經由智慧設計的。大自然的變遷與其上之物，似乎皆有特定的目標。一切都似乎有目的，是經過設計而成的。但是物體並不能爲本身作設計。製造、設計者，必另有別人或別物。按照這個觀察，阿奎那下結論道，這種自然順序，來源必定是神。

阿奎那的辯證其實手法都雷同，這是顯而易見的。每件事都沿著因果線索，回溯至最初單一的源頭，並指出這就是神的作爲。中世紀時，有幾位學者對阿奎那的「五法」提出批判，如敦司・蘇格徒和俄坎的威廉。以下幾點特別重要：

1、爲何無限之因不可能成立？譬如：移動論證必須先證明，此種因果鏈停在某處，才能成立。按阿奎那的說法，必須有一位不能移動的移動者。但他卻沒有闡明這一點。

2、爲何這些論證能導致只有一位神的信念？例如，移動論證可能導致相信幾位不能移動的移動者。沒有理由堅持，這類因只能有一個。

3、這些論證並沒有說明神仍繼續存在。在推動其他因之後，神可能不再存在。事物的繼續存在，並不一定意味其起源繼續存在。俄坎的威廉認爲，阿奎那的論證可能導致一種看法，即神曾經存在過，但現不一定存在。俄坎的威廉根據神仍然繼續保存宇宙的觀念，發展出一套相當複雜的論證，想要解決這個困難。

總而言之，阿奎那的論證充其量只不過能建議，相信有一位造物主，或有一位智慧的實體能帶動世界的因果關係是合理的。然而，這裏仍需信心的一躍。若說這位造物主，或智慧的實體，就是基督徒所認識、敬拜、愛慕的神，則尚待證明。阿奎那的論證只能讓人對一位神的存在產生信心，而這位更接近希臘哲人亞里斯多德所偏好的那位—不能移動的移動者，祂遠離塵寰，不涉世事。（麥葛福《基督教神學手册》頁一七一—一七三）

（九）神學的啓示來自眞理的上帝

多瑪斯的思想體系，就其整體架構而言，在形式上是繼承亞里斯多德的系統，內容上則領受了希伯來的信仰，因而在神學哲學的發展上，雖有區分理知的，及超理智的（即信仰的），但在統一性與整體性看來，卻正在指明人性的超越能力，他把人性用萬物之靈的尺度，去知物、知人、知天，而發現與展示了人性的極限，爲士林哲學全盛時期的推動者。多瑪斯論到知識問題，承認人性天生就有認知的能力，但不贊成有天生的知識，所有的知識都是後天的，但這後天的意義，並不等於是求得的，在人之一生中，固然絕大部份的知識是求得的，可是總有一些知識是啓示的，在宗教信仰中所有超理性的教義，都是屬於啓示的。所以他將知識分爲兩種，即求得的，和啓示的。啓示的知識是神學的，其對象是超性的，或超自然界的，求得的知識是哲學的，其對象是本性的，或自然界的，超性的知識接納是信仰，本性的知識獲得是理性，因此，形成了這兩個不同的系統論之。

多瑪斯認爲超性的知識，是藉著神的啓示，此知識就本身的事理言之，並不清楚，其道理有些理由，是人可以藉著理性方法懂得的，如人有靈魂，靈魂是不死不滅的實有，有些理由是完全超出人的理解能力的，如上帝是三位一體的上帝等，所以他談到啓示的論證，是相當符合理性主義的，而不反對理性的論證，且能承認眞理，似乎可以用一種理性的方法去獲得，他從啓示論證所得的結論，就是人必須以一種奇蹟般的態度，來接受最高的眞理，他的論證是合乎理性和自然的，但是其推論是完全指向超自然的，超本性的，簡言之，他認爲理性可以幫助我們找到眞理，如哲學討論眞善美，但對于理性能力的眞理，如基督降生成人的問題，定需藉著啓示才能獲知，這是屬於神學的領域，超越理性的層面，這種強調理性哲學，與啓示神學的分野，正是多氏的重點思想。

多瑪斯認爲超性的知識與本性的知識，皆是來自同一的上主，因爲上主的本身是永恆的眞理，眞理與眞理不相矛盾，故超性的知識，與本性的知識是相輔相成，彼此毫無衝突，至於神學的啓示，是來自眞理的上主，上主本身是眞理，所以啓示眞理不能有錯，這眞理可以補人理性的短缺，因人的理性是有限的，在追求眞理時屢次犯錯誤，有了啓示的眞理輔助，可收事半功倍之效。爲此，哲學受到輔助，同理，哲學亦輔助神學，哲學是理性的推論之學，以哲學的概念，推理、證明、佐證信仰道理的眞實性，並使啓示的眞理，容易爲人所接受，如以哲學的因果律證明，靈魂的不死，上主的存在等，而這些都是上主啓示的道理。再者，哲學的邏輯方法，認識論、宇宙論、自然神學、形上學等學科，皆能導引人走向萬物之源的上帝，故有人稱哲學是神學的婢女，因爲哲學的結束是神學的起點，亦正是多氏講解哲學的目的。

在論到人性的問題時，多瑪斯認爲人是有身體的，也是有靈魂的人，在有神的觀點下看人性時，很顯然的，人性是神性的分受，世界只分受了神的存在，而人不但是分受了神的存在，並且分受了祂的理知和智慧，人性可以憑著天生的能力，以理知透過對世界的觀察，而推論出神的存在、本質和特性。人性有屬於上帝的肖像的靈魂，有屬於塵世的肉體，由於靈魂與肉體這二者的平衡與結合的人性，因此，人能頂天立地，使自己生存在這塵世中，卻不屬於此世，而能超脫各種束縛，走向神性的境界。他的人性論就是靈肉的結合，這種結合是整體的，因而人性亦是整體的，由於靈魂是神性的分享，是超物質的，不可分的，所以不死不滅，在肉體去世之後，仍然有個歸宿，承受永恆的幸福，才是人性的完成，才是人生的目的。

關于倫理學方面，多瑪斯認爲人在追求自我生命的價值時，實在是有一個完美的終點目標的，他認爲人在初生時，雖是一個完美的個體，但只在於生理的層面，而人在倫理道德層面是不完美的，因此，人在生命過程中，必須盡量使自己的道德層面，向著完美的終點進發，達到圓滿，這趨向於完美性或道德的圓滿行爲，是藉著一個內在的推動力的催迫，而向前邁進的，這種內在推動力，稱爲人的「倫理責任」，是內存的，一如人的良知，完全推動人向眞善美的方向進發，這是自然的，無需借助外在的規條和約束，迫使人接受，其道德是個人面向眞善美的自我實踐，多氏的倫理哲學，其目的就是使人在塵世生活中，所接觸到的一切不完美，而能進入到眞善美的境界。（李道生《世界神哲學家思想》頁一一五－一一八）

（十）從啓示神學知道上帝爲三位一體者

由對神學與哲學或說啓示與理性的辨別，多瑪斯即能對二者的功用加以確定。他不否認人由理性上可以知道有上帝。他承認自然神學在宗教上的功用。但他以爲由理所知的上帝是不完全的。人要對上帝有完全的認識須接受啓示的幫助。例如，由啓示上我們可知道上帝爲三位一體的。但由理性或哲學上我們只能證明有一位上帝而不能知其爲三位一體的。故就神學上說，我們應以啓示神學爲主，自然神學只可以用來幫助啓示神學的不足，而不可以代替啓示神學。信仰與理性或啓示神學與自然神學的功用既被確定，神學與哲學即得以調和；以亞里士多德的哲學去詮釋基督教的教義用意亦得以顯明。即此只是對教義作補助的說明，而不是代教義。多瑪斯對上帝存在的論證主要有五種，今介述於后：

（一）不動的論證。此論證源自亞里士多德。它的大意是說：由感覺經驗中我們知道有事物在動。因此，動爲一可經驗的事實。但事物怎樣會動呢？多瑪斯於此接受亞里士多德的觀點，以爲一物之所以動是由於另一物使它動；另一物之動，則歸因於再另一物，如此將成無窮的後退。但如果無窮的後退，則不可能有動。現在動爲事實。故無窮的後退不成立。因此，必有一不動的動者爲動的最後因。此不動的動者即上帝

（二）第一動力因的論證。此論證亦源自亞里士多德。它的大意是說：由感覺經驗中我們見到我們所在的世界爲一因果串系的世界。但任何事物不能爲自己的因。因爲如要成爲自己的因必要先自己而存在。此是不可能的。故任何一物之所以存在皆有它存在的因。因又有因。如此將成爲無窮後退。無窮後退不成立。故必有一第一動力因，此即是上帝。

（三）必然存有的論證。此論證的大意是說，我們所見到現實世界的事物，都是有時存在有時不存在的。故它們爲可以存在亦可以不存在的偶然存在的事物，而非必然存在者。因其如爲必然存在的事物則必永存而不毀。今它們既是有時存在有時不存在，故它們不是必然存在的事物。由此多瑪斯乃辯稱：於此偶然存在的事物之後，必有一必然存在以爲偶然存在事物之所以存在的理據。因若非如此，則偶然存在的事物不能存在。此作爲偶然存在事物的理據的必然存有即是上帝。

（四）最完全的論證。此論證可溯源至柏拉圖的理型論。亞里士多德亦有類似的說法。它的大意是說：世間上所有具體的事物的眞、善或美、都是有等第相對而不是最完全的。但我們如何能說它們是等第相對而不是最完全的呢？因爲有較眞較善較美最眞最善最美作爲我們判斷的準則之故。作爲判斷的準則的最完全的眞、善、美即是上帝。

（五）目的論的論證。此論證的大要是說，我們見到世上的無機物常常朝向一定的目的而動。它們的朝向既是常

常如此，故不是偶然的，而應是有意向的。但無機物是無知的。故除非受到其他具有知識與意向的物所指使，如箭爲弓箭手所指使，則它們不能有意向地朝向一定的目的而動。因此，必有一具有智慧與意向的存有，使一切無機物朝向一定之目的而動。此具有智慧與意向的存有即爲上帝。此論證亦可表達如下：世上的萬物彼此具不同或相反的性質。但此具有不同或相反的性質的萬物彼此合作共同實現一和諧的秩序。此不是個別的事物所能做到。故必有一具有大智慧者使它們如此。此使它們如此的大智慧即是上帝。（李杜《中西哲學思想中的天道與上帝》頁二三二—二三五）

至於多瑪斯的形上學，胡院長鴻文《本體論新探》提出以下數點評述：

（一）形上學的淵源：聖奧古斯丁接受了新柏拉圖主義，但仍根據聖經的眞理而改變了新柏拉圖主義的說法，如謂宇宙萬物爲上帝所創造，從無中生有。奧氏以後，除少數人而外，多傾向於柏拉圖的哲學。多瑪斯在巴黎大學從名師亞爾伯特讀神哲學，亞氏喜歡亞里斯多德的哲學，多瑪斯研究希臘哲學，亦甚注意亞里斯多德的哲學，他以後又奉教皇之命，研究如何將亞氏的哲學，使之服務於基督教，多氏乃進行注釋亞氏的哲學，是以亞里斯多德的哲學實爲多瑪斯形上學重要淵源之一。

（二）以共相爲實有：中古時期，對共相問題唯名唯實爭論頗烈，唯名論以共相並非實有，不過一名稱而已；唯實論則以共相爲實有，以共相由實在之個體抽象而來，而共相則係與實在相符合。多瑪斯爲唯實論或實在論者，但他可以稱爲緩進的實在論者。他從感觀開始，以爲人由感官而得有感覺象，「主動悟性」（Intellectus agens）或稱動的理智，或稱理智動力，光照「感覺象」發生抽象作用，撇開各體的形色，而採取客體的性理，成爲「理性象」（Species inpress intelligcteilis），理性象爲普遍性，由感覺象抽出，爲「感覺象」的外面實體之理，在外面客體之內。理性象造成理性表象，「理性表象」即是觀念，觀念爲普遍性的，在客體內和形色相合，成爲各別的個體。

（三）對實有的認識：聖多瑪斯遵照亞里斯多德的哲學，以形上學爲研究實有的哲學。他以爲對於宇宙萬物加以分析追究起來乃是「有」，此有即是「實有」。他以爲「有」爲第一觀念，乃是最不抽象的觀念，最爲具體的，包括一切的萬物。不單是實體和自主體是有，就是一切的持性和附加體也是有。

聖多瑪斯爲了解有限的有，認爲自性和存在有別。他認有限的有，即爲有限的客體，此種客體不是爲了自性即存在，而是由於外來的動因然後乃得存在，因此本性和存在有別。有限的存在既不是由自己而存在，需要外在的動因，因此須有一絕對之有，然後能使其存在，絕對之有的本性即是存在，兩者沒有分別，這是和有限的有不同之處。

(四)論形上學的原理：多瑪斯所說形上學的原理，提出下列幾項：

他以爲實有的第一項關係，在實有即是自己，例如甲是甲，乙是乙，從而形成了同一律。

實有的第二項關係，在於「有」不能是「無」，一物不是因特有又是沒有，此即形成矛盾律。

絕對的有是自有永有的，由此實有既然有，必究有其所以然的理由，若無充分的理由，實有即不能有，此即形成適當的理由律。在適當理由律中最重要的理由爲因果律，有限的有如其自己的有以及其自己的行動，都必須要有動因，這是因果律。

因著因果律，聖多瑪斯乃尋求宇宙動因或最高動因，即是上帝。

這三項原理，在亞里斯多德與多瑪斯都認爲是形上學原理；多瑪斯更多應用於基督教哲學，對於天主教的哲學影響頗大。多瑪斯在形上學的研究上甚著成效，其五路論證甚爲有名，他在認識論上爲唯實論者，探研共相，又談到「感覺象」與「理性象」等，由此再向前推進，即應注意到事物的構成問題了。（《本體論新探》頁五四—五六》）胡院長之說，剖析剴切，深佩卓見。

(十二)阿奎那五路論證表解

關於阿奎那的五路論證，茲列表於后：

命題＼論證	第一　爲證以動律的論證（Proof from Motion and Change）。
命題一	宇宙間有運動者存在（大前題）。
命題二	但運動必受外力的推動才能發生（小前題之一）。
命題三	而受推動的各環不能增至於無窮，以致無最後動力（小前題之二）。
命題四	所以必有最後不被其他外力所推動的動力之存在—此動力便是上帝也。（結論）
命題＼論證	第二　爲證以因果律的論證（Proof by Ettective Cause）。
命題一	經驗告訴人宇宙間有產生一共同效果的彼此互連的動因存在著（大前題）。
命題二	但一物不能成爲自己的動因（小前題之一）。
命題三	顧在一連串的動因中不能推至無窮（小前題之二）。
命題四	因此必須肯定一個不受任何其他動因所牽制的第一動因之存在，此即是上帝也（結論）。

命題＼論證	第三　爲證以萬物的偶有性的論證（Proof from the Contigency）。
命題一	宇宙間的所有物大都是可有可無及忽生忽滅的，此乃有目共睹之事（大前題）。
命題二	但凡可有可無及忽生忽滅之物皆應有原因（小前題之一）。
命題三	而在原因的系列中不能推至無窮（小前題之二）。
命題四	因此必須肯定一個不可或缺者的存在，此即是上帝。（結論）

命題＼論證	第四　爲證以萬物的成全或美善之等級的論證(Proof from the Degrees of Perfection of Beings)。
命題一	宇宙間存在著一些擁有不同成全之物，即存在著的，在其間的成全有等級之分。譬如有些比其他的更美善、更眞實，有些則不如其他那些那麼眞實與那麼尊重。（大前題）
命題二	因爲與最高程度的相比而產生不同程度的等級（小前題之一）。
命題三	一物之成全的等級，以該物接近最成全者的程度（遠近）而定，譬如一物覺得很熱，乃因爲接近極熱體的原故（小前題之二）。
命題四	因此有一個最成全者的存在，他是最美好的，最眞實的，及最尊貴的，他是其他各物之美善、眞實及尊貴的根源，此即是上帝。（結論）

命題＼論證	第五　爲證以萬物的秩序和目的的論證（Proof from the Finan Cause）。
命題一	經驗告訴人宇宙間存在著一些缺乏知識之物，這些物的行動朝向一固定目標，即一切物極有規律地存在及活動（大前題）。
命題二	但缺乏知識之物的行動不會朝向目標，除非被一知道該目的者所引導，猶如箭中的，須被發射者所引導方能朝向固定的目標（小前題之一）。
命題三	但當發射者引導箭朝向固定目標發射，他又必須被與自身不同的其他者所引導。可是在這連串的引導的系列中，吾人又不能窮追不捨，必須有個盡頭。（小前題之二）
命題四	故必須有一最先指導所有物向固定目標的最高智慧的存在，此即是上帝。（結論）

三、結語

綜上所述，阿奎那的上帝觀，尤以五路論證，以證明上帝的存在，於神學的貢獻，可謂厥功至偉。

阿奎納多瑪爲中世紀之哲學名家，亦是神學家，著名的經院派學者。生於拿破里王國之阿奎諾（Aquino）附近。本爲貴家子。五歲以後在加西諾（Cassino）修道院長大，十六歲進入多明尼加修道團爲修道士，但因內部人敗壞而離開。一二四五年赴哥隆，就學於大亞勒伯特（Albertus Magnus）之門。

一二四八年爲巴黎之神學士，同年即在哥隆開始講道，其後廿年，一直在巴黎、羅馬、波羅尼亞等地教學，跟從者雲集，一時有天使學士之稱。一二七二年，因教皇之命令而返回拿破里教授。一二七四年在赴里昂會議途中病死。一三二三年獲贈聖號。

多瑪善用亞里士多德之哲學來闡明自然、律法、道德與啓示。煩瑣哲學即得多瑪之助而集大成，猶諸教父哲學之有奧古斯丁，多瑪死後，敦司蘇格徒起來反對其學說，而多明尼加修道團中之人則維護之，因而有所謂多瑪學

派。在他的《神學總論》（一二六五—一二七三）中提供了高深的基督教神學分析。（趙中輝《英漢神學名詞辭典》頁三四）

第四一節　厄克哈的上帝觀

一、傳略

厄克哈（Eckhart, Meister 1260-1327 A.D），或譯爲「艾克哈特」、「挨克哈特」，「伊克哈爾特」，中世末期之德國神學家。生於突林克(Thiiringen)，入度明哥教社爲修道士。歷在耶爾福不來梅諸處任牧師。後赴巴黎講學。歸國以還，嘗爲斯脫拉斯堡(Strassburg)大學之神學教授。以哥隆（Koln）教會總監卒。厄克哈爲神秘學派之巨擘。論者謂達伊格梭尼德之思想，陶雷、素叟等之改教運動，皆厄氏有以啓發之也。（樊氏《哲學辭典》頁四三—四四）

二、學說

（一）萬有中唯神性爲實在

伊克哈爾特(Eckhart 1260-1327)，是德國多米尼古修道會人，受教於巴黎，作過薩克遜(Saxon)區修道院院長，在施塔斯堡(Strassburg)住過些時，又在科倫教過學。晚年因有傳講異端之嫌，受教會審訊。他自己宣言，願將其言論思想付諸公斷。在他死後二年，他言論中很有一部分爲教宗約翰二十二世定爲異端，伊克哈爾特的思想十足表顯新柏拉圖主義的精神，倡言萬有中唯神性爲實在，人的靈魂乃由神性中放出的一點火花，人類中唯有這一點算爲眞實，一切個人化的品質在實質上都是消極的，所以人應該把這些拋棄。人生務需努力追求上帝降生於心靈中，這就是說，人應該與上帝交通契合，得上帝在心中作主宰。在這種努力上基督可爲人生模範，因爲基督一生有神格充滿於人格中。人心得上帝主持其中，便滿有仁愛和公義，遵守教會的規條禮節也與人生有益，但其價值不足與神祕生活之源遠流長同日而語，因爲這樣的生活尤多直接的與上帝交通契合。善行不能使人成義。惟有那已成爲義的心靈才能行出善事來。人生最寶貴的一件事，即心靈享受與上帝聯合的完全特權。（華爾克《基督教會史》頁四四一—

義的成分亦甚顯著。他在拉丁文之著作中，表現他的意見是很工整的，與經院哲學的遺風有關係。他在日耳曼著作中發表的意見是個人的，感情的與通俗的，其道德與心理的最大影響亦由其中表現出來。他的影響在民衆方面，而不在僧侶方面。然而他的興趣則常在思辨；他不像第十四世紀大多數神秘論者專注於「與神之神祕的融合」；他是把基督教的人生觀給以合理的解釋。他的神祕論是主智的神祕論。

四四二）

（二二）神無萬物不彰萬物無神不顯

厄克哈（Weister Eckhart）爲神祕論運動之大師。他的神祕論雖以托馬斯之思想爲基本，然其中之新柏拉圖主

厄克哈與新柏拉圖派一樣，以神祇爲不可知的、無限量的精神實體，是無限的潛伏力萬有統一於其中。神祇之原始要終，爲神祇本身所不知。因爲神祇是如此的超越，故不能默示本身；神祇之表現，唯在三位一體中。在此三位一體中，三種東西永久的出於神，而復返於神。神祇惟有由思索其本身而後能變成神。神欲思索其本身，必須靠三位一體與世界。神必須自知、自相交通，而擇取善。凡此等程序，厄克哈皆認爲是無時間性的、無變化性的。他將人類的疇範應用於絕對之神上；迨後又認其不適宜於超越的實體，又取消了。

這絕對之神是世界之根基；一切永久的觀念俱在其中，猶之美術工作，存在美術家之心中。世界是一個永久的創造。萬有在神中，神在萬有中。有限的心祇認得複雜多端；無時間與空間的心便認識萬有之全體：在神心中，萬有皆是永久的現在。厄克哈爲欲免除汎神論起見，乃劃分統一的理想世界與暫時的世界。世界由神之本質流出，然包涵於神之本質中；世界雖在神中，然非與神同一。無萬物，則無由認識神。神無萬物不彰，萬物無神不顯。然神之眞實所在處，是在人類靈魂中。

認識是靈魂之最高的機能；認識之最高階段爲超越自然的。所謂超自然的沈思，是超越時間與空間；超自然的沈思爲其對象—神—合一起見，乃超出於雜多、暫時、及外表之上。靈魂所以能如此的，是藉助於神聖的火光。靈魂與神心合一，不是由於吾人自己的活動，乃是由於存在吾人本身中之神之活動。知識之全部程序，是由複雜而進

到統一，不達到超過一切反對、差異之至高不動之境不止。所謂道德，是在使靈魂回歸於神。欲實現此目的，各人必須棄其個性。凡欲以認識神的人，必須滅絕其自己，而攢入神中，回復其原狀。最高的自身解脫是貧乏。貧乏的人，無知無欲，一無所有。人若不依照神之意志行事，或渴慕神與永久，便非十分貧乏，亦非十分完全。爲行動之目的而行動，爲愛之目的而愛，縱無天堂或地獄，亦要爲神之善而愛神。道德不由行爲表現出來，而由本質表現出來。愛是一切道德之原理，目的在趨歸於善，趨歸於神。救濟不照外表的行爲—如齋戒、節慾。雖有作事的精神是善，方是善；所以道德是一，而無等級。正當的行爲，將由正當的道理而出。若作事與神之意志相反，便無神之愛。沈思固然是要緊的，但僅僅的沈思是自利。如果一個人處於無我之狀態中，知道一個窮人需救濟，他最好是停止其無我的狀態，而去救濟之。

人賴神之恩賜，復與神合一。人成爲個人後，即將神之善表現給神。神若無人之靈魂，便不能自知；人內涵於神之本質中，神由人而表現其工作。他的事業之對象，即是人。人返於神，即與神復合爲一。神之變爲人者，蓋以使人之變爲神也。

厄克哈之門徒忽略了他的神祕論之思索的方面，而專注於實用的宗教的方面。他的神祕論的本質，載在一種著作中，迨後由路德發見了，名之爲日耳曼神學（A German theology）而發刊之。在宗教改革運動中，很有影響。

（梯利《西洋哲學史》頁二四四—二四六）

（三）「存有」（神）具有動力性

道明會士艾克哈特師長：德國人，巴黎大學畢業後，即留校與在科恩大學任教。他是西方密契理論（Speculative mysticism）的奠定者，由於思想深入密契經驗，而無法以哲學理論充分證明，所以，大多數的命題，都受到當時教會的制止。

他學說的中心，乃主張「存有」具有動力性，而且很喜歡用弔詭性的手法，表達內心的觀感。關於靈魂，起先接納多瑪斯・亞奎納的見解之後，則另創「靈魂堡壘」（Seelenburg）、或「靈魂火星」（靈魂火光、靈魂基礎、靈魂火花；Seelenfunklein）的學說；認為人祇要在內心深處，找到這一「靈魂火星」，便可藉此取得真理，並和真神互作聯繫，而不必藉意象之助。

至於神，儘管大體上仍主張多瑪斯的論點；不過，卻認為「否定神學」係作為達到超越概念之密契經驗的途徑；關於受造物，他認為是單靠神自由的行動，從空無中創造；至於人，乃應以找尋「靈魂火星」，從而尋求這既超越，又內存的神為目的。換言之，他認為人生的目標，是要超脫一切的受造物，由回歸內心，「忘我」（Ek-stasis），體證神的再次降臨，以歸返於神。

這確有若泛神論的見解；然而，欲真正理解艾克哈特，則應從他區分靈魂與神之間的微妙關係著手起。（陳俊輝《新哲學概論》頁三二五—三二六）

（四）「靈魂火星」才是真正的上帝降凡

厄克哈特的學說，其最主要的，是在關心人性內心生活的問題，他以為人的真實存在，是自己內心找到一種真實的存在，然後設法躬身力行，去實現這種存在，所以他的哲學步驟，顯然分為兩部份，一部份是回到自己的內心，去尋找真正存在的地方，另一部份是設法在自己的內心，與這種真實的結合，而產生一種宗教情操。

厄克哈特認為所有的形上學，都是討論存在的本身，可是這種存在，是停留在理論的層次，沒有落實到我們真實生活的層面，至少有兩個部份，一部份是在物質的收取，另一部份卻是我們內心生活的需要，厄克哈特以為這種內心生活的需要，只能夠用「愛」去形容，他把這種「愛心」，當作是我們「靈魂火星」，他認為找到這個靈魂火星，我們便可以和上帝取得聯繫，這個靈魂的火星，事實上就是上帝的啓示。上帝如果存在的話，祂固然以祂全能的方式，存在於宇宙之間，而我們心靈由於愛的啓示，更是上帝的肖像，上帝存在於我們心中，我們才有存在的基礎，因為我們生活的目的都是上帝；對於世界上的功名利祿，會看得很淡，而唯一所希望的，是如何擺脫塵世的束縛，回歸到內心與神交通。

在十三世紀士林哲學興盛的時代，主知主義，一直討論超越的上帝，而主意主義固然是把上帝放入自己的內心，但卻只是支持了人的意志，沒有推動人的愛心，厄克哈特的哲學，要把上帝的愛與慈悲完全聯繫起來，以爲我們在追求上帝之前，祂已經是存在於我們的心靈之中。我們在心靈中尋找上帝，就以這靈魂火星來做引導，他以爲這靈魂火星才是眞正的上帝降凡，祂不僅是降到耶穌基督之中，同時也降到我們的心靈之中，我們才能得救。因此，厄克哈特乃從哲學的層面，跳到神學的領域，人要利用自己的神祕經驗，確實地感受到在自己的內心中，與上帝的合而爲一。所以他提出的哲學方法，同時也是神學的方法，要我們回歸內心，拋棄所有世俗的雜念，忘卻世界的功名利祿，最後就是忘掉自己，這種忘我的精神，才是眞的把握住自己，引導自己回到自己的內心，和靈魂火星交往，能在其中找到與上帝交往的通路。

厄克哈的這種回歸內心，走出自己，走出自然的方法，原來都同一條的道路，都是修身的道路，這條修身的道路。乃是西洋中世紀神祕主義爲要爲完成自己，進入超然的一條通路，而這從內心出發的道路，到最後的情況，一方面是一種消極的忘我境界；一方面是積極的神祕體驗，體驗到那不可言喩的事，甚至超乎在理智之上，體驗出奧祕的教訓，體驗出上帝所有的奧秘。這種神祕的經驗，是所有的神學家，其最終必然要遇到的事，人與神祕的上帝交往，以心對心的交通，來說明人神的關係，至最後的過程，一切知識的說明，都是到了極限，而到一種不可說、不可言喩的境界，那時唯有面對面地享見上帝，才是人性的最終歸宿，最高的幸福。（李道生《世界神哲學家思想》頁一三二—一三四）

三、結語

綜上所述，厄克哈的上帝觀，以爲萬有中唯神性爲實在，神無萬物不彰，萬物無神不顯，「存有」（神）具有動力性，「靈魂火星」才是眞正的上帝降凡等說。

艾克哈特爲德國道明會的神祕主義者，出身高貴，年輕時就加入道明會，他是當時有力量的傳道人之一，很多信息是向女修道院的修女講的。他的思想曾被認爲是異端，而受審於科隆的大主教，在上告教皇約翰十八時去世。

由於受到教皇的定罪，作品大部分散軼，因此後人對他的評論莫衷一是，有的說他是泛神論者，有人說他受多馬派和新柏拉圖主義的影響。但尼佛對他作深入的研究後，學者才按道明會的背景去認識他。他的門人中有道雷、蘇梭兩人較出名。（趙中輝《英漢神學名詞辭典》頁二一九）

第四二節　司各脫斯的上帝觀

一、傳略

鄧司各脫斯 (Duns scotus joann 1260 or 1274-1308 A.D)，或譯爲「約翰・敦司蘇格徒 (John Duns scotus 1265-1308 A.D)、「約翰・鄧・斯科塔斯」、「若望・童斯・史各都」、「敦司蘇格圖」、「蘇格徒」，中世之哲學名家。其生地，或云蘇格蘭，或云愛爾蘭，或云英格蘭，異說不一。蓋因人各欲得之，以光其鄉里。史家考之，以爲云愛爾蘭人者，近是也。司各脫斯本名家子，幼學於奧克斯福大學，隸方濟各教社爲修道士。一三〇一年，爲奧克斯福之神學教授，相傳有弟子三千人。後三年，渡法國，講神學於巴黎，名聲大張。〇五年，得博士號。其講演也，詞鋒銳利，態度端莊，時有「莊重博士」之目。〇八年，以方濟各派管長之職務，定居哥隆（Koln），與當地之度明哥派，辨論教義甚力。卒於其地。司各脫斯與度明哥社之阿奎那多馬齊名，俱爲煩瑣哲學之二大明星，而二人思想互殊，性質亦相反，各有門徒，師承其說，謂之司各脫斯學派及多瑪學派云。（樊氏《哲學辭典》頁九〇八—九〇九）

二、學說

（一）司各脫斯煩瑣哲學之特徵

中世煩瑣哲學全盛之時，惟鄧司各脫斯與多瑪阿奎那二家，爲最卓出，而司各脫斯之立說，恰與多瑪相反。舉其特徵，蓋有三端：

1、司各脫斯之所長，不在積極的立論，而寧在消極的批評。彼於一方固尊信教會之所教示，適切眞理，而對合理的神學之徒逞辨論，以維護信條教義爲事者，乃甚抱懷疑之態。以爲信仰所由眞者，其客觀根據，出於神之絕對命令，而其主觀根據，則全以信者其人有意服從教會權威之故。即謂神學但立於蓋然的基礎之上，而宗教目的，乃屬於實踐性質者，是也。故彼雖未明言哲學之與神學，宜離而爲二，然不啻己暗示二重眞理說之傾向。

2、其於倫理及心理，則採用主意說。即以意志爲能動要素，而其他作用，皆從之活動者。又主張意志自由說，由之以說明神人性，與多瑪之定命論相反。由多瑪說，神以善爲善，故命令之。由司各脫斯說，則惟神所命令，故善得爲善也。

3、司各脫斯雖自謂主張實念論，而反對名目論者，然所說「個性原理」，寧於名目論爲近。彼亦如多馬，承認「普遍」之三重存在：

(1)物前之存在，即神意中之物之形式。

(2)物中之存在，即事物本質。

(3)物後之存在，即概念，是爲三重存在。

而謂普遍亦是實在。然此實在，不獨與普通性（即普遍性）有關，又與個性（即特殊性）有關。但言通性，而不附加積極的性質，則究竟存在之個物，不得謂爲完全。此積極的性質，即所謂「個性原理」者是。譬於動物，賦以「人間」云云之特性，然後得爲人間。又於人間，賦以「蘇格拉底」云云，「柏拉圖」云云之特性，然後得爲個人。故一事物之間，必兼具個性與通性，不可或闕，而二者又各判然。個體的名目論之興，實導自是也。（同上頁一〇一—一〇二）

(二)以沈思直接認識上帝

鄧斯・司各特・（John Duns Scotus, 約 1270-1308），蘇格蘭神學家、經院哲學家，中世紀后期唯名論代表之一。他的誕生時間，無確鑿史料記載。早年就讀于牛津大學，后在該校任教，研究神學與哲學。在牛津時加入法蘭西斯教派，深受數學、經驗科學和反托馬斯主義運動的影響。晚年在巴黎和科倫講學，公開抨擊托馬斯學說，最後逝世於科倫。主要著作有《巴黎論著》和《牛津論著》。

作爲神學家，司各特并不否認宗教信仰，但是與托馬斯·阿奎那不同，他力求使哲學獨力于神學，宣稱上帝并不是形而上學的主題。同時他還指出理性的局限性，認爲人們既不能通過證明承認上帝存在，也不能利用理智把握上帝的屬性，只有借助于個人的沈思去直接認識上帝。與此相應，他在倫理觀方面，主張個人是行動和道德的主體，人應該根據自己的意志追求幸福。他的這些思想肯定了個人的獨立意志，在當時有著解放思想的作用。

在唯名論與實在論的鬥爭中，司各特堅持唯名論的概念論觀點，認爲一般不能在人的理智之外獨立存在，它僅僅是同類事物之間的共同性。他採納了亞里士多德的形式和質料學說的基本思想，但反對抬高形式貶低質料，他認爲質料即物質，具有獨立的實在性，形式的作用在于使物質具有個性，它與物質結合才能構成獨立的實體。他力圖以唯物主義觀點解釋知識。在他看來，人固然不能通過理性認識上帝，卻可以依靠自己的天賦能力獲取知識。他認爲，認識起源于人的感官對單純物體的表象，人以這些簡單的、混亂的感官表象爲誘因，然後憑著理智能力，形成對根本原理的知識。理智若不從感官方面獲得主題，就不可能對命題的主題有任何知識。他還猜測到物質具有思維能力，認爲靈魂中可能有物質。司各特的這種觀點是對宗教神學唯心主義認識論的否定。

司各特的哲學在歷史上發生了很大影響。他從經院哲學內部批判托馬斯·阿奎那，削弱了封建神學和托馬斯·阿奎那學說的權威，加速了經院哲學的衰落。他的唯名論觀點，直接爲奧康的威廉所繼承和發展。他具有唯物主義傾向的認識論思想，成爲十七世紀英國唯物主義經驗論的思想來源之一。（《中國大百科全書哲學I》頁一四六—一四七）

(三)上帝爲絕對的意志

阿奎那主張上帝的本質爲實有，但蘇格徒則認爲上帝的本質爲意志。上帝的意志與人的意志都是自由的。阿奎那說上帝所作的，是祂所看爲對的。蘇格徒說凡上帝所意欲的都是對的，因爲祂意欲如此。雖然蘇格徒也像阿奎那一樣，宗亞里斯多德，是個折衷派的實名論者，但他多注重個體，不多注重普遍觀念。就他看來，個體是更完全的形式。

上帝既爲絕對意志，基督捨身流血的價值就全在乎上帝使之如此。假如上帝看到別種救人的方法爲得當，便一樣有救人的效能。我們也不能跟阿奎那一樣說，基督受死是人類得救最高明的方法。那樣說便使上帝的意志受了限制。我們只能說，這是上帝所指定的方向。本同一理論，蘇格徒不大重視悔改在人的得救上有何需要，根據阿奎那的見解，痛悔是不可少的，或至少要有「懊悔」—懼怕刑罰—因懊悔亦能輸入恩典，進而成爲痛悔。但照蘇格徒的主張，爲上帝所指定的「懊悔」就夠資格蒙赦。有了蒙赦的資格，便可得赦罪，得了赦罪，便有上帝的恩典在心，能行出些事來，討得上帝的歡心，算爲建立了功德。聖禮的本身並不傳達恩典，乃是上帝所指定的條件，一經完成，便有恩典降下。

阿奎那與蘇格徒兩人在思想上根本不同之點，到底只是態度的不同，就阿奎那看來，哲學與神學殊難眞正協調，但哲學可以達到神學的一切眞理，雖然不大充分。就蘇格徒看來，拿哲學來講神學，許多地方是講不通的，但爲服從教會決議的威權，只得接受。在這種思想見解上，經院哲學已開始崩潰，因爲經院哲學原以闡釋基督教眞理的合理性爲主旨。

在多瑪與蘇格徒兩派神學思想上爭辯得最熱烈的，要算童女馬利亞「無原罪成胎說」（Immaculate conception）。阿奎那注意耶穌基督是一切人類救主的觀念，所以講馬利亞也與其餘人類一樣，承受了原罪的遺傳。但蘇格徒說她未曾沾染原罪—這個教理後來在一八五四年爲教宗庇烏九世（一八四六—一八七八）宣認爲全教會所當公認的信條。（華爾克《基督教會史》頁四三七—四三九）

（四）由神之創造工作推論神之存在

鄧・斯科塔斯有如托馬斯，主張吾人推論神之存在，祇能由神之創造的工作—證據潛伏於創造的精神中，理性可以使之實現—然神之萬能，或神之由無創有，則不能證實。神是純粹的法式或能力或實現；神之中，一切東西皆是明顯的，不是潛伏的，不然，他便不是完全的，更不是絕對的精神。神的知識是一切眞實可能的事物之活動的直觀。吾人由世界上之事實推論第一因，思想必定表現他有意識的知識及目的。然吾人不能由神的本性或本質演繹先天的神之知識。根據經驗的推論而來之論證，方有合理的確實性；當時經院學者所遵循之其他一切思想法式，鄧・斯科塔斯皆排斥之。由同樣的理由，吾人能認識神有意志；神之意志無限，絕對的自由。這不是人類理性所能解釋的，乃是基督教所能解釋的。神之意志注在世界，必是永久的注在世界，不然，若有一時間斷，則是神之中發生了變動與不完備。

一切創造物，皆是法式與物質實現與潛伏之結合；一切創造的心靈—天使與人魂—皆有物質與法式。（這是鄧・斯科塔斯與托馬斯派間爭論之點。）據鄧・斯科塔斯說，潛伏性含有某種物質性，惟有實現的心靈（神）方是純粹的。物質為萬物之共同性質，這是吾人所想像得到的。（梯利《西洋哲學史》頁二三六—二三七）

（五）神的自由意志是事物的最初因

鄧司各脫司心內，亦充滿了己教團的精神，—一種活的與實踐的虔誠精神，故其結果，變為動作，事功，與自由的稱揚者。他運用特殊的敏覺力—使他不愧稱為銳敏的學者（Doctor subtilis）的敏覺力—極巧妙地批評聖多瑪的缺陷。

多瑪式的決定論，承認理知超越意志，實具舊教哲學的眞價。它把意志馭於絕對原則的犁軛之下，這樣，輕視了個人的自愛心，破壞了個人對于自己的信仰，致使每一個人，都覺他自己是無所作爲的。可是，一俟此項體系的基礎，完全顯露之後，即覺它的根腳，實屬非常懦弱了。於是在一方面，它使神自己，它全變爲相對的實體，他的意志，乃是他那智慧的奴隸，在另一方面，它不單蔑視了個人，抑且使他沮喪，使他失望，使他淪入道德的不關心。倘若教會採取此體系，那不久之後，即將停止其爲道德的制裁者與聖徒的撫育者。這樣，智慧的優越性，必須加以反對，而由意志的優越性，取代其位；我們不能容忍定命論的哲學，應由亞里斯多德的眞哲學與眞思想，取代其位，此所謂眞哲學與眞思想，意即神人的自由的學理。

假如我們不弄混了，不把眞實的神，與「命運」或新柏拉圖派的自然的原理，或自然的原因，混合一處，那我們不能與多馬主義者同調，承認宇宙是神的常德，神的智慧或神的意志的必然產物。神憑住自由的動作，而創造此宇宙。他也可以不創造宇宙。他的意志，不必順從較多的原理，必須創造此宇宙，它自身，即是神性的動作的最高原理。宇宙的存在，決非必然的結果，乃是神的自由意志的自由結果。所以阿柏拉德是錯誤的，神所能造的，決不只是他所已造的，他所已造的，決非他所必需創造的；同樣，多瑪亦係錯誤的，他不應說，現在的世界，必是儘可能地最優越的世界。神並不把他所能創造的，都創造出來了；他所創造的，只是他希望其實現的世界。主要的事，是他的意志與意欲。

因而事物的最初因，即神的意志，乃是一切被造的精神的最高律。善，公道，與道德律，是絕對的，只因它們為神所意願著；假如他們是絕對的，不憑神意而存在，則神的權力，將為不倚恃他的則律所限制，他將不是最高的自由，因而亦不是最高的實體了。老實說，善之所以為善，只因神的的意願，以為它應當如此，最高的神憑恃他那最高的自由，很可用新的法則，來替代現時制裁著吾人的道德法則，正像他曾用新的福音，來替代摩西的法律一樣。尤其重要的，他更可寬容吾人，不努力行善，而且我們亦不致因此之故，中止為一善人。換言之，當他如此喜歡時，我們儘可毫不行善，而仍不失為一善人。神於創造宇宙時，正像他統治宇宙一樣，不守任何法律，不依任何規則，不從任何原理；他只憑恃他自己的自由。只因他於喜悅時，儘可自由赦免我們，不必斤斤於任何道德法規的遵守，所以在教會方面，亦有權力，可以赦免罪惡。假如在此事情內，神不是絕對的自由，猶如他在萬物中的情形一樣；假如他，確像聖多馬所說的，只是一個實體，一個在意志上全受智慧的決定的實體；試問赦罪之事，將怎能實現呢？至於人，正像神一樣，亦屬自由的；人的墮落，並不剝奪了他的自由意志；反之，他卻具備形式的自由，即他可意欲著，亦可不意欲著；同時，他亦具備物質的自由，即他能意欲Ａ，亦能意欲Ｂ（那是選擇或不關心的自由）（威柏爾《西洋哲學史》頁一九九－二〇一）

（六）自由意志受神的意志所左右

方濟會士若望・童斯・史各都：為後期方濟會的創始人，曾在牛津、劍橋與巴黎任教，世稱「精微博士」(Doctor subtilis)；他的學說，在原則上係追隨奧古斯丁。至於史各都的思想，則有知識論、意志論與自然神學等。

在知識論方法，係以「完全相同」（Univoca）作基礎，而在感官經驗的認知中，推論出神的存在；此外，在理性與信仰方面，則對之嚴予區分，並視人的自覺，才是一切眞理的中樞。爲此，史各都提出了意志強於理性（意志論）的見解；意志的本質即是自由，意志導引理性去認知。這意志完全不受自然法則，而是受神的意志所左右。這種觀點，誠然令人聯想到奧古斯丁有關「意志自由」的主張。由於他認爲意志超乎理智之上，而且一切也都是由神的意志，由神的無限、自由與無私的愛所產生；循乎此，則可知他的自然神學的主要論點之所在：神是第一意志，也是第一目的因，即是一切事物的歸趨之所。（陳俊輝《新哲學概論》頁三二七—三二八）

（七）神全憑意志賞賜不需任何評量

敦司・蘇格徒的才智在中世紀中無疑是名列前茅。他的生命雖然短暫，卻先後在劍橋、牛津、巴黎執教，完成《四部語錄注釋》（Commentary on the sentences）三版。他因善於區分術語內可能存在的意義，被稱爲「隱晦的博士」（Subtle doctor），對於基督教神學的發展貢獻甚大，以下僅列舉三個：

1、敦司・蘇格徒崇尚亞里斯德的知識論，嚴厲批判早期中世紀盛行的「光照論」（Illuminatioism）。「光照論」回歸至奧古斯丁的理論，認爲知識是來自神對人類智能的啓發，受到亨利丹地（Henry of Ghent）等人大力推動。

2、敦司・蘇格徒提出所謂「意志論」（Voluntarism），認爲神的意志高過理性。相對於阿奎那強調神之理性，他的主張爲神學開闢了一條新的研究方向。二人的區別可見於對善功（Merit）的詮釋。善功是指一值得神賞賜的道德行爲。但是，衡量的標準是什麼？阿奎那認爲神的理性能辨識人類道德行爲的內在價值，然後告知意志結合予適當的賞賜。敦司・蘇格徒則從另一個角度解釋：神全憑意志賞賜，不需任何的評量。

3、敦司・蘇格徒力倡耶穌的母親馬利亞無罪受孕的教義。阿奎那教導馬利亞具有人類一樣的罪，與基督以外所有的人一樣爲罪所染，敦司・蘇格徒卻認爲，因著基督完成救贖之功，馬利亞得以免除原罪。由於敦司・蘇格徒的倡導，無罪受孕說（Immaculate position 源自拉丁文的 immacula）成爲中世紀末神學的主導。（麥葛福《基督教

神學手册》頁六一—六二）

（八）人性得到神性的降臨而達神人合一的境界

敦司蘇格圖（Johannes Duns Scotus 1265-1308 A.D）的學說，其最主要的是把「理性」與「信仰」分開，這本是十三世紀西洋士林哲學最大方向之一，他以爲內心的自覺，才是一切眞理的中樞，才是行爲的中心。因此，他在哲學的體系上，主張「主意主義」與「主知主義」相對，他以爲很多哲學的理論，如：創造、靈魂不死、來世等問題，都不是理知可以解釋或證明的，可是人的意志，卻可以使人接受這些學說，爲自己生命的充實和寄望，而相信靈魂不死、相信來世、善惡的報應等等，進而言之，他認爲理知有時會出錯誤，然而意志的力量，使人去抉擇、行爲、行動，卻不屬於眞假對錯的範圍，所以他以爲我們如果要在哲學中，同時討論神學問題時，應將這些問題歸屬於意志範圍之內，而不是理知的範圍，也就是說信仰是要去實踐的，而不是去理解的，上帝是崇拜的對象，而不是認知的對象，其意即此。

敦司蘇格圖「主意主義」之後的學說，就是特別要討論「自由意志」的問題，自由意志的對立名詞是「命定」，他認爲意志是靈魂最根本的力量，這種力量，他可以用它，也可以不用它，用在這地方或別的地方，足以證明人的行爲，應該由自己負責，這種學說配合了倫理道德規範，而使人對於自己存在的本身，可有一種價值的批判，這種批判完全是屬於精神的層次，也是屬於形而上的層次，是脫離了知識的探討，在人的自由意志考察之下，敦司蘇格圖更是肯定了自己「主意主義」的立場，認爲能夠決定我們存在的，不是理知，而是意志。由意志決定行爲的這種學說中，他採取了與當時主流不相同的看法，也就是說從知識開始，同樣認爲人的意志，先去推動理知，才能使人的理知認識事物，這樣，人去認識事物，即不由於藉著別的形相，用「類比」的方式去認識，而反來是用完全相同的方法去認識，亦因在這種認識論的根本問題上，他與多瑪斯分道揚鑣，這種分道使中世士林哲學最主要的時期，分爲「主知主義」與「主意主義」兩個主要流派，他與根特都贊成「主意主義」的想法，以爲人的靈魂最主要的力量是意志，這意志是由上帝的光照，使他能夠認知而實行。

在敦司蘇格圖來說，去實行，就是人生及哲學的核心，其實行的動力則是意志，而不是理知；再進一步，當實行的動力不夠時，也就是當道德規範無法使人向善避惡時，便唯有信仰，唯有宗教的情操，才能救人於墮落，而使人能拋棄理知的判斷，接受信仰的仍是意志，主意主義的學說，在表面上，雖然要分清知與信的分野，但事實上，則顯然要人超過而衝破知的極限，在悖理的情況下，去採納啓示，接受信仰，接受那些自己不能理解的東西，可知敦司蘇格圖在主意主義的哲學中，著實爲神學舖路，使哲學與神學可以銜接；使理知與啓示可以銜接；使人生體驗能超乎理解而進入神祕，在神祕的經驗中，人性得到神性的降臨，而獲得超升，至達神人合一的境界。（李道生《世界神哲學家思想》頁一二八－一三〇）

（九）上帝存有的論證與性體的認識

鄧氏對於上帝的認識，胡院長鴻文《本體論新探》，提出了以下兩點：

1、上帝存有的論證：他雖不贊成安瑟倫的本體論證，但卻予以渲染並加修改，還指出其有若干價值。他是以實在爲起點，根據因果律，論證上帝的存有。但是他願意人們觀察物的時候，少注意物的物理屬性，多注意物的形而上的原則，務使義理繫於不變的、必要的質料，因此，他的證理像是先天的，他以爲偶然存在之物，是不能脫離必然之存在的。他在這層證理之外，又輔以兩個屬於不同領域的證理：一爲究因證理，一爲優越證理，在這三條路中，他根據本質的領域，論證第一必然存在，就是最高的存有。

2、上帝性體的認識：鄧斯・斯高特斯提出上帝的美善論，上帝的美善光輝榮耀，且被區別爲眞正的形式。斯高特斯認爲其可區別的屬性可分爲兩類：第一類包括排斥一切受造之物缺點的美善，此稱爲內在狀態，他指出五種：單純、不變、永遠、無形、不錯誤。第二類是由在受造之物身上，我們所見爲單純美善組成的。

鄧斯已提出了上帝存有的論證，和對上帝美善之論證，至其所提出的形式可用於受造之物，他以受造之物可以探討形式得到其共相，但他尚以可以認知其本質。本書所提出的構成主義乃是要對事物本質進行認識，其所著眼與鵠的自甚感需要。（《本體論新探》頁五七－五八）胡院長之卓見，洵爲的論，尤以「構成主義」，爲胡院長之創見，詳如《本體論新探》第八章第二節頁二三七，恕不贅引。

三、結語

綜上所述，司各脫司的上帝觀，以沈思直接認識上帝，上帝爲絕對的意志，由神之創造工作推論神之存在，神的自由意志是事物的最初因，自由意志受神的意志所左右、神全憑意志賞賜不需任何評量，人性得到神性的降臨而達神人合一的境界，上帝存有的論證與性體的認識等觀念。

按敦司蘇格徒，蘇格蘭經院哲學家，後赴英格蘭於牛津大學講述蘭巴德之神學，後執教於巴黎大學，因支持教皇彭尼非斯八世，而被腓利四世開除。一三〇四年又執教於巴黎，一三〇七年轉至克隆，死於斯。批評阿奎納多瑪的哲學，因他欲將亞里斯多德與基督教混爲一談。蘇辯稱信心是屬意志的，不可能以邏輯證據來支持。他是第一位支持馬利亞無原罪成胎說的人。（趙中輝《英漢神學名詞辭典》頁二一一）

第四三節　本篤十二世的上帝觀

一、傳略

本篤十二世（Benedict XII ?-1342 A.D），或譯「本尼狄克十二世」，原名「富尼埃」（Jacques Fournier），爲神學家及作家，於一三三四年被選爲亞威農（Avignon）第三任教宗。雖然他是重要的神學家，他的著述卻多已遺失。他最重要的著作是羅馬教宗的憲章（Benedictus Deus; 1336 A.D），與祝福的異象有關。

二、學說

（一）基督天堂樂園的上帝觀

本篤十二世〈論天堂的盼望〉，本文發表於一三三六年一月廿九的，又稱爲「見主面的福氣」（De visione beatifica），教皇本篤十二發表一篇具有權威性的宣告，論及基督徒的盼望，在此選輯引用。

我們憑藉著我們的使徒權柄，作出如下聲明。根據神的心意，自從我們的主及救主耶穌基督升天進入天堂之後，所有聖徒的靈魂，以及其他在死前已接受基督神聖洗禮的信徒（假設他仍在死亡之時不需要淨化，或是那些需要或將會需要淨化而在死後得到淨化）的靈魂，已經在天堂，也將會在天堂，在天上的國度，與基督同在天上的樂園，與天使為伴，這都是在他們再一次穿上他們的身體，面對一般的審判之前。自從我們的主耶穌基督受難和受死開始，這些靈魂一直能夠用本能的視覺看到神的本質，甚至面對面的見到神，無需任何受造之物作中保。（麥葛福《基督教神學原典菁華》頁四五一—四五二）

三、結語

綜上所述，本尼狄克十二世的上帝觀，論天堂的盼望，謂耶穌基督升天之後，信徒的靈魂，也將與基督同在天堂的樂園。

本尼狄克十二世為法蘭西籍教皇（一三三四—一三四二在位）。原名富尼埃，是駐在阿維尼翁的第三代教皇。他未能阻止英法衝突，這種衝突日後發展成為百年戰爭（一三三七—一四五三）。他設法解決在蒙福信徒親見天主榮顏問題上所引起的爭論。前代教皇約翰廿二世屢次宣講，此事只能在末日審判之後實現。他於一三三六年發佈通諭指出，義人死後其靈魂立即可見天主，此說日後即成為教義。曾設法整頓各修會，嚴肅制度，招致反對，其後各代教皇逐漸將這種制度廢棄。（《大英百科全書冊二》頁二七三）

第四四節　奧坎威廉的上帝觀

一、傳略

奧坎威廉（William of Ockham 1285-1349 A.D）或譯為「威廉屋肯」、「俄坎威廉」，亦單稱「威廉」、或單稱「屋肯」，生於距倫敦不遠蘇里（Surrey）的奧坎村。據說他死於一三四九年的黑死病。煩瑣哲學之名家，以復興洛色林之名目論，著聞於史。少時，學於奧克斯福大學。一三一九年，入方濟各教社為修道士。已而赴巴黎，從鄧司各脫斯受學。（按胡院長鴻文謂：「此種說法並不可能，因為斯多特斯在該世紀初即離開牛津，而死於一三〇八年。」見《本體論新探》頁五八）嘗一歸英，任管理地方教會事。一三二二年，參與貝魯基亞（Perugia）之宗法大會，公然論教皇不當有私產。教皇怒，召至亞維倫（Aveyron），面詰之，卒不屈，下獄。故時有強項學士之稱。二八年，脫獄，乃走義大利，依德帝以免。又從帝歸國，卜居於慕尼克（Munich）。晚歲，始與教皇和解。威廉目銳而口辨，於舊來宗義及當世政教，俱毅然批評之，不少假借。巴黎大學，嘗禁用其書，而他地用者如故。（樊氏《哲學辭典》頁三八九）

二、學說

（一）名目論與宗教觀

奧克威廉學說之特徵有二：

其一：復活洛色林之名目論（Nominalism），而謂普遍性云者，不過名目，惟個物是實在，又謂之個體論。恰與實念論之說普遍爲實在者反對。從個體論之見地，則抽象的知識，不足以決事物之有無。其決之也，存乎直覺作用。惟僅恃感官的直覺，不足以獲明確之知識，故仍有待於思維及推理力，乃可達到眞理。論者以爲近世之科學的經驗的思想，不啻屋肯爲其先河也。

其二，屋肯之宗教觀，固非純乎合理的神學，然彼既嚴設知識與信仰之範圍，以爲「神之存在，超乎經驗以外，不可得而認知之，不可得而理論之，是僅屬於信仰問題者。神有絕對意志，其所欲者即善。吾惟信神，是以克營道德生活。」屋肯雖立乎信仰之見地上，而承認正統教會之權威，然既舉宗教與哲學，析而二之，則中世煩瑣哲學之基址，不啻自彼之手，而摧撼之矣。（樊氏《哲學辭典》頁三九三—三九四）

（二）經院哲學唯名論的代表

按奧康的威廉（William of Occam 約 1300-1350），十四世紀經院哲學唯名論的代表，生于英國蘇萊郡的奧康。他先在牛津大學學習，后到巴黎求學，參加了弗蘭西斯教團，并同其中的激進分子一起和教皇發生了衝突，一三二四年在法國阿維農被逮捕入獄，其著作被斥爲異端邪說。一三二八年五月越獄，投奔當時的巴伐利亞皇帝路德維希。一三五〇年因染鼠疫在慕尼黑去世。他的主要著作有《邏輯大全》、《辯論集七篇》等。

哲學及社會思想：威廉繼承了鄧斯・司各特關於個體是實在的唯名論思想，批評實在論者把一般看作獨立實體的觀點。他認爲，個別事物是客觀實在的，一般與個別是對立面，而對立面不可能屬于同一個被創造的事物。這便否認了一般的實在性。他指出：一般「只是人心中的一種思想對象」，即概念。這是人們用來標誌許多相似事物的共同特徵的記號或「自然符號」。一般是后于個別事物并作爲概念存在于人心中的東西，但又不是人心的虛構或任意創造。他說：個別事物是感官的第一個對象，就知識的起源來說，個別事物才是首先被認識的東西。人類的全部知識都是從對個別事物的感性知覺開始，思維的頭腦從中抽象出共同性或相似性，由此而形成概念。他把表示一般的概念叫做「自然符號」，以別于表述概念的語詞。語詞是約定俗成的，是一種「約定符號」。語詞因不同的語言而不同，但不同語言的語詞所表述的概念及其邏輯的涵義是相同的。

在反對實在論的論戰中，他提出了著名的「思維經濟原則」，即「奥卡姆剃刀」。正統經院哲學家依據實在論的觀點，提出了無數的「實體形式」、「本質」、「隱秘的質」之類的東西，把它們加于事物的一切現象之上，以爲這就是對事物的「科學的」解釋。而威廉則認爲所有這類東西都是無用的贅物，妨礙人們正確地認識事物，因而必須統統拋棄，用「經濟原則」這把「剃刀」把它們剃掉。他所謂的經濟原則，就是「如無必要，勿增實體」。

在政治上，他堅決反對教權至上，提出世俗權力與教會權應各自獨立、完全平等。世俗事物和宗教事物應由國家和教會分別管理，不得互相干涉。他又認爲，根據人的自然權利即自然法，人民可以按照自己的意志選擇君主，參與國家的立法。「權力必須委托給大家同意的人」，掌權的君主只是人民的的代表，應爲人民的共同福利服務。如果君主不稱職或濫用權力，人民隨時都可以將其廢黜。

威廉把唯名論推向了一個新的高度。唯名論影響的增長加速了後期正統經院哲學的解體。他關于教權與王權平等的觀點，對于後來的宗教改革產生了一定的影響。他關于信仰和理性、神學和哲學分別是兩個不同領域，前者不能干預後者的思想，爲哲學和自然科學的發展開闢了道路。

邏輯思想：在邏輯方面，威廉發展了前人的「指代」理論。他明確指出，指代只是在命題中所使用的詞項（主項和謂項）的一種特性，并認爲這種特性指的是命題中的詞項代表或指稱什麼。威廉區分了各種指代。例如，在命題「人是種」和「動物是屬」中，主項「人」代表一般的人，而不代表任何個別的人，「動物」代表一般的動物，而不代表個別的動物，「人」和「動物」都具有簡單指代；在命題「蘇格拉底正在跑」中，主項「蘇格拉底」指稱一個個體，具有分立的指代亦即單獨的指代；在「人是一個名詞」中，主項「人」是自身的一個名稱，具有實質指代。他對推論學說提出了十一條一般規則：

①從眞永不能得到假；
②從假可得眞；
③如果一個推論是有效的，那麼從它的後件的否定就得到它的前件的否定；
④凡從後件得出的也從前件得出；
⑤如果前件從一人命題得出，那麼後件也從這個命題得出；
⑥凡同前件相一致的東西也同后後件相一致；
⑦凡同後件相矛盾的東西也同前件相矛盾；
⑧從必然的東西不能得到偶然的東西；
⑨從可能的東西不能得到不可能的東西；
⑩無論什麼東西都可從不可能的東西得出；
⑪無論什麼東西都可得出必然的東西。

威廉還考察了中項是單獨詞項的三段論，并提出了一種新的三段論。例如，「每一個人是動物，蘇格拉底看見一個人，所以，蘇格拉底，看見一個動物。」這實質上是一種關係推理。（《中國大百科全書哲學I》頁一五一一六）

(三)反對阿奎那上帝存在的證明

奧康的威廉也反對托馬斯·阿奎那等人提出的關于上帝存在的各種證明，他以爲神學與哲學、理性與信仰之間有著確定的界限，在神學中應以信仰作爲基礎，關于上帝存在等神學問題不應企圖以理性加以證明。而在科學中則應通過理性去獲取知識。奧康的威廉不滿於阿維農時期教廷和教會中存在的大量腐敗現象，直接向教皇制度挑戰，他認爲國家與教會各有其職權範圍，國家處理人世間的各種公共事務，教會負責拯救人的靈魂，二者都是必需的。而教皇制則是一種臨時的制度，是人爲的，教皇幷非基督的代表，教皇也會犯錯誤，因此他主張教會不得干預政治，政教分離。

總之英國的唯名論在認識論方面強調對個別事物的感知是認識的起點，在眞理問題上倡導二重眞理論，在神學問題上反對經院哲學繁瑣的證明方法，在王權與教權問題上對教皇制提出非議，這些觀點雖然沒有超出神學理論的基本範圍，但畢竟給與人類的理性以一定的自由空間，對教皇至上，信仰壓制理性的中世紀傳統思想進行了一定的抵制和批判。英國唯名論的上述特點對以后的宗教改革運動和英國的經驗論哲學產生了深刻的影響。(唐逸《基督教史》頁一二四)

(四)神學的教理是哲學無從論證的

任何「實名論」的形式皆爲威廉所極力攻擊。有存在的只有單個實體。任何名目之所謂種與類，都純然屬乎想像，並沒有客觀的實在。所有「名稱」不過象徵而已。所以人稱威廉爲「名稱論者」(Terminist)。他所講的唯名論實較若瑟林所講的激烈得多，更具破壞性。然而，他還是主張人們對於事物本身並無實際的知識，僅有心思的概念。由於這種見解，他得到一種結論，以爲神學的教理都是哲學無從論證的，只有純然根據權威去接受。他之所謂權威，在實際上即指教會，不過在他攻擊教宗權位時，他卻倡言基督徒只有承認聖經爲權威的義務，教會各議會以及各教宗的意見均不在內。無怪乎路德後來對於這一點，稱他爲「可尊敬的先生」。(華爾克《基督教會史》頁四三九—四四〇)

（五）神是無所不能的不受任何規律之支配

據奧坎・威廉說唯有個體存在，而吾人一切知識，皆以個體爲起點。所以直覺是很重要的，吾人由之而認識事物，並加以判斷。吾人由個體抽繹其所共有之性質，因而造成共相。這不是我們有這樣的特別心能，乃是兩相同的個體呈現於吾人面前時吾人自然而然的抽繹來的共相。然這種共相不過是吾人心中之觀念或思想，用語言或符號表示之。所以學問完全是討論這些符號或術語。然此非謂吾人之判斷僅是對付觀念，實則判斷常是對付萬有的。

歸結起來，共相不在吾人之心外，共相不在萬有中，如以共相如實在論者之主張，在萬有之中，便是把抽象物實體化了，將要引入於荒誕之中了。神心中亦無如同實體之共相；他的心中，如吾人心中，祇有個體，祇有個體是實在。

直覺的知識中所包含的，除了感官知覺之外，有吾人內心狀態之知識；所謂內心的狀態，是智慧、意志、喜悅與怨愁；直覺的知識比感覺的知識確實多了。感覺的知覺不能知道心靈之本性，祇能察覺其活動。直覺的知識之外，吾人尚有奧坎所謂之抽象的知識。抽象的知識是由演繹法或三段論式而得之知識，他是必然的眞理。

然構成吾人論證之原理，是由經驗中歸納起來的。所以經驗是一切知識之淵泉；一切超越經驗之知識，皆是信仰之事實。神之存在，既不能由本體論上證實之，亦不能由經驗上證實之。神之存在於合理的根基上是或然的，然而信條則非理性所能了解。欲使基督教教義理性化，是不可能的，吾人祇有信仰之。所以無所謂神學之學問；吾人完全仰賴默示，以信任宗教眞理之確實。哲學與神學，彼此不相關涉。神是無所不能的，不受任何規律之支配；其思想、意志、行爲，完全自由。他能建立未曾建立過的道德規律，使吾人遵循之。他的意志高於他的理智。（梯利《西洋哲學史》頁二四一——二四二）

（六）神的存在與神的單一性是無法證明的

奧坎的法蘭西斯根・威廉（Franciscan william of occam），他說，據唯實論者說，共名可於立時之間，存於若干事物；但我們知道，同一事物，不能於同時間，存在於若干不同事物；所以說，共名不是一件實物，一個實體，卻是一個符號，一個名詞，用以指點若干相同的事物。在宇宙間，除個體外，沒有一物是眞實的。

科學所用以作爲對象者，須是普遍的東西，必然的東西，或換言之，須是共名。例如說，人的科學（讓我們用柏拉圖的精神來說），並未因爲張三的緣故而去研究張三，亦不因爲李四的緣故而去研究李四；它研究張三，研究李四，爲的是要從此之中，知道人是什麼。它在個人中所尋求的，是普遍的人，是共通的人，是屬類的人。推至一切科學，俱皆如此。假如共名只是一個名詞，不具客觀的實在，假如只有個體是實在的，那就不能有人類學，亦不能有任何科學。我們能知道並說出張三是什麼，李四是什麼；我們亦能研究每一特殊的植物與動物；但共通的人，共通的動植物，卻永不能作爲科學對象，因爲它們無處存在著。所以說，唯名論懷疑科學，它的箴言，與勃洛大哥拉相同，承認個人爲萬物尺度。

最高的科學即神學，亦不能逃避威廉的懷疑主義的批評。他接納他的師傅鄧司各脫斯的教言，承認神的存在與神的單一性，是無法證明的。據他看，本體論上的論據，與宇宙論上的論據，是同樣不堅強的論據；所謂第一因的存在的必然性，由他看來，亦只是純然出於假定的必然性。所以說，不能有合理的或科學的神學。假如婀利振、奧古斯丁、安瑟倫、聖多馬等人所探求的科學，是不可能的東西，那末，經院哲學本身，亦將變成貧乏的臆脫的堆積物，除此而外，即空無所有了。科學是屬於神的，人只有信仰的份兒。（威柏爾《西洋哲學史》二〇三—二〇四）

（七）神的意志才是道德律的基礎

概念主義者威廉・歐坎（William ockham,1285-1349, A.D）：方濟會士，曾爲巴代利亞的路易（Ludwig des Bayern）辯護者，他的學說有：知識論，倫理學。有名的「剃刀論」（又稱：「歐坎的剃刀；Ockham's Razor），是他的思想的經濟原則（Principle of economy）：除非必需，不應增加存有物（非必要，不應增多存有物；或：除非必需，存在不必增多。）（Entia praeter necessitatem non sunt multiplicanda）這無非表示，感官界中的具體事物，已足夠繁多，根本無需巧立「共相」諸般抽象的存在；這自是著力於否定形上學的可能。循乎此，歐坎則大肆批判多瑪斯與史各都的思想，並提「直觀」作爲知識的途徑，而且是我們認識的自然形式；理性的心理學與神學也必須嚴予區分。因爲，神學並不是一門學問，它祇不過是人內心的一種態度。

歐坎由於重視經驗，並認爲由之所奠定的知識論，才是哲學的全部；從而開啓了英國經驗主義的先河。至於他的倫理學，由於欠缺形上學爲其基礎架構，而強調功利與實用，終而導使他的倫理學說，走上相對性的立場，起初認爲神的意志，才是道德律的基礎；後來，即把「愛神」這一規律，視爲一種例外的情況，而且以清苦才是致福之道。（陳俊輝《新哲學概論》頁三二九—三三〇）

（八）論神的兩種功能

俄坎的威廉論神的兩種功能：俄坎的威廉（William of ockham）在此論文中將神的行動分爲兩種。只要沒有矛盾存在，神原來必定是能夠無所不爲。威廉稱此爲「神絕對的權能」。他並聲稱神現在選擇用一些特定、可靠的方式作事，祂自己限制祂行動的自由，這便是「神任命的權能」。

關于第一點，我們必須指出神能夠用祂的權能作出一些事情（De potentia ordinata），並用祂絕對的權能作出另外一些事情（De potentia absoluta）。我們不應當因爲這種區別而以爲神實際上有兩種權能，一種是「任命的」，另外一種是「絕對的」，因爲神對外在的世界只有一種權能，只有神能夠行使這種權能。我們也不應當以爲這意味著，神能夠用祂任命的權能做出一些事情，並用祂絕對的權能做出另外一些事情，而這些事情是未經祂自己任命的：因爲神所做的每一件事都是首先經過自己的任命。我們應當理解的方式如下：神可以藉著祂已任命並制定的法則來做某些事。就此角度而言，神是依照祂任命的權能行事。（麥葛福《基督教神學原典菁華》頁一四八）

（九）神的意志超越其理智

俄坎的威廉，在許多方面，均是延續發展敦司·蘇格徒所建立的一些理念。其中最重要的，他堅持爲意志論辯護，強調神的意志超越其理智。他的哲學立場使他在基督教神學歷史中佔一席之地。他的教導有以下兩個主要的特色。

1、俄坎的刮鬍刀（Ockham's razor），又稱「儉省原則」（The principle of parsimony）。俄坎的威廉視簡易

(Simplicity)爲神學和哲學的一大美德，因此所有不是絕對需要的假設都遭他大筆刪除。此一理念在他的稱義理論上影響甚鉅。早期中世紀的神學家（包括阿奎那）認爲，神必須藉「恩典的創造習性」(A created habit of grace)讓罪人能夠稱義—換言之，神將一個超乎自然的媒介實體注入人的靈魂，好叫罪人稱義。俄坎的威廉視此理論爲畫蛇添足，主張稱義應是神對一個罪人的直接接受。自此稱義的詮釋更具個人走向，與早期改革宗的詮釋接合。

2、俄坎的威廉是唯名論的捍衛者，這多少和他的刮鬍刀理論相關：共相的假設既是多餘就應刪除。因他的主張，「新路」在西歐的影響得以伸展。俄坎的威廉最重要的思想是關於神的兩個權力的辨證。藉著這個辯證，他將事情的現實環境和原本可能的情況對比。但此刻，我們已可看出，在討論至今仍具重要性的神的全能這方面，他提供了決定性的貢獻。（麥葛福《基督教神學手册》頁六二）

(十)意志乃爲接受信仰神的存在

俄坎以爲「名目」表現個別的、單獨的事物，在世界上所有的存在，都是個別的、單獨的、特殊的，並沒有所謂「共相」，他認爲「共相」只是一種主觀的記號，代表外在的單獨事體，而在事體本身方面，是毫無共相的蹤跡。而抽象的、普通的共相，只存在於人的思維中，故觀念等只能代表思想，而不能代表客體，共相只是主體給一個「名詞」，在知識論上的「共名」而已，它根本沒有存在的基礎。如人的共相是不存在，只存在著具體的張三、李四、王五，而不能說人，人是沒有意義的，因爲在我們的感官世界上，是沒有人的存在，因此，俄坎否認共相與實體事物間有關連性，也不承認形而上與形而下的關係，因爲認識的抽象作用，是由感覺界提升到理智界，由個別具體形而下的事物提升到普遍性的形而上共相，因此唯名論者也否定形上學，而偏向於感覺性的直觀論。

俄坎的直觀感覺論，分爲內在的與外在的兩種，內在是觀察自己的內心，外在是觀察外界的自然事物，其理由是人的理性之光非常薄弱，根本不能證明深奧的道理。因此，他強調人的意志，要以人的意志力，相信那些理性無法證明的東西，如神的存在，由於人的內外觀察，都直覺的感到有神的存在，因此，俄坎分學問爲啓示的與理性的兩種學問，啓示的學問，是意志的功能要人接受信仰，理性的學問，是理智的功能，要人明瞭、懂得而接受，不但是教人懂得，而且必須言之有物，把每一個概念還原到感官的世界中。伐坎以爲這兩種都有內在的直觀性，而意志的功能高於理性，因爲理性的功能有限，求得的知識也有限，意志的功能無限，因爲意志所信仰的啓示眞理無限，理性是討論哲學，意志乃爲接受信仰，如接受信仰神的存在者。（李道生《世界神哲學家思想》頁一二四—一二五）

（十一）奥坎威廉學說概要

胡院長鴻文《本體論新探》對奥坎．威廉學說的概要說明如左：

1、唯名論的觀點：如果說多瑪斯是實在論者，奥坎．威廉乃是唯名論者。他常採取一種極度經濟的原則，人常名之爲「奥坎的剃刀」，乃是在解釋上應用經濟方法的原則。他常採用如此的說法：「如果不是必要，不須要採取多數」，「可以採取少數的，採取多數便覺無益。」他主張對個體了解即很清楚，不必推展抽象觀念。他以爲共相乃是一種符號，是一種語言表達，可以說是以之表示思想的動作。以後柏克萊主張以個體代表同類，而反對抽象觀念的說法與此不無關聯。

2、實證神學的觀念：奥坎節省原則的應用，其結果所至乃要獲得一種經驗的明確的標準，於是便很少採取自然神學的餘地。他即把物理學和宇宙學縮減而爲實證科學，他所說的實證神學，乃完全以啓示和信心爲根據，這是不能夠加以否認的。

3、形上學有關問題：奥坎曾對本質（Substance）提出他的看法，「本質」一詞對於奥坎而言，有如亞里斯多德所說「主要的本質」，而非僅云可知的本質。基本上說，本質就是個體的主要性質，或稱之爲性質的底層。關於本質的涵義，奥坎以爲當注意本質即可感性質的主詞。就英國哲學思想的發展而言，奥坎所說的本質指向洛克所說「某種不可知的」，他所說的可感性質則是與本質有所區分的。此種觀念的發展，乃有以後洛克所說「初性」與「次性」，以至於「眞實本質」與「名義本質」之分。（《本體論新探》頁五九—六〇）其說甚是。

三、結語

綜上所述，奧坎威廉的上帝觀，反對阿奎那上帝存在的證明，神學的教理是哲學無從證明的，神是無所不能的不受任何規律之支配，神的存在與神的單一性是無法證明的，神的意志才是道德律的基礎，神的兩種功能，神的意志超越其理智，意志乃爲接受信仰神的存在等神學觀念。

俄坎威廉爲中古世紀方濟會的修士，以神學及哲學著名。俄氏生於英國，肄業於牛津，後至巴黎任教數年。主張該修道團應過饑寒生活，然爲教皇所反對，並囚禁之。俄氏逃至義大利。爲當代新哲學唯名論運動之領袖。宣言教會之教義不能以科學證實之，然只有聖經之威權即足矣。（趙中輝《英漢神學名詞辭典》頁四九六）

按唯名論（Nominalism），謂普遍或抽象的觀念只是名稱，而無實際，乃起自個體之後者。與實名論（Realism）相反。實名論以爲普遍即實在，或說起自個體以前，或是存在乎個體之內。中世紀以此二派之爭執爲最烈。初期時，嘉庇拉亞（Capella）主唯名論，與坡菲雷、艾利基納之實名論對立，但只屬於論理問題；至於含有形而上學及神學之意義，公然對壘，則是在十一世紀之末，帶頭者爲羅瑟林。

羅瑟林以唯名謂來詮釋三位一體之教義，說：「普遍的的概念乃是爲規定個體之用。人間氣息，發而爲聲音，合而成言語，但此並非實在，實在的只有個體。所以三位中的『神』乃一普遍的概念，不過是一個名目，並沒有所謂『神』之實體存在。而父、子、聖靈三位，各自爲一體，其力均等。」此說與正統教會相背馳，故大遭譴責。一〇九二年索艾森大會迫令羅瑟林放棄其三神說，此雖非禁阻唯名論，但唯名論，自然因此而中衰，此後二百年間銷聲匿跡。其間安瑟倫一派遙宗柏拉圖之思想，盛倡實名論，認爲個體之本質是先個體而存在。其後亞里士多德之學說大興，乃多應用亞氏之形相說。（同上頁四九一）

第四五節　蘇索的上帝觀

一、傳略

蘇索(Heinrich seuse 1295-1366 A.D)，或譯為「亨利蘇所」（Henry suso）一二九五年生於德國康士坦斯城，是多米尼古會中抱禁慾主義的人，神祕思想趨勢的代表，他思想雖少重實行，但影響廣泛。為挨克哈特的弟子，他追隨挨克哈特及陶勒學說，並稱為三位神祕主義的大師。廿三歲時即加入道明會，五年之後悟道，而發現自身存在的眞諦。一三二二年被遣往科倫讀書，從師挨克哈特，完全為其學理所攝服，一三二六年回康士坦斯城，開始教學，並發展自身學說，著書立說，由於當時德王與教廷衝突，道明會士曾一度被充軍到迪笙河芬（一三三九－一三四六），亂平之後回鄉，兼公職，但遭遇許多困苦艱難，一三四八年又被調到烏林城，於一三六六年逝世，享年七十一歲。他的作品「眞理小册」、「智慧之鐘」、「永恆智慧之書」、「大書信」、「小書信」等書。（李道生《世界神哲學家思想》頁一三九）。尤以「倫永恆智慧」（Booklet on eternal wisdom），對神祕主義的推行助力不少。

二、學說

(一)人實際去愛人才可找到內心中的「靈魂火星」

亨利・蘇梭：同為艾克哈特的弟子，但他的思想，卻從艾氏與若望・透勒的「沈思」中走出；認為人實際去愛人，參與人與人之間愛的行動，才可找到內心中的「靈魂火星」；他著有一本不具名的《德國神學》(Eine deutsche theologie)，該書在一五一六年被路德公諸於世，可見他的密契思想，對後來的宗教改革應有相當大的影響。（陳俊輝《新哲學概論》頁三二六）

(二)愛人是通往神的唯一道路

蘇索因是挨克哈特的弟子，他的思想，尤在開始的時候，都是跟隨挨克哈特的路線，以內心的生活，做為完成人性，以及使人性得救的唯一通路。而在另一方面，他也補充了挨克哈特的想法，因為在挨克哈特開始奠定德國神秘主義的時候，把注意力置於回歸內心的方法上，把思想的重心放在「靈魂的火星」上，多少忽略了外在的行爲，即沒有將自己內心的一種信仰，用很具體的社會生活表現出來，蘇索認爲這種內在的涵養工夫，非常主要，而且也是修成的根本，可是這種誠於中的理論，應該顯於外，在自己日常生活中表現出來，這種表現，蘇索在聖經中找到了注解，他以爲基督的誡命，人與人之間應該互相親愛，所以他提出一種通俗的說明，認爲人與人之間的關係是「兄弟姊妹」，這種看法必須以「愛」與「互助」的行動來表現才是。

在蘇索神學的探討中，愛和互助的行動，最主要的根本，是個人肯犧牲自己，犧牲自己的利益，並且有忍受痛苦，以自己的痛苦來換取他人的幸福，一個人若能夠理解到這種道理，而且也能付諸實行的話，他才是眞正的基督徒，才是耶穌基督的弟子，也可以說，這才是眞正的實行了人與人之間，是「兄弟姊妹」的學說。所以蘇索在此，認爲人生在受苦難，才是眞正的救援之道，他所提出最終理由的根據，就是耶穌基督在世三十三年，也曾受到苦難，最後死於十字架上，忍受了死亡的痛苦，因此才能拯救世界，拯救全人類。因此在蘇索的哲學體系中，可以說是完全涉及實踐哲學部份，是應該積極地幫助他人，才能找到自己內心中的「靈魂火星」，也就等於在聖經中找到基礎，人唯有愛自己的弟兄，才能說自己愛上帝，這種以積極對人的行動，表示自己對上帝的信仰學說，確實是爲德國神秘主義，作了最大的貢獻。

蘇索以爲人應該積極地幫助他人，才能夠找到內心中的「靈魂火星」，找到上帝的存在，因此，他提出通往上帝的道路，仍然是通過「人」，這種通過人的方式，並不是對於人的崇拜，而是對于人的「仁愛」，是對自己的犧牲，所以他把對於他人的幫助具體行動，作爲內心找到上帝的唯一方法。神祕主義在德國的發展到了蘇索以後，已經在某一方面集了大成，再也用不到消極「忘我」的方式，或拋棄世上的財富方式與上帝結合，而是可以用「入世」的方式，以自己的財富或地位去幫助他人，把「愛人」當做很具體的每天必行工作，如此才能在自己內心中找到上帝，找到存在的基礎。

蘇索主張由於愛人的行動，完全證明自己的信仰，是完全符合聖經的教訓。愛人是通往神的唯一道路，這種方式是他在德國神祕主義中，對于西方人性生活提出最大的貢獻，他的這看法，特別是人與人之間，是「兄弟姊妹」的想法，對未來的宗教改革影響十分之大，引起了馬丁路德很大的注意，使得中世紀宗教改革以後的哲學思想，可以說站在神學的立場，而且在一般信徒與信徒之間，彼此也稱兄道弟，使所有的人在上帝面前，都是平等的，是兄弟姊妹，在教會中及日常生活中，培養宗教的情操。（李道生《世界神哲學家思想》頁一四〇—一四二）

三、結語

綜上所述，蘇索的上帝觀，認爲人實際去愛人，才可找到內心中的「靈魂火星」，因爲愛人是通往神的唯一道路等神學思想。他是神祕主義思想的代表。所謂神祕主義，簡單地說，神祕主義神學，或言基督教的神祕主義，是想要尋求一可解說的、直接的、非抽象性的、非中間人的有關神之愛的知識。這種所認識所見到的是如此直接，以致被稱爲與神聯合。神祕主義在廣義方面的了解，與個人和神的關係之可能性有聯密性。難處是在於如何描述或尋求調度聖靈將啓示的眞理適用在信徒身上的工作。往好處上說，神祕主義可以在教會中把過度的唯理主義與屬靈的沈悶作一更正與平衡。（趙中輝《英漢神學名詞辭典》頁四七一）

第四六節　帕拉馬的上帝觀

一、傳略

帕拉馬（Gregory palamas, 約 1296-1359 A.D），或譯爲「帕拉馬斯・聖」（Palamas, saint Gregory），重要的希臘神學家，持守靜坐派（Hesy chastic school），十分重視內心神祕的禱告。於一三四七年被選爲帖撒羅尼迦總主教。

帕拉馬斯・聖，他是正教修士、神學家、靜修派的精神領袖和辯護人。出生於君士坦丁堡宗室，在帝國大學學習古典哲學，一三一六年不顧投身政界而赴希臘東北部正教中心阿索斯山隱修。一三三六年受神職，後偕另外十人隱居於馬其頓境內偏僻之處。一九三七年返回阿索斯山加入聖撒巴隱修團，一三三五年任附近某女隱修院教義長。

不久辭職返回聖撒巴隱修團。（《大英百科全書》冊十二頁一六）

二、學說

（一）道成肉身爲神降卑的上帝觀

帕拉馬〈論道成肉身乃爲神的降卑〉：帕拉馬是著名的拜占庭神學家，在馬太福音十六28「站在這裡的，有人在沒嘗死味以前，必要看見神的國大有能力臨到」的註釋中，他解釋神在基督裡降臨到祂的子民之中的方式。本文約於一三三五年寫成，強調神降臨（Katabasis）到人類中間的重要性以及解釋人類因而得以上升(Anabasis)到神那裡去。

萬有之王無處不在，祂的國度也是無處不在。這意味著國度的來臨並非由此處被轉移到另一處，而是藉著聖靈的能力而得到彰顯。因此〔基督〕說「大有能力臨到」，並非指臨到每一個人，而是「那些與主站在一起的人」，亦即是指在信仰上有穩固根基者，例如彼得、雅各和約翰，他們首先被神的道帶領上這高山，爲了要象徵那些能夠超越自己卑下本性的人。因此，聖經告訴我們，神由祂至高的住所降下，將我們從卑微的處境之中提昇至高山之上，爲的是要使無限的神，可以切實地又在有限的範圍內被受造的本性所包含。（麥葛福《基督教神學原典菁華》頁一九四—一九五）

三、結語

帕拉馬的上帝觀，論道肉身成乃爲神的降卑的神學思想。一九三二年參加前後持續二五年之久的神學爭論。他主要批駁居住在義大利境內的希臘修士巴爾蘭。原來巴爾蘭誹謗靜修派，說他們是臍靈派，因爲他們在默念時兩眼注視胸下一點，以達到更好的靈修效果。一三三八年帕拉馬斯撰寫《爲靜修派辯》，該文爲靜修派奠定神學基礎，說他們提倡的靈修之道使人在心靈深處與神融合，在神光照下不僅是靈，而且包括魂和體都發生變化。

帕拉馬斯先後同許多神學家、人文主義者進行公開辯論，一三四四年教會當局出於政治動機判處絕罰。然後他撰寫《論神聖》，系統地提出自己的論點。這本書是學習拜占庭神祕主義的基本教材。關於靜修派的爭論發展成爲拜占庭政治鬥爭的一部分，這種鬥爭後來爆發成爲內戰。一三四七年內戰結束，帕拉馬斯在保守派支持下任帕撒羅尼迦主教，並繼續著述，反對人本主義。他用柏拉圖哲學及亞里斯多德哲學闡釋其靈修經驗，成爲東正教神學的典範。（《大英百科全書》册十二頁十六）

第四七節　陶雷的上帝觀

一、傳略

陶雷（Johannes tauler 1300-1361），或譯爲「陶勒」、「陶勒爾」，「若望・透勒」，德國之神祕派學者。生於斯脫拉斯堡（Strassburg）。入度明哥教社爲修道士。遊學巴黎。善以平易之辭，敷說教理，於改革運動，鼓吹甚力。《繼承基督之貧苦生涯》一書，或傳爲其所作。（樊氏《哲學辭典》頁六五六）其思想承襲厄克哈的學說，成爲中世紀最主要的神祕主義代表之一。

二、學說

（一）注重與上帝的神性交往降在心靈之間

陶勒爾（John tauler 1300-1361）乃多米尼古修道會中的宣道家，在施塔斯堡，科倫與巴塞爾（Basel）各地工作多年，施塔斯堡大概就是他的本鄉。當時德國時局異常困苦。奧地利的腓勒德力與巴維利亞的路易互爭帝位，相持不下，爲時很久，又有教宗從中干涉，把整個的政治與宗教情形弄得一塌糊塗。橫痃疫，在英國又名黑死病（Black death），在一三四八年與一三四九年間，不知毀滅了多少性命。在這種艱苦中，陶勒爾作了有助於人的宣道家，他的講章亦廣爲流傳於後世。這些講章多含「福音」意味，大爲路德所賞識，因此人多以陶勒爾爲改教前的更正派。他注重宗教的精神與生命，申斥一切外表的儀式與拘謹的行爲。他眞是伊克哈爾特的門徒，像其師一樣，注意與上帝的神祕交往，注重「上帝降生在心靈之間」，但他不像其師用許多過激的言詞（近於泛神論）來說明其主張，致招教會指責。（華爾克《基督教會史》頁四四二）

（二）人性可超昇成性

狂熱的道明會士若望・透勒：承繼艾克哈特的密契學說，不但同時注重道德行爲的密契生活，更發揚神人之間的友誼性，認爲棄絕財富，有助於人回歸自己的內心並和神作眞正的交往；此外，並視「神祕的沈思」（密契的沈思，Mystische versenkung）作爲契悟神的途徑。

若望・透勒既視神人可合而爲一，人性可超昇成神性，則傳統的超越神的觀念，在他的學說裡，則逐漸失去其重要性。（陳俊輝《新哲學概論》頁三二六）

（三）人與上帝之間是朋友

陶勒的哲學體系，並沒有在形而上學的思想方面，建立一種偉大的架構，只在倫理道德行爲上，以及宗教情操上，勸人爲善，度一種具體的、單純而充滿宗教情操的生活，他的這種非常通俗勸言，在當時的社會背景中，受到了普遍的歡迎，因他能在一般百姓的具體生活中，把自己當作是上帝的朋友，因爲人與上帝是朋友，便與別的人也成爲朋友的關係了。

陶勒以爲人與神之間的親密交往，才使人眞正獲得更高的智慧，因爲人要度一種純粹的精神生活，充滿宗教的生活；在消極上，他也就要勸人脫離榮華富貴的生活，而眞正的過一種貧窮的日子。清貧的生活，就他本身來說，不但是缺乏物質方面的需要；並且主要的，是其內心對於財物沒有一種貪慾，這種內心表現在具體生活的時候，是放棄了自己私有財產，完全屬於修會，過一種淡泊的修道生活，他是跟隨挨克哈特的學說，以爲人在內心中，確實可以找到神，他的理由是因人在自己內心中，可以尋找到對於眞善美的嚮往；尤其是做了善事之後的內心安慰，更能證明在人內心中，更有上帝的存在。

就陶勒所說，神與人之間的關係，祂已不是高高在上的神，而是確實降臨到我們內心中的一位上帝，祂不但在宗教的禮儀上，制度中可以表現出來，而最主要的是表現在我們的日常生活中。在陶勒看來，上帝不是我們工作六天，休息一天去崇拜的上帝，而是每天廿四小時，與我們生活在一起的上帝。在最根本的形而上的思考上，我們整個的存在是上帝賦予的，甚至我們整個的存在繼續存在下去，還是上帝的恩賜，所以他提倡人應該過一種安靜的生活，常常默想，想想自己，如何在自己內心之中與上帝取得聯繫，這種聯繫，完全是友誼性的；人與上帝之間是朋友，這種朋友，不但人是和上帝之間的聯繫，同時也能夠使人的精神超昇，使人性走向神性，最後能夠與神性合一，變成神性。所以在自己的看法來說，提倡過貧苦的生活，其目的是使外界物質的條件，榮華富貴，不會擾亂自己的心靈，而他自己的生活，當然是過得十分嚴謹，他認爲唯有如此，人才能夠眞正的在自己內心之中與神交往。

陶勒提出聖經中的山上寶訓作爲一個理由，他以爲整個世界都以爲富貴才是幸福，有錢人才是幸福，但在聖經中找到所有幸福的條件，最主要的卻是貧窮，所以聖經記載：「你們貧窮的人有福了，因爲上帝的國是你們的。」（路加福音六章 20 節）他指出人性生活在這個世界上，固然在具體上一定有貧富之別，可是總覺得窮人才是上帝的朋友。因此，在基督教所信仰的道理中，耶穌一生都過著貧窮的生活，屬於一個沒有資產階級的，赤貧如洗的人，這樣，基督徒如果要過一種宗教情操的生活，也必須效法耶穌基督的言行榜樣，必須效法祂對世界財產的看法才是。

陶勒除了勸人在自己的內心中尋找上帝之外，同時也提出了沈思的方法，提出我們如何能夠在自己的內心中，找到上帝的通路，這種方法稱爲「神祕的沈思」，其意思是指自己，已經可以脫離所有塵世生活的束縛，而專心回歸到自己的內心中，與上帝交往，能夠在自己內存的存在中，找到超越的能力，這種超越的，內存的東西，都統合在我們的心靈之中，他以爲唯有內在生活的人，才能眞正的與神結合，在內心中找到上帝，才是眞正的一個人，才算是眞正的完成自己的存在。（李道生《世界神哲學家思想》頁一三六——一三八）

三、結語

綜上所述，陶雷的上帝觀，注重與上帝的神祕交往，注重上帝降生在心靈之間，人性可超越神性，人與上帝之間是朋友等神學思想。

陶雷（Tauler, Johann 1300-1361）爲基督教多明我會修士，與埃克哈特和蘇索同爲萊因地方的主要奧祕神學家。陶勒固然受埃克哈特的影響很大，但他根據聖托馬斯，阿奎那的理論，比較強調實踐奧祕神學。陶勒的講道稿用中期高日耳曼文寫成，很得路得的重視。（《大英百科全書》册十四頁二六七）

第四八節　猶利安的上帝觀

一、傳略

諾里奇的猶利安（Julian of norwich 約 1342-1415 A.D），或譯爲「朱利安」，爲英國神祕主義者，生平鮮爲人知，惟一的來源是她自己在《神聖之愛的十六個啓示》（Sixteen revelations of divine love）所揭露的。她一生都很活躍，其中最少有一段時間獨居於諾里奇。

二、學說

（一）神是仁慈母親的上帝觀

諾里奇的猶利安〈論神是我們的母親〉：「神聖愛的啓示」（The revelation of divine love）記載英國一位遁世者諾里奇的猶利安在一三七三年五月所看到的十六個異象。這些異象最顯著的特點是不斷強調神的愛及仁慈，甚至最脆弱的罪人都不例外。本篇選文乃取材自第十四個啓示，顯示猶利安有一個獨特的傾向，用很強烈的母性用語言來形容神及耶穌基督，與她一慣稱教會爲「母親」的作法一致。

這樣，我看見神樂於作我們的父親，樂於作我們的母親，同時也樂於作我們眞的「丈夫」，我的靈魂是祂心愛的新娘。基督樂於作我們的兄弟和救主……。

神的愛決不允許我們落後，這一切都是出於神本性的仁慈，藉著祂恩典的動作賜給我們。神是良善的，因爲這是祂的本性。按本性而言是良善，暗示這是神。祂是良善的基礎、本質，以及其本身，那是祂的本性。按著祂的本性而言，祂是眞正的父、眞正的母。祂的每一種本性都由祂那裡流出來，來達成祂的目的，當我們蒙恩得救之時，便會被重新帶回祂那裡……。

我們無須畏懼，除非是這種畏懼驅策我們長進。但我們亦謙卑地向我們親愛的母親訴苦，祂便用祂的寶血灑在我們身上，使我們的靈魂柔軟溫和，長此以往，終將恢復我們完全的美好。耶穌是我們眞實的母親，經過祂非經被造的先見，經過了天父的全能，經過聖靈尊貴權能的良善，使我們的生命在耶穌的裡面扎根。我們用靈魂仰望我們天上的母親，看到祂是美麗而且甜密的。我們天上的母親俯視我們，看到我們是親愛的、可愛的、高尙的孩子們；溫和和謙卑、擁有孩子們天生擁有的可愛品質。孩子們不會對他們母親的愛感到失望。我們的能力和思維都軟弱無力，在今世的生活中，沒有比孩童時期更加高超的境界，直到我們滿有恩惠的母親將我們撫養成人，直到得著天父的福樂。（麥葛福《基督教神學原典精華》頁一四七—一四八）

三、結語

綜上所述，猶利安的上帝觀，論神是我們的母親等神學思想。

朱利安（諾威奇的）爲英格蘭女奧祕神學家，所著《神恩的啓示》被學者普遍認爲是闡明中世紀宗教修養經驗的重要文獻之一。晚年隱居在英格蘭諾威奇的聖朱利安教堂。《神恩的啓示》是英國宗教著作中出衆之作，廣泛論述深奧的基督教教義，諸如得救預定論、上帝的預知，罪惡的存在等等。她觀察深入明確，在神學上闡述確切，文筆剴切雅緻。（《大英百科全書》册十七頁五二〇）

第四九節　胡司的上帝觀

一、傳略

胡司（Hus, Jan of "HUSS" 約 1372-1415），捷克的波希米亞（Bohemian）人，神學家，於一四〇一年被選爲布拉格大學哲學學院的院長。由他的名著《論教會》（De ecclesia 1413）中，可以開始看出他認爲教會需要改革的觀點。一四一五年七月，受火柱刑而死。

二、學說

引用。

（一）基督愛教會的上帝觀

胡司〈論教會〉：胡司於一四一三年以拉丁文寫成他研究教會的論文，爲教會提出三個定義。首先是與多納徒派的教會觀相呼應，指出教會是一群完全的聖徒。第二是與奧古斯丁聖徒與罪人混合的概念有關。第三個概念指出教會將在末日的時候被神潔淨。胡司顯然比較傾向第三種定義，此概念衍生自威克理夫的著作，在本文中有大量的引用。

我們可以超越一般公認對教會的定義，提出三種新的定義。

首先，教會的定義是忠心的人聚會或召集（Congregaciovel convocacio fidelium）所謂忠心的人，是指那些現時過著公義生活的人。據此定義，那些墮落的人，但仍然暫時持有恩典的人，也是屬於教會的。但這種教會並非基督神祕的身體，也不是聖潔的大公教會或其中任何一部分。

教會的第二種定義，包括墮落但暫時擁有恩典及公義的人，以及那些眞正被預定的人的混合。這個教會與神的聖潔教會只有部分是吻合的，而非全部吻合；她所以被稱爲「混合的」（mixtim），因爲其中包括穀粒及糠粃，亦即麥子及稗子，正如天國的比喻，將網撒在大海之中，收集了各樣的水族。又如天國的比喻，十個童女中有五個是愚拙的，五個是聰明的………。

但第三個定義指出教會是所有被預定的人的召集，不論他們現時是否擁有恩典或公義。這是使徒保羅的定義，他說：「基督愛教會，爲教會捨已。要用水藉著道把教會洗淨，成爲聖潔，可以獻給自己，作個榮耀的教會，毫無玷污，皺紋等類的病，乃是聖潔，沒有瑕疵的。」（弗五25—27）（麥葛福《基督教神學原典菁華》頁三三六—三三七）

三、結語

綜上所述，胡司的上帝觀，提出三種新的定義，首先提出教會的定義是忠心的人的聚會或召集；其次定義是包括墮落但暫時擁有恩典及公義的人；其三定義是教會是所有被預定人的召集等神學思想。

胡司（Huss ,john 1370-1415）為波希米亞學者兼佈道家，亦係早年教會改革家。因擁護威克里夫之教訓，惹起羅馬教之仇恨。致被康士坦斯議會判處火焚死刑（一四一四—一四一五）。後布拉格大學宣佈他為殉道者，定七月六日為他的逝世紀念日。（趙中輝《英漢神學名詞辭典》頁三三六）

第五〇節　金碧士的上帝觀

一、傳略

金碧士（Thomas a kempis 約 1380-1471 A.D）或譯為「肯培多馬」，是當時發展出來的敬虔方式（Devotio Moderna）的代表性人物，被公認為靈修經典之作《效法基督》（Imitatio christi）的作者。肯培多馬為德國奧古斯丁派修道士，名著作《效法基督》（或譯「遵主聖範」）之作者，該書曾譯為許多國文字。其名字乃取自誕生地，德國肯培城。年屬十九入修道院，終身為修士。（趙中輝《英漢神學名詞辭典》頁三七七）

二、學說

（一）論推敲三位一體的界限

金碧士是中古時期著名的靈修學作者，十分強烈反對用推測的方法建立基督教教義，放縱知識上的幻想。基督教信仰應當堅立在順服基督的基礎上。有關三位一體的推測便是一例，他力勸他的讀者避免。

若是你對三位一體作出高傲的爭論，但卻缺乏謙卑，以致使得三位一體的神不悅，有什麼好處呢？高超的用字並不能使你變成公義聖潔，討神喜悅，只有貞潔的生活才能。我寧願體驗到完全的悔改（Compunctio），遠勝於能夠為悔改一字作出定義。若是你背熟全本聖經，也熟知哲學家所有的定義，卻沒有恩典及愛，那又有什麼好處呢？「虛空的虛空，虛空的虛空，凡事都是虛空」（傳一2），除了愛神及單單事奉祂以外，凡事都是虛空。輕視世界，親近天上的國度，這是至高的智慧。每個人按本能都想要有知識。但若是不敬畏神，光有知識有什麼用處呢？

一位謙卑但事奉神的農夫，遠比一位高傲的、思考星辰，卻忽略自己靈魂的神學家（Superbus philosophus），更加討神的喜悅。若是我擁有全世界的知識，卻沒有愛，在將來要按我的行爲審判我的神眼中，這有什麼好處呢？我們應當抑制自己對知識的憧憬，因這只不過會帶來大量的焦慮和欺騙。有學問的人通常希望別人留意並且表揚他們的智慧。但有許多的事，只有知識，對靈魂少有（甚至沒有）任何好處。事實上，人應當只關心那些能夠帶來他們救恩的事，若他們掛心任何其他的事，都是愚蠢的。（麥葛福《基督教神學原典菁華》頁一四八－一四九）

三、結語

金碧士的上帝觀，論推敲三位一體的界限，主張基督教的信仰應當堅立在順服基督的基礎上等神學思想。

肯培多馬爲德籍修士，爲《遵主聖範》（De imitatione Christi）一書之著者，卒於一四七一年七月廿六日荷蘭的 Zwolle。

受過高深的教育。於一四〇〇年進入靠近 Zwolle 的聖安尼斯奧古斯丁派的修道院，一四一三年被立爲神甫，一四二九年成爲副院長。生活極爲純樸，對院內的安靜以及神祕的敬虔習慣深爲喜愛。

他用拉丁文著述了許多有關靈修方面的書籍，尤以《遵主聖範》爲最著名。此名著在屬靈默想方面，除聖經外，無出其右，爲信者廣泛使用，是最佳之靈修讀物，已譯爲多國語言，出版多次。

於十七世紀論到《遵主聖範》的眞正作品究屬何人所寫，曾有激烈的爭論。結果自一九五〇年主張肯培多馬者居多數。此書廣被翻譯，爲舊新教信者所樂讀。《遵主聖範》一書表現出對人內在生活紀律的默想方面的強調。其屬靈的教訓強調置身世外，與俗隔緣。

本書警惕人休靠自己聰明，要認識自己，要自我判斷，以及其他傳統修道院的美德。它提倡以火熱之心來愛神。《遵主聖範》卷一爲靈修文獻的選集；卷二與卷三爲本書之中心部分，提供在道德生活上的指導，如謙卑、忍耐與順服，以及內在生活的波動；卷四論及聖餐的敬虔。（趙中輝《英漢神學名詞辭典》頁六六一）

第五一節　凱瑟琳的上帝觀

一、傳略

熱那亞的凱瑟琳・聖（Catherine of Genoa, saint 1447-1510 A.D），義大利神祕主義者，廿六歲時經歷到重生的經驗。他的著作《煉獄論》（Treatiae on purgatory）至今仍爲此論題的經典之作。

凱瑟琳聖爲義大利奧祕神學家。出身顯貴家族，曾受嚴格教育。一四七三年通過神祕修煉經驗信奉上帝，開始與上帝密切交通。他在熱那亞一個醫院裡爲病人艱苦服務。她丈夫在信教以後也同她一起在這個醫院工作。（《大英百科全書》册八頁一二〇）

二、學說

（一）論煉獄

熱那亞的凱瑟琳《論煉獄》，寫成日期不詳，可能在一四九〇年代以義大利文寫成。熱那亞的凱瑟琳在此文中陳明她對煉獄的基礎及目的的理解，影響甚鉅。

〔煉獄〕所有痛苦的基礎在於罪，包括原罪及人實際上犯的罪行。神創造靈魂成爲純潔、單純及潔淨，未有任何罪的污染，有蒙福的直覺。但人的靈魂卻落在原罪之中，原罪使人喪失這直覺並遠離神。當實際的罪行被加在原罪之上時，人的靈魂離神更遠……。

當靈魂靠近其當初被造純潔寶貴的境界之時，蒙福的直覺重新出現，並且不斷地成長茁壯，其力量之強大，無法忍受任何阻礙靈魂最終達到目標的障礙。他越是看到這個現象，便越感覺痛苦。

在煉獄中的靈魂沒有罪疚，因此與神之間，除了痛苦以外，沒有任何其他的障礙阻止他們藉此直覺達致完美的境地。他們也看出因爲缺乏公義，致使直覺無法充分發揮。因此，有猛烈的火（Un tanto extreme foco）產生，有如地獄的火一樣，只不過沒有罪疚。那些被判入地獄的人，神掩面不賜下祂的慈善，他們依然在自己邪惡的人意當中，阻擋神的旨意，也因此更加顯為邪惡。

在煉獄中的靈魂，他們的意思則完全符合神自己的旨意。因此，神向他們彰顯祂的慈善，令他們歡喜快樂，所有的罪都得淨化。至於罪疚，這些靈魂仍有他們當初被神創造時的原樣，因為凡是為他們生前的罪感到苦惱，已經認罪，並且立志不再犯罪的人，神已經立即赦免了他們的罪疚，惟一餘留的，只有罪所留下的疤痕。他仍在煉火中受痛苦，使罪的疤痕都得淨化。

當他們所有的罪疚都得淨化，並且與神同心合意之時，他們便能清楚看得見神（以神向他們彰顯自己的程度為限），並且看出享受神的意義有多大。他們受造，原是為了要他們能夠享受神。（麥葛福《基督教神學原典菁華》頁四五二—四五三）

三、結語

凱瑟琳的上帝觀，論煉獄，在煉獄中的靈魂沒有罪疚，神向他們彰顯祂的慈善，令他們歡喜快樂，罪得淨化等的神學思想。

按煉獄（Purgatory），羅馬天主教與希臘正教的教訓，說到在居間之境一個暫時受刑罰的地方，稱之為煉獄。主張凡教會中善終，但未完全的人，一定要經過刑罰與煉淨的苦修。只有那些得到基督徒完全的人，在死後才能直升天國。一切未經洗禮的成人，以及那些洗禮後又犯了必死之罪的人，死後直入地獄。部分上得成聖的基督徒死者，生前與教會有交通，但仍有罪在身，要到煉獄受苦，時間久暫不一，端視在煉獄中潔淨所有的罪，然後才能升上天國。抗罪宗反對此教義，因沒有聖經根據，其所根據的，只是偽經馬喀比後書十二章三九—四五節。（趙中輝《英漢神學名詞辭典》頁五四七—五四八）

第五二節　和恩的上帝觀

一、傳略

和恩（Hoen, Kornelius Hendriks ?-1524 A.D）一位賀蘭律師，活耀於海牙市，認爲基督純粹象徵式的出現於聖餐之時。

二、學說

（一）聖餅象徵基督身體的上帝觀

和恩〈論這是我的身體〉：此信於一五二五年廣爲流傳，作者和恩爲一位荷蘭人文主義者，主張用象徵或隱喻的方法解釋「這是我的身體」（拉丁文 Hoc est corpus meum）。雖然路德並未留意到這封信，但是慈運理卻極爲熱烈地接納此信，後來並且發展出與和恩十分相似的立場。

我們若敬拜之聖餅，如同尊崇神一樣的尊崇它，但它卻不是神，那麼我問你，我們與敬拜木頭及石頭的異教神有何相異之處？木頭、石頭裡面沒有神性（Numen），但他們卻相信有，因爲除非他們先相信這些石頭是衆神，否則不會去敬拜它們。

有些人可能會說：「我們有神的話，說：『這是我的身體』。」這是眞的，你的確有神的話。同樣的，你也有神的話語可以支持羅馬天主教的專制：「凡你在地上所綑綁的，在天上也要綑綁。」（太十六 19）但若是你謹愼研讀，便會發現這節經文絕非專制的基礎。因此我們應當細察當前面對的問題，使我們不致成爲瞎眼領路的；瞎子領瞎子，都要掉在坑裡（太十五 14）。主禁止我們相信那些對我們說：「基督在這裡」，或說：「基督在那裡」的人（太廿四 23），因此，我們對那些聲稱基督是在餅裡的人，也不應當相信他們。我們不能夠用被人欺騙爲藉口，因爲我拒絕聆聽基督警告的聲音。危險的時刻已經來臨，祂所預言的都會發生。使徒提及聖禮時也如此說：「他們擘餅」，稱之爲「餅」，並非如羅馬天主教的人那樣稱餅爲主。保羅與此也並無抵觸，雖然他說：「我們所擘開的餅，豈不是同領基督的身體嗎？」（林前十16）但他並沒有說餅就是基督的身體。因此，「是」（est）在此顯然應解釋爲「象徵」(Significat)………。

我們在此應檢視，羅馬天主教徒的教義是建立在什麼根基之上，以致他們能夠建立如此獨特、奇異無比的教義。聖經說基督成爲肉身(Incarnatus)，但僅此一次，是在童貞女的腹中。這道成肉身己由許多的先知神諭所預言，應驗在基督的生平、死亡、整個人生的生活方式中，以及在使徒的傳道中得到彰顯。但是所謂基督會每天在任何施行聖餐的人手中(in manibus cuiusvis sacrificuli)被變成餅(impanatus)的說法，卻沒有任何先知的預言，也沒有使徒的傳講，他們惟一的根據，只是基督所說的：「這是我的身體……你們也應當如此行，爲是記念我。」（麥葛福《基督教神學原典菁華》頁三八八—三八九）

三、結語

和恩的上帝觀〈論這是我的身體〉，認爲是聖餅象徵基督的身體之神學思想。

按聖餐(Lord's Supper)，爲主的晚餐，是照著基督所規定的，領受餅和酒，以表明主的死；按理領受的人，不憑肉體，乃憑信心，分領主的身和血，並祂一切的益處，以致靈性得養，和在恩惠上長進。（趙中輝《英漢神學名詞辭典》頁四〇七）

第五三節　賴非甫爾的上帝觀

一、傳略

賴非甫爾(Jacques lefevre d'Etaples 約1455-1536 A.D)或譯爲「勒菲弗爾・戴塔普爾」，著名的人類學者，出任巴黎St.Germain-des-des-pres修道院的圖書管理員。他的著作以聖經翻譯及解釋爲主，對宗教改革的發展有重要的影響。他雖然以法文名字聞名於世，也經常被稱以他的拉丁文名字：Jacobus faber James Stapulensis。

二、學說

(一)論聖經的意義

賴非甫爾是一位法國人文主義者，於一五〇八年版本的五首希伯來文詩篇的序言中，提出他解釋舊約聖經的方法。他將「字義／歷史」解釋法（literal-Historical，認爲舊約是歷史敍事體）與「字義／預言」解經法（literal-prophetic，認爲舊約是預言耶穌基督降臨，字義與精義一致）加以區分。因此他提出兩種的「字義」解經法。按照此文的背景，拉丁用語 litera 通常應譯爲「字義」而非僅止於「字句」。

我相信聖經有雙重的字義，一是那些沒有打開雙眼的人扭曲了的字義，他們根據肉體及人的用語來解釋神的事情。正確的字義法則屬於那些能夠看見並掌握洞察力的人。前者是人按自己的理解的發明；後者是神的靈的恩賜，以阻止錯誤的理解，提升正確的解釋。難怪修道士們（Religiosi）抱怨說，他們來到聖經中想要按「字義」解經，卻帶著抑鬱可憐地離開。他們所有的宗教熱情都突然崩潰消失，正如冰水被投在燃燒中的炙熱火焰中一樣。因爲正如一個健康的身體知道什麼對身體有害，我們的頭腦也知道什麼是抑制思想的東西。因此，我有充足的理由感到應當避免此法。我們應當渴望聖靈所賜下的，給予生命的字義，正如同光賦予顏色有生命一樣。以此爲目標，我將嘗試倚靠基督的幫助，注釋一篇簡短的詩篇，因爲明白基督乃是明白大衛的關鍵。聖靈感動大衛，在詩篇中所寫的，便是有關基督的事。

在此舉出一些例子，特爲顯明正確和不正確的解經。詩篇第二篇：「外邦爲什麼爭鬧？萬民爲什麼謀算虛忘的事？世上的君王一齊起來，臣宰一同商議要敵擋耶和華並祂的受膏者」等等。對猶太人而言，此篇經文的字義是指巴勒斯坦人起來對抗大衛，大衛便是耶和華的受膏者。但是根據保羅及其他使徒，這篇詩篇卻是指主基督，祂是眞正的彌賽亞，眞正的神子（眞實及正確兼顧）。詩篇十八篇，猶太人認爲，此篇經文按字義解，是大衛表達向神的感恩，因爲他自掃羅及其他敵人的手中被拯救出來。然而保羅卻聲稱按字義解是指主基督。猶太人認爲詩篇十九篇是指第一次頒布的律法；保羅卻指出，這不是指第一次頒佈律法，而是第二次，就是當蒙福的使徒及其繼承者向萬國傳講福音的時候。（麥葛福《基督教神學原典菁華》頁七五—七六）

三、結語

賴非甫爾的上帝觀，論聖經的意義，認爲舊約是預言耶穌降臨的神學思想。

勒菲弗爾‧戴塔普爾爲法蘭西人文主義者、神學家、翻譯家。勒菲弗爾力圖把宗教研究從較早期的經院哲學下解放出來。一四九二—一五〇六年，著有物理學和數學講義，出版加注新亞里斯多德倫理學、形而上學和政治學著作的譯本或譯述本。一五〇五年在共同生活弟兄會的影響下轉而研究神祕主義。一五〇九年發表《詩篇》拉丁文譯本。此書和包含宗教改革基本思想的《保羅書信註釋》，都對路德有所影響。他將整部《聖經》由天主教會法定的通俗拉丁文本譯成法文（一五三〇）。勒菲弗爾對年輕一代學者有很大影響，他們仿效他的治學方法而有所改進。他常常被譽爲宗教改革前夕的宗教改革家。（《大英百科全書》册九頁一五〇）

第五四節　愛那斯摩的上帝觀

一、傳略

愛拉斯摩 (Erasmus, Desiderius 1467-1536)，或譯爲「伊拉斯姆」、「愛拉斯謨」、「伊拉斯墨」，德國之人文派學者，語言學家和思想家。幼生於荷蘭，從父居德文特（Deventer）。父歿後，戚某強之入修道院，心殊不甘，託故辭去。先後入巴黎及奧克斯福大學，專攻古典。業成，歷遊法荷義英諸國。數著論說，以詆擊煩瑣派哲學，及僧侶之不法，而鼓吹古文學最力。居英之日，曾於康勃利治大學，教授希臘語，歷五年。復赴荷蘭瑞士，遂居巴塞爾以終。路得初引爲同志，與之訂交，惟愛拉斯摩以路得發言不愼，不盡贊同其實際運動，而路得則病其葸，故其交誼中絕。嘗取希臘文新約，譯爲拉丁文，詳施評註，最以此事業得名。（樊氏《哲學辭典》頁七五六—七五七）

二、學說

（一）自由意志是屬於神也屬於人

愛拉斯謨在他的著作中以犀利的筆鋒抨擊了教會僧侶和神學家的「瘋狂和愚蠢」。他嘲笑僧侶們的禁欲主義和僞善，揭露他們自己放蕩淫逸，卻要別人遠離肉慾享樂，追求來世享福。他諷刺神學家們的煩瑣論證和不學無術，說他們可以用「六百個三段論式」去證明別人是異端，空談什麼沒有質料的形式、共相等，自以爲無所不知，實際上一無所知。他還揭露皇和貴族的專橫和好戰，痛斥他們「用刀劍來繼續行善」，爲什一稅而戰鬥。愛拉斯謨認爲社會上各種宗教禮儀都是可悲的愚行。

愛拉斯謨在他的著作中表達和宣傳了人文主義思想。他注重人的塵世快樂，認爲人必須順從自然的推動，遵循他們的本能而生活，如果沒有歡樂，生活中哪時哪刻不是悲哀的？沒有情欲，也就不會有人類的繁衍。他推崇人的理性、智慧，主張以此爲手段來認識自然、造福人生。在他看來，愚昧無知是社會罪惡的根源，只要普及教育，傳播知識，就可以消除社會的弊端。他還同馬丁路德爭辯，肯定自由意志不只是屬于神的，也是屬于人的，認爲人的自由、快樂、知識或理性是構成道德和良心的最重要的條件。此外，愛拉斯謨還用人文主義思想校注和出版了附有新拉丁譯文的希臘文《新約聖經》。

愛拉斯謨是文藝復興時期宗教改革運動的思想先驅。他對歐洲各國尤其是德國的人文主義運動有很大的影響。但愛拉斯謨害怕和憎惡「動亂」，曾稱人民群衆爲「多頭獸」；他不否定上帝的存在，沒有與天主教決裂。當宗教改革運動興起時，他倒向了舊教一邊，迅即銷聲匿迹。（《中國大百科全書》哲學Ⅰ頁十）

（二）基督爲榜樣的上帝觀

伊拉斯姆是文藝復興時代人主主義的大文豪，同時對十六世紀前半段時期的基督教神學深具影響力。伊拉斯姆本人與復原教（Protestant）並無牽連。但是他編輯上的多方貢獻，包括第一本希臘文新約的印刷出版，奠立了基礎。他以《基督精兵手册》（Handbook of the christian soldier）開宗教書籍出版的先河。此書於一五〇三年初版，一五〇九年再版，直到一五一五年三版問世後，方展現其影響力，受到各方的推崇，在隨後的六年連續出版了二十三版。此書的對象是一般受教育人士，也就是伊拉斯姆視爲教會最重要的資源。此書對該階層男女大衆在自我認識上所造成的震撼，可見之於其驚人的銷售量（一五一五年後）。事實上，手册變成暢銷書沒有多久，改革之聲就在蘇黎世和成丁堡響起。

在手册中，伊拉斯姆爲當時教會改革提出一套革命性的理念，那就是整體回歸至教父遺著和聖經經文，以規律的讀經深化一般信徒的信仰，使之成爲教會更新和改革的基礎。伊拉斯姆相信此書爲一般基督徒讀經的指引，以簡易兼具知性的角度解說「基督哲學」。在此，「哲學」並非學術性的哲學，而是取向於實際的道德：新約傳達善與惡的知識，爲叫它的讀者喜愛善，遠離惡。新約是「基督的律法」（Lex christi, the law of Christ），基督徒必須順服；基督則是基督徒必須學習的榜樣。在此，伊拉斯姆並非將基督教的信仰和對道德律法外在的順服劃上等號。他是典型的人文主義者，強調內心的宗教信仰，認爲讀經可變化氣質，帶給讀者新的動力，愛神，愛鄰舍。

手册中有幾項特色特別重要。第一，伊拉斯姆看到未來基督教的活力不在教士，而在一般信徒。教士的職責是教導信徒，使他們的了解達到同樣的水平，因此不容許有傳教士必高於信徒的迷思存在。第二，由於重視內心的宗教信仰，伊拉斯姆心中的基督教沒有教會—儀式、神職人員或機構。他的問題是，人既然可以直接向神認罪，又何必只因他是神職人員就向他告解認罪？

除了以上革命性的看法，伊拉斯姆也廣泛地參與學術研究。以下兩項影響神學發展至鉅：

1、出版了第一部希臘文新約，使神學家以直接接觸到聖經原文，導致爆炸性的影響。

2、出版可靠的教父遺著，包括奧古斯丁的著作。神學家自此得以讀到這些鉅著的全文，不需再靠一些支離破碎的二手句子。奧古斯丁神學也因此出現新發展，且對這時期神學發展深具意義。（麥葛福《基督教神學手册》頁六三—六四）

三、結語

綜上所述，愛拉斯摩的上帝觀，以爲自由意志不只是屬於神的，也是屬於人的，基督則是基督徒必須學習的榜樣等神學思想。

伊拉斯墨爲文藝復興時代之人本主義者與神學家。一四九二年被封立爲羅馬天主教的神父。他編輯了教父們的著述，分送各地，後又爲新約經文開了聖經批判的先河。力主回歸單純、原始之基督教，贏得四方歸心的美名，其中包括亨利八世、慕爾多馬及路德馬丁。由於其洞悉天主教與新教間的問題，提出容忍的作法，致使兩面不討好，天主教將其書列爲禁書。（趙中輝《英漢神學名詞辭典》頁二三三二）

第五五節　賈依堂的上帝觀

一、傳略

賈依堂（Thomas de vio cajetanus 1468-1534 A.D），或譯爲「柯基坦」，係於一四六八年生於義大利，死於一五三四年，享年六十六歲。他爲義大利文藝復興時代的哲學家兼神學家，年十六歲入道明會，開始修習哲學與神學，一四九三年教授哲學課程，至一四九九年爲止。一五〇〇年之後，擔任教會行政職務，同時在羅馬京都教授哲學及神學，後來曾任修會總會長，並升任樞機，爲教廷駐德國大使，並曾與馬丁路德交涉教會事務，暮年專心讀書與著述，他的作品多爲注釋聖多瑪斯的《神學大全》，而其學術背景，亦爲傳承亞里斯多德的思想體系，其主要著作有《論亞里士多德賓詞》、《亞里斯多德論靈魂注釋》、《注聖多瑪斯神學大全》等書。（李道生《世界神哲學家思想》頁一四三。）

二、學說

（一）從情意開始找到神的存在

賈依堂爲近代聖多瑪斯學的鉅子，他的哲學思想最主要的路線，就是跟隨多瑪斯及亞里斯多德的路線，從知識論開始，透過形上學的考驗，然後落實到人的日常生活中，賈依堂的邏輯，完全遵照亞里士多德的三段論法，不過三段論法只是知識的形式。在內容上，賈依堂特別提出了「類比」的概念，這個概念，當然是多瑪斯注解亞里多德哲學所得出來的結論，在賈氏的著作中，把「類比」的概念描寫成三種層次：

第一種層次，以爲所謂的「類比」就是「不等於」，所謂「不等於」，就是指兩樣事情或兩件事物互相不相等，甲不等於乙，可是甲與乙之間有類似之處，也就是說「部份相同，部份相異」，正因爲它們相異，所以各種事物之互相間有不同點，即每種事物都有自己特殊的存在，都是個別的甲存在或乙存在，不是相等的。但從另一立場去看，甲乙各有分受了存在，在分受存在的存在階層上，甲與乙有是相通的地方，因此所謂不相等的類比，也就指出事物與事物之間，存在與存在之間，可以同屬於一類，雖然不屬於個別的、相等的東西，而在類方面是相等的，比如人是動物，虎也是動物，人不是虎，可是人與虎同屬於動物，再如張三不是李四，張三與李四都是個別存在的，張三是人，李四也是人，站在人類立場看，張三與李四是相似的。

第二種「類比」，是關于形容詞的類比，比如「健康」，可以人的氣色來看，也可以從藥品來看，我們可以說他的臉色很好，是健康的；也可以說這種藥品是補藥，是健康的；如此，臉色與補藥同時可以被稱爲健康的，這兩種東西相互之間，當然不同，可是在某一方面卻是相同的，即「部份相同，部份相異」的類比，賈依堂並不承認這種類比是眞正的類比。

第三種「類比」的意義，是「部份相同，部份相異」的類比，這種類比，等於說我們看到某種東西，而這種東西所表現出來的，只是第二物性的顏色、形狀……等等，可是我們所認識的，並不是顏色與形狀，而卻能夠直接認識它的本質，就如我們看到一種圓的東西，又看見是白色，事實上是看到一根粉筆。在這種情形下，賈依堂以爲這才是眞正類比的方式，因爲在多瑪斯學派中，所感覺出來的，是我們感官可以直接認識現象，可是應該透過現象去認識本體，在以上一些類比的比方中，賈依堂以爲這三種的類比概念，才是知識論應當走的一條路，也就是唯有透過這種因果關係的推論，才能夠眞正建立一種形上學。

賈依堂在這種知識論中，還考慮到心理的問題，以爲人對任何事物的認知，心理成份與心理作用佔了很大的角色，所有理知的推論，以及理知的抽象，都受到人的心靈左右，心情好時，看見一切都是眞善美的，心情不好時，連自己都不會喜歡，這亦就是爲什麼，新士林哲學之中情意的因素，多少會參雜進入理知的因素裡面，也就因爲人性不僅探討理知問題，並且談到情意的問題，所以賈氏更進一步從情意或理知，去探討人的靈魂問題，他設法證明出人的靈魂不死不滅，靈魂不屬於物質，因它不死不滅，不屬於物質，那麼它的永恆性及不死性，應該以形上學的方式去處理，以本體的方式處理，在本體論中，要找出一切存在，無論是本質或現象的基礎，在這個基礎上，才能解釋出世界上萬物存在的一個最終的理由。

賈依堂在形上學的探討中，提出人性終極存在基礎，也就是每個人的心靈，不但是靠它理知作用，而且也靠它的情意作用，去追尋存在的基礎後，這種基礎，把它當作爲心靈崇拜的對象，也就是神的存在，因此賈氏的學說，無論是站在亞里士多德的邏輯學開始，或是站在他自己以爲從情意開始，到最後都會找到存在的基礎，找到神的存在。之後，要再討論人生問題，就可以利用神學的原理，利用啓示的教理，處理人應做何事的問題。他的哲學架構，是以形上學爲體，以價值哲學爲用，而把知識論的探討，看成爲哲學的入門，在哲學入門處，重新考慮了哲學基本問題，問及吾人知識的可能性，以及獲得知識的方法，與所能用的工具。他在知識論中的創見，是在「理」之外，注重了人性「情」的層面，他就在「情」重於「理」的這種問題核心中，找出其重點來，那也實在是很可貴的。（李道生《世界神哲學家思想》頁一四四——一四六）

三、結語

綜上所述，賈依堂的上帝觀，從情意開始找到上帝的存在等神學思想。柯基坦（賈依堂），抗羅宗人士爲其與路德馬丁戲劇性的遭遇對他有所記憶，但天主教人士認爲他是一位哲學家、神學家，聖經學者與主教。他在波羅格那大學與帕都阿大學就讀；於一四八四年參加多明尼加修道團，於一四九三年爲帕都安神學教授團之一員。在他任職期間，他出版了一一五册書籍。其中有的是聖經注釋，從希臘文與希伯來文翻譯過來的，又加以解釋，根據原文來解經回答抗羅宗所提出的辯證。作爲一位著者與學者，柯氏也成爲一主要的多馬阿奎那派的哲學家與神學家，並對阿奎那《神學總論》一書作詮釋。

於一五一一年，柯氏成爲一教皇權勢的擁獲者，反對比薩會議（Council of pisa）的聲言，因該會未經教皇批准。因此，教皇里歐第十委派柯基坦在德國國會時成爲教皇的代表，召路德馬丁來奧革斯堡受審。路德與柯基坦在一五一八年十月中一連三天相遇。在辯論中，柯基坦說教皇權乃在教會會議、全教會與聖經之上。路德回答說，教皇乃在神的話語之下，並說有些教皇曲解聖經。三天完了，辯論陷於僵局，柯基坦命令路德離開，若不預備收回一切，不要回來。夜間路德悄悄地從奧格斯堡被救出，安返魏吞堡。於一五二〇年，柯基坦幫助起草教皇諭令（Exsarge domine），定路德馬丁有罪，驅逐他出教。

雖然路德與柯基坦有極大的意見相左，但路德仍承認柯氏爲一學者，予以尊重。柯氏雖然忠於羅馬教並阿奎那多馬的神學，但仍然贊成教會內之改革。（趙中輝《英漢神學名詞辭典》頁一〇三）

第五六節　佛蘭克的上帝觀

一、傳略

佛蘭克（Franck, Sebastian 1499-1542 A.D），或譯爲「弗蘭克」，德國極端改教運動者（Radical reformer），認爲最高的理想便是在宗教一事上有完全的思想自由。

二、學說

（一）論眞教會

佛蘭克〈論眞教會〉，本封書信原於一五三一年以拉丁文寫成，僅有部分的拉丁文原稿得以存留。本篇譯稿乃以拉丁原稿爲本，而非以後的德文或荷蘭譯文爲本。佛蘭克在此信中提出他激進的觀點，指出自使徒以後，眞教會已經不存在。他經常提及「外在的事」（External things,externa），意指外在的儀式，包括聖禮，他視之爲「墮落的」（lapsus）。眞實的教會惟有在末世的時候才會出現，亦即當基督榮耀地歸來，召集祂的教會分散在各處的人進入祂的國度。在那以前，眞正的教會將繼續隱藏。

我與所有的博士立場不同，我相信使徒的教會所通行的外在的事都已經被廢止（abrogata），其中沒有一樣會被恢復或重新設立。然而他們卻越權，嘗試要恢復這些墮落的聖禮（lapsa sacramenta）。因爲教會將繼續分散在異教徒之中，直到世界的末了。事實上，敵基督及它的教會將會在基督再來時才被擊敗、被清除。基督將會回來，召集分散在世界四角的子民，進入祂的國度以色列……（那些明白此點之人的）作品一直被壓抑，被視爲不敬虔的異端邪說，而愚蠢如亞波羅修、奧古斯丁、耶柔米、貴格利等人卻被高舉，他們中間甚至連一個認識基督的人都沒有，也被非蒙神差派來教導。相反的，他們都是敵基督的使徒，也將繼續如此……既然經驗告訴我們，衆教會的能力及所有「外在的事」都已墮落腐敗，而此教會卻被分散在異教徒中間；因此我堅信世上沒有人能夠（除非他們得到神親自的呼召如此作）召集這分散的教會再一次聚集，將她隱藏的儀式（Obruta symbola）再次彰顯出來……。教會「外在的事」不應當恢復，除非基督親自下令將之恢復。（麥葛福《基督教神學原典菁華》頁三四一—三四二）

三、結語

綜上所述，佛蘭克的上帝觀，論眞教會，以爲眞教會已經不存在，惟有在末世的時候基督榮耀地歸來才會出現等神學思想。弗蘭克爲瑞士基督教領袖，神學家。曾於一五一六年以後不久任天主教奧格斯堡主教區司鐸。一五二五年前後在尼思貝格加入路德派，棄原職而爲該派布道員。後來日益不滿路德派教義，各派的教條主義和關于成立有組織的教會的主張，遂於一五二九年移居當時新教運動的中心斯特拉斯堡，結識新教神祕主義者施文克菲爾特，對方較他更爲激烈地反對教條主義。弗蘭克曾因所持觀點而一度入獄，終於被行政當局逐出斯特拉斯堡，到德國埃斯林根靠製肥皂爲生。一五三三年移居烏爾姆從事印刷業，但將自己的著作送往別處印行。一五三八年發表《金約櫃》，極力反對教條主義，聲稱除《十誡》和《使徒信經》外，再無教義可言，皆可置之不理。他認爲《聖經》詞句矛盾重重，不能使人瞭解其永恆眞諦，教義爭論毫無意義，聖事無非是早期教會的遊戲。當時學者指責弗蘭克在信仰上朝秦暮楚，但現代評論家充分肯定他作爲一個著作家和哲學家的歷史聲譽。（《大英百科全書》册五頁一六三）